Enciclopédia,
ou *Dicionário razoado das ciências,
das artes e dos ofícios*

FUNDAÇÃO EDITORA DA UNESP

Presidente do Conselho Curador
Mário Sérgio Vasconcelos

Diretor-Presidente / Publisher
Jézio Hernani Bomfim Gutierre

Superintendente Administrativo e Financeiro
William de Souza Agostinho

Conselho Editorial Acadêmico
Luís Antônio Francisco de Souza
Marcelo dos Santos Pereira
Patricia Porchat Pereira da Silva Knudsen
Paulo Celso Moura
Ricardo D'Elia Matheus
Sandra Aparecida Ferreira
Tatiana Noronha de Souza
Trajano Sardenberg
Valéria dos Santos Guimarães

Editores-Adjuntos
Anderson Nobara
Leandro Rodrigues

DENIS DIDEROT E JEAN LE ROND D'ALEMBERT

Enciclopédia,
ou *Dicionário razoado das ciências,*
das artes e dos ofícios

Volume 7
Civilização material

Organização
Pedro Paulo Pimenta e Maria das Graças de Souza

Tradução
Leon de Souza Garcia, Leonardo Paes Müller, Pedro Paulo Pimenta,
Maria das Graças de Souza e Fábio Yasoshima

© 2024 Editora Unesp

Título original: *Encyclopédie, ou Dictionnaire raisonné des sciences, des arts et des métiers*

Direitos de publicação reservados à:
Fundação Editora da Unesp (FEU)
Praça da Sé, 108
01001-900 – São Paulo – SP
Tel.: (0xx11) 3242-7171
Fax: (0xx11) 3242-7172
www.editoraunesp.com.br
www.livrariaunesp.com.br
feu@editora.unesp.br

Dados Internacionais de Catalogação na Publicação (CIP) de acordo com ISBD
Elaborado por Vagner Rodolfo da Silva – CRB-8/9410

D555e
Diderot, Denis
    Enciclopédia, ou Dicionário razoado das ciências, das artes e dos ofícios – Volume 7, "Civilização material" / Denis Diderot, Jean Le Rond D'Alembert; organizado por Pedro Paulo Pimenta e Maria das Graças de Souza; traduzido por Pedro Paulo Pimenta ... [et al.]. – São Paulo: Editora Unesp, 2024.

    ISBN: 978-65-5711-135-2

    1. Dicionários e enciclopédias de filosofia. 2. Ciências. 3. Artes. I. D'Alembert, Jean Le Rond. II. Pimenta, Pedro Paulo. III. Souza, Maria das Graças de. IV. Müller, Leonardo Paes. V. Yasoshima, Fábio. VI. Garcia, Leon de Souza. VII. Título.

2022-2138   CDD 103
                                             CDU 1(038)

Editora afiliada:

Sumário

A *Enciclopédia* e a civilização material das Luzes . *11*
Pedro Paulo Pimenta

Civilização material

Acariçoba, Diderot . *29*

Açúcar (*História Natural das Artes*), Le Romain . *29*

Aguaxima (*História Natural, Botânica*), Diderot . *38*

Alfinete (*Arte Mecânica*), Delaire . *39*

Algodão (*História Natural, Botânica*), Tournefort, Diderot . *50*

Amazonas, rio das, D'Alembert . *53*

Angola (*Geografia Moderna*), Diderot . *54*

Antropofagia (*História Antiga e Moderna*), Mallet . *54*

Antropófagos (*História Antiga e Moderna*), Mallet . *55*

Arenque (*História Natural, Litologia*), Daubenton . *56*

Bacalhau, *Molua* (*História Natural, Ictiologia*), Anônimo . *58*

Baleia, pesca da (*História Natural*), Diderot . *59*

Benin (*Geografia*), Diderot . *66*

Bomba d'água (*Hidráulica e Artes Mecânicas*), Diderot . *67*

Boto, ou Porco do mar (*História Natural, Ictiologia*), Jaucourt . *68*

Brasil (*Geografia*), Diderot . *69*

Buenos Aires, ou Cidade da Trindade (*Geografia*), Anônimo . *69*

Bússola, Formey . *69*

Caça (*Economia Rústica*), Diderot . *72*

Calor animal (*Economia Animal*), Venel . *75*

Canadenses (Filosofia dos), Pestré . *81*

Caraíbas, ou Canibais, Anônimo . *84*

Cerveja, Diderot . *84*

Chá (*Botânica Exótica*), Jaucourt . *85*

China (*Geografia*), Diderot . *93*

Chineses, filosofia dos, Diderot . *94*

Chocolate (*Economia Doméstica, Dietética*), Diderot . *97*

Colônia (*História Antiga e Moderna, Comércio*), Forbonnais . *101*

Companhia de comércio, Forbonnais . *108*

Concorrência (*em matéria de comércio*), Forbonnais . *118*

Congo (*Geografia Moderna e Comércio*), Anônimo . *120*

Contrabando (*Comércio, Polícia*), Forbonnais . *120*

Crisálida (*História Natural, Zoologia*), Daubenton . *127*

Crise (*Medicina*), Bordeu . *128*

Culinária (*Arte Mecânica*), Jaucourt . *139*

Diamante, *adamas* (*História Natural, Mineralogia*), Daubenton . *144*

Doença (*Medicina*), Anônimo . *147*

Domingos, São (*Geografia*), Anônimo . *152*

Epidemia (*Medicina*), *doença epidêmica*, D'Aumont . *152*

Escravidão (*Direito Natural, Religião, Moral*), Jaucourt . *157*

Escrita (*Arte Mecânica*), Diderot . *171*

Esquimós (*Geografia*), Jaucourt . *175*

Falcoaria (*Ordem enciclopédica, Ciência, Arte, Economia rústica, Caça*). Le Roy . *176*

Feira (*Comércio e Política*), Turgot . *180*

Forjas (grandes), Bouchu . *187*

Francês (*História da Literatura, Moral*), Voltaire . *188*

Geografia Física, Demarest . *190*

Golfinho (*História Natural, Ictiologia*), Daubenton . *205*

Grãos (*Economia Política*), Quesnay . *207*
   Máximas do governo econômico . *208*

Inca (*História Moderna*), Anônimo . *217*

Índia (*Geografia Antiga e Moderna*), Jaucourt . *218*

Inseto (*História Natural*), Anônimo . *221*

Iroqueses (*Geografia*), Jaucourt . *224*

Jaguar (*Zoologia*), Jaucourt . *224*

Jaguaretê (*História Natural, Zoologia*), Anônimo . *225*

Jamaica (*Geografia*), Jaucourt . *225*

Lapônia (*Geografia*), Jaucourt . *226*

Leopardo (*História Natural*), Anônimo . *228*

Lince (*História Natural*), Anônimo . 228

Mandioca (*Botânica*), Le Romain . 228

Manufatura, reunida ou dispersa, Anônimo . 232

Matéria (*Metafísica e Física*), D'Alembert . 238

Metamorfose (*Mitologia*), Jaucourt . 243

México, Cidade do (*Geografia*), Jaucourt . 244

Milho (*Agricultura*), Jaucourt . 246

Montesquieu, Elogio de, D'Alembert . 248

Mundo (*Física*), D'Alembert . 267

Música, efeitos da (*Medicina Dietética, Ginástica Terapêutica*), Ménuret de Chambaud . 268

Narval (*História Antiga, Ictiologia*), Jaucourt . 275

Navegante (*Marinha*), Jaucourt . 276

Olinda (*Geografia*), Jaucourt . 278

Onça (*História Natural*), Anônimo . 279

Ópio (*História Natural das Drogas*), Jaucourt . 279

Ossificações fósseis (*História Natural, Mineralogia*), D'Holbach . 282

Pantera, *pantera seu pardallis*, Daubenton . 284

Papel do Japão (*Artes e Ofícios*), Jaucourt . 284

Paraguai, Missões do (*Geografia, História*), Jaucourt . 288

Patologia (*Medicina, Patologia*), Ménuret de Chambaud . 291

Pimenta (*História das Drogas Exóticas*), Jaucourt . 294

Planeta (*Astronomia*), D'Alembert . 295

Polícia (*Governo*), Anônimo . 297

População (*Física, Moral, Política*), D'Almilaville . *298*

Potosí (*Geografia moderna*), Jaucourt . *326*

Queijo (*Dietética*), Venel . *326*

Salvador, São (*Geografia moderna*), Jaucourt . *329*

Sebastião, São (*Geografia moderna*), Jaucourt . *330*

Saúde (*Economia Animal*), Anônimo . *330*

Seda (*Gramática, História Natural*), Anônimo . *337*

Stratford (*Geografia Moderna*), Jaucourt . *339*

Tabaco (*História Natural*), Jaucourt . *347*

Tamanduá (*História Natural, Zoologia Exótica*), Jaucourt . *352*

Tarântula (*História Natural*), Jaucourt . *352*

Tigre (*História Natural, Zoologia*), Anônimo . *359*

Trigo (*Economia Rústica*), Le Roy . *361*

Tupinambás (*Geografia Moderna*), Anônimo . *367*

Unicórnio fóssil (*História Natural*), D'Holbach . *368*

Vinho (*História das bebidas alcóolicas*), Jaucourt . *369*

Vinho e fermentação vinícola (*Química*), Jaucourt . *379*

Virgínia (*Geografia Moderna*), Jaucourt . *387*

A Enciclopédia *e a civilização material das Luzes*

Pedro Paulo Pimenta

m 1791, Edmund Burke, deputado no parlamento britânico por Bristol, publicou um panfleto – *Reflexões sobre a revolução na França* – que rapidamente se tornaria o estopim de uma polêmica em torno da Revolução Francesa envolvendo Thomas Paine, Mary Wollstonecraft e outros que, até então, tinham visto em Burke um aliado na defesa do nascente republicanismo francês. O que Burke e os seus detratores não poderiam imaginar é que o panfleto em questão se tornaria o manifesto de uma tendência política ("reacionária" ou, mais tarde, "conservadora") que se definiria, precisamente, por contraposição à Revolução Francesa e aos valores universais (ditos "abstratos") que ela teria introduzido, cujas consequências lógicas e necessárias seriam o terror e o totalitarismo.[1]

Essa fábula, que ainda hoje tem seus adeptos, ignora, de caso pensado ou não, que o ponto crucial da peroração de Burke (não esqueçamos: trata-se de uma peça de retórica) é a vinculação entre os desmandos da Revolução – em 1791 – e os ensinamentos dos *philosophes*, maligna cabala que teria disseminado, na monarquia francesa, sob as barbas do rei, do clero e dos censores, o desrespeito pelas tradições, o livre-pensamento, a libertinagem

---

1 A melhor suma dessa posição, ao que eu saiba, se encontra no livro, como sempre instigante, de Himmelfarb, *Os caminhos para a modernidade*.

e outras mazelas do gênero. À frente desses conspiradores, Burke encontrou os enciclopedistas – os mesmos que, anos antes, haviam empreendido, em dezessete volumes e milhares de páginas, a mais implacável crítica dos sistemas *a priori* e das abstrações. Defensores aguerridos da filosofia experimental inglesa – Bacon, Newton, Locke etc. –, os alvos preferenciais de Burke não tinham tempo para a cantilena religiosa, a hipocrisia moral, as tradições veneráveis, a autoridade à margem da lei, em suma, tudo o que cheirasse, na vida social, a abstração metafísica e não se sustentasse diante do livre exame da razão filosofante (prerrogativa de todo ser humano, e não de uns poucos qualificados por ordenação divina ou real). As acusações lançadas por Burke, no fundo calcadas na defesa da monarquia e do clero, não chegam a ser originais. Haviam sido feitas quatro décadas antes, de maneira mais direta e mais franca, pelos jesuítas e os jansenistas, causando, inclusive, numerosos impedimentos à publicação de uma obra que, malgrado suas críticas à religião e à teologia, não tinha nada de politicamente subversiva, mas se posicionava em defesa do que havia de mais avançado na ciência europeia.[2]

A verdade é que os primeiros detratores da *Enciclopédia* farejaram o perigo. Pois, no fundo, o que há de mais ameaçador na obra é a defesa da ciência, acompanhada de uma valorização até então sem precedentes das artes ditas "manuais" ou "mecânicas", que, na rígida hierarquia vigente desde a Antiguidade clássica, eram relegadas aos escravos e aos trabalhadores, ou à parcela do "gênero humano" que mais se aproxima da "vida animal" e não tem disposição nem aptidão para as coisas mais elevadas do "espírito". O destaque dado às "artes e ofícios" desde o título da obra não poderia ser boa coisa, sinalizando com uma subversão talvez mais radical que a de uma revolução política. Sem destituir o rei ou banir o clero, os enciclopedistas os deixavam mudos, de um só golpe, falando de coisas sobre as quais eles simplesmente não teriam o que dizer. O assunto muda, e os senhores

---

2 Badinter, em *As paixões intelectuais*, v.2: exigência de dignidade, investiga as condições institucionais da produção do saber filosófico e científico na França das Luzes, o que costuma ser ignorado pelas análises em busca de grandes sínteses. É um ótimo exemplo de como a análise histórica oferece entraves a grandes sínteses teóricas.

de outrora passam a ser, quando muito, espectadores de uma cena que transcorre à sua revelia. Pior: vinculando as artes e os ofícios, como sói, à atividade econômica, a *Enciclopédia* punha a nu a condição material de possibilidade da existência do imponente (e, logo se veria, frágil) arcabouço de sustentação do Antigo Regime. Ninguém à época da Revolução Francesa teria pensado em buscar na *Enciclopédia* algo como um programa político. Desnecessário fazê-lo: a inversão de valores na filosofia precedeu o gesto político que veio consagrá-la institucionalmente. A imaginação mórbida de Burke — que não era conhecido por sua cultura filosófica ou científica — acertou o alvo e viu muito bem o que estava por trás da ameaça republicana: a vontade de poder do artesão, a força conceitual do douto, a independência intelectual do filósofo, o prestígio da atividade manual em detrimento do ócio aristocrático. Desprovidos de títulos nobiliárquicos, dependentes da fortuna alheia para o próprio sustento, os enciclopedistas, homens menores e insignificantes diante dos "grandes" do reino, realizaram, a partir de 1751, o impensável. Daí a inquietação de Burke: o que será da Europa quando a ralé lhes seguir o exemplo?

O fato é que, em meio ao "ruído e à fúria", para além da filosofia e da religião, a *Enciclopédia* oferece uma reflexão serena e rigorosa sobre "as artes e os ofícios". Elas respondem por boa parte dos dezessete volumes de texto e pela quase totalidade dos outros onze contendo as pranchas de ilustrações. São o principal assunto da obra. Não por outra razão, Diderot, a título de divulgação, distribuiu ao público, juntamente com um "Prospecto" (depois incorporado ao *Discurso preliminar*), o verbete *Arte*, que versa sobre os princípios e aplicações das artes mecânicas (incluído no volume 2 da presente coleção). Esse ensaio anuncia de saída a reviravolta a que nos referimos. Além de seu apreço pelas artes nobres ou liberais, como a pintura e a escultura, que ele resenhou nos Salões de Belas-Artes do Louvre a partir de 1757, Diderot cultivou o conto, a novela, o drama e outras formas literárias. Em toda essa produção, a valorização de um registro que ele ajudou a consolidar, a meio caminho entre o elevado e o baixo. Dedicando às artes mecânicas um verbete de destaque, uma pequena obra-prima tributária de Bacon, Diderot chama a atenção do leitor para a proeminência que elas haviam adquirido na Europa dos meados do século XVIII.

A época da *Enciclopédia* não é a da revolução tecnológica que ajudaria a consolidar, no século XIX, o sistema de produção industrial.[3] Mesmo a invenção do motor a vapor, devidamente notada em suas páginas, só terá efeitos plenos anos mais tarde. Em 1750, as técnicas de produção predominantes são, além das agrárias, o tear, o engenho, a forja de metais, a fabricação de embarcações e outros aprimoramentos de fazeres ancestrais, muitos dos quais conhecidos desde a Antiguidade. "Dicionário razoado", a *Enciclopédia* não se contenta em inventariar essas técnicas e descrevê-las – embora o faça com esmero. Nesse ponto, a ambição filosófica da obra se mostra com uma clareza que nem sempre se encontra nos verbetes dedicados à filosofia, muitas vezes prolixos e inexatos. Diderot, que em seus escritos desenvolveu uma reflexão original sobre o organismo e a vida,[4] elabora, na *Enciclopédia*, uma filosofia do mecanismo, na qual se vê a complementaridade entre esses conceitos. Uma máquina, enquanto produto da arte humana, prolonga o corpo que a concebeu e a fabricou de acordo com uma ideia e uma finalidade. Sua ordenação sistêmica espelha fielmente a integração funcional própria dos seres vivos.[5] O que chamaremos aqui de "fisiologia da máquina" requer uma revisão drástica da hierarquia das artes, ou, antes, a criação de uma hierarquia à parte, das atividades tecnológicas, a serem consideradas como um gênero independente da suposta nobreza das belas-artes. Nos escritos posteriores de Diderot, esse novo gênero se voltará, inclusive, contra essa prerrogativa, permitindo ao filósofo mostrar que a experiência artística é fisiológica, material e fabril de uma ponta a outra, desde as sensações que se agitam no cérebro do artista até as que o seu espectador experimenta "contemplando" a obra (tocá-la diretamente, com as mãos, "ouvi-la" com os olhos, tampando os ouvidos, e assim por diante).[6]

A atividade técnica ou artística volta-se para a produção de mercadorias destinadas à satisfação de carências ou necessidades, de prazeres ou velei-

---

[3] Sobre esse ponto, ver Proust, *Diderot et l'Encyclopédie*, cap.5: As forças produtivas.
[4] Ver Diderot, *Da interpretação da natureza e outros escritos*; e id., *O sonho de D'Alembert, seguido de Elementos de fisiologia*.
[5] Ver Simondon, *Do modo de existência dos objetos técnicos*, p.155-70.
[6] Ver Lichtenstein, *La Tache aveugle: essai sur les relations de la peinture et de la sculpture à l'âge moderne*, cap.2.

dades humanas – que, na sociedade comercial, se multiplicam como nunca antes na história. Essa espécie de trabalho, tradicionalmente vista como aplicação da forma à matéria, é vista na *Enciclopédia* como processo de integração entre elementos diferentes em uma única substância material que perpassa o mundo da experiência, ou a "Natureza". Apesar das diferenças que os separam, os colaboradores da obra concebem o trabalho em termos de metamorfose, ideia poética herdada de Ovídio e Lucrécio e que se estende à história natural e à fisiologia dos corpos (ver, neste volume, *Crisálida, Inseto* e *Metamorfose*). Entre os corpos e os instrumentos e as máquinas, a imaginação estabelece uma simbiose. Por um lado, a máquina plasma o corpo, como na divisão do trabalho, analisada pela primeira vez em detalhe no verbete *Alfinete*. Por outro lado, a *Enciclopédia* mostra os processos pelos quais a máquina e seus desdobramentos são plasmados pelo corpo que os utiliza. Por fim, a metamorfose como processo natural inclui o trabalho, pois ao bicho-da-seda se deve uma das mercadorias mais valiosas do comércio estabelecido entre a Ásia e a Europa a partir do século XIII (ver, neste volume, *Seda*).

No verbete *Tear de meias* (v.6 desta coleção), essa mercadoria aparece como a conclusão de um raciocínio, o signo que traz condensada a complexidade de todo um processo, metamorfoseado na perfeição tátil e visual de uma peça de vestimenta voltada para uma funcionalidade, destinada à supressão de um incômodo, utilizada para a satisfação de um prazer. As contribuições da escola fisiocrática à *Enciclopédia* são numerosas e densas; as peças incluídas neste volume põem em relevo a economia como ciência da mensuração dos prazeres e do seu balanço entre as partes do corpo político. O prazer é uma função do corpo vivo, e, enquanto tal, está estritamente ligado à sua fisiologia, a começar pela alimentação. A dieta do século XVIII europeu é baseada nos grãos e cereais, e é necessário, não apenas para o prazer, mas também para o trabalho e a guerra, que os súditos estejam minimamente alimentados. O mesmo corpo que significa a mercadoria é signo também da prosperidade do reino, da capacidade do Estado de sustentar os que se encontram dentro de suas fronteiras. No verbete *Grãos*, Quesnay, líder da escola dos fisiocratas, encontra oportunidade para estabelecer as *Máximas do governo econômico*, sem as quais tornou-se impossível pensar o governo político. Um mundo novo, em que os súditos do Leviatã, antes figurados como parte do corpo do soberano, adquirem seus próprios corpos, que o soberano se empenha em controlar, voltando-os para os seus fins.

Um ar de neutralidade marca as análises e descrições de "artes e ofícios" na *Enciclopédia*, que parece não dar atenção às condições efetivas em que o trabalho é realizado. Tudo se passa como se o trabalhador enquanto tal, livre ou escravo, fosse um mero componente na integração com instrumentos que permitem fabricar alguma coisa. Não discutiremos se se trata, com isso, de lançar um véu sobre o processo de produção da mais-valia, o que faria das pranchas e verbetes simples dispositivos ideológicos, e, dos articulistas de Diderot, joguetes de ideias que eles não compreendem bem.[7] Notemos apenas que, na *Enciclopédia*, o produto ou mercadoria desponta como resultado de um processo fisiológico que, por analogia, se aproxima da geração orgânica, combinação fértil entre as forças do corpo animal e as da máquina. Diderot e os seus jamais perdem de vista as tensões entre organismo natural e máquina fabricada, fisiologia animal e estruturação mecânica. Essas tensões fisiológicas se encontram no bojo de muitas das considerações da economia nascente acerca das condições materiais da produção da riqueza. Não por acaso, as ideias de trabalhador e de trabalho praticamente inexistem aí: não por ocultação ideológica, mas porque as categorias usadas para pensar a produção são outras – tão suficientes, por ora, quanto as que o século XIX depois irá forjar (e às quais muitos, com razão ou não, ainda se apegam).[8]

Refletindo no tempo presente que é o seu, a *Enciclopédia* vincula a prosperidade das monarquias europeias modernas ao comércio, atividade definida em termos políticos. Detendo-se com minúcia em questões essenciais ao interesse europeu – como o plantio e o armazenamento dos grãos –, os enciclopedistas lançam o olhar para os territórios conquistados e administrados desde o século XVI, examinando em detalhe os produtos oriundos da África, das Américas e da Ásia, interessando-se por sua colheita, tratamento e manufatura, notando a absorção das técnicas locais pelos invasores

---

7 É a posição de Barthes no ensaio "As pranchas da *Enciclopédia*", em *O grau zero da escrita*.
8 Ver a respeito Fischbach et al. (orgs.), *Histoire philosophique du travail*, introdução.

e deleitando-se na descrição do prazer ligado à utilização do açúcar ou do chocolate na culinária ou ao conforto decorrente do emprego do algodão e da seda nas vestimentas; e assim por diante. Nota, também, que a mão de obra que extrai essas coisas do solo e as transforma em manufaturas é escravizada, e denuncia, nos termos da época, a bárbara prática do tráfico humano. Mas essa denúncia não acarreta a condenação de um sistema que os enciclopedistas veem como essencialmente benigno.

Estaríamos diante da celebração do "domínio do homem sobre a natureza"? Essa tópica, tantas vezes atribuída às Luzes, não resiste a um exame mais atento dos lugares-comuns que, entretanto, teriam de respaldá-la. O que nos diz, com efeito, a *Enciclopédia*? Que a produção técnica é um análogo da produção natural, que a arte humana espelha, prolonga, inverte a arte da natureza; que esta última está presente naquela, e a condiciona sem que os humanos se deem conta disso; e assim por diante. É significativo que a publicação do verbete *Arte* como *teaser*, à qual já aludimos, tenha sido acompanhada pela de outro, *Abelha*, redigido por Daubenton a partir da *História dos insetos*, de Réaumur, e que se detém na laboriosa atividade de fabricação do mel por esses pequenos animais. As abelhas trabalham como os humanos? Produzem riqueza como eles? No verbete *Seda*, a indiferença entre a técnica natural e a humana é projetada sobre o pano de fundo da combinação entre elas: o que o inseto faz, o tecelão aprimora, a ideia de divisão do trabalho como um processo natural que serve de esquema à percepção de um processo artístico como a fabricação de alfinetes. Qual a diferença entre o operário humano e o operário inseto? Mais de palavras do que de essências. O verbete *Mecanicista* extrai a consequência mais coerente do deslocamento da verdade para o domínio da enunciação: a insuficiência da ideia de máquina para pensar os corpos organizados, doravante ditos "orgânicos", ou, se quisermos, "máquinas naturais". Entre o mecânico e o orgânico, a diferença é de ênfase, não de essência. Temos aí uma crítica *avant la lettre* de boa parte da filosofia alemã do século XIX e da francesa da primeira metade do século XX.

* * *

Organismo e máquina são metáforas a serem utilizadas conforme a pertinência da análise dos fenômenos. Essas aproximações metafóricas ganham contornos mais nítidos em verbetes como *Epidemia* ou *População*, em que os grupos humanos que vivem sob um mesmo soberano são representados como entidades biológicas das quais depende a riqueza, desde o trabalho, a produção e o consumo até a possibilidade de manutenção e defesa do corpo político enquanto tal. Pode parecer surpreendente, mas o verbete *Crise* não fala de política ou de economia, e sim de saúde. A ideia de crise é jurídica: os dias críticos, na medicina hipocrática, são aqueles em que a sorte do doente será decidida, a depender da evolução dos sintomas que se manifestam em seu corpo. Interessante notar que o médico não tem muito o que fazer além de observar: superar uma crise é algo que depende da marcha da natureza. Tais são as crises econômicas, onde a intervenção direta costuma produzir efeitos muito diferentes dos intencionados, e não raro desastrosos. Ironicamente, a ideia de livre mercado, que começa a surgir na *Enciclopédia* e se torna corrente após a Revolução Francesa, é, no fundo, a adaptação de um velho preceito da medicina hipocrática.

Essas associações inesperadas podem servir como advertência contra o anacronismo. O conhecimento científico do século XVIII não é precursor do nosso e apenas indiretamente o prepara. As ciências são então calcadas em modelos, no mesmo sentido, por exemplo, que hoje se fala em "modelos matemáticos". Mas há uma diferença. Os doutos da Ilustração são gramáticos, e, para eles, um esquema teórico é a exposição figurada de processos que só se deixam apreender indiretamente. A metáfora da crise não é o testemunho de uma insuficiência ou de uma imperfeição do saber; ao contrário, atesta a sua neutralidade mais insuspeita. Definindo-se como sistema de signos que remetem uns aos outros, inclusive a sensações, que, por seu turno, aludem a coisas sem, no entanto, representá-las, a ciência reconstitui o "real" para além de toda injunção ontológica.

A *Enciclopédia*, ao mesmo tempo que delimita ciosamente os domínios de cada ciência e os situa uns em relação aos outros — tal como as categorias gramaticais ou lógicas —, convida o leitor, chegando a obrigá-lo, a transpor as fronteiras que separam esses domínios e a transitar por outros, guiando-se pelo fio da analogia. O presente volume oferece numerosos exemplos de como isso acontece. O verbete *Narval*, dedicado a esse lindo "peixe" (que não era classificado como mamífero cetáceo), é complementado por *Unicórnio fóssil*, que fala sobre os dentes fossilizados do Narval, que seriam a ocasião das lendas medievais sobre o unicórnio. Abre-se ao mesmo tempo para outros verbetes dedicados a animais marinhos e que são objeto de pesca, como *Arenque*, *Baleia* ou *Bacalhau*, lembrando ao leitor que os mares são, mais que um objeto da "teoria da terra", o lugar da produção de riquezas para europeus em plena expansão pelo globo. Daí a relevância de verbetes como *Bússola* ou *Navegante*, que levam a *Mundo* e aos outros mundos aí discutidos. Outro fio: o tigre, animal asiático, é o protótipo de toda uma classe de animais, como o *Jaguar*, a *Onça*, a *Pantera* e afins, que se confundem entre si, anatomicamente, mas se diferenciam pela distribuição geográfica, compondo um verdadeiro mapa-múndi na cabeça do leitor (que poderia ainda lembrar-se que, atualmente, os escritores, os antropólogos e os filósofos, e não somente os naturalistas, têm adotado o jaguar como protótipo de mitologias e pivô de fabulações).

Mas o leitor da *Enciclopédia*, eu, você, ou quem quer que seja, não é uma entidade abstrata. Assim como o enciclopedista, é feito de carne e osso. A recitação dos signos é uma atividade material, concreta, à qual Diderot dedica o verbete *Escrita*. À primeira vista, trata-se de uma simples descrição (um tanto fastidiosa) de como uma pessoa deve se conduzir para levar a termo o ato de escrever. Mas a descrição é, na verdade, uma prescrição, de regras que incidem diretamente no corpo e preveem a operação de sua fisiologia, isto é, submetem-na a uma arte. O produto dessa arte – tão coerente e sólido quanto as vestimentas produzidas pelo tear – é nada menos que o próprio raciocínio, exposto em signos que traduzem a fala, à qual eles enviam metaforicamente. Muitos verbetes da *Enciclopédia*, compostos à maneira de ensaios, foram pensados para ser lidos em voz alta; outros tantos são peças destinadas à recitação silenciosa. A fala à qual essa escrita remete enuncia o mundo das relações que o dicionário em vão busca sumarizar num sistema fixo e estável de relações – como, aliás, os próprios editores reconhecem. A violência da sensação, a instabilidade do empírico, condicionam, em última instância, a ideia aberta do "mundo".

* * *

Enciclopédia, ou Dicionário razoado das ciências, das artes e dos ofícios

Como sugere o título, o princípio de organização deste sétimo volume da *Enciclopédia* em português foi buscado na obra *Civilização material, economia e capitalismo: séculos XV-XVIII*, do historiador francês Fernand Braudel.[9] O primeiro tomo desse clássico é dedicado à análise do que a obra chama, no subtítulo, de "estruturas do cotidiano". Braudel quer desfazer um equívoco de percepção histórica segundo o qual o "desenvolvimento da Europa pré-industrial (excluindo-se o resto do mundo, como se este não existisse) é sinônimo de sua entrada progressiva nas racionalidades do mercado, da empresa, do investimento capitalista, até um acontecimento, a Revolução Industrial, que dividiu a história humana em duas" (p.7). Como ele mesmo acrescenta, "a realidade observável antes do século XIX é bem mais complexa", e mesmo o rótulo "economia de mercado" é uma simplificação, que recobre a integração complexa e imperfeita entre "diversas economias" que se articulam em múltiplos níveis, distribuem-se em espaços amplos que não se restringem à Europa e mudam de características com o tempo (p.8).

Braudel identifica nos séculos que constam do título de sua obra "uma zona de opacidade, subjacente ao mercado, que muitas vezes é difícil de observar, na falta de documentação histórica suficiente. Trata-se da atividade de base, elementar, que se encontra por toda parte com intensidade extraordinária. Essa zona espessa, rente ao solo, chama-se aqui, na falta de uma expressão melhor, de *vida material* ou *civilização material*" (p.8). Essas denominações, como reconhece Braudel, têm algo de ambíguo, mas, em compensação, possuem a virtude de evitar o anacronismo que consiste em ver, na história europeia entre os séculos XV e XVIII, um preâmbulo ao sistema do livre mercado instituído a partir do século XIX, articulado em escala global e tendo como centro a Europa, em particular a Grã-Bretanha. As versões retrospectivas da história têm sempre, é verdade, algo de reconfortante, dão a ilusão de que os processos materiais teriam um sentido direcionado e ocorreriam segundo uma racionalidade identificável. Tudo se passa como se o mundo presente fosse a versão acabada do esboçado no passado. Braudel não abre mão de identificar continuidades entre dois tempos que, em muitos

---

9 Utilizamos aqui a seguinte edição: Braudel, *Civilisation, économie et capitalisme: XVe-XVIIIe siècle*, t.I: Les Structures du quotidien.

aspectos, permanecem heterogêneos. Combinando ruptura e continuidade, a análise histórica descobre na vida material uma dinâmica própria e uma complexidade inaudita, sugerindo que é complicado falar em determinismo econômico antes da Revolução Industrial.

A leitura do presente volume poderá causar um efeito de estranhamento similar àquele ao qual se refere Braudel a propósito de sua própria obra. "Nosso livro é uma longa viagem para aquém das facilidades e hábitos pródigos da vida moderna. Na verdade, ele nos conduz a outro planeta, a um universo humano diferente. Sem dúvida, poderíamos visitar Voltaire em sua propriedade em Ferney, e, como uma ficção não custa caro, conversar longamente com ele, sem grandes sobressaltos. No plano das ideias, os homens do século XVIII são nossos contemporâneos, seu espírito e suas paixões permanecem suficientemente próximos dos nossos para que não haja estranhamento. Mas, se o sr. de Ferney nos hospedasse por alguns dias, todos os detalhes da vida cotidiana, incluindo seus próprios cuidados pessoais, nos pareceriam deveras surpreendentes. Entre ele e nós surgiriam distâncias enormes: a iluminação noturna, o aquecimento, os transportes, os alimentos, as doenças, as medicações... É preciso, portanto, desfazer-se de uma vez por todas das realidades ambientes para realizar essa viagem, como sói, à contracorrente dos séculos, e reencontrar as regras que durante muito tempo mantiveram o mundo numa estabilidade que pode parecer incompreensível se pensarmos na fantástica mutação que viria depois" (p.12).

Lendo essas palavras em 2023, surge a questão de saber até que ponto "nós" poderíamos, hoje, nos sentar à mesa com Voltaire e travar uma conversação a partir de valores comuns. A mesma diferença em relação às técnicas materiais parece ter se estendido às técnicas de pensamento, o que a *Enciclopédia*, inclusive, poderia considerar natural e até inevitável. Não é a filosofia uma arte dessa função fisiológica espontânea, o pensar, realizada pelo cérebro? Ora, os cérebros do século XXI não pensam como os do século XVIII. Essa divergência, às vezes abismal, consolida-se, não raro, na mais absoluta incompreensão. Outrora vistas como um momento de emancipação, as Luzes são hoje denunciadas por todos os lados, uns as tomam como o princípio do "relativismo cultural" e coisas que tais, enquanto outros as atacam como a ideologia subjacente às piores práticas e crenças modernas, com destaque para o racismo colonial. Mas nem o mundo atual nem o do século XVIII precisaram de alguma legitimação filosófica para se tornar o que são. Devem-no a um devir histórico que, na opinião dos enciclopedistas, faríamos bem em não submeter sem mais a categorias analíticas. Sob pena de encontrar um sentido e uma forma onde tudo é relação.

De resto, entre Voltaire e o século XXI muita água passou por debaixo da ponte, a começar por um sem-número de revoluções (americana, francesa, haitiana, industrial etc.), sem esquecer as profundas transformações, ainda em curso, decorrentes dos grandes conflitos armados do século XX. Cobrar de um livro múltiplo e aberto como a *Enciclopédia* que ele nos dê uma visão fechada e coerente, e, ainda mais, condizente com os anseios que se manifestam atualmente, quaisquer que eles sejam, seria no mínimo absurdo, para não dizer ridículo. Evitemos incorrer em um pecado que certamente nos exporia à fina ironia de Voltaire. Ao que tudo indica, as aparentes insuficiências da *Enciclopédia* diante das reivindicações do tempo presente – ele mesmo fadado ao anacronismo – são o sintoma de lacunas em nosso próprio modo de pensar.

A questão que uma obra como a *Enciclopédia* põe para nós, à distância de quase trezentos anos, não poderia ser mais desconcertante: do que falamos, quando usamos e abusamos da palavra "civilização"? O título de *Civilização material*, com seus ecos braudelianos, alude a esse problema, que parece ter se renovado de forma particularmente aguda no Brasil do século XXI. Um verbete como *São Salvador*, brevíssimo, porém evocativo, mostra bem o que está em questão (ver também *Potosí*). Fala de uma cidade construída em terreno íngreme, na qual o deslocamento de mercadorias e de pessoas é feito por animais, mas, principalmente, por escravos. Os cidadãos, por sua vez, dão mostras inequívocas de piedade religiosa, ao mesmo tempo que portam à vista de todos as armas para agressão de quem se interponha em seu caminho. A ideia de civilização que se desenha aí confunde-se com a de policiamento, num híbrido semântico que, como nota Sérgio Buarque de Holanda, é característico da colônia brasileira na virada do século XVIII para o XIX. "A Cidade de Salvador [escreve Luís dos Santos Vilhena], era, 'das colônias do Brasil, a mais frequentada de gente policiada'. Acontece que, ao ler 'gente policiada', um comentador não teve dúvidas: Vilhena queria falar em polícia, portanto em gente armada, portanto em militar. O estranho é que não lhe passou pela cabeça que a palavra 'policiada' pudesse ter, e no caso tinha, com certeza, o sentido de 'cultivada', 'refinada', em suma, 'civilizada', ou seja, quase o oposto daquilo que a palavra 'polícia' costuma evocar atualmente."[10] Esse comentador – SBH prefere não expô-lo – não deixa de acertar quando comete um disparate semântico, traindo uma concepção de sociedade que, hoje como outrora, parece bem "brasileira". O verbete da *Enciclopédia* sobre Salvador, mais que um registro histórico, é um achado sociológico.

* * *

Seria um equívoco pensar que a *Enciclopédia* toma distância em relação ao "mundo" que ela inventa, cataloga e descreve. Os filósofos – a começar por Kant e por Hegel – sempre tiveram dificuldade para entender como esse dicionário poderia ser verdadeiramente sistemático e, ainda assim, aspirar à condição da verdadeira filosofia. Mas a *Enciclopédia* não é como a *Ética* de Espinosa ou a *Fundamentos de toda a doutrina da ciência* de Fichte – não fala sobre as condições do conhecimento, não discorre sobre o método que leva à verdade, não aspira à transcendência, nem sequer pretende se isolar da "experiência", protegendo-se contra a perigosa influência das "sensações" e das "paixões". É um sistema, no mesmo sentido em que entende as máquinas, e o enciclopedista é, necessariamente, um filósofo diferente, que prefere os ateliês dos artesãos ao silêncio de seu escritório. Cada volume é editado em conformidade às exigências do que se espera de um dicionário, pouco importa se razoado ou não. Exige leituras e revisões que os grandes intelectuais relegariam ao estatuto inferior do trabalho manual, indigno da reflexão em estado puro. Diderot e os seus não tiveram tempo para considerações como essas, participando, ativamente, da confecção da *Enciclopédia* como livro. Uma vez em público, os volumes circularam, conheceram edições ilegais, reedições supervisionadas ou não, viram-se, por assim dizer, à mercê das intempéries que acometem todo livro, em especial os mais visíveis

---

10 Buarque de Holanda, "Sobre uma doença infantil da historiografia", em *Escritos coligidos*, v.II, p.425.

aos olhos do público.[11] Por isso, não é exagero afirmar que a *Enciclopédia* rapidamente passou a ser, ela mesma, um elemento material, econômico, intelectual do mundo que ela comenta. A ponto de se tornar, retrospectivamente, inseparável do século XVIII – para muitos, o seu epítome.

* * *

Quando a coleção de verbetes da *Enciclopédia* foi publicada pela primeira vez em 2015, graças a uma iniciativa da Editora Unesp, contava com cinco volumes, organizados assim: 1. *Discurso preliminar* e outros textos; 2. O sistema dos conhecimentos; 3. Ciências da natureza; 4. Política; 5. Sociedade e artes. Dois anos depois, em 2017, veio a lume um sexto tomo, intitulado Metafísica. Não foi um acréscimo planejado. Decorreu de uma sugestão dos editores, Jézio Gutierre e Leandro Rodrigues, que clamaram pelos verbetes mais diretamente ligados à filosofia. Do mesmo modo, este sétimo volume surgiu inesperadamente, quando trabalhávamos em verbetes complementares para edições posteriores dos volumes já publicados. Com o tempo (entre 2020 e 2022), ficou claro que algo diferente estava surgindo, e o novo volume como que adquiriu forma por si mesmo. Os organizadores não fizeram mais do que dispor em ordem alfabética as centenas de verbetes traduzidos, selecionando-os então a partir dos critérios utilizados em outros volumes: importância reconhecida, interesse inaudito, qualidade estilística, curiosidade. Feito isso, buscou-se por uma coerência impossível, falha inerente a uma coleção como a que ora se encerra e que este volume assume de maneira mais franca que aqueles que o precederam (como observou Michel Delon certa vez, eles têm um ar muito mais metódico do que a *Enciclopédia* original). Este não – terminou sendo mais fiel ao projeto de Diderot e d'Alembert (e de Jaucourt e d'Holbach, que tanto os auxiliaram): quase um sistema que se organiza a si mesmo, uma ordem fortuita, um equilíbrio provisório – enfim, uma máquina orgânica.

Universidade de São Paulo, fevereiro de 2023

---

11 Ver Darnton, *O Iluminismo como negócio*.

Referências bibliográficas

BADINTER, Élisabeth. *As paixões intelectuais*. 3v. Rio de Janeiro: Civilização Brasileira, 2008.

BARTHES, Roland. As pranchas da *Enciclopédia*. In: *O grau zero da escrita*. Trad. Mário Laranjeira. São Paulo: Martins Fontes, 2000.

BRAUDEL, Fernand. *Civilisation, économie et capitalisme*: XVe-XVIIIe siècle. T.I: Les Structures du quotidien. Paris: Armand Colin, 1979. [Ed. bras.: *Civilização material, economia e capitalismo*: séculos XV-XVIII. T.I: As estruturas do cotidiano. 1.ed. São Paulo: WMF Martins Fontes, 1995.]

BUARQUE DE HOLANDA, Sérgio. Sobre uma doença infantil da historiografia. In: *Escritos coligidos*. Org. Marcos Costa. V.II. São Paulo: Editora Unesp, 2011.

DARNTON, Robert. *O Iluminismo como negócio*. Trad. Laura da Motta Teixeira. São Paulo: Companhia das Letras, 1996.

DIDEROT, Denis. *O sonho de d'Alembert, seguido de Elementos de fisiologia*. Trad. Maria das Graças de Souza. São Paulo: Editora Unesp, 2023.

_____. *Da interpretação da natureza e outros escritos*. Trad. Magnólia Costa Santos. São Paulo: Iluminuras, 1999.

FISCHBACH, F. et al. (orgs.). *Histoire philosophique du travail*. Paris: Vrin, 2022.

HIMMELFARB, Gertrud. *Os caminhos para a modernidade*: os iluminismos britânico, francês e americano. São Paulo: É Realizações, 2011.

LICHTENSTEIN, Jacqueline. *La Tache aveugle*: essai sur les relations de la peinture et de la sculpture à l'âge moderne. Paris: Gallimard, 2003.

PROUST, Jacques. *Diderot et l'Encyclopédie*. 2.ed. Paris: Albin Michel, 1995.

SIMONDON, Gilbert. *Do modo de existência dos objetos técnicos*. Trad. Vera Ribeiro. Rio de Janeiro: Contraponto, 2020.

SOMAIN, René. O Brasil na *Encyclopédie* de Diderot e d'Alembert, *Revue Franco-Brésilienne de Géographie*, v.38, 2018.

Civilização material

Acariçoba, Diderot [1, 59]

Planta do Brasil cujas raízes aromáticas estão entre os melhores desobstrutores, em especial do baço e dos rins. Os médicos aplicam o suco das folhas como antídoto e vomitivo. Este verbete tem dois defeitos: fala demais sobre as propriedades da planta e não diz o suficiente sobre seus caracteres.

Açúcar (*História Natural das Artes*), Le Romain [15, 608-14]

Ninguém ignora que o açúcar é uma substância sólida, branca, doce, agradável ao paladar, muito usada nos ofícios, nas cozinhas e mesmo na farmácia, para a confecção de xaropes e na preparação de diversos remédios, dissolvendo-se perfeitamente na água, à qual dá um sabor delicado, sem, no entanto, transmitir qualquer odor.

É difícil saber quando o açúcar começou a aparecer na forma sólida, mas é certo que os antigos o conheciam, pois, como relatam Teofrasto, Plínio e outros, eram utilizados os sucos de certos juncos, que eram canas-de-açúcar, aos quais Luciano provavelmente alude, quando diz: *quique bibunt tenera dulces ab arundine succos* [e eles beberão sucos doces e tenros da cana]. Mas não nos parece que a Antiguidade dominasse a arte de cozer o suco, condensá-lo e reduzi-lo a uma massa sólida e branca, como fazemos hoje em dia. O presente verbete trata dessa arte, discutindo, antes, a cana-de-açúcar e sua cultura, as máquinas, os utensílios e os ingredientes necessários à preparação desse produto exótico que é um dos principais objetos do comércio marítimo.

Da cana-de-açúcar. A cana-a-açúcar ou, dependendo do uso do país, cana-de-açúcar, difere, por ser maciça, dos juncos ocos chamados de juncos da Espanha. Seus nós são mais próximos uns dos outros, sua casca é menos lenhosa e mais fina, e serve como um revestimento para uma multidão de fibras que, dispostas paralelamente, formam uma espécie de tecido celular repleto de um suco doce, agradável, um pouco viscoso, similar a um xarope dissolvido em muita água.

O corpo da cana é dividido em nós cujos intervalos crescem à medida que se distanciam da origem. Desses nós saem as folhas que secam e caem à medida que a planta cresce, de modo que no alto só resta um buquê. São longas, estreitas, denteadas nas bordas, divididas por uma única nervura; assemelham-se a grandes lâminas de espada. Quando a planta floresce, do meio de suas folhas desponta uma flecha reta de 30 a 35 polegadas, da grossura da extremidade de um dedo mindinho, guarnecida no alto por penachos semeados de pequenos tufos muito delicados que contêm a semente.

Desde que plantada em boa terra, a cana cresce normalmente de seis a oito pés de altura, com mais ou menos doze linhas de diâmetro. Quando maduras adquire uma bela cor amarela, e o suco que encerra é bastante saboroso. As canas que são produzidas em terrenos baixos e pantanosos elevam-se até doze ou quinze pés ou mais. São quase tão grossas quanto um braço. Mas seu suco, embora abundante, é menos doce. Os terrenos áridos, ao contrário, dão canas bem pequenas, cujo suco é pouco abundante, bem denso e como se fosse meio cozido pelo calor do sol.

Cultura das canas. Embora a flecha ou flor da qual [**609**] falamos encerre em seus tufos uma multidão de sementes, elas não são usadas para multiplicar a espécie. A experiência ensinou que é mais apropriado plantar os brotos da cana. Esse método é mais rápido e mais certo: corta-se o cume das canas em tocos de quinze a dezoito polegadas de comprimento, plantam-se esses tocos deitados obliquamente dois a dois em cada um dos buracos destinados a recebê-los; joga-se terra por cima, sem cobrir as extremidades. Se a estação for favorável, a planta começa a crescer ao final de sete ou oito dias. A quantidade de mato que cresce ao redor obriga a capinar em volta da cana cinco ou seis vezes, até que ela tenha adquirido força suficiente para sufocar as ervas daninhas. Quando adquirem uma altura determinada, os pés de cana são atacados por enxames de pequenos insetos, que os habitantes chamam de *puchons* ou *pucons*. As formigas são igualmente nocivas; o estrago causado pelos ratos é grande.

Num bom terreno bem preparado e cuidadosamente mantido, a planta subsiste por doze a quinze anos, quando não mais, sem que haja necessidade de renová-la.

A idade em que se devem cortar as canas não é fixa. O tempo de sua maturidade é com frequência retardado pela variedade da estação. Não se deve fazer a colheita quando elas estão em flor, pois, então, as flechas despontam à custa de sua própria substância. O uso indica que esse tempo é de aproximadamente um mês, ou, senão, deve-se esperar que tenha passado a floração.

Descrição do moinho de prensagem da cana. Normalmente se constroem moinhos de três tipos, a saber: a vento, a água e a cavalos.

O principal mecanismo consiste em três grandes rolos de madeira de igual diâmetro, ordenados perpendicularmente sobre uma mesma linha um ao lado do outro, cada um coberto por um tambor ou cilindro de metal bem sólido, C. Esses rolos, como se diz no país, são furados segundo seu eixo, com um grande furo quadrado, no qual é encastrado com força um grande pivô de ferro, cuja parte inferior é guarnecida de saliência bem afiada, apoiada sobre uma chumaceira, e a extremidade superior é de forma cilíndrica, que gira livremente num aro de metal. A algumas polegadas abaixo dos tambores ou cilindros são colocados os ganchos, G, cujos dentes estão engrenados uns nos outros. É fácil ver, pela disposição dos três rolos coroados de ganchos, que o rolo do meio, uma vez posto em movimento, deve fazer que os que estão dos lados ajam em sentido contrário; é por isto que a parte superior desse rolo principal deve ser consideravelmente prolongada nos moinhos a vento e nos que são movidos por cavalos; mas, naqueles movidos a água, essa parte é elevada apenas de alguns pés. É o que se chama *a grande árvore*, à qual está ligada a potência.

Sob os rolos situa-se uma mesa forte, B, construída normalmente de um só bloco, cuja parte de cima é um pouco cavada em forma de bacia, guarnecida de chumbo, e que tem uma goteira, prolongada se necessário, por onde o suco das canas esmagadas entra nos tambores e cai na refinaria de açúcar. Todas essas peças são bem fixadas, encerradas num chassi de madeira bem construído. Nos moinhos a água, a pouca distância do chassi, fica uma roda horizontal F, que tem como eixo a grande árvore; como os dentes dessa roda estão dispostos perpendicularmente, eles engrenam os fusos de uma lanterna G, posta em ação pela grande roda de frascos I, verticalmente disposta, e sobre a qual cai a água da tubulação X.

Em vez de contar com uma roda de frascos, os moinhos a vento agem por meio de grandes asas; quanto aos moinhos movidos por animais, seu mecanismo é tão simples que a inspeção é suficiente para que se possa concebê-los. Vide os verbetes *Refinaria, Purificadora, Estufa.*

Casa dos bagaços. A alguma distância dos moinhos e da refinaria, constroem-se grandes galpões cobertos de folhas de canas e juncos que servem para proteger da chuva os bagaços e os pedaços de cana espremidos no moinho, usados para aquecer os fornos da usina.

Os utensílios da refinaria são as caldeiras, das quais falamos no verbete *Refinaria*, um cocho de garapa, espécie de grande gamela de madeira, feita de uma só peça, destinada a receber a garapa ou suco da cana que provém do moinho.

Refrescadores de cobre vermelho: são grandes bacias de fundo plano, com duas alças para transportá-las. Bicos de corvo, espécie de grandes caldeirões de duas alças, que têm um bico em forma de goteira. Vide *Bico-de-corvo*.

Cada acessório de caldeira consiste em uma cesta de folhas de palmeira, uma grande colher de cobre vermelho em forma de uma caçarola funda e uma grande escumadeira de cobre amarelo. Esses dois instrumentos têm um cabo de cinco pés de comprimento e seu uso é evidente.

Para passar a garapa e o xarope utilizam-se coadores: são pedaços de lã branca, sustentados por uma grande caixa de madeira, com muitos buracos feitos à broca, e cujo fundo feito em forma de grelha é suportado por dois bastões dispostos como braços de maca; esses bastões são postos cruzados nas bordas do declive quando se quer passar a garapa ou o xarope de uma caldeira para outra.

Deve-se ter ainda várias pequenas tinas ou baldes para receber a espuma.

Uma cuba elevada sobre pés e furada no fundo serve para fazer a lavagem própria para a purificação do açúcar.

Um vaso para preparar a água de cal para o mesmo uso.

Perfuradores próprios para lancetar o açúcar nas fôrmas.

Grandes facas de madeira, de três pés de comprimento, espécies de espátulas que os refinadores chamam de *pagaves*.

Os separadores são os instrumentos necessários para a depuração, espécie de enxós de cabo curto, espátulas redondas, escovas semelhantes a grandes pincéis para besuntar, foices, um bloco de refinador, espécie de grande vaso de três pés, e uma boa provisão de uma terra preparada parecida com aquela com a qual se fazem cachimbos em Rouen.

É indispensável ter um número suficiente de fôrmas guarnecidas de seus potes: essas fôrmas são grandes vasos de argila de figura cônica, abertas inteiramente em sua base e furadas com um buraco na ponta; seu tamanho varia muito, umas tendo três pés ou mais de altura e mais ou menos quinze polegadas de diâmetro na base, outras têm somente 18 polegadas sobre um diâmetro proporcional. Há algumas médias entre esses dois tamanhos, mas, tanto quanto for possível, é bom ter tal sortimento; cada fôrma deve ser acompanhada de um pote proporcional.

Dentre os ingredientes utilizados para a fabricação do açúcar, empregam-se cinzas de madeira dura [**610**], cal, alume, e algumas outras drogas das quais não falaremos e cujo uso foi introduzido pela ignorância e pelo charlatanismo.

Preparação da lixívia para purificar o açúcar. Após ter fechado ligeiramente o buraco da tina, colocam-se no fundo ervas e raízes cortadas, muito apreciadas pelos refinadores. Sobre essa primeira camada, põe-se uma espessura análoga de cal vivo; cobre-se tudo com ervas, e continua-se nessa ordem até que a tina esteja totalmente cheia. Então joga-se água fervendo, que, após ficar impregnada com os sais da cinza e da terra absorvente da cal, escorre pelo buraco da tina para um vaso destinado a recebê-la. Essa água deve ser coobada várias vezes, a fim de ficar bem impregnada de sais.

Procedimento relativo à fabricação dos açúcares. A garapa que vem das canas esmagadas no moinho pode ser bem ou mal condicionada, segundo a boa ou má combinação de seus princípios constituintes; a natureza do terreno em que foram plantadas as canas, seu grau de maturidade e a estação na qual foi feita a colheita ocasionam diferenças notáveis que precisam ser bem observadas se se quiser ter êxito.

Inspecionando a garapa quando ela é passada para a grande caldeira, o refinador decide sobre a maior ou menor quantidade de ingredientes a serem empregados e quais são as doses convenientes. Se os princípios salinos aquosos, terrosos ou oleosos estão ligados numa justa proporção, a garapa fica perfeita e pode ser trabalhada facilmente; mas se, ao contrário, os princípios oleosos e aquosos estiverem mal combinados com os dois outros, o ácido fica excessivamente desenvolvido, a garapa então fica verde e gordurosa.

É por isso que ela exige, na caldeira, uma pitada de cinza e de cal em pó bem fino, bem diluído numa quantidade suficiente da mesma garapa.

As canas velhas e as que sofreram uma grande seca dão um suco escuro, espesso, como se estivesse meio cozido pelo sol; esse suco contém poucos princípios aquosos, e o ácido nele é mais sensível, sendo, por assim dizer, neutralizado numa porção do princípio oleoso que se encontra em grande abundância.

A constituição dessa garapa às vezes obriga a se misturar a ela água clara, e joga-se na caldeira uma pitada de cinza, um quartilho de cal e um pouco de antimônio em pó misturado na lavagem; a necessidade de empregar essa última droga não está bem demonstrada; além disso, coloca-se apenas uma quantidade tão medíocre que não pode fazer mal, e não se deve servir-se dela na fabricação do açúcar que se quer deixar bruto, sem branqueá-lo em seguida. Vide a observação no final do verbete.

Tomadas essas precauções, e estando a garapa fervendo na caldeira, devem-se, antes que ela borbulhe, tirar inteiramente todas as espumas, até que não haja mais nenhuma na superfície. Em seguida, deixa-se que ela ferva durante uma hora, depois do que se deve passá-la, com colheres, para a segunda caldeira, chamada *a própria*, tendo o cuidado de passá-la através de um coador sustentado por sua caixa furada. A grande caldeira se enche com nova garapa e o trabalho continua sem interrupção.

Quando a garapa passada para a *própria* começa a ferver, joga-se um pouco da lixívia da qual falamos, fazemos espumar com cuidado, e deixa-se continuar a ebulição até que a grande caldeira esteja em condições de ser esvaziada. Então, com auxílio de colheres e do coado, a garapa deve passar da *própria* para a *chama*, ou terceira caldeira, para adquirir um novo grau de purificação, pela força do fogo e de um pouco de lixívia que é colocada várias vezes, sempre fazendo espumar a cada vez.

Dessa terceira caldeira, a garapa, passando para a quarta, perde seu nome e se converte em um xarope pela força da fervura, ou continua a se purificar com um pouco de lixívia e utiliza-se uma escumadeira de furos estreitos.

A *bateria*, ou quinta caldeira, uma vez cheia desse xarope, é muito fortemente aquecida, e põe-se ainda um pouco de lixívia. As bolhas sobem consideravelmente, e o xarope pode se derramar por cima das bordas se não se tiver o cuidado de jogar de tempos em tempos alguns pedaços de manteiga ou outras matérias oleosas, elevando-o com uma escumadeira para aerá-lo. A repetição dessa manobra faz as bolhas baixar e dar o tempo para espumar, o que deve ser feito com o maior cuidado possível.

Quando o xarope se aproxima do grau de cozimento que deve ter, e o refinador, lembrando-se dos fenômenos que observou na grande caldeira, despeja na *bateria*, se for necessário, uma pitada de água de cal na qual se dissolveu uma onça de alume; algumas vezes, para melhor desengordurar o açúcar, põe-se na caldeira um pouco de alume em pó.

Pela figura e pelo movimento das bolhas se pode ver se o xarope está suficientemente cozido, e, para melhor se certificar, põe-se uma gota no polegar e, juntando a ele o índex ou o dedo do meio e afastando-os um do outro, forma-se um fio cuja ruptura mais ou menos clara e rápida mostra o grau de cozimento. A isto se chama *tomar o cozimento*, o qual, estando no seu ponto justo, deve-se, com extrema diligência, retirar o xarope, para que ele não queime. Ele é lançado num refrescador, remexendo com a espátula, após o que o deixamos repousar. Ao final de um quarto de hora mais ou menos, forma-se uma crosta na superfície, que deve ser quebrada para bem misturar o xarope, e deixamos repousar o todo no abrigo, se nos contentamos em fazer o açúcar bruto, sem intenção de branqueá-lo; basta, com o auxílio do bico-de-corvo, transportar o xarope do refrescador para um grande barco de madeira, no qual, após tê-lo remexido um pouco, deixamo-lo esfriar a ponto de poder tocá-lo com o dedo; então, o bico-de-corvo serve para derramá-lo em grandes barricas abertas no alto, com um furo no fundo, e postas de pé sobre as vigas do tanque. O furo dessas barricas deve ser tampado com uma cana, que é colocada de pé, e que, vindo a secar um pouco pelo calor do açúcar, deixa uma passagem livre para que o xarope, não estando condensado, escorra e se separe da massa do açúcar.

Se quisermos limpar e clarear o açúcar serão necessárias outras precauções; em cada caldeira deve ficar um operário para cuidar dela, e põe-se um pouco de antimônio na lixívia. Quando as fôrmas das quais falamos tiverem ficado de molho em água limpa durante 24 horas e estiverem limpas, fechamos o furo com precisão com um tampão de estopa e as dispomos com a ponta para baixo. Tudo estando assim preparado, pega-se no refrescador uma quantidade de xarope suficiente para encher o bico-de-corvo. Essa quantidade se divide em porções mais ou menos iguais em todas as fôrmas, cujo número é fixado segundo a capacidade da bateria. Continua-se assim a encher e esvaziar o bico-de-corvo até que as fôrmas estejam totalmente cheias de xarope [**611**], na superfície do qual se forma uma crosta que deve ser rompida e bem mexida com o que está líquido, o que se faz remexendo com a espátula e raspando o interior das fôrmas para impedir o açúcar já condensado de aderir a elas. Essa operação é feita duas vezes somente no intervalo de meia hora; em seguida, dá-se ao açúcar o tempo de ficar firme sem tocar absolutamente nele.

Depois de quinze ou dezesseis horas, destampamos as fôrmas e enfiamos no buraco um perfurador de sete a oito polegadas de comprimento, a fim furar a cabeça do pão de açúcar e facilitar que o xarope supérfluo escorra. Põe-se a ponta das fôrmas assim destampadas em potes próprios para isto e os ordenamos de um dos lados da usina onde esses vasos permanecem durante toda a semana, enquanto o trabalho das caldeiras continua dia e noite.

Os xaropes que escorrem naturalmente nos potes são chamados de xaropes gordos. São recozidos para fabricar o açúcar chamado açúcar de xarope, cuja qualidade é inferior àquela do precedente. Esse açúcar de xarope, quando posto a escorrer, dá um xarope amargo que serve para fazer tafiá ou aguardente de açúcar.

Produção do açúcar mediante purificação segundo a capacidade da estufa. Determina-se o número de pães de açúcar que podem ser trabalhados, começa-se por olhá-los retirando-os um após o outro de dentro das fôrmas e colocando de novo cada um exatamente na sua. Os defeituosos são postos à parte para serem refundidos. Todas as fôrmas cujos pães foram escolhidos são levados para a purificadora, onde são colocados perpendicularmente com a ponta para baixo em novos potes vazios, tendo a atenção de situá-los dos dois lados da construção com muita ordem e por divisões de seis fôrmas de frente sobre oito de comprimento, segundo a largura do terreno, o qual, por esse arranjo, fica dividido de uma ponta a outra por um caminho de mais ou menos quatro a cinco pés de largura, e cruzado de tantas ruelas quanto as divisões ou leitos de fôrmas. Essa disposição se parece com a dos leitos de doentes num hospital.

Todas as fôrmas assim colocadas sobre seus potes exigem uma preparação antes de receber a terra que deve cobri-las. Deve-se, segundo a linguagem dos refinadores, fazer o seu fundo, ou seja, tirar uma crosta seca que se formou sobre o açúcar, e abaixo da qual há uma outra crosta mais gordurosa separada da primeira por um espaço vazio de aproximadamente uma polegada: a crosta seca é posta à parte para ser refundida com o xarope grosso, e a gordura só é própria para fazer tafiá. O vazio que elas ocupam nas fôrmas, que é bem limpo com escovas, é preenchido até uma meia polegada perto da borda por uma quantidade suficiente de açúcar branco rapado, um pouco tampado e com um nível bem acertado com uma espátula de ferro. Cobre-se tudo com uma camada de terra branca bem limpa e diluída na consistência de argamassa clara.

Depois dessa preparação, devem-se fechar as janelas para impedir que o ar exterior resseque a terra; a água que ela contém se filtra insensivelmente através das moléculas do açúcar, dissolve o xarope supérfluo que o coloria e o determina, pelo seu peso, a escorrer nos potes colocados sob as fôrmas. É o xarope fino que é recozido nas caldeiras situadas para esse fim numa das extremidades da purificadora.

É necessário olhar com frequência as fôrmas cobertas com terra. A umidade da terra poderia agir de modo desigual e formar goteiras e cavidades no interior do pão de açúcar. O remédio para esse inconveniente é colocar um pouco de areia fina nos pequenos furos que começam a aparecer na superfície da terra: essa areia absorve a umidade e a impede de se precipitar muito depressa nessa parte.

Ao final de dez a doze dias, a terra fica totalmente ressecada por si mesma, e então deve-se tirá-la adequadamente, separar com uma faca o lado que tocava no açúcar, e colocar o resto à parte para servir outra vez.

O lugar que estava preenchido com a terra na fôrma deve ser bem escovado e limpo. Cava-se então um pouco a superfície do açúcar com um furador para descascá-lo em mais ou menos uma polegada em toda a superfície. Nivela-se com a espátula, cobre-se com uma nova camada de terra diluída, praticando o que se observou anteriormente. Essa segunda terra acaba de precipitar o resto da substância colorante que poderia ainda impregnar a ponta do pão, e, quando ela produz seu efeito, abrem-se as janelas para entrar o ar, limpa-se a parte superior das fôrmas e deixa-se o açúcar repousar durante oito a dez dias e mais se for necessário; em seguida sacodem-se as fôrmas, ou seja, viramo-las sobre o bloco para retirar o pão, cuja ponta deve estar branca e seca. Se ela não estiver branca e seca, separamo-la com uma rachadeira e a colocamos junto das crostas secas e dos xaropes grossos que devem ser recozidos na usina.

Os pães truncados e aqueles que permaneceram inteiros são levados para a estufa, que deve ter sido limpa e aquecida alguns dias antes. Deve-se durante os dois ou três primeiros dias usar um fogo moderado. Devem-se também vigiar os pães de açúcar e separar cuidadosamente os pedaços que parecem se destacar deles. Se alguma parcela cair sobre o cofre de ferro que serve de forno, isto ocasionará um abrasamento difícil de ser remediado. Tudo estando assim bem disposto, fecham-se o alçapão e a porta da estufa, aumenta-se o fogo até que o cofre se avermelhe e, ao final de oito ou dez dias de um calor contínuo, o açúcar se encontra em estado de ser retirado. Então, aproveita-se um bom dia para transportá-lo para os galpões que estão próximos da purificadora, onde é triturado em grandes pilões de madeira feitos para isto. Se houver ainda algumas pontas menos brancas do que o corpo dos pães, deve-se triturá-los à parte, e isto se chama *açúcar de cabeças*.

O açúcar bem triturado e peneirado é posto em barricas, comprimindo-o com um socador: essas barricas, uma vez cheias e guarnecidas, pesam oito, dez, até doze quintais. Os portugueses do Brasil servem-se de grandes caixas, que chamam de *cassa*, de onde o açúcar bruto ou branqueado tomou o nome de *cassonade marron* ou *branca*, com a qual os refinadores da Europa fazem o açúcar refinado que vendem para os lojistas. [Tradução parcial]

Aguaxima (*História Natural, Botânica*), Diderot [1, 191]

Planta do Brasil e das ilhas da América meridional. É tudo o que nos dizem. Eu gostaria de saber a quem se destinam essas descrições. Aos habitantes da terra não pode ser, pois, provavelmente, estão a par de mais caracteres da aguaxima do que os contidos na descrição, e não precisam ser informados de que ela cresce em seu país; é como se disséssemos a um francês que a pereira é uma árvore que cresce na França, na Alemanha etc. Tampouco se destinam a nós, pois, que nos importa saber que existe no Brasil uma árvore chamada aguaxima, se tudo o que conhecemos dela é seu nome? Para que serve esse nome? Deixa os ignorantes como estavam e aos demais nada ensina. Por isso, se menciono essa planta e tantas outras que carecem de uma caracterização adequada, é por condescendência para com certos leitores, que preferem não encontrar nada num verbete de dicionário ou encontrar uma tolice a não encontrar verbete algum.

Alfinete (*Arte Mecânica*), Delaire [5, 804-7]

Pequeno instrumento de metal, reto e pontudo em uma das extremidades, que serve de fixador removível para panos e tecidos, para fixar as diferentes dobras que se dá à vestimenta, na costura e em embalagens.

De todas as produções mecânicas, é a mais frágil, a mais comum, a menos preciosa e, todavia, possivelmente uma das que demandam o maior número de combinações. De onde resulta que a arte, assim como a natureza, expõe seus prodígios nos pequenos objetos, e que a indústria é tão limitada em seus planos quanto admirável em seus recursos; pois um alfinete passa por dezoito operações antes de entrar no comércio.

1º) *O fio de cobre é lavado.* O fio vem da Suécia ou de Hamburgo em caixas pesando entre 25 e 28 libras; eles chegam enrolados, daí serem conhecidos como rolos, e sempre pretos da forja. São fervidos em uma caldeira com água, com areia ou borra de vinho branco, mais ou menos uma libra por caixa. Antes de serem fervidos, os rolos recebem golpes, com força, de um operário sobre um bloco de madeira. Após uma hora no fogo, eles são primeiro mergulhados em um balde de água fria, depois, novamente golpeados, repetidas vezes. Uma vez amolecidos e desenrolados, o operário enrola novamente o fio de cobre, em torno de seu braço, de onde ele será esticado, após ter secado junto ao fogo ou sob o sol.

2º) *O fio é retirado da bobina.* Essa operação é feita sobre uma bancada, que consiste em uma mesa grossa de madeira, quadrada, longa e bastante larga. O fio está enrolado em uma bobina ou cilindro com seis pernas encaixadas em duas pranchas circulares e planas, a prancha da base sendo mais larga que a de cima. Essa bobina gira em torno de um eixo que a atravessa pelo centro. Perto da outra extremidade da mesa se encontra uma trefiladora: trata-se de uma peça de metal com um pé e meio de comprimento, com uma polegada de espessura por duas de largura, perfurada com 112 furos, em princípio, iguais. Porém, como ela é feita de um material maleável, é possível alargar ou diminuir os furos de acordo com a espessura que se quer obter do fio que está sendo puxado. Para isso é utilizado um tipo de prego: sobre uma superfície preparada para isso, após ter sido martelada e tido suas imperfeições corrigidas com um polidor, a trefiladeira é fixada, com o auxílio de uma cunha, em duas ponteiras de ferro, inclinada no mesmo nível do local onde fica uma segunda bobina, onde o fio será enrolado. Depois de ter diminuído a ponta com uma lixa, o operário passa o fio por dentro de um quadrado de madeira, e o puxa, com um tipo de alicate ou pinça, até que seja possível reatá-lo na bobina usando um ou dois anéis de ferro. A bobina é um cilindro de madeira fixado em torno de um eixo de ferro que o atravessa pelo centro da base. Ela pode ser girada através de uma manivela de ferro, conectada por um braço e com uma manopla móvel de madeira ou de chifre. O operário pega a manopla com as duas mãos e gira a bobina para enrolar o fio; de tempos em tempos, usando um pincel, ele besunta com óleo o fio para que este grude melhor na bobina. Antes de passar o fio pelo buraco da trefiladeira, um gabarito é utilizado para determinar a medida. O gabarito é um fio de ferro ou latão que se retrai em formato de serpente. O gabarito possui doze buracos, seis de cada lado. São eles que servem para determinar a espessura do alfinete, dependendo do tipo de alfinete que o operário quer fazer.

3º) *O fio é preparado.* Sobre uma mesa pesada, a dois ou três pés de distância, encontra-se um cilindro em torno do qual é enrolado o fio que sai da bobina. A um pé de distância encontra-se um artefato construído sobre um pedaço de madeira quadrado e reto, fixado sobre a mesa e composto por sete ou oito pregos sem cabeça, enfileirados, mas com duas distâncias entre eles, de modo a formar uma espécie de esquadro curvilíneo. O preparador passa o fio através dos pregos pelo primeiro, depois pelo segundo e assim sucessivamente, de modo a obter uma linha reta que não pode mais ser desfeita; a não ser que os pregos entortem, mas daí a correção precisa ser feita com um martelo. Essa operação é muito delicada, a menor falha deixa o fio torto e inutilizável. Para puxar o fio, o preparador utiliza um alicate afiado, recuando mais ou menos dezoito pés. Em seguida ele separa o pedaço de fio, isto é, corta-o com o alicate para, desse ponto, começar um segundo pedaço com o mesmo comprimento.

4º) *O fio preparado é cortado.* O operário pega uma caixa ou medida de madeira com um pequeno pedaço de ferro na ponta. Essa caixa contém diferentes números, conforme os tipos de alfinetes. Ele ajusta sua caixa no fio preparado e corta com um alicate afiado, específico para a tarefa, o fio em partes alíquotas de acordo com o tamanho da medida. Ele corta de dez a doze fios preparados por vez e depois coloca os pedaços em um recipiente de madeira.

5º) *Essas partes menores são apontadas.* Um homem gira uma grande roda de madeira, como aquelas vistas em cutelarias, em torno da qual há uma corda de cânhamo ou de intestino, ligada a um dispositivo de madeira onde está instalado um rebolo serrado. O rebolo está encaixado em um bloco de madeira em formato de cubo e oco no meio. O apontador se posiciona com as pernas cruzadas, em um banquinho, diante do rebolo, pega de doze a quinze pedaços por vez, posiciona-os entre os polegares e os indicadores, um após o outro, encosta os pedaços enfileirados no rebolo e movimenta-os para baixo ao mesmo tempo que, com os dedos, gira-os em torno do próprio eixo, no intuito de criar uma ponta arredondada. Desse modo ele aponta as duas extremidades dos pedaços, uma após a outra.

6º) *Essa operação é repetida* em um rebolo vizinho, mais fino que o anterior, para afinar as pontas que foram apenas esboçadas. É por isso que os alfinetes de L'Aigle e de outras cidades da Normandia são preferíveis aos de Bordeaux, que são apontados apenas uma vez. Os rebolos são de um ferro endurecido, com meio pé de diâmetro em média e cobertos, ao redor, por dentes talhados por um cinzel seguindo uma linha reta traçada com um compasso. Quando desgastados, eles voltam ao fogo, têm suas superfícies polidas e retalhadas com novos dentes. O eixo dos rebolos é um fuso de ferro, cujas extremidades pontiagudas são encaixadas em dois orifícios de um dispositivo feito com uma madeira mais dura, e que servem de pivôs ou de sustentáculo para o rebolo. O apontador encosta [as partes que afia] de modo mais ou menos forte conforme a ponta vai sendo afiada.

7º) *As partes são cortadas*. O cortador pega uma caixa de ferro, [**805**] ajusta os pedaços apontados nessa caixa e, com o auxílio de um pedaço de madeira com a ponta curva, coloca-os em um dispositivo de madeira que fica apoiado em sua coxa, por meio de um acolchoado de couro, e que pode ser amarrado por meio de duas tiras de couro. Sentado no chão, o operário estende uma perna e dobra a outra, de modo que a parte de trás do joelho da perna estendida repouse sobre o pé da perna dobrada. Nessa posição, a coxa da perna dobrada lhe serve de suporte para movimentar a parte inferior do grande alicate que usa para cortar os pedaços afiados. Assim como as caixas que determinam o tamanho dos pedaços maiores, essas caixas menores, que servem para determinar a medida de cada alfinete, possuem, em média, três polegadas de comprimento e duas de largura, com uma separação no meio, e têm seus dois lados internos revestidos nos locais onde o polegar deve ficar, no intuito de alinhar os pedaços. As pontas ficam apoiadas na base do quadrado formado no meio da caixa e é preciso cuidado para não as quebrar ou fazê-las perder o fio. Os pedaços são cortados em dúzias, dispostos e divididos em dois, três ou quatro, conforme o número de alfinetes ali contidos. As extremidades que ficam para além do especificado são cortadas como já foi descrito.

8º) *As cabeças são torneadas*. Em uma das pontas de uma mesa inclinada, encontra-se uma espécie de roda de fiar cuja correia está ligada a uma caixa de madeira instalada na outra extremidade da mesa e fixada sobre eixos encaixados na mesa. Na parte superior dessa caixa, embutida, encontra-se uma brocha ou tubo de ferro. Essa brocha é perfurada pela ponta e escavada, em mais ou menos uma polegada. Ela está conectada na parte inferior de uma segunda abertura, semelhante à embocadura de uma flauta. Através dessas duas aberturas vizinhas deve passar primeiro o molde das cabeças, para que fique em volta da brocha. O molde consiste em um fio de latão, mais ou menos grosso, conforme a espessura das cabeças que se queira fazer, mas sempre mais grosso que os alfinetes nos quais serão instalados. O fio das cabeças, mais fino que o dos alfinetes, está na bobina, em torno do cilindro, encaixado em um eixo, preso ao apetrecho. O torneiro, ou fazedor de cabeças, pega uma peça cilíndrica de madeira com seis polegadas de comprimento por três de circunferência. Na parte inferior há uma linha que cruza o cilindro por dentro, através do molde, e que é equilibrado entre dois alfinetes sem cabeça, um em cada extremidade, e com um pequeno círculo de ferro encaixado no centro. É por esse círculo, chamado de porta, que propriamente passa o fio para fazer a cabeça e, dali, para a brocha, pelos buracos mencionados, para ser enganchado no bico. Com uma mão, o torneiro fecha o punho para segurar a porta e passa o fio pelo meio dos dedos indicador e médio, de sorte que o fio atravessa o molde em ângulos retos. Com a outra mão, ele gira a roda, e o fio que o cilindro deixa passar é entortado pelo molde conforme o operário recua. Uma vez coberto o molde, a cada cinco ou seis pés mais ou menos, o fio é destacado da brocha. O resultado é uma cadeia de cabeças semelhantes a um cordão de ouro, com o qual às vezes são bordados alguns chapéus.

9º) *As cabeças são cortadas*. Um homem sentado no chão, com as pernas cruzadas, pega algumas dúzias desses cordões de cabeças e uma tesoura sem ponta, cuja lâmina superior termina em uma espécie de receptáculo que contém a lâmina inferior. Com ela, ele corta as cabeças, prestando atenção para nunca cortar mais nem menos do que duas voltas do fio. Se esse limite não é observado, as cabeças não servem. Essa operação é muito delicada, uma vez que apenas um olho e uma mão habituados podem garantir que o operário obedeça a essa regra. No entanto, um operário hábil não corta menos do que 12 mil cabeças por hora.

10º) *As cabeças são amolecidas*. Para isso basta deixá-las vermelhas sobre um braseiro, em uma colher de ferro parecida àquela encontrada nas metalúrgicas de estanho ou chumbo, de modo que elas sejam mais maleáveis para o encaixe e o engate com os alfinetes seja melhor.

11º) *As cabeças são encaixadas*. O aparato que serve a essa operação é composto por uma mesa ou bloco de madeira, quadrado ou triangular, que serve de base para duas colunas de madeira que são unidas por um travessão. Em uma dessas colunas, mais alta que a outra em um pé e meio em média, passa um básculo ou alavanca que, através de suas extremidades no meio do travessão das colunas, conectada por uma corda a uma barra que tem em sua ponta um contrapeso, responde a uma corda, amarrada na outra extremidade, e pode ser movimentada por meio de um pedal, fixado no chão pela ponta por um grampo. No espaço interno, encontram-se dois pilares de ferro paralelos às colunas, fincados na base da mesa e encaixados no travessão. Logo abaixo do contrapeso fica outra barra de ferro que se liga aos pilares, para guiar o contrapeso de modo que ele caia sempre no local correto. Esse contrapeso é uma esfera ou cilindro maciço de chumbo, pesando de dez a onze libras, com uma parte alongada embaixo onde fica encaixado um tubo de aço. Esse instrumento é perfurado por uma cavidade semiesférica onde a cabeça do alfinete fica encaixada. Abaixo fica uma bigorna, sobre a qual fica instalado um instrumento semelhante ao que fica preso ao contrapeso, também perfurado por uma cavidade onde fica o corpo do alfinete que vai receber a cabeça, pois, sem ela, esse alfinete seria estilhaçado durante a operação. Essas duas cavidades servem para segurar ao mesmo tempo essas duas partes, o que é conhecido como contenção. O alfinete é formado com o auxílio de duas estampilhas. Sentado em uma cadeira, o batedor tem diante de si três recipientes de madeira ou bolsas de couro. Um deles contém os pedaços apontados, o outro as cabeças, e o terceiro serve para receber os alfinetes com cabeça. Com uma mão, o batedor alinha os alfinetes; com a outra, encaixa as cabeças e, com o pé, aciona o contrapeso através da alavanca na qual ele pisa duas vezes, lembrando sempre de girar os alfinetes na estampilha para que a cabeça fique presa de ambos os lados. Há diversas estações de trabalho na mesma mesa, de modo que na imagem aparece apenas um a cada três operários. É a mesma máquina multiplicada em torno de uma única e mesma base.

12º) *Os alfinetes são lavados.* Para isso, os alfinetes são colocados em um recipiente com água e tártaro fervendo, até que as cabeças, escurecidas pelo fogo, retomem sua cor natural de latão.

13º) *Os alfinetes são alvejados.* Como para essa operação são necessárias placas de estanho, apresentaremos o modo como elas são moldadas. Sobre uma superfície inclinada, formada por duas ou três pranchas de madeira, com sete ou oito pés de comprimento, é estendido [**806**] um tecido de lã, recoberto por um segundo tecido grosso, esticado e preso com pregos. Um operário coloca ali um molde ou chassi de madeira, que forma um quadrado de dois pés de comprimento por duas polegadas de largura, no tercil superior da mesa. Uma vez instalado esse chassi, são derramadas ali algumas colheradas de estanho, fundido ali mesmo, em uma caldeira (item m). Essa poça de estanho tem duas polegadas de profundidade, e, como as placas devem ser muito finas, o operário puxa o excesso movendo lentamente o chassi para cima, de modo que uma fina camada de estanho líquido permaneça no tecido. Uma vez resfriada, a placa é facilmente destacada e pode ser cortada em pequenos discos de dezesseis polegadas de diâmetro cada uma, feitos com um compasso. Vamos ao branqueamento.

Para cada cem libras de alfinetes a serem branqueados é utilizada uma caldeira com seis baldes de água e três libras de tártaro ou borra de vinho branco. Sobre cada placa de estanho, que pesa em torno de uma libra, são esparramadas mais ou menos duas libras de alfinetes, sem se preocupar em pesá-los, mas de modo que eles terminem bem recobertos pelo estanho. A borda das placas é um pouco mais alta, para que os alfinetes não caiam e para que as placas possam ser empilhadas, uma sobre as outras, de modo que os alfinetes fiquem sempre entre duas camadas de estanho. Forma-se assim uma pilha que pode então ser colocada na caldeira por meio de artefato de ferro em forma de cruz com duas cordas de latão presas nas pontas. Os fios são mais longos que a caldeira, de modo a permitir a colocação e a retirada das pilhas na caldeira. A separação das pilhas é feita por uma placa de estanho mais grossa que as demais. Os alfinetes devem ficar fervendo na solução de água e tártaro por quatro horas. O tártaro serve para destacar as partículas do estanho que, em seguida, unem-se aos alfinetes. Tal é a divisibilidade do estanho, que perde menos de quatro onças a cada cem libras de alfinetes. Por isso a operação de recolar as placas não precisa ser repetida antes de dezoito meses de intervalo. O estanho utilizado na Inglaterra é mais duro e calcinado, o que faz dos alfinetes ingleses mais brancos. Os alfinetes de Bordeaux apresentam uma vantagem adicional, devido ao brilho e à durabilidade do branco, isso porque, ali, tártaro adicional é utilizado no processo de alvejamento.

14º) *Os alfinetes são lavados* em um balde de água fria, suspenso no ar, preso em uma viga que sai da parede ou em uma corda presa em alças ou ganchos. A pilha é então sacudida, para separar o tártaro, que cai, e purificar o estanho.

15º) *Os alfinetes são secados*. Para isso basta jogá-los em um saco de couro grosso que dois homens agitam pelas pontas, ou então colocá-los em uma caixa de madeira aberta em cima e na ponta, e que vai se estreitando em direção à ponta, através do qual os alfinetes são inseridos em um barril preso na horizontal. Em vez de um buraco onde se colocaria uma rolha ou uma torneira, esse barril tem uma abertura de seis polegadas quadradas, onde fica instalada uma porta feita de madeira e vedada com papel, de modo que os alfinetes não escapam quando o barril é girado. Além disso, essa porta é móvel e fica instalada sobre um chassi que permite que ela corra para fora e para dentro, de tal modo que esse barril suspenso e atravessado por um eixo possa ficar quase hermeticamente selado. Ele é girado através de manivelas que ficam nas pontas.

16º) *Os alfinetes são joeirados*, para separá-los do restante dos resíduos. Essa operação é feita com uma placa de madeira, com mais ou menos dois pés e meio de circunferência, sobre a qual os alfinetes são sacudidos com uma peneira ou com uma espécie de vaso. Conforme os alfinetes vão caindo, o vento separa os resíduos, que podem ser reaproveitados muitas vezes, desde que secos no fogo ou no sol.

17º) *Os papéis são perfurados*. Após terem sido dobradas e empilhadas, de modo a poder conter quarenta ou cinquenta alfinetes em cada degrau, algo próximo a meio milhar, uma espécie de tesoura ou alicate de ferro, com 20 ou 25 dentes, é utilizada para perfurar essa pilha, de modo que cada folha de papel pode conter essa quantidade. Essas folhas são divididas em duas colunas, cada uma podendo conter dez a doze alfinetes. Além dessas folhas, papel também é empregado para empacotar esse meio milhar em meias dúzias ou em dezenas, contendo entre 6 mil e 10 mil alfinetes. Essas folhas recebem uma marca vermelha, onde o operário que fez os alfinetes imprime seu selo, ou, mais frequentemente, o comerciante que os encomendou e os comprou em grande quantidade.

18º) *Os alfinetes são colocados nos papéis*. Eles são pegos aos punhados e alinhados doze a doze. É preciso ter habilidade para prender até 36 mil alfinetes por dia, ainda que ninguém receba mais de três soldos diários por essa operação, mesmo quando se atinge a excelência. Por isso ela é geralmente deixada para crianças, que recebem um soldo pelos 6 mil que conseguem pregar em um dia.

A espécie e o preço dos alfinetes são distinguidos através de números, que variam conforme seu tamanho e espessura. A ordem de números é a seguinte: 3, 4, 5, 6, 7, 8, 9, 10, 12, 14, 17, 18, 20, 22, 24, 30 e 36. Os menores são comprados aos milhares por peso. O fio de latão importado da Suécia vem em três espessuras, que servem para fazer os diversos tamanhos, dos mais grossos, acima do 20, passando pelos medianos, entre o 20 e o 10, até os mais finos, abaixo de 20.

Há alfinetes de ferro que passam pelas mesmas etapas de produção que os de latão, exceto que, geralmente, em vez de ser alvejados, eles são pintados de preto, para ser utilizados durante o luto ou para prender os cabelos; e que, para esse último uso, em lugar de ser apontados, eles recebem duas cabeças. Cabeças que são sempre de latão. Para alvejá-los é empregado um pó, composto de sal de amônia, estanho comum e bismuto, que é fervido junto com os alfinetes em um pote de ferro.

Vejamos como é preparado o metal utilizado para fazer o fio de alfinetes ou, mais propriamente, a descrição de uma metalúrgica que visitamos em L'Aigle, na Normandia.[1] De partida cabe destacar o grande moinho d'água. O eixo desse moinho tem mais ou menos 24 pés de comprimento e 18 polegadas de diâmetro. As duas extremidades comportam cunhas ou cames, de um lado, cames de aço, em número de 16, com 1,5 polegada de espessura,

---

[1] Neste e nos próximos dois parágrafos, o autor descreve dois dispositivos movidos por um moinho d'água, um martinete ou martelo hidráulico e dois foles hidráulicos que atiçam o fogo do forno usado para o manuseio do metal. Na descrição, ambos são movidos por uma única roda d'água. Na Prancha I do conjunto *Metalurgia, Folha de flandres* (Metalurgie, Travail de fer-blanc), pode ser encontrada uma versão estilizada de uma forja com esses dois dispositivos (os foles à esquerda, o martinete à direita), mas movidos cada um por um eixo próprio (e, suponho, por uma roda d'água cada um) (23:14-4). Versões semelhantes dessas duas máquinas também são representadas por diversas pranchas do conjunto de pranchas *Forjas ou artes do fogo* (Forges ou Arts du feu), dentre elas uma forja com dois fornos, dois conjuntos de foles e um martinete, cada um movido por uma roda d'água própria (Quinta seção, 21:12-29-36). (N. T.)

[**807**] fincadas meia polegada no eixo, medindo 4 polegadas de largura e com 4 polegadas de altura. As outras, localizadas na outra extremidade, são de madeira, em número de 8, com 3 polegadas de espessura, 6 de largura, fincadas 8 e com 8 de altura. A 3 ou 4 pés do eixo, seguindo uma linha paralela, fica uma viga do mesmo comprimento, com 2 pés de largura por um pé e meio de diâmetro. Ela fica sobre 4 pilares de madeira que a sustentam, 2 em cada extremidade, diante dos cames, e a 2,5 pés de distância uns dos outros. Nos dois pilares do fundo fica encaixada uma viga em balanço, levemente inclinada para cima e que serve como uma espécie de mola para o martelo, logo abaixo. Do lado da roda maior, entre os dois primeiros pilares, encontra-se uma alavanca de madeira que é conhecida como cabo do martelo, com 10 pés de comprimento, 1 pé de espessura e 1 de largura, sustentada por um eixo de aço ou de ferro que a atravessa pelo meio e que fica encaixado nos dois pilares mais à frente. Esse cabo é circundado por uma chapa de ferro no local onde as cunhas ou cames do eixo encostam, movimentando o martinete em báscula conforme a roda gira. Na extremidade do cabo fica instalada a cabeça do martelo, de ferro reforçado pesando 40 libras, com um bico de mais ou menos 8 polegadas de comprimento por 2 de largura. A superfície de sua base é convexa, e ela cai de uma altura de aproximadamente meio pé sobre uma bigorna posicionada logo abaixo. A bigorna de ferro, de mais ou menos 6 polegadas, fica encaixada sobre um suporte de 15 polegadas de largura e 20 de comprimento. Esse suporte, por sua vez, está encaixado, a 6 polegadas de profundidade, em um bloco de madeira de 3 pés de diâmetro preso a 4 pilotis de 3 a 4 pés de comprimento por uma espécie de cinta de ferro, tudo isso embaixo da terra.

A roda que gira os dois martelos também movimenta o fole da forja do seguinte modo: na extremidade do eixo oposta à roda existe um munhão de ferro conectado ao eixo. Desse lado do eixo, duas fileiras de cames movimentam, alternadamente, os foles através de um mecanismo semelhante àqueles que são utilizados para montar os pesos de um relógio ou um espeto giratório de assar. Os cames encostam em uma manivela que está conectada a um pedaço de madeira longo e fino preso ao fole. Este, por sua vez, fica preso, por um pedaço de madeira em forma de garfo, a um pequeno pedaço de madeira cujas extremidades sobem ou descem, em torno de um eixo e em movimento bascular, que pode ficar preso em uma parede ou viga da forja, ou em um travessão sobre dois pilares. Tudo se movimenta conforme a roda gira.

O ferro que chega de grandes forjas na forma de lingotes ou barras é primeiramente amolecido no fogo para ser reduzido, cindido, fundido e soldado onde ele é frágil, sob golpes de martelo; tudo isso no intuito de aumentar sua qualidade. Dali ele é submetido ao martinete ou martelo hidráulico. Um primeiro operário fica sentado em um banco preso por correntes nas vigas que sustentam o teto da fábrica e que são instaladas de modo a permitir que esse banco seja movimentado pelo ambiente. Um segundo é responsável por inserir as barras de metal nas forjas e dali retirá-las, vermelhas, para entregar ao primeiro operário, próximo ao martinete. Este último a posiciona sob o martelo e gira a barra após cada golpe, tanto à direita quanto à esquerda. Após 3 minutos, uma barra de 2 pés de comprimento por 2 polegadas de largura se transforma em uma barra de 6 pés de comprimento, ou em um vergalhão de 4 pés e 2 linhas de diâmetro, o restante ainda em formato de barra, pois esse tipo de vergalhão não precisa mais do que 2 polegadas quadradas. O banco é móvel para que a barra possa ser alongada, de modo que o operário avança ou recua segundo a necessidade. O vergalhão, irregular, sai desse processo mastigado pela convexidade do martelo. Saindo novamente da forja, ele passa então por uma trefiladeira hidráulica; ver os artigos *Forjas (Grandes)* e *Trefilação*. Nas pranchas que analisamos, vimos uma máquina desse tipo movida a força humana, composta por uma mesa, sobre a qual está instalada, na transversal, a trefiladeira propriamente dita, por onde a ponta do fio, ainda na bobina, passa até ser preso em uma segunda bobina, girada por um operário através de uma alavanca, e onde o fio, mais fino que o original, será enrolado.

A perfeição de um alfinete está na rigidez ou, mais precisamente, na durabilidade do material, na brancura alcançada pela estanhagem, na circunferência das cabeças e na fineza das pontas. Seria interessante se o apontamento fosse uma das últimas etapas, pois a ponta vai ficando cega conforme o alfinete é submetido às etapas subsequentes ao rebolo.

Esse artigo foi escrito pelo sr. Delaire, que descreveu como ocorre a fabricação de alfinetes nos ateliês dos próprios operários e com auxílio de nossos desenhos, ao mesmo tempo que publicava em Paris sua análise da sublime e profunda filosofia do chanceler Bacon. Trata-se de uma obra que, vista em conjunto com este artigo, prova que amiúde um bom espírito pode, com o mesmo sucesso, elevar-se às contemplações mais altas da filosofia e descer aos detalhes mecânicos mais minuciosos. Ademais, quem conhece um pouco as visões que o filósofo inglês defende em suas obras não se surpreenderá de ver um de seus discípulos passar sem qualquer desdém da pesquisa sobre as leis gerais da natureza a seu emprego nas produções menos importantes.

Algodão (*História Natural, Botânica*), Tournefort, Diderot [4, 306-15]

Gênero de planta de flor monopétala, em forma de sino, aberta e recortada, no fundo da qual se eleva um tubo em forma de pirâmide, normalmente carregado de estames. Do cálice brotam um pistilo, que entra na parte inferior da flor, e o tubo, que em seguida vai se tornar um fruto arredondado, dividido internamente em quatro ou cinco lojas. Esse fruto abre-se no alto, para deixar sair as sementes que são envolvidas por uma espécie de lã própria para ser fiada, chamada algodão, do mesmo nome da planta. (**Tournefort**)

O padre Du Tertre, o padre Labat, o sr. Frazier e outros afirmam que o arbusto que produz o algodão se eleva à altura de 8 a 9 pés, tem a casca marrom e a folha dividida em três segmentos. Quando a fava está madura, e começa a secar, ela se abre sozinha; quando o algodão que lá estava, bem apertado, sai, ele se estende e, se não nos apressarmos para colhê-lo, o vento carrega uma parte considerável dele, que se dispersa entre as folhas e galhos da árvore, agarra-se a ela e se perde. O algodão é de uma extrema brancura e cheio de grãos negros da grossura de uma ervilha, às quais adere de tal modo que apenas com muito trabalho e paciência chega-se a debulhá-lo com as mãos. Com esse fim, foram imaginados pequenos moinhos, dos quais falaremos em outro lugar.

O arbusto que produz essa mercadoria tão útil é muito comum em diversas regiões do Levante, das Índias orientais e das ocidentais, principalmente nas Antilhas. Também é cultivado na Sicília e na Pulha. Autores contrários aos que acabamos de citar dizem que ele não é maior que um pessegueiro e que se espalha em moitas; que a cor de suas flores varia conforme a qualidade do terreno, pode ser violeta ou amarelo dourado; que o seu fruto e sua casca ou fava escurecem ao amadurecer; que há uma espécie de algodão que rasteja como a vinha, e que nãos e sustenta sem estacas para apoiá-lo; que existe na terra firme do Brasil um algodoeiro que alcança a altura de um carvalho, e, na ilha de Santa Catarina, outro, com folhas largas e pontiagudas com cinco segmentos e cujos frutos têm o tamanho de pequenos ovos de galinha; que se extrai, da flor e da folha do algodão cozidas em brasa, um óleo vermelho e viscoso bom para o trato de ulcerações; que o óleo do grão é um bom cosmético, e assim por diante. Malgrado essas propriedades, o algodão, quando posto sobre feridas como uma toalha, ocasiona a sua inflamação. Leeuwenhoek, que investigou a causa desse fenômeno no microscópio, constatou que as fibras do algodão têm laterais achatadas, concluindo que elas seriam cortantes, e que, por serem mais finas, mais espessas, mais firmes e mais duras que as moléculas do algodão, incidiam nelas, ocasionando assim a inflamação.

Passemos agora a outras considerações sobre o algodão, referentes à colheita, à fiação e às operações que precedem a sua utilização. O algodão tem um uso bastante extenso, mas o único que poderia atiçar a nossa curiosidade são as musselinas e outras telas que recebemos das Índias e que nos deslumbram por sua fineza. Ofereceremos detalhes exatos e circunstanciados a respeito a partir das memórias do sr. Jore, cidadão de Rouen que dedicou seu tempo e uma parte de suas posses ao aprimoramento da fiação do algodão, chegando, assim, a fabricar peças tão belas quanto as vindas da Índia. Essas memórias nos foram comunicadas pelo sr. Turgot, que, movido por um gosto por essas artes úteis, que nos parecem tão dignas de elogio, procurou informar-se a respeito da tecelagem. Um gosto como esse, por louvável que seja em homens comuns, é, no entanto, bastante raro naqueles de posição e fortuna como as do sr. Turgot.

As ilhas francesas da América fornecem o melhor algodão empregado nas fábricas de Rouen e Troyes. Nossos vizinhos estrangeiros obtêm o seu algodão em Guadalupe, São Domingos e regiões adjacentes. Têm diferentes qualidades. O algodão de Guadalupe é curto e tem a lã grossa, e não pode ser fiado da maneira que descreveremos mais à frente. O algodão de São Domingos pode ser fiado à maneira que será descrita, mas desde que esteja em bom estado, e pode ser misturado a outros algodões mais finos, em certos tipos de tecido. Todos esses lugares fornecem, ainda, uma outra espécie de algodão, chamada Branco do Sião, dito com grãos verdes, para distingui-la de outra da mesma qualidade, mas de cor diferente. Esta última é roxa, a primeira é branca, tem uma lã fina, longa e macia, seu grão é um pouco menor que o de outros algodões e sua lã costuma ser aderente. Mas se, ao contrário, o cultivo e a colheita tiverem sido malfeitos, a lã permanecerá presa à planta, e as extremidades destacadas serão verdes. Apesar da sua reconhecida superioridade, essa espécie de algodão não é tratada na América, pois seus pequenos grãos ficam preso entre os cilindros do moinho, quebram-se e mancham a lã com sua sujeira. Essa deficiência considerável reduz em muito o seu preço. Por outro lado, essa espécie também é leve demais, na avaliação das fiandeiras das fábricas de Rouen e Troyes, que levam muito mais tempo para fiar uma libra dessa espécie do que de qualquer outra. Por isso, foi abandonada. Cultivada no Mississipi, em um clima não tão favorável quanto o das ilhas americanas, essa espécie de algodão prospera, mas produz uma lã curta, fortemente presa ao grão, de tal sorte que não é boa para o uso. [**307**]

O arbusto que dá o algodão de que falamos na América é uma planta forte. Sete ou oito meses após o plantio do grão, produz uma colheita abundante. Continua a produzir de seis em seis meses, durante dez anos. A colheita do algodão das Índias e de Malta é anual. Em relação a eles, o da América parece mais sedoso.

[...]

As finas musselinas são, é verdade, as obras mais delicadas e mais belas feitas com o algodão fiado, mas não são as únicas. Falamos também das meias; a enumeração completa das produções inclui camisolas, colchas, tapeçarias, fustão, outras peças de musselina, e uma infinidade de tecidos em que o algodão se mistura à seda e outros materiais.

Não teríamos como calcular o preço do algodão, fiado ou em lã. O do algodão em lã depende de sua beleza e da quantidade da colheita. Quanto ao do algodão fiado, deve-se incluir no cálculo também a perfeição das peças. Ver *Algodoeiro*; e outros verbetes deste Dicionário sobre os diferentes tecidos de algodão. [Tradução parcial]

Amazonas, rio das, D'Alembert [1, 318]

Considerado o maior rio do mundo, atravessa a América meridional do ocidente ao oriente. Acredita-se que o espanhol Francisco d'Orellana tenha sido o primeiro europeu a encontrá-lo, o que levou alguns a chamá-lo de rio Orellana. Antes disso, porém, já era conhecido pelo nome de Marañon (pronuncia-se em francês *Maragnon*), que teria recebido de um capitão espanhol homônimo. Em seu relato de viagem, Orellana diz ter visto mulheres armadas descendo o rio, e, segundo um cacique, era preciso ter cuidado com elas. Daí o nome rio das Amazonas.

Sua nascente se localiza, presumivelmente, no Peru. Estima-se que ele percorreria entre 1.000 e 1.200 léguas de terras, desaguando no mar do Norte sob a linha do Equador. Sua embocadura mediria 80 léguas.

O mapa extremamente imperfeito do rio das Amazonas incluído por Sanson no relato histórico da viagem que Teixeira fez em companhia do padre jesuíta Acunha foi copiado por um bom número de geógrafos e permaneceu o melhor disponível, quando, em 1717, foram publicadas as *Lettres édifiantes et curieuses* do padre Fritz, também ele um jesuíta.

Por fim, em 1743, o sr. La Condamine, da Academia Real de Ciências, percorreu o rio em sua extensão completa, numa viagem longa, difícil e perigosa, que nos valeu um novo mapa, mais exato que todos os anteriores. Esse célebre acadêmico publicou um relato dessa viagem, mui curioso e bem escrito, inserido no anuário de 1745 da Academia de Ciências. Exortamos o leitor a buscar nesse volume por esse texto digno de leitura. O sr. La Condamine afirma não ter visto, em nenhum momento de sua viagem, as célebres amazonas ou algo similar a elas, e desconfia que elas não existiriam mais. Mas, com base nos testemunhos que colheu e reuniu, acredita que muito provavelmente houve um dia amazonas na América, ou uma sociedade de mulheres que viviam sem contato habitual com os homens.

O sr. La Condamine desfaz em seu relato uma antiga dúvida, e confirma que o rio Orinoco se comunica com o Amazonas por intermédio do rio Negro.

Angola (*Geografia Moderna*), Diderot [1, 465]

Reino da África, no Congo, situado entre os rios Dande e Coanza. Sua costa fornece aos europeus os melhores negros. Os portugueses são poderosos no continente, e extraem uma quantidade de habitantes tão grande, que admira que não tenham ainda despovoado o país. Em troca dos negros, oferecem drapejos, plumas, tecidos, telas, vinhos, aguardentes, especiarias, quinquilharias, açúcar, anzóis, alfinetes, agulhas etc. As condições de Benguela são tão malsãs que os portugueses a reservam para os criminosos. Vide *Benguela*.

Antropofagia (*História Antiga e Moderna*), Mallet [1, 498]

Ato ou hábito de se alimentar de carne humana. Vide *Antropófagos*.

Alguns autores remontam a origem desse costume bárbaro aos tempos do Dilúvio, alegando que os Gigantes teriam sido os primeiros antropófagos. Plínio se refere aos citas e aos saurômatas, Solino aos etíopes e Juvenal aos egípcios como povos acostumados a essa pavorosa refeição. Vide *História Natural*, I.xii; VI.xvii; VII.ii; Solino, cap.xxxiii; Juvenal. Lemos em Tito Lívio que Aníbal oferecia carne humana a seus soldados para torná-los mais ferozes. Segundo se diz, o costume de viver de carne humana subsiste até hoje na região meridional da África e nos recantos mais selvagens da América.

Parece-me, no entanto, que a antropofagia não é o vício de uma região ou de uma nação, mas de um século. Antes que os homens tivessem sido abrandados pelo nascimento das artes e civilizados pela imposição de leis, a maioria dos povos, ao que parece, alimentava-se de carne humana. Orfeu teria sido o primeiro a mostrar a desumanidade desse hábito, promovendo a sua abolição. Isso levou os poetas a imaginar que ele conhecia a arte de despojar os tigres e os leões de sua ferocidade natural. "Sylvestres homines sacer, interpresque deorum Coedibus & foedo victu deterruit Orpheus, Dictus ab hoc lenire tigres rabidosque leones" (Horácio).²

Alguns médicos chegaram ao ridículo de imaginar que teriam descoberto o princípio da antropofagia num humor acre, atrabiliário, que, alojado nas membranas do ventrículo, produziria, por irritação, essa horrível voracidade que, segundo afirmam, teriam observado em numerosos pacientes – observação de que se valem para respaldar sua opinião. Outro autor indagou se a antropofagia seria contrária ou conforme à natureza.

Antropófagos (*História Antiga e Moderna*), Mallet [1, 498]

De ἄνθρωπος, homem, e φάγω, comer.

Antropófagos são os povos que vivem de carne humana. Vide *Antropofagia*.

Homero considera antropófagos os ciclopes, os lestrigões e Cila. Diz ainda o poeta que os monstros femininos, Circe e as sereias, atraíam os homens com a imagem do prazer e os levavam à morte, devorando-os. Essas passagens de suas obras, assim como numerosas outras, estão respaldadas em costumes de tempos anteriores ao seu. Orfeu dá, em diferentes ocasiões, a mesma pintura desses mesmos séculos. "Nessa época, os homens se devoravam uns aos outros como animais ferozes, e regalavam-se com sua própria carne."

Muitos séculos depois, percebem-se ainda, mesmo em nações policiadas, os vestígios dessa barbárie, à qual é verossímil remeter a origem dos sacrifícios humanos. Vide *Sacrifício*.

Os pagãos acusaram de antropofagia os primeiros cristãos, que, segundo eles, permitiam o crime de Édipo e renovavam a cena de Tieste. As obras de um Tatiano, por exemplo, ou o capítulo oitavo da *Apologia dos cristãos*, de Tertuliano, ou ainda o quarto livro *Da Providência*, de Salviano, sugerem que essas calúnias teriam surgido a partir da celebração secreta de nossos mistérios. Os cristãos, diziam ainda os pagãos, matam crianças e comem a sua carne. Mas o único fundamento de tais acusações eram as noções vagas

---

2 Orfeu, sacerdote e intérprete dos deuses, dissuadiu os homens selvagens de carnificinas e de uma subsistência repugnante (tradução de Mauri Furlan).

que tinham da eucaristia e da comunhão, adquiridas com pessoas pouco instruídas. Vide *Eucaristia, Comunhão* etc.

Arenque (*História Natural, Litologia*), Daubenton [8, 45-6]

Harengus rond. germ. ald., peixe marítimo conhecido em toda a Europa. Mede nove polegadas de extensão por duas a três de largura. A cabeça e o resto do corpo são achatados nas laterais. Possui grandes escamadas arredondadas e pouco aderentes. O dorso é azul-escuro; o ventre é de um branco prateado. É miúdo. A junta do ventre é formada por uma única fileira de escamas dentadas, da cabeça até a cauda. A mandíbula inferior é mais saliente e pronunciada que a inferior, e tem pequenos dentes, também presentes na língua e no palato. O arenque morre tão logo é retirado da água. Ray, *Synop. Piscium*, p.103.

O sr. Anderson afirma que os arenques dos golfos da Islândia são os mais gordurosos e saborosos, chegam a dois pés de extensão e três dedos de largura. São, provavelmente, os que os pescadores chamam de [46] *reis dos arenques*, aqueles, segundo eles dizem, que conduzem as tropas. Sabemos que os arenques se alimentam de pequenos caranguejos e de ovos de peixes, pois os encontramos em seus estômagos. Realizam longas migrações anuais em tropas inumeráveis, oriundos do norte, onde, presume o sr. Anderson, eles permanecem sob as placas de gelo, ao abrigo da voracidade dos grandes peixes, que não conseguem respirar nessas regiões.

Os arenques deixam o norte no início do ano e se dividem em duas colunas, uma das quais ruma para o ocidente e chega à Islândia em março. Essa coluna é formada por uma prodigiosa quantidade de peixes que ocupam todos os golfos, estreitos e baías da ilha. Trazem em seu encalço um bom número de peixes maiores e de pássaros em busca de alimento. Essa coluna agita as águas do mar e as tinge de preto. Para fugir dos inimigos que os atacam, alguns arenques buscam a superfície, outros saltam nos ares. Mantêm-se tão juntos uns aos outros, que basta mergulhar uma pá de remo na água para capturar muitos de uma vez. O sr. Anderson suspeita que uma parte dessa coluna chega aos bancos da Terra Nova, na América, mas não sabe dizer qual a rota tomada pelo destacamento que desfila ao longo da costa ocidental da Islândia.

Quanto à coluna que, ao deixar o norte, se dirige ao oriente rumo ao sul, tendo em seu encalço golfinhos, bacalhaus e outros, ela se divide, a certa altura, em duas alas. A ala oriental continua rumo ao cabo do Norte descendo pela encosta da Noruega, e bifurca-se, por sua vez, em duas divisões: uma delas vira à direita rumo ao estreito de Sond, no mar Báltico, enquanto a outra, chegando ao extremo sul da Jutlândia, bifurca-se em mais duas, uma das quais desfila ao longo da costa oriental de Jutlândia, encontrando prontamente a do mar Báltico, a outra desce para o ocidente dessa mesma região e, costeando o Sleviswick, o Holstein, o episcopado de Bremen e a Frísia, onde não existe comércio, se lança, por meio do Texel e do Vlie, até o Zuiderzê; percorrendo-o, retorna ao mar do Norte, completando o seu grande trajeto. A outra ala, atualmente a mais forte, se volta para o ocidente e, tendo em seu encalço, como a primeira, golfinhos, tubarões e bacalhaus, vira à direita nas ilhas Hittland e nas Orcádias, onde os pescadores holandeses têm encontro marcado com ela, e de lá partem para a Escócia, onde se divide em duas novas colunas, uma das quais desce pela costa oriental da Escócia até chegar à Inglaterra, deixando pelo caminho tropas não menos numerosas às portas dos frísios, dos holandeses, dos zelandeses, dos brabanções, dos flamengos e dos franceses. A coluna restante tomba dividida entre os escoceses da costa ocidental e os irlandeses. Embora cercadas de arenques, essas nações não os utilizam exceto para comê-los frescos e para pescar os peixes maiores que os perseguem. As divisões mencionadas da segunda grande coluna reúnem-se por fim na Mancha, onde os arenques que escaparam às redes dos pescadores e à glutonaria dos peixes e pássaros de proa formam uma nova e prodigiosa coluna, lançando-se no oceano Atlântico para, como se costuma dizer, perder-se em suas águas, ou melhor, furtar-se às suas encostas, evitando, ao que tudo indica, os climas quentes, e recobrando as águas do norte, seu domicílio e lugar natural. Vide a *Histoire naturelle de l'Islande et du Groenland*, do sr. Anderson.

Quando os arenques chegam a esses mares, as fêmeas estão tão repletas de ovos que somos tentados a dizer que cada uma traz consigo cerca de 10 mil. Depositam-nos nas encostas, e, muito antes que os deixem, não trazem mais ovos em seu bojo. Os cardumes de arenque que se dirigem às encostas da Inglaterra por volta do início de junho são tão numerosos que excedem tudo o que é conhecido, e o espaço que ocupam é tão grande que ultrapassa a extensão das encostas da Grã-Bretanha e da Irlanda reunidas.

Apesar da quantidade de arenques pescados, calcula-se que ela está para a dos que retornam ao norte na proporção de um para um milhão, e há razão para crer que os grandes peixes, como os golfinhos, os leões-marinhos e outros capturem mais arenques que todos os pescadores juntos.

Os arenques deixam de ser pescados assim que começam a depositar ovos. Então, os pescadores param de persegui-los e os perdem de vista. Eles mergulham nos abismos dos mares; desconhecemos o seu destino. Vide o *Atlas de mer et de commerce*, impresso em Londres, em inglês, em 1728.

Eu diria que os arenques deixam o norte em busca de um clima temperado em que seus ovos possam eclodir. Percorrem sua rota em grande número e ocupam um espaço enorme dos mares. Quando deparam com terra, uns vão para a esquerda, outros para a direita, formando diferentes colunas. Quando encontram novos obstáculos, que os impedem de prosseguir juntos, dividem-se novamente. Por fim, quando os pequenos deixam os ovos e conseguem acompanhar os maiores, eles retornam para os mares de que vieram.

Bacalhau, *Molua* (*História Natural, Ictiologia*), Anônimo [10, 735]

Peixe marinho com 1,2 m de extensão e 30 cm de largura. Tem o corpo grosso e arredondado, o ventre proeminente, o dorso e as laterais esverdeadas, acinzentadas ou marrons, pontuadas por manchas amareladas, pequenas escamas aderentes ao corpo, grandes olhos recobertos por uma membrana frouxa e diáfana, com a íris branca, com uma espessa linha branca que se estende nas laterais desde o ângulo superior dos opérculos até a cauda, acompanhando a curvatura do ventre. Possui um único fio de barba, com cerca de um dedo de extensão, preso à extremidade da mandíbula inferior. Sua língua é larga, mole e arredondada; as mandíbulas têm dentes dispostos em fileiras sucessivas, uma delas composta com dentes mais longos que as demais. A exemplo do lúcio, possui numerosos dentes móveis entremeados aos dentes sólidos, além de dentes menores, muito próximos uns dos outros, entre os opérculos posteriores, na parte superior do palato e mesmo nas proximidades do orifício do estômago. Tem três nadadeiras sobre o dorso, uma em cada opérculo, uma em cada um dos lados do peito, e duas atrás do ânus. A cauda, praticamente achatada, não é bifurcada.

A quantidade de bacalhaus no grande banco da Terra Nova é tão grande que um homem sozinho chega a capturar trezentos a quatrocentos por dia. São pescados com linha, e as entranhas, uma vez extraídas, são utilizadas como isca na pesca de outros.

Segundo afirma o sr. Anderson na *História natural da Islândia*, o bacalhau é chamado de *cabeliau* em todos os países do norte e também na Holanda.

O bacalhau se alimenta de peixes de toda espécie, mas principalmente de arenques e caranguejos. Em seis horas digere corpos extremamente duros, como as cascas destes últimos, que primeiro se tornam tão vermelhas quanto as de lagostins cozidos, depois são dissolvidas numa espécie de caldo espesso, sendo, por fim, rapidamente digeridas. O bacalhau é um peixe guloso e insaciável, que não hesita em capturar corpos totalmente indigeríveis, como pedaços de madeira. A única diferença entre o bacalhau branco, o bacalhau verde e a merluza é o modo de preparo do peixe: a merluza é um bacalhau ressecado. Os melhores bacalhaus, pescados em alto-mar, a cerca de 70 e 90 metros de profundidade, são mais saborosos, mais tenros e mais delicados que os capturados nas encostas ou em golfos rasos. Vide a respeito os srs. Nobleville e Salerne, *Règne animal*, tomo II, parte I; e o verbete *Peixe*.

Baleia, pesca da (*História Natural*), Diderot [2, 33-6]

De todas as pescas feitas no oceano e no Mediterrâneo, a mais difícil, sem dúvida, e a mais perigosa, é a pesca das baleias. Os bascos, sobretudo aqueles que habitam [34] a região de Labourd, foram os primeiros a empreendê-la, apesar da violência dos mares do Norte e das montanhas de gelo pelas quais era preciso passar. Os bascos foram, também, os primeiros a encorajar, com suas diferentes particularidades, os povos marítimos da Europa a essa pesca; sobretudo os holandeses, que fazem dela um dos mais importantes objetos de seu comércio, e nela empregam trezentos a quatrocentos navios, e cerca de 2 mil a 3 mil marinheiros: o que lhes rende somas muito consideráveis, pois somente eles, ou quase apenas eles, fornecem óleo e barbatanas de baleias. O óleo serve para queimar na lamparina, para fazer o sabão, para a preparação das lãs dos fabricantes de tecidos; para os curtidores, a fim de amaciar os couros; para os pintores, a fim de diluir certas cores; para os marujos, a fim de untar o breu que é usado para revestir e calafetar os navios; para os arquitetos e os escultores, com vistas à fabricação de uma espécie de têmpera com cerusita, ou cal, que endurece, produz uma crosta sobre a pedra e a protege dos danos do tempo. No que concerne às barbatanas, o seu uso estende-se a uma infinidade de coisas úteis: com elas são feitas lâminas de espartilho, piquês, sombrinhas, *corps à baleine* e outras peças.

Os bascos, que encorajaram os outros povos à pesca das baleias, praticamente a abandonaram. Ao que parece, a atividade tornou-se quase prejudicial para eles, que, por preferirem o estreito de Davis às encostas da Groenlândia, encontraram o estreito, nos três últimos anos em que lá estiveram, muito desprovido de baleias.

Outrora, os bascos enviavam à pesca, em tempos favoráveis, cerca de trinta navios de 250 toneladas, munidos de cinquenta homens, todos de escol, com alguns grumetes ou rapazinhos. Cada um desses navios dispunha de víveres para seis meses, que consistiam em biscoito, vinho, sidra, água, legumes e sardinhas salgadas. Neles embarcavam também cinco ou seis chalupas, que só deviam lançar-se ao mar no local da pesca, com três cordames de 120 braças cada, nas pontas dos quais se prendia e atava, pela hábil junção de duas cordagens, o gancho feito de delgado filamento de cânhamo, e mais fino que o cordame. Ao gancho prende-se o arpão de ferro, cuja ponta é triangular e tem o formato de uma flecha e três pés de comprimento, com um cabo de madeira de seis pés, o qual se separa do arpão quando a baleia é perfurada, para que ele não se desprenda de nenhuma maneira. Aquele que o lança se posiciona na proa da chalupa e arrisca-se sobremaneira, pois a baleia, depois de ferida, distribui furiosos golpes com a cauda e as nadadeiras, que muitas vezes matam o arpoador e fazem a chalupa virar.

Eram embarcadas, em cada navio pesqueiro, 30 lanças ou dardos de ferro de 4 pés, com cabos de madeira com o dobro do comprimento, aproximadamente; 400 barris, tanto vazios quanto cheios de víveres; outros 200 em feixes; uma caldeira de cobre que continha 12 barris e pesava 8 quintais; 10 mil tijolos de todo tipo para construir a fornalha, e 25 barris com uma terra pastosa e preparada para o mesmo uso.

Quando o navio chega ao local por onde passam as baleias, inicia-se a construção da fornalha destinada a derreter a gordura e convertê-la em óleo, o que requer atenção. As velas do navio são mantidas sempre içadas, e de ambos os lados da embarcação são suspensas as chalupas munidas de remos. Um marinheiro fica de sentinela no topo do mastaréu da gávea; assim que avista uma baleia, ele grita em basco, "balia, balia"; a tripulação logo se dispersa nas chalupas, e, com o remo na mão, lança-se no encalço da baleia avistada. Depois de arpoada (a destreza consiste em atingi-la na parte mais sensível), ela foge e mergulha no mar. Então os cordames são arriados conjuntamente, e a chalupa segue. Habitualmente, a baleia emerge para respirar e eliminar parte de seu sangue. A chalupa se aproxima dela o mais depressa possível, esforços são feitos para matá-la com golpes de lança ou de dardo, tomando-se o cuidado de esquivar-se da sua cauda e das nadadeiras, que causam ferimentos mortais. As demais chalupas seguem a que se encontra presa à baleia, a fim de rebocá-la. O navio, ainda com as velas içadas, também a segue, tanto para não perder de vista suas chalupas quanto para conseguir colocar a bordo a baleia arpoada.

Se a baleia já está morta, mas, infortunadamente, submerge antes de ser amarrada ao lado do navio, cortam-se os cordames para impedir que ela arraste consigo as chalupas. Essa manobra é absolutamente necessária, mesmo que implique a perda irreversível da baleia com tudo o que está amarrado a ela. Para prevenir tais acidentes, tão logo se percebe que está morta, ela é suspensa por cordames e levada para um dos lados do navio, ao qual é presa com grossas correntes de ferro, a fim de mantê-la na superfície da água. Os carpinteiros montam nela com botas providas de ganchos de ferro nas solas para não escorregar; além disso, prendem-se ao navio com uma corda que os enlaça na cintura. Sacam suas facas com cabo de madeira e, à medida que retiram a gordura da baleia suspensa, o material é levado para o navio e cortado em pequenos pedaços que são colocados na caldeira para serem mais rapidamente derretidos que ao natural. Dois homens revolvem continuamente tais pedaços de gordura com longas pás de ferro que aceleram sua dissolução. O fogo é aceso com a utilização de lenha; em seguida, utiliza-se a própria gordura que soltou a maior parte de seu óleo, e que produz um fogo muito intenso. Depois de virar e revirar a baleia para extrair toda a sua gordura, retiram-se as suas barbas ou barbatanas, escondidas na goela, que não se encontram na parte exterior, ao contrário do que muitos naturalistas imaginam.

A tripulação de cada navio fica com a metade do produto do óleo; e o capitão, o piloto e os carpinteiros ainda têm a vantagem de uma gratificação sobre o produto das barbas ou barbatanas. Os holandeses não se arriscam a derreter em seus navios a gordura das baleias que eles capturam, e isso por causa dos incêndios, que, com legítima razão, eles temem. Transportam-na em barris, a fim de derretê-la em seu próprio país. Quanto a isso, os bascos se mostram muito mais ousados, mas essa ousadia é compensada pelo ganho obtido, que geralmente é o triplo daquele dos holandeses, os quais, ao derreter três barris [de gordura], produzem no máximo um barril de óleo. Ver a compilação de diferentes tratados de física do sr. Deslandes.

Devemos a um burguês de Ciboure chamado François Soupite o método de derreter e cozinhar a gordura nos navios, mesmo navegando e em alto-mar. Ele forneceu o projeto de uma fornalha de tijolo que se constrói sobre o segundo convés: a caldeira é colocada em cima dessa fornalha e próxima a tonéis de água, a fim de garantir-se contra o fogo.

Eis a maneira pela qual os holandeses derretem a gordura de baleia, que, dentro de barris, eles trazem cortada em pequenos pedaços. Atualmente, a partir de uma baleia são obtidos quarenta barris: com as que eram capturadas outrora obtinham-se de sessenta a oitenta barris.

Usam-se recipientes, caldeira e fornalha própria para derreter a gordura. Os tonéis AA, cheios de gordura fermentada, são colocados sobre a borda do recipiente B; esvaziam-se esses tonéis nesse recipiente; nele, a gordura é revolvida, a fim de dissolvê-la e prepará-la para o derretimento. O fogo é açulado na [35] fornalha C, da qual vemos o cinzeiro em E, e a grelha em F; a gordura do recipiente B é lançada na caldeira G, colocada em uma base de tijolo e alvenaria sobre a fornalha C. Os recipientes I, 2, 3, que são de tamanhos diferentes, uns menos elevados do que outros, comunicam-se entre si pelas calhas H; eles encontram-se cheios de água fresca. Quando a gordura é dissolvida, ela é transferida do recipiente B para a caldeira G, como já foi dito. Ali ela é derretida; à medida que derrete, o óleo é obtido e vem à tona. Ele é recolhido com colheres e lançado no recipiente 1: à medida que se acumula no recipiente 1, ele desce até o recipiente 2; e, do recipiente 2, até o recipiente 3. Ao sair do recipiente 3, ele é vertido em barris para ser vendido.

Ele é transferido sucessivamente para tais recipientes cheios d'água, para que esfrie mais rapidamente. Extraído o óleo, ainda fica no fogareiro um resíduo das grelhas, ou, no jargão do ofício, crótons. Esses crótons são apanhados e lançados numa grelha de lenha, da qual uma das pontas apoia-se na base da caldeira e a outra ponta na extremidade de um longo recipiente que corresponde a toda a extensão da grelha, e que recebe o óleo vertido dos crótons que escorrem sobre a grelha.

Antigamente, os bascos pescavam no mar Glacial e ao longo das costas da Groenlândia, onde as baleias são mais longas e mais corpulentas do que as dos outros mares: o óleo delas também é mais puro, e as barbatanas de melhor qualidade, sobretudo mais lustrosas; lá, porém, os navios correm riscos muito grandes, por causa das geleiras, que, muitas vezes, engancham-se neles, fazendo-os naufragar irremediavelmente. Todo ano, os holandeses enfrentam esse mesmo triste problema.

Como as encostas da Groenlândia pouco a pouco repeliram os bascos, eles foram pescar em alto-mar, em direção à ilha da Finlândia, na localidade de Sarde e em meio a vários baixios. As baleias são menores ali do que na Groenlândia, mais ágeis, se é que se pode falar assim desse animal, e mais difíceis de arpoar, pois mergulham e retornam sucessivamente à superfície. Mais uma vez desencorajados, os bascos deixaram essas bandas e estabeleceram sua pesca no estreito de Davis, em direção à ilha de Inseo, frequentemente rodeada de geleiras, porém não muito robustas. Eles encontraram ali as duas espécies conhecidas como baleias de grandes baías e de Sarde. Ver, na obra do já citado sr. Deslandes, a pesca das baleias.

A pesca das baleias, que aprendemos com os holandeses, tornou-se tão importante para eles que, todo ano, eles enviam 7 mil a 8 mil barris de óleo aos nossos portos, e a mesma quantidade de sabão.

Por mais útil que seja essa pesca, passaram-se séculos sem que os homens ousassem empreendê-la. No tempo de Jó, era uma empreitada considerada tão acima das forças dos homens que o próprio Jó se serve desse exemplo para fazer que eles sintam sua fraqueza em comparação com a onipotência divina: *An extrahere poteris leviathan hamo, et fune ligabis linguam ejus? Numquid pones circulum in naribus ejus, aut armilla; perforabis maxillam ejus? Numquid multiplicabit ad te preces, aut loquetur tibi mollia? Numquid saciet tecum pactum, et accipies eum servum sempiternum? Numquid illudes ei quasi avi, aut ligabis eum ancillis tuis? Concident eum amici? Divident illum negociatores? Numquid implebis sagenas pelle ejus, et gurgustium piscium capite illius? Pone super eum manum tuam, memento belli; nec ultra addas loqui* [Jó, 40: 25-32]. "Homem, acaso conseguirás erguer a baleia [lit. *o leviatã*, na tradução latina; *la baleine*, na versão de Diderot] com o anzol e prender sua língua com uma corda? Serás capaz de colocar uma argola em suas narinas e atravessar-lhe a mandíbula com o aguilhão? Acaso irás constrangê-la à súplica e à oração? Acaso ela fará um pacto contigo, e será tua escrava eterna? Acaso brincarás com ela como o fazes com um pássaro, e ela servirá de divertimento para a tua serva? Teus amigos irão cortá-la em pedaços, e teus comerciantes irão negociá-la por fatias? Acaso encherás tua rede com sua pele e o tanque de peixes com sua cabeça? Põe tua mão sobre ela; lembra-te da luta e não digas mais nada [sobre essa empreitada]."

Em vão os incrédulos intentariam desmentir o discurso de Jó mediante a experiência hodierna: é evidente que a Escritura fala aqui segundo as noções populares desses tempos antigos; como quando Josué diz: "Detém-te, Sol!". O exemplo do livro de Jó é oportuno: mostra perfeitamente a ousadia da empreitada dos bascos e prova que, muitas vezes, nos raciocínios físicos, uma exatidão escrupulosa e pouco necessária prejudicaria o sublime.

Sobre as baleias, os antigos nada mais dizem, exceto que, às vezes, se lançam por conta própria à terra firme, a fim de aproveitar o calor do sol que elas amam, e que em outras ocasiões encalham ou são empurradas para as bordas do mar, pela violência de suas vagas. Se Plínio relata que o imperador Cláudio proporcionou ao povo romano o prazer de uma espécie de pesca na qual se capturou uma baleia, ele observa, ao mesmo tempo, que esse monstro marinho havia encalhado no porto de Óstia; e que, tão logo foi avistado no estreito, o imperador mandou fechar a sua entrada com cordas e redes, e que esse governante, acompanhado pelos arqueiros da guarda pretoriana, mandou alguns deles embarcarem em esquifes e bergantins, que lançaram vários dardos contra esse animal, com os quais ele foi mortalmente ferido; que, durante o combate, ele jogou uma quantidade tão grande de água pelo seu respiradouro ou tubo, que afundou um dos esquifes; mas essa história é relatada como um fato raro e singular. Isso mostra que a prática dessa pesca não era comum.

E por que teria sido? Nessas épocas remotas, não havia nenhuma ideia do proveito a ser extraído de tal atividade. Juba, rei da Mauritânia, ao escrever para o jovem governante Caio César, filho de Augusto, informou-lhe que, na Arábia, haviam sido avistadas baleias de 600 pés de comprimento e 360 pés de largura, que voltaram ao mar por um rio da Arcádia, no qual haviam encalhado. Ele acrescenta que os mercadores asiáticos procuravam com muita diligência a gordura desse peixe e dos outros peixes marinhos; que a esfregavam em seus camelos para protegê-los das grandes moscas chamadas tavões, que são afugentadas por esse odor. Eis, segundo Plínio, todo o benefício que então se podia obter das baleias. Em seguida, tal autor menciona 42 tipos de óleo, e entre eles não se encontra o desse peixe: ainda se sabia tão pouco como tirar proveito desse peixe durante os reinados de Vespasiano, Tito, Domiciano e Nerva, que Plutarco relata que várias baleias encalharam ao seguir obliquamente para as encostas marítimas, como um navio sem leme; que ele mesmo avistara algumas na ilha de Anticira; que uma dentre aquelas que as ondas lançaram na costa próxima à cidade de Búlis, por conta de sua putrefação, infectara o ar de tal maneira que espalhara a peste na cidade e nas cercanias.

Eis o que se diz sobre a maneira como os nossos biscaios de Capbreton, perto de Bayonne, e alguns outros pescadores, [36] foram estimulados à prática da pesca das baleias. Todo ano aparecem em suas encostas, por volta do período de inverno, essas baleias que não têm respiradouro e que são muito corpulentas: logo, a ocasião de pescar esses peixes apresentou-se em seu próprio país, e eles aproveitaram-na. Contentaram-se com essas baleias durante muito tempo; mas a constatação que eles fizeram depois, qual seja, que esses monstruosos peixes só apareciam nos mares daquele país em determinadas estações, e que, em outros períodos, eles se afastavam, suscitou-lhes a vontade de descobrir seu refúgio. Alguns pescadores de Capbreton puseram-se a bordo e navegaram em direção aos mares da América: diz-se que eles foram os primeiros a descobrir as ilhas de Terra Nova e o continente do Canadá, cerca de 100 anos antes das viagens de Cristóvão Colombo, e que eles deram o nome de Capbreton, a sua pátria, a uma dessas ilhas, nome que ela ainda conserva. Ver Corneil, *Witfl. Ant. Mang.* Os que sustentam essa ideia acrescentam que foi alguém da nação desses biscaios o responsável por noticiar essa descoberta a Colombo, em 1492, e que este se aproveitou do mérito desse indivíduo. Outros acreditam que essa primeira viagem foi realizada pelos bascos somente em 1504; nesse caso, ela seria posterior àquela de Colombo. Seja como for, certo é que, nos mares ao norte da América, eles descobriram numerosas baleias; mas, ao mesmo tempo, reconhecendo que tais mares eram ainda mais abundantes em bacalhau, preferiram a pesca deste último peixe à do outro.

Quando se aproxima o momento do retorno dos navios baleeiros, marinheiros assumem a sentinela no porto de Socoa. Os primeiros que avistam um navio se apressam a ir ao seu encontro; cada homem cobra um imposto de 30 soldos. Não importam as condições climáticas, encarregam-se de ancorar o navio num dos pontos adequados do ancoradouro. "É fácil observar", diz o sr. Deslandes, "que eles não são guiados pelo mero interesse: com efeito, nada é tão módico, sobretudo nas intempéries, e quando o mar quebra numa encosta cheia de ferro, do que a retribuição que se lhes dá: mas eles ficariam extremamente aflitos ao ver seus compatriotas morrerem, e é uma assistência benevolente que eles prestam uns aos outros."

Benin (*Geografia*), Diderot [2, 204]

Capital do reino de mesmo nome, na África, situado no golfo de Guiné, ou São Tomé. O rei de Benin é poderoso, e consegue mobilizar 100 mil homens de imediato; aparece em público apenas uma vez por ano, quando sua presença é honrada com o sacrifício de quinze ou dezesseis escravos. Quando morre, a maioria dos príncipes de sua corte o acompanha ao túmulo. Um bom número de súditos é então sacrificado para lhe fazer companhia, e o monarca é enterrado com suas roupas e bens. Os habitantes do Benin, embora corajosos e generosos, são todos escravos, e trazem no corpo uma incisão, como sinal de servidão. Os homens não ousam trajar roupas que não tenham recebido do rei, as jovens só se vestem depois do casamento – seus maridos lhes dão as primeiras vestes. Por isso, as ruas estão cheias de pessoas nuas de ambos os sexos. O privilégio do monarca, de ser acompanhado ao túmulo pelos principais grãos-senhores da corte, envolve também estes: uma parte de seus escravos é imolada sobre seus cadáveres. Nos dias seguintes ao enterro, celebram-se festas sobre o túmulo e dança-se ao som de tambores. Esses povos não cultuam o seu deus. Alegam que esse ser, perfeitamente bom por natureza, não precisa de preces ou sacrifícios; pela razão contrária, não hesitam em render homenagens ao diabo. Têm ídolos. Benin se situa nas proximidades do rio Formosa. Longitude 26; latitude 7.40.

O comércio dos europeus com o Benin é pequeno, mas inclui algodão, jaspe, mulheres, peles de leopardo e corais. Exigem em troca tecidos finos, drapejos vermelhos, escarlate, brincos, espelhos, vasos de argila, frutas, couro e ferro. Os holandeses se encarregam desse tráfico. Comerciantes de outras partes da Europa, menos frequentes, costumam se interessar por ouro, cobre, escravos e outras mercadorias preciosas. Para obtê-las, preferem expor-se a grandes perigos a negociar com os tranquilos e honestos habitantes locais, que nada têm de extraordinário a lhes oferecer. Uma lei proíbe a venda de homens. São menos escrupulosos em relação às mulheres, seja porque fazem menos questão delas em seu país, seja porque conhecem as regiões distantes suficientemente bem para saber que a escravidão das mulheres não é tão sofrida.

Bomba d'água (*Hidráulica e Artes Mecânicas*), Diderot [6, 603-9]

Mencionamos no verbete *Água* o uso do fogo nas máquinas hidráulicas para aquecer a água. Vide também *Bomba* e *Máquina hidráulica*. Em 1695, Papin propôs, numa pequena obra a respeito, a construção de uma nova bomba cujos pistões seriam postos em movimento pelo vapor da água fervente, ora condensado, ora rarificado [*Nouvelle manière d'éléver l'eau par la force du feu*, 1705]. A ideia foi executada em 1705 pelo sr. Dalesme, da Academia de Ciências. Vide a *Histoire de l'Académie des Sciences* desse ano, p.137. Mas coube aos ingleses executá-la em grande escala. Essa máquina permitiu que fossem ressecadas as minas de Condé, em Flandres. Os ingleses a empregam em suas minas de carbono. Mas não a utilizam mais para elevar as águas do Tâmisa, pois, além de consumir muitos materiais, esfumaça a cidade. (**D'Alembert**)

A primeira bomba d'água foi fabricada na Inglaterra. Desde então, muitos se dedicaram a aprimorá-la e simplificá-la. Papin deve ser considerado o seu inventor. Pois, o que faz alguém que constrói uma bomba d'água? Adapta o corpo de uma bomba comum à máquina de Papin. Vide, além de sua obra, os verbetes *Digestor* e *Fogo*.

A operação dessa máquina é extraordinária. A crermos no sistema de Descartes, em que as máquinas são consideradas animais, deve-se convir que, na construção da bomba d'água, o homem imitou de perto o Criador; e todo cartesiano coerente haverá de considerá-la como uma espécie de animal vivo, que, por meio do ar, aspira, age e se move por si mesmo, desde que disponha de calor. [Tradução parcial]

Boto, ou Porco do mar (*História Natural, Ictiologia*), Jaucourt [10, 159]

Peixe cetáceo que difere do golfinho pelo corpo mais rotundo e menos longo e pelo focinho mais curto e mais obtuso. Vide Rondelet, *Hist. des pois.*, part. I, liv. XVI, *ch. vj*, e os verbetes *Golfinho* e *Cetáceo*.

Os ingleses dão a esse grande peixe cetáceo o nome de *porpesse* ou *porpoise*. O leitor encontrará sua descrição detalhada em Ray, *Philosophical Transactions*, n.74 e 231. Mencionemos também a descrição do dr. Edward Tyson, publicada em Londres num volume *in-4*, realizada a partir de uma fêmea com cerca de 4 a 5 pés de extensão. Esse peixe tem 48 dentes pontiagudos em cada mandíbula, e o anatomista de Gresham identificou nele o órgão da audição; possui 73 costelas em cada uma das laterais. Suas nadadeiras se dispõem horizontalmente, e, como nos outros peixes, na vertical; sua carne tem péssimo sabor.

O boto é pescado com uma espécie de grande dardo preso à extremidade de um arpão. A gordura ou óleo desse animal é utilizada na fabricação de curtumes, de sabão etc. É provável que a palavra francesa *marsouin* venha do latim *marinus sus*, ou porco-do-mar.

Brasil (*Geografia*), Diderot [2, 412]

Grande território da América meridional limitado pelo mar ao norte, ao oriente e ao sul, e ao ocidente pelo país das Amazonas e o Paraguai. As terras litorâneas, com aproximadamente 1.200 léguas de extensão e 60 de profundidade, pertence aos portugueses. O interior do país é habitado por povos selvagens idólatras que desfiguram seus rostos para parecer temíveis aos seus inimigos. Alega-se que seriam antropófagos. Os mais conhecidos são os tupinambás, os marjagás e os onétacas. Essa parte do novo mundo é muito rica. Os espanhóis a reconheceram em 1500. Álvares Cabral, português, tomou posse dela em 1501 para seu rei. Para o seu comércio, vide *São Salvador*, *Olinda*, e *São Sebastião* etc.

Buenos Aires, ou Cidade da Trindade (*Geografia*), Anônimo [2, 459]

Bela cidade espanhola, capital do governo do rio da Prata, no Paraguai. Habitada por espanhóis e índios, é conhecida pelo intenso tráfico negreiro. Longitude 323, latitude meridional 34, 55.

Bússola, Formey [2, 374-6]

Instrumento de navegação [375] também chamado de *compasso marítimo*, necessário para que os pilotos possam dirigir a rota de suas embarcações. Seu mérito reside na propriedade que ela tem de permanecer sempre voltada para os polos, tornando-a preciosa para os navegadores. Sua invenção é atribuída ao napolitano Flavio di Gioia, que viveu no século XIII. Entretanto, as obras do antigo poeta francês Guyot de Provins, que datam do século XII, mostram que a bússola era então já conhecida. O poeta fala expressamente do uso do amianto para a navegação.

Os antigos, que desconheciam a bússola, eram obrigados a navegar ao longo das costas, e, por isso, sua navegação era altamente imperfeita. No entender de alguns, os fenícios teriam percorrido a África saindo do Mar Vermelho, a mando do rei Nechao do Egito, em uma viagem de três anos de duração. Mas essa história é mesmo verdadeira? Os antigos, afirma o autor d'*O espírito das leis*, poderiam ter feito viagens bastante longas sem o auxílio da bússola. Por exemplo, um piloto que toda noite observasse a estrela polar ou então todos os dias observasse o nascer e o pôr do sol prescindiria de uma bússola. Mas é um caso particular fortuito.

Os franceses alegam que o costume, adotado por todas as nações, de utilizar uma flor-de-lis para marcar o norte, seja no *carton mobile* com que os marinheiros carregam a agulha, seja na rosa dos ventos que é presa sob o pivô da agulha no fundo das bússolas sedentárias, é uma cópia das primeiras bússolas, saídas das mãos de um artesão francês. Já os ingleses reclamam para si, se não a descoberta da bússola, ao menos a glória de tê-la aperfeiçoado com a suspensão da caixa em que a agulha imantada se encontra. Argumentam que os outros povos teriam recebido esse instrumento, em sua forma mais cômoda, juntamente com o nome inglês *boxel*, caixinha, que os italianos traduziram como *bossola*, e mesmo a expressão *compass de mer* viria do inglês *mariners compass*. (Segundo o Dicionário de Trévoux, os italianos dizem bússola no masculino, *bossolo*.) Os espanhóis e os portugueses utilizam *bruxula*, que parece vir de *bruxa*, *sorcière*, mas, ao que tudo indica, é uma corruptela de *bussola*. Quanto a *mariners compass*, os franceses poderiam dizer, inversamente, que se trata de uma tradução de *compas de mer*.

Há ainda aqueles que reclamam a honra para os chineses. Mas, como até hoje os chineses continuam a usar a agulha imantada boiando num suporte de cortiça, como outrora na Europa, pode ser que Marco Polo ou outros venezianos que viajaram até a China através do Mar Vermelho tenham transmitido a esse povo esse importante experimento, depois aperfeiçoado entre nós pelos pilotos que o utilizaram.

A verdadeira causa dessa disputa é o fato de que a invenção da bússola, como a do moinho, do relógio ou da impressão, deveu-se a muitas pessoas diferentes. Essas coisas foram descobertas por partes, e pouco a pouco levadas a uma perfeição maior. A propriedade que o amianto tem de atrair o ferro é conhecida desde sempre. Mas nenhum autor antigo, e tampouco dentre os do início do século XII, sabia que o amianto, boiando ou suspenso na água em cortiça, sempre volta uma de suas pontas, e sempre a mesma, em direção ao norte. O primeiro a notá-lo não foi além, e não se deu conta da importância e da utilidade dessa admirável descoberta. Os curiosos reiteraram o experimento e chegaram a envolver uma agulha imantada em duas tiras de palha flutuando sobre a água, observando que a ponta dessa agulha se voltava invariavelmente para o norte. Tomaram assim o caminho da grande descoberta. Mas não era ainda uma bússola. A nova descoberta foi posta em uso para ludibriar os mais simples com a aparência de magia, com a execução de pequenos truques de física, impressionantes para os que não sabiam interpretá-los. Finalmente, espíritos mais sérios aplicaram a bússola às necessidades da navegação. Guyit de Provins, ao qual já nos referimos, que era membro da corte do imperador Frederico em Mayence, ensina, no *Romance da Rosa*, que os pilotos franceses usavam uma agulha imantada ou amarrada a uma pedra de diamante, à qual davam o nome de *marinette*, que os ajudava em meio ao tempo nublado.

Não muito tempo depois, ocorreu a um artesão inteligente que, em vez de dispor as agulhas sobre a palha ou a cortiça numa vasilha com água, balançada pelo movimento da embarcação, melhor seria suspender a agulha imantada sobre um pivô ou um ponto imóvel localizado na metade de sua extensão, para que assim, virando-se livremente, ela pudesse seguir a tendência que a volta em direção ao polo. Até que, por fim, outro artesão, já no século XIV, teve a ideia de acrescentar um pequeno pedaço de cartolina, cortada em círculo, com o desenho dos quatro pontos cardeais, juntamente com as direções dos principais ventos, dividindo esse círculo de acordo com os 360 graus do horizonte. E, assim, essa pequena máquina, ligeiramente suspendida em uma caixa, ela também, por seu turno, suspensa, à maneira da lamparina dos marinheiros, veio a corresponder perfeitamente às expectativas de seu inventor. [Tradução parcial]

Caça (*Economia Rústica*), Diderot [3, 224-5]

Termo geral que pode ser estendido à cavalaria, à falcoaria e à pesca, para designar todas as espécies de guerra que fazemos contra os animais, nos ares contra os pássaros, na terra contra os quadrúpedes, nas águas contra os peixes. Em acepção restrita, aplica-se à perseguição de toda sorte de animais silvestres, sejam ferozes e rapaces, como os leões, tigres, ursos, lobos e raposas, sejam bestas negras como os cervos, corças, gamos e cabritos, sejam ainda quadrúpedes menores, como as lebres e coelhos, ou então voadores, como as perdizes e galinholas. A caça dos peixes chama-se pesca.

A caça também pode ser classificada por referência aos animais com que é feita, desconsiderando-se a natureza daqueles contra os quais é feita. Com cães, chama-se cavalaria, com pássaros, falcoaria. Vide *Cavalaria, Falcoaria*.

Uma terceira divisão vem dos instrumentos utilizados na caça: os cães, os pássaros, as armas e as armadilhas. A caça com cães se subdivide de acordo com os cães empregados, como o basset, o beagle, o perdigueiro, e assim por diante. O mesmo vale para a caça com armas (o facão, os fuzis). A caça com armadilhas inclui todos os ardis de que nos servimos para capturar os animais, com destaque para a rede.

A caça recebe às vezes diferentes nomes, dependendo dos animais caçados: vai-se do frango à galinhola. Dependendo da hora do dia: se ao raiar do dia, chama-se reentrada; se ao cair da noite, espreita. Dependendo dos meios empregados: se imitamos a coruja com um assovio, é o chamariz. Vide os verbetes correspondentes.

Neste artigo nos limitaremos à caça em geral. Detalhes a seu respeito se encontram em diferentes artigos correspondentes aos termos mencionados.

A caça é uma das mais antigas atividades. As fábulas dos poetas, que pintam o homem em bandos antes de representá-lo em sociedade, põem armas em suas mãos e sugerem que suas [225] ocupações cotidianas se resumiriam praticamente à caça. A Sagrada Escritura, que transmite até nós a verdadeira história do gênero humano, concorda com a fábula quanto à antiguidade da caça. Conta-se que Nemrod provou ser grande caçador, mas foi rejeitado por nosso senhor. Banida no livro de Moisés, a ocupação foi divinizada na teologia pagã. Padroeira dos caçadores, Diana era evocada sempre que partiam à caça; ao retornar, ofereciam-lhe arcos, flechas e aljavas em sacrifício. Apolo compartilhava com ela o incenso desses homens. A arte de treinar os cães era atribuída a essas divindades, que a teriam comunicado a Quíron, por ser um homem justo. Foi ele o mentor da maioria dos heróis antigos, nessa disciplina como em muitas outras.

Isso é tudo o que a mitologia e a História Sagrada, ou seja, a ilusão e a verdade, contam-nos sobre a antiguidade da caça. Vejamos o que o bom senso sugere sobre a sua origem. Era preciso defender-se contra matilhas de lobos e de outros animais predadores, e impedir que destruíssem os rebanhos e as colheitas. Na carne de alguns, encontrou-se uma fonte de alimento saudável, nas peles de quase todos, materiais para a vestimenta; a destruição das feras perniciosas assumiu variadas formas; e, sem que se refletisse se havia direito ou não sobre as demais, matava-se a todas indiscriminadamente, exceto pelas que pudessem prestar serviços relevantes.

E assim o homem se tornou um animal temido pelos outros. A partir do momento em que o pecado de Adão disseminou as sementes da discórdia entre as espécies, elas passaram a se devorar umas às outras. O homem devorava a todas. Estudou seus modos de vida, para surpreendê-las mais facilmente; variou seus métodos de emboscada, segundo o caráter e o porte; instruiu o cão, montou sobre o cavalo, armou-se com o dardo, afiou a flecha. Sob os seus golpes tombaram o leão, o tigre, o urso, o leopardo; com suas próprias mãos, trucidou desde o mais terrível animal que rugia nas florestas até o mais inocente, cujo canto vibrava nos ares. A arte de destruí-los se tornou considerável, muito praticada e muito útil e, por conseguinte, muito honrosa.

Não acompanharemos os progressos dessa arte desde os primórdios até os nossos dias, pois nos faltam registros. Mas não há o que lamentar: os poucos registros que temos não fazem honra ao gênero humano. Vê-se que, em geral, o exercício da caça foi tão mais comum em todas as nações e ao longo dos séculos quanto menos civilizadas eram elas. Nossos pais, muito mais ignorantes que nós, eram caçadores bem melhores.

Os antigos caçavam os quadrúpedes e os pássaros. Recorriam à arma, ao cão e ao falcão. Surpreendiam os animais em emboscadas, punham-nos em fuga, alvejavam-nos com a flecha e o dardo. Enfurnavam-se nas florestas no encalço dos mais ariscos, encurralavam-nos em cercados, perseguiam-nos pelos campos e planícies. Nas mãos dos imperadores antigos, vemos o *venabulum*, uma espécie de dardo. Adornavam seus cães com esmero, traziam-nos de todas as regiões e os empregavam em diferentes tipos de caça, segundo suas aptidões naturais. O ardor da rapina firmou uma espécie de sociedade entre o homem, o cão, o cavalo e o abutre: surgiu desde os primórdios, jamais se extinguiu e, ao que tudo indica, há de durar para sempre.

Com exceção do urso, do javali e do lobo, quase só caçamos animais inocentes. Houve um tempo em que nos voltamos principalmente contra o leão, o tigre, a pantera etc. Mas era uma atividade muito perigosa. Vide, nos artigos dedicados a esses animais, a maneira como se costumava capturá-los. Faremos a respeito umas poucas observações. 1º) Se reunirmos tudo o que os antigos e os modernos disseram a favor da caça ou contra ela, veremos que ela é tão elogiada quanto censurada, e concluiremos que ela é uma coisa indiferente. 2º) O mesmo povo não a elogia ou a censura igualmente em todos os tempos. Na época de Salústio, a caça caíra no mais solene desprezo, pois os romanos, povo de guerreiros, não viam nessa atividade uma imagem da guerra e não a julgavam adequada ao fomento da disposição marcial que leva aos feitos grandiosos que se espera dos grandes e dos nobres, ao contrário; por isso, deixavam-na aos escravos. 3º) Não há notícia de um povo que tenha sido levado a reprimir com leis a prática desenfreada dessa atividade. A elaboração de leis é algo sempre aborrecido, que pressupõe a existência de coisas más em si mesmas ou consideradas como tais, que exigem uma série de infrações e punições. 4º) A caça se tornou a certa altura um apanágio da nobreza, que, negligenciando por completo os estudos, passou a se destacar pelos cavalos, pelos cães e pelos pássaros. 5º) O direito à caça tem sido fonte de uma infinidade de ciúmes e dissidências, mesmo entre os nobres, sem mencionar um sem-número de danos para os vassalos, cujos campos são entregues à depredação dos animais destinados a essa atividade. O agricultor vê suas colheitas consumidas por cervos, javalis, gamos e pássaros de toda espécie, e perde os frutos dos seus trabalhos, sem que nada possa fazer a respeito, e sem contar com nenhuma compensação. 6º) Há uma região em que a injustiça chegou a ponto de forçar o camponês a caçar e depois pagar pela presa capturada. Nessa mesma localidade, um homem foi condenado a ser amarrado a um cervo por ter caçado um animal dessa espécie. Ora, se a vida de um homem vale tanto quanto a de um cervo, por que haveria de matar esse animal? Mas, se a vida de um cervo não é nada, e a de um homem vale mais que a de todos os cervos, por que condenar um homem à morte por ter tirado a vida de um cervo? 7º) O gosto pela caça quase sempre degenera em paixão, consumindo um tempo precioso, prejudicando a saúde e gerando despesas danosas à fortuna dos grandes e ruinosas para a dos particulares. 8º) Por fim, as leis feitas de restrição de seu abuso se multiplicaram a tal ponto que formam um código bastante extenso, o que é um inconveniente considerável.

Calor animal (*Economia Animal*), Venel [3, 31-3]

Alguns zoólogos dividiram os animais em quentes e frios. Estes últimos, se é que realmente existem enquanto tais, são aqueles que, como as plantas e a matéria mais inativa, acompanham exatamente todas as alterações de temperatura do meio circundante. Ao contrário, animais quentes como o homem, em que podemos observar esse fenômeno mais detalhadamente, costumam gozar de calor num grau muito superior ao do meio em que vivem, e são capazes de conservar uniformemente a mesma temperatura, malgrado as oscilações de frio e calor nesse meio.

Segundo as medições do dr. Martine, o calor absoluto do ser humano em estado saudável varia entre 97 e 98 graus no termômetro de Fahrenheit (35,5-36,1 Celsius), sendo que a temperatura mais comum do ar não costuma exceder esse termo, mesmo nas regiões e estações mais tórridas. Já na Sibéria, por exemplo, segundo as medições feitas em Kirenga pelo sr. Delisle em 1738, a temperatura desceu até os 216 graus Fahrenheit (−102 Celsius), ou seja, 150 graus (65 Celsius) abaixo do ponto de congelamento. Segundo o mesmo observador, um frio ainda mais terrível foi registrado em Yeniseik. Mas, deixando de lado graus extremos, o homem geralmente se encontro exposto, sem maiores incômodos, a vicissitudes de variação entre cerca de 60 graus negativos, ou seja, 48 ou 50 graus abaixo do ponto de congelamento, e cerca de 12 ou 15 quinze graus acima desse mesmo ponto; ou, para utilizarmos a gradação do sr. Réaumur, que todos conhecem bem, entre 25 e 26 graus acima de zero, e 6 ou 7 graus abaixo de zero. Isso significa que a temperatura ou o grau específico de calor do homem se mantém uniforme malgrado variações externas de calor e frio, ao menos até as latitudes indicadas. É um fato estabelecido pelas observações exatas de Derham e de outros físicos.

Todos os físicos estão a par da lei de propagação do calor, segundo a qual, após certo tempo de exposição ao meio circundante, os corpos adquirem a temperatura desse meio. Portanto, caso um corpo goze de um grau uniforme de calor constante, independente de alterações na temperatura do meio, e mantenha o seu calor em um grau superior ao do meio, engendrará uma quantidade de calor constante que compensará o calor que ele perde no contato imediato e contínuo com o meio circundante, e o fará cada vez mais, à medida que se torne ele mesmo mais frio.

O calor animal é o calor engendrado pelo animal continuamente, quase em proporção ao excesso de calor necessário para que ele permaneça mais quente que o meio que o circunda. Um animal morto, privado da causa intrínseca de calor, deixa de participar da causa de que gozava enquanto estava vivo e se torna um cadáver frio, que se encontra na mesma temperatura que o meio ambiente. Portanto, se o calor absoluto de um animal, como o homem, por exemplo, é de 98 graus Fahrenheit (36,6 Celsius), seu calor próprio é de 58 graus Fahrenheit (14,4 Celsius).

O dr. Douglas, em seu *Essai sur la génération de la chaleur des animaux*, traduzido do inglês e publicado em Paris em 1751, censura com razão alguns fisiologistas modernos por não terem identificado o calor animal que ele chama de *inato* — expressão imprecisa quando utilizada nesse sentido e que não tem o mesmo significado que os antigos davam à expressão *calor comum*, que dependeria de uma causa externa, a saber, a temperatura do meio em que o animal vive. Pois a única maneira de se avaliar corretamente o calor animal é a distinção entre essas duas expressões, o que, de resto, não escapou aos médicos antigos, que, na medição do calor animal, abstraíram o calor que chamavam de *primitivo*, que teria precedido à formação do animal e não desapareceria com a sua morte, do seu calor natural ou vital, que dependeria essencialmente da vida animal, observação fina e engenhosa, levando-se em consideração a época em que viveram.

Estabelecida a ideia precisa e determinada do calor animal, passo à exposição dos principais fenômenos relativos a ele.

A partir de certo grau, o calor exterior se torna totalmente destrutivo para o calor inato de um animal saudável. Esse grau corresponde, nos animais quentes, ao da temperatura de seu sangue. Se supusermos, a partir desse termo, que um animal quente passe por uma série indefinida de graus de frio exterior cada vez maior, seu calor inato aumentará na mesma proporção que os graus de frio, mas apenas até certo limite, a partir do qual diminuirá gradativamente em razão inversa ao aumento do frio, até que seu calor seja totalmente suprimido e ele morra. (Douglas, *Ensaio*)

É fácil ver que um animal quente que se encontre num meio com temperatura igual à de seu sangue não engendra calor. Se entrarmos numa piscina aquecida exatamente com essa mesma temperatura, veremos pelo termômetro que não haverá diferença sensível entre a temperatura de nosso corpo e a do meio ambiente. Do que se segue que não engendramos calor quando estamos vivos, gozamos de boa saúde e temos uma circulação vigorosa. (Douglas, *Ensaio*)

Isso não é tudo. Para além desse termo, o calor inato de um animal, que no homem é de 98 graus Farenheit (36,6), nos quadrúpedes, de 100 (37,7) a 102 (38,8) graus, e nos pássaros, de 104 (40) a 106 (41,1) graus, cresce em proporção ao frio, mas apenas até certo ponto. Assim, por exemplo, um homem não engendra calor num meio que se encontre a 98 graus (36,6); num meio de 90 graus (32,2), ele produz 8 graus (4,4); num meio de 80 (26,6), engendra 18 graus (10); num meio de 70 graus (21,1), seu calor será de 28 graus (20); e assim por diante. Desde que conserve seu ponto natural de calor, ele engendrará graus de calor correspondentes ao aumento do frio. Para além desse ponto, porém, perderá sua temperatura natural, e, caso o frio continue a aumentar, o aumento de seu calor inato será cada vez menos proporcional ao do frio, [**32**] até que ele se torne incapaz de aumentá-lo. E, supondo que o frio continue a aumentar ainda mais, não é difícil ver que o calor inato diminuirá gradualmente, até extinguir-se com a vida. (Douglas, *Ensaio*)

A amplitude do calor difere nas diferentes partes do animal e em diferentes animais, e depende da velocidade com que o sangue circula neles. Um animal pode determinar à vontade essa amplitude, quando se encontra em diferentes graus de frio externo, diminuindo ou acelerando a circulação de seu sangue com o exercício e o repouso ou outras ações. De resto, a temperatura de um animal quente só cairá abaixo de seu ponto natural se a velocidade da circulação do sangue também diminuir proporcionalmente, e, quanto mais sua temperatura se afastar desse ponto, maior será a diminuição da rapidez de circulação. Em suma, é possível concluir com certeza que, após atingir seu vigor máximo, o calor animal inato diminui em proporção à redução da velocidade de circulação do sangue, até extinguir-se juntamente com a vida do animal. (Douglas, *Ensaio*)

Os animais grandes perdem menos calor que os pequenos quando se encontram na mesma temperatura, em razão exata de seus diâmetros, *coeteris paribus*. Ora, como a densidade dos corpos dos animais é quase sempre a mesma, podemos afirmar, apesar de eventuais diferenças em suas respectivas figuras, que é irrelevante que animais com a mesma temperatura interna percam calor em razão inversa a seus diâmetros. Como, porém, nos animais vivos o calor adquirido é igual à perda de calor, segue-se que as quantidades de calor produzidas por animais com a mesma temperatura são, volume por volume, reciprocamente proporcionais ao diâmetro desses animais.

Assim, por exemplo, se supusermos que o diâmetro de um elefante esteja para o de um pequeno pássaro em razão de 100 para 1, segue-se que suas respectivas perdas de calor se darão nessa mesma proporção, pois a mesma causa que produz o calor do pássaro atuará nele com cem vezes mais energia que no elefante para compensar uma perda de energia cem vezes maior.

Se compararmos agora o elefante à abelha, inseto cuja temperatura interna é, segundo o dr. Martine, igual à dos animais quentes, veremos que a diferença entre a quantidade de calor perdida e adquirida por esses seres tão desproporcionais entre si é ainda maior, talvez na razão de 1.000 para 1.

Vimos que, desde o limite de seu calor inato até certa amplitude de frio, um animal conserva sua temperatura de maneira igual e uniforme; mas essa amplitude não é exatamente a mesma em todas as partes do corpo. Em geral, é maior no tronco e diminui nas outras partes, à medida que se distanciam do tronco, sendo muito pequena nas mãos, nos pés, nas orelhas, no rosto etc. A razão para isso é evidente: a circulação do sangue é mais rápida, *coeteris paribus*, nas partes mais próximas ao coração; diminui conforme se afasta do centro, e torna-se bastante lenta nas partes mais remotas.

O dr. Martine estima que a temperatura febril do homem se dá entre 105 (40,5) e 108 (42,2) graus.

O mesmo dr. Martine observou que é possível permanecer por algum tempo numa piscina a cerca de 100 graus (37,7), mas que a 112 graus (44,4) a água se torna quente demais para que o homem comum consiga permanecer com as mãos ou os pés imersos nela por algum tempo, exceto pelos trabalhadores de mãos calejadas e pés ásperos, pois eles suportam um calor ainda maior.

Para lavar as mãos em chumbo fundido como fazem os charlatães em suas exibições, basta ter o cuidado de não esquentar esse metal para além do ponto de fusão. Por não ser muito alto, as mãos não queimam, desde que o contato com o chumbo seja breve, precaução observada nas exibições a que nos referimos. A mesma razão explica por que os confeiteiros conseguem mergulhar os dedos no açúcar fervente e os cozinheiros nos molhos espessos em estado de fervura.

Boerhaave expôs três animais ao ar livre à temperatura de 146 graus (63,3), um pardal, um gato e um cão; todos morreram após alguns minutos. O termômetro inserido na garganta do cão morto indicou a temperatura de 110 graus (43,3).

Por fim, é preciso lembrar que as partes dos animais em que o movimento dos humores é interceptado ou consideravelmente diminuído, como acontece em casos de paralisia, após a ligadura de uma artéria etc., esfriam e quase não recebem calor comunicado pelo meio ambiente.

Essa é a história exata do fenômeno que examinamos, história que, na presente questão como em toda outra de fisiologia, oferece o maior benefício que poderíamos esperar, e deve ser considerada como a única fonte de raciocínios e explicações de uma boa teoria a respeito. A consideração desses fatos nos permite agora decidir em que medida são verossímeis os sistemas de fisiologia propostos a esse respeito.

Os ares de sabedoria, o tom demonstrativo e a posse de conhecimentos físicos e matemáticos relevantes levaram os médicos mecanicistas a edificar sua doutrina sobre os detritos do engenhoso sistema de Galeno e dos dogmas dos químicos, afastando sua concepção dos objetos físicos da que levara Hipócrates a considerar o calor animal como um sopro divino, princípio da vida e da própria natureza. Fisiologistas famosos explicaram o calor animal a partir de choques, abalos, agitações etc. nas partes do sangue em circulação pelos vasos, ora lançando-as umas contra as outras, ora recorrendo à ação e reação entre esse fluido e os vasos elásticos e oscilatórios em que ele circula. Tampouco abandonaram o movimento dos intestinos, que os químicos consideravam uma fermentação ou efervescência, contando-o agora entre as causas mecânicas da produção de calor [33] — causas que variam segundo o sistema filosófico de cada autor.

O dr. Mortimer propôs em 1745 na Royal Society de Londres uma explicação do calor animal baseada numa espécie de efervescência excitada entre as partes de um enxofre ou fósforo animal que, ele supõe, se encontrariam nos humores dos animais e nas partículas de ar contidas neles. Mas tanto a existência de enxofre como a condição livre do ar contido em nossos humores no estado de saúde são pressuposições igualmente contrárias à experiência.

Opiniões como essas, que reinaram nas escolas nos dias de glória da Fisiologia, defendidas por homens como um Bergerus, um Boerhaave ou um Stahl, foram, por fim, solidamente refutadas pelo dr. Douglas no ensaio já citado, que contrapõe a elas, entre outros argumentos invencíveis, a impossibilidade de explicar o fenômeno essencial, a saber, a uniformidade do calor de animais que se encontram em meios com diferentes temperaturas. Ora, é precisamente nesse fenômeno que, no fundo, se encontra a questão, e o dr. Douglas oferece a solução mais natural e mais sedutora. Contudo, esse engenhoso sistema, que foi defendido, ornado e aplicado nas escolas de Paris pelo sr. De la Virotte, não passa de uma hipótese, no sentido menos elogioso da expressão.

Fato é que avançamos tão pouco na determinação das fontes do calor animal quanto os diferentes autores cujos sistemas nós adotamos e, um após o outro, abandonamos, ou quanto o próprio Galeno, que declarou abertamente que esse calor não dependeria de um movimento de atrito. Constatação pouco lisonjeira, é certo, mas, em nosso modo de filosofar, a proscrição de um erro ou de um preconceito vale pela aquisição de um fato.

Oferece-nos, de resto, uma vantagem mais positiva, pois nos convence, a partir do exemplo de um dos mais belos sistemas que a teoria mecânica forneceu à Medicina, de que a aplicação das leis mecânicas aos fenômenos da economia animal é sempre danosa. Vide *Economia animal*.

Os antigos chamavam de *cocções* as elaborações de humores e as consideravam como espécies de *exalação*. Vide *Cocção*.

A questão de saber se o sangue é esfriado ou aquecido pelos pulmões vem inquietando os fisiologistas desde que Stahl propôs, em fins do século passado, o seguinte paradoxo fisiológico: que o pulmão seria o principal instrumento da conservação do calor animal, e, por conseguinte, da sua produção. Vide *Respiração*.

Canadenses (Filosofia dos), Pestré [2, 581-2]

Nossos conhecimentos sobre os selvagens do Canadá se devem ao barão de Hontan, que viveu com eles por cerca de dez anos. Como fica claro no relato que oferece de suas conversas com um deles sobre a religião, ele nem sempre levou a melhor nas discussões. Não deixa de ser surpreendente ver um huron manipular, com toda a sutileza, as armas de nossa dialética para combater a religião cristã. Sua familiaridade com as abstrações e os termos da Escolástica é quase tão grande quanto a de um europeu que tenha frequentado os livros de Duns Escoto. O que levantou suspeitas de que o barão quis tingir com o ridículo a religião em que ele mesmo foi educado, e ter posto na boca de um selvagem razões a que ele mesmo não ousaria recorrer.

A maioria das pessoas que nunca viu um selvagem ou nunca conversou com um deles imagina que seriam homens peludos, dotados de tantas necessidades sociais quanto as feras, uma figuração altamente imperfeita do que é o homem de fato. Há quem cultive uma ideia como essa. Mas esses selvagens, exceto pelos cabelos e pelas sobrancelhas – que muitos fazem questão de depilar –, não têm pelos sobre o corpo, e, se lhes acontece de nascer um fio, arrancam-no pela raiz imediatamente. Quando nascem, são brancos como nós; mas, como andam nus, besuntam-se com óleos e pintam-se com muitas cores diferentes, que o sol termina por imprimir em sua pele, adquirem uma coloração escurecida. São grandes, têm um talhe maior que o nosso, os traços do rosto regulares e um nariz aquilino. De modo geral, são bem-feitos, há pouquíssimos coxos, corcundas, caolhos, cegos etc.

É impossível julgar os selvagens, vendo-os com um golpe de vista, pois têm um olhar feroz e um porte rústico, e abordam-nos de maneira tão simples e tão taciturna que seria muito difícil, para um europeu que não os conheça, acreditar que esse jeito de agir é, à sua moda, uma espécie de civilidade, e que eles fazem valer, uns para os outros, por meio de todas as medidas necessárias, assim como temos as nossas, das quais, aliás, eles gostam de caçoar. Não são afeitos a carinhos ou à demonstração de sentimentos. Mas, não obstante, são bondosos, afáveis e tratam os estrangeiros e os necessitados com uma hospitalidade caridosa, que as nações europeias simplesmente não entendem. Têm uma forte imaginação; tratam os negócios públicos com sensatez; alcançam seus objetivos por meio de vias certas; agem com um sangue-frio e uma fleuma que testam a nossa paciência. Em razão de sua honra, e por terem grandeza de espírito, quase nunca se irritam. [**582**] Têm um coração altivo e orgulhoso, uma coragem a toda prova, um valor intrépido, uma constância em meio às tormentas que parece mais do que heroica, e uma alma inabalável, que a adversidade ou a prosperidade não poderiam alterar.

Essas qualidades seriam todas muito dignas de admiração, não fossem acompanhadas, infelizmente, por tantos outros defeitos. São levianos e superficiais, incrivelmente preguiçosos, excessivamente ingratos, desconfiados, traiçoeiros, vingativos, e tão mais perigosos por saberem como disfarçar o ressentimento pelo tempo que for necessário. Tratam seus inimigos com uma crueldade inaudita, e seus métodos de tortura excedem tudo o que os antigos tiranos conseguiram imaginar de mais cruel. São brutais na satisfação dos prazeres, e viciosos, por ignorância ou por malícia. Sua rusticidade e penúria lhes dão uma vantagem sobre nós, pois ignoram todos os refinamentos do vício, introduzidos pelo luxo e pela abundância. Sua filosofia e sua religião se reduzem aos preceitos a seguir.

1º) Afirmam que existe um Deus, e provam a sua existência a partir da composição do universo, em que reluz a plenipotência de seu autor. Do que se segue, segundo dizem, que o homem não foi feito por acaso, mas é obra de um príncipe dotado de uma sabedoria e um conhecimento superiores, a que chamam de "grande Espírito". Esse grande Espírito contém tudo, aparece em tudo, age em tudo, e põe as coisas em movimento. Enfim, tudo o que é visto e concebido é esse Deus. Como sua existência é ilimitada e ele é desprovido de corpo, não deve ser representado sob a figura de um velhinho ou qualquer outra, por bela, vasta e extensa que seja. Por isso, eles adoram tudo o que aparece no mundo. Tanto é assim que, quando diante de algo belo, curioso ou surpreendente, sobretudo o Sol e os astros, eles gritam: "Ó, grande Espírito, te vemos por toda parte!".

2º) Dizem que a alma é imortal, pois, do contrário, todos os homens seriam igualmente felizes nesta vida, e Deus, infinitamente perfeito e infinitamente sábio, não poderia criar alguns para serem felizes e outros não. Portanto, quis Deus, conduzindo-se de uma maneira incompatível com as nossas luzes, deseja que as criaturas que sofrem neste mundo sejam recompensadas no outro. Por isso, não aceitam que os cristãos digam que alguém teve a infelicidade de ser roubado, de se queimar ou algo assim, pois os nossos pretensos males estão apenas em nossas ideias, e tudo o que é feito está de acordo com a vontade desse Ser infinitamente perfeito, cuja conduta não tem nada de bizarro ou caprichoso. O que não tem, convenhamos, nada de selvagem.

3º) O grande Espírito deu aos homens uma razão, para que eles pudessem discernir o bem e o mal, e seguir as regras da justiça e da sabedoria.

4º) A tranquilidade da alma é infinitamente agradável a esse grande Espírito. Ele detesta, ao contrário, o tumulto das paixões, que torna os homens malvados.

5º) A vida é um sono, a morte é um despertar que nos dá a inteligência das coisas, visíveis e invisíveis.

6º) A razão do homem é incapaz de se elevar ao conhecimento das coisas que se encontram acima da Terra, e é inútil e mesmo nocivo querer penetrar as coisas invisíveis.

7º) Após a nossa morte, nossas almas vão para determinado lugar, mas é impossível dizer se os bons focam bem e os maus não, pois ignoramos se isso que se chama de bem e mal também o é para o grande Espírito.

Caraíbas, ou Canibais, Anônimo [2, 669]

Selvagens americanos insulares, eles possuem parte das Antilhas. Em geral, são tristes, sonhadores e preguiçosos, mas têm boa constituição e não raro vivem por um século. Andam nus; pintam-se com oliváceo. Não colorem as crianças, que, a partir dos quatro meses, andam sobre as quatro patas. Acostumados a fazê-lo, correm desse jeito quando se tornam mais velhos, e tão rapidamente quanto um europeu sobre duas pernas. Cada homem tem muitas mulheres, que não sentem ciúmes umas das outras, o que Montaigne, no ensaio que escreveu sobre esse povo, considera um verdadeiro milagre. As mulheres não sentem as dores do parto e no dia seguinte estão de volta às suas ocupações. O marido guarda o berço e cozinha por dias a fio. Alimentam-se de seus prisioneiros grelhando-os, e enviam pedaços aos amigos. Creem num homem primordial chamado Longuo, que teria descido dos céus. Segundo eles, os primeiros habitantes da terra teriam saído de seu enorme umbigo, a partir de uma incisão. Adoram deuses e demônios e creem na imortalidade da alma. Quando um dos seus morre, mata-se o seu escravo (*son nègre*) para que possa servi-lo no mundo do além. São exímios no uso do arco. Suas flechas são feitas com uma madeira tóxica e têm as pontas talhadas, de tal modo que é impossível arrancá-las sem rasgar a pele. São embebidas num veneno letal, feito com o suco da mancilheira. Vide *Selvagens*.

Cerveja, Diderot [2, 245-6]

Espécie de bebida forte e vinhosa preparada com os grãos da cevada, mas não seus frutos. Sua invenção é atribuída aos egípcios. Segundo se diz, esse povo, desprovido da vinha, buscou na preparação dos grãos de cevada, que possuíam em abundância, o segredo da imitação do vinho, produzindo assim a cerveja. Outros remontam sua origem ao tempo das fábulas, e contam que Céres, que percorreu a terra em busca de sua filha sequestrada, ou Osíris, que fez o mesmo, mas para tornar os homens felizes, teria ensinado a arte de produzir a cerveja aos povos que, desprovidos de vinhas, não poderiam aprender a arte de produzir o vinho. Se deixarmos as fábulas de lado e nos ativermos à história, veremos que, de fato, os egípcios transmitiram o uso da cerveja a outras partes do mundo. De início, foi conhecida como *bebida pelusiana*, da Pelúsia, cidade situada próximo à embocadura do Nilo que produzia a melhor cerveja. Havia duas espécies: uma era chamada pelos locais de *zythum*, a outra, de *carmi*. A diferença entre elas era mínima, mas a *carmi* tinha um sabor mais suave e mais agradável que a *zythum*. Ao que tudo indica, correspondiam, respectivamente, às nossas cervejas *branca* e *vermelha*. A cerveja não tardou a ser adotada nas Gálias, e foi por muito tempo a bebida predileta de seus habitantes. O imperador Juliano, que governou essas províncias, menciona o fato num epigrama malicioso. Na época de Estrabão, a cerveja era consumida nas províncias do norte, em Flandres e na Inglaterra. Não surpreende que países frios, que carecem do vinho e mesmo da cidra, recorram a uma bebida feita de grãos e água. Mais difícil de acreditar, não fosse a garantia de autores reputados, é que esse licor tenha sido adotado na Grécia, com seu belo clima tão fértil em uvas. [**246**] Aristóteles menciona a cerveja e a embriaguez que ela causa; Teofrasto dá a ela o nome de οἶνος κριθῆς, *vinho de cevada*; Ésquilo e Sófocles a denominam ζῦθος βρυτὸν. Os espanhóis da época de Políbio bebiam cerveja. As etimologias atribuídas à palavra "cerveja" são muito ruins e não merecem crédito. Observemos apenas que também era chamada de *cervoise* ou *cervitia*. Quanto às suas propriedades, espécies e maneiras de fabricá-la, vide *Brasserie*.

Chá (*Botânica Exótica*), Jaucourt [16, 223-6]

Pequena folha ressequida, enrolada, com sabor um pouco amargo, ligeiramente adstringente, agradável, com aroma doce, que se parece com o do feno novo e o da violeta.

O arbusto que dá origem ao *chá* é denominado *chaa* por C. B. P., 147, *thea frutex, bont. eronymo affinis, arbor orientalis, nucifera, flora roseo*, Pluk. Phyt. Mas esse arbusto é ainda mais bem definido por Kæmpfer: *thea frutex, folio cerasi, flora rosæ sylvestris, fructu unicocco, bicocco, et ut plurimùm tricocco*; isto quer dizer que ele tem a folha de cerejeira, a flor semelhante à rosa dos campos, e que seu fruto só tem uma ou duas ou, quando muito, três cascas. Os chineses o chamam de *theh*; os japoneses, de *tsjaa* ou *tsjanoki*.

O que há de mais conveniente em uma planta tão vendida é o fato de ela não ocupar nenhum terreno que possa servir ao plantio de outras. Em geral, é cultivada nas bordas dos campos de trigo ou de arroz e viceja nos lugares mais estéreis. Cresce lentamente e atinge a altura de pouco mais de uma braça. Sua raiz é preta, lenhosa e lança suas ramificações de modo irregular; o caule faz a mesma coisa com seus ramos e rebentos. Amiúde é possível observar vários caules muito próximos entre si despontarem juntos do mesmo tronco, formando uma espécie de moita tão densa que aqueles que não a examinam de perto acreditam que se trata do mesmo arbusto; ao passo que isso decorre do fato de várias sementes terem sido depositadas na mesma cavidade.

A casca desse arbusto é recoberta por uma pele muito delicada que se desprende quando a casca se torna seca. Sua cor é marrom; seu caule, acinzentado, aproximando-se de um tom esverdeado. Seu aroma é muito parecido com o das folhas da aveleira, salvo o fato de que ele é mais desagradável. Seu gosto é amargo, nauseante e adstringente. O lenho é duro, composto de fibras fortes e densas, com uma cor esverdeada, aproximando-se do branco, e seu cheiro é muito repulsivo quando está verde; a medula é muito aderente ao lenho.

As folhas prendem-se a um caule ou pedículo curto, grosso e verde, bastante redondo e homogêneo na parte inferior, [**224**] mas oco e um pouco achatado no lado oposto; elas nunca caem espontaneamente, pois o arbusto está sempre verde: é preciso arrancá-las à força. Elas são constituídas por uma substância intermediária entre a membranosa e a carnuda, mas de tamanhos diferentes: as maiores têm duas polegadas de comprimento e pouco menos de duas polegadas em sua parte mais larga. Em suma, quando alcançam seu pleno desenvolvimento, têm a substância, a forma, a cor e o tamanho iguais aos da ginjeira garrafal dos pomares, que os botânicos denominam *cerasus hortensis, fructu acido*; porém, quando estão tenras, que é o estágio em que são colhidas, assemelham-se mais às folhas daquilo que chamamos de *eronymus vulgaris fructu acido*, com exceção da cor.

Lentamente, essas folhas tornam-se mais ou menos redondas, depois crescem mais e, enfim, terminam numa ponta espinhosa; algumas são ovais, um pouco dobradas, onduladas de forma irregular em sua extensão, escavadas no meio e com as extremidades encurvadas para trás. Elas encontram-se ligadas dos dois lados; apresentam um tom verde sujo e escuro, um pouco mais claro no dorso, onde as nervuras, por serem bastante elevadas, formam a mesma quantidade de sulcos no lado oposto.

Elas são dentadas; a denteação é um pouco encurvada, dura, arredondada e muito serreada, mas as pontas são de tamanhos diferentes. Em sua parte mediana, elas são atravessadas por um nervo muito saliente, ao qual corresponde, no lado oposto, um sulco profundo: em cada lado, ele se divide em seis ou sete nervuras de comprimentos diferentes, curvadas no dorso; perto da extremidade das folhas, estendem-se pequenos veios entre as nervuras transversais.

As folhas, quando estão frescas, não têm nenhum odor, e não são absolutamente tão desagradáveis ao paladar quanto a casca, embora sejam adstringentes, aproximando-se do amargor. Elas diferem muito entre si em substância, tamanho e forma, o que deve ser atribuído à sua idade, posição e à natureza do solo onde o arbusto é plantado. Disso decorre que não se pode avaliar o seu tamanho, nem a sua forma, quando elas são secadas e levadas para a Europa. Elas afetariam as operações do espírito se fossem ingeridas ainda frescas, pois possuem algum elemento narcótico que ataca os nervos, causando-lhes um tremor convulsivo; essa propriedade nociva desaparece quando são secadas.

No outono, as ramificações desse arbusto são cingidas por uma grande quantidade de flores, que continuam a crescer durante o inverno. Sozinhas ou aos pares, elas despontam das asas das folhas e assemelham-se um pouco às rosas silvestres: têm mais ou menos uma polegada de diâmetro e são compostas de seis pétalas, ou folhas, das quais uma ou duas se contraem e não se igualam às outras em tamanho e beleza. Essas pétalas, ou folhas, são redondas e ocas, e prendem-se a pedículos de meia polegada de comprimento, que, lenta e delicadamente, tornam-se progressivamente maiores. Sua extremidade termina em um número variável de invólucros, geralmente cinco ou seis, pequenos e redondos, que substituem o cálice na flor.

Essas flores têm um sabor desagradável, aproximando-se do amargor: no fundo da flor, vê-se uma grande quantidade de estames brancos, extremamente pequenos, como nas rosas; sua ponta é amarela e assemelha-se um pouco a um coração. Kæmpfer nos assegura que contou 230 estames em uma única flor.

Às flores seguem-se os frutos em grande quantidade; eles têm uma, duas e, mais comumente, três cascas, semelhantes àquelas que contêm a semente do arroz, compostas de três outras cascas redondas, do tamanho das ameixas selvagens que crescem juntas num caule comum, como num centro, mas separadas por três divisões bastante profundas.

Cada casca contém uma vagem, uma noz e a semente. A vagem é verde, aproximando-se do preto quando está madura; ela apresenta uma substância oleosa, membranosa e um pouco lenhosa, entreabrindo-se acima de sua superfície, após ter permanecido no arbusto durante um ano, e expondo a noz que se encontra dentro dela. Essa noz é quase redonda, com exceção da face em que as três cascas se unem; ela é um pouco comprimida, tem uma crosta delicada, um pouco dura, lustrosa, de cor acastanhada, que, ao ser partida, apresenta uma semente avermelhada de substância firme, como aquela das avelãs, e sabor adocicado, no início bastante desagradável, tornando-se em seguida mais amargo, como o núcleo do caroço de cereja. Essas sementes contêm muito óleo e tornam-se rançosas com muita facilidade, o que faz que dificilmente duas em cada dez germinem quando semeadas. Os japoneses não utilizam as flores nem as sementes.

A colheita do *chá* não é uma empresa fácil; eis a maneira como ela é realizada no Japão: para esse trabalho, encontram-se trabalhadores diaristas que não têm outros ofícios; as folhas não devem ser arrancadas a mãos-cheias: é preciso puxá-las uma a uma, com muito cuidado, e, quando não se está habituado a isso, não se avança muito em um dia. Não se devem colher todas as folhas ao mesmo tempo: geralmente, a colheita é feita em duas etapas; quase sempre, em três. Neste último caso, a primeira colheita é feita perto do fim do primeiro mês do ano japonês, ou seja, nos primeiros dias de março. As folhas têm então apenas dois ou três dias, são pouco numerosas, muito tenras e mal se desenvolveram; estas são as mais apreciadas e as mais raras: apenas príncipes e pessoas abastadas podem comprá-las, e é por essa razão que são nomeadas como *chá imperial*. Também são designadas como *flor de chá*.

O *chá imperial*, quando está preparado, é denominado *ticki tsjaa*, ou seja, *chá moído*, pois ele é tomado em pó na água quente. Também recebe o nome de certos lugares onde ele cresce, como *udsi tsjaa* e *tacke sacki tsjaa*. O mais apreciado no Japão é aquele de Uji, pequena cidade bastante próxima a Quioto. Diz-se que aí se encontra o clima mais favorável a essa planta.

Todo *chá* que é utilizado na corte do imperador e servido à família imperial deve ser colhido em uma montanha próxima a essa cidade. Ademais, a atenção e o cuidado com que ele é cultivado não deixam de surpreender: um fosso largo e profundo delimita a superfície, os arbustos são dispostos ali em fileiras, as quais são varridas todos os dias: toma-se mesmo o cuidado de evitar que qualquer sujeira caia nas folhas; e, quando se aproxima a época de colhê-las, aqueles que devem engajar-se nessa tarefa abstêm-se de comer peixe e qualquer outra carne que não seja limpa, a fim de que seu hálito não estrague as folhas. Além disso, enquanto durar a colheita, eles devem lavar-se duas ou três vezes ao dia num banho quente e no rio; e, apesar de tantos cuidados para manter-se limpo, não é permitido tocar nas folhas com as mãos despidas: é preciso usar luvas.

O principal fornecedor de *chá* da corte imperial tem o controle sobre essa montanha, que constitui um belíssimo mirante; ali ele mantém empregados que cuidam do cultivo do arbusto, da colheita e da preparação das folhas, e que impedem os animais e os homens de cruzar o fosso que delimita a montanha; por causa disso, toma-se [225] o cuidado de cercá-lo em vários pontos com uma sebe resistente.

As folhas assim colhidas e preparadas da maneira como logo indicaremos são colocadas em sacos de papel, os quais, em seguida, são encerrados em potes de barro ou de porcelana, e, para melhor conservar essas folhas delicadas, os potes são preenchidos com *chá* comum. Tudo isso, depois de bem empacotado, é enviado à corte sob rigorosa vigilância, com uma grande escolta. Daí o preço exorbitante desse *chá imperial*; pois, considerando todas as despesas do cultivo, da colheita, da preparação e do envio, uma braça equivale a 30 ou 40 *thaels*, ou seja, a 42 ou 46 escudos, ou onças de prata.

Segundo Kæmpfer, o *chá* de folhas da segunda espécie é denominado *tootsjaa*, ou seja, *chá chinês*, pois ele é preparado à maneira dos chineses. Aqueles que dirigem casas de *chá* ou vendem folhas de *chá* subdividem essa espécie em quatro outras, que diferem em qualidade e preço; as folhas da quarta espécie são apanhadas de forma desordenada, sem levar em conta a sua qualidade ou o seu tamanho, na época em que se acredita que cada ramificação nova tenha dez ou, no máximo, quinze folhas; é esse tipo de chá que o comum dos homens bebe. Cumpre observar que as folhas, enquanto permanecerem no arbusto, estão sujeitas a alterações repentinas, considerando o seu tamanho e a sua qualidade; assim, se elas não são colhidas no momento adequado, podem perder muito de sua qualidade em uma única noite.

As folhas da terceira espécie são denominadas *ban-tsjaa*; e, como a maioria delas é forte e grossa, não podem ser preparadas à maneira dos chineses, ou seja, secadas em fornos e retorcidas; todavia, como são deixadas para a ralé, não importa de que maneira são preparadas.

Assim que colhidas, as folhas de *chá* são espalhadas em uma chapa de ferro que se encontra sobre o fogo; e, quando elas estão bastante quentes, são enroladas com a palma da mão sobre uma esteira vermelha muito fina, até ficarem completamente retorcidas; o fogo faz com que percam aquela propriedade narcótica e maligna de que falei, a qual poderia prejudicar as operações do espírito. Mais uma vez, elas são enroladas, para melhor conservá-las e para que ocupem menos espaço; mas devemos atribuir-lhes essas formas sem demora, pois, se as mantivéssemos uma única noite, elas escureceriam e perderiam muito de sua qualidade. Também é preciso tomar cuidado para não as deixar empilhadas por muito tempo: primeiro esquentariam, depois estragariam. Diz-se que, na China, de início, as folhas da primeira colheita são jogadas em água quente, onde são mantidas durante meio minuto, e que isso faz com que elas percam mais facilmente sua propriedade narcótica.

Certo é que essa primeira preparação exige um imenso cuidado: antes de tudo, a chapa é aquecida em uma espécie de forno, onde há apenas um fogo médio. Quando a chapa alcança a temperatura adequada, nela são jogados alguns gramas de folhas, as quais são revolvidas continuamente. Quando as folhas atingem uma temperatura tão elevada que o trabalhador mal consegue tocá-las, ele as retira e as espalha sobre outra chapa, para serem enroladas.

Essa segunda operação é muito penosa para o trabalhador: dessas folhas crestadas sai um suco amarelo, aproximando-se do verde, que queima as suas mãos; e, apesar da dor que ele sente, deve prosseguir nessa atividade até que as folhas esfriem, pois a frisagem não permaneceria se as folhas não estivessem quentes, de modo que ele é obrigado a reconduzi-las ao fogo duas ou três vezes.

Há pessoas meticulosas que as reconduzem ao fogo até sete vezes, mas sempre diminuindo gradualmente a intensidade do fogo: precaução necessária para manter as folhas com uma cor viva, o que constitui uma parte de seu preço. É preciso lavar a chapa de modo contínuo com água quente, pois o suco extraído das folhas adere às suas bordas e as folhas poderiam absorvê-lo novamente.

As folhas assim retorcidas são espalhadas no chão, o qual é coberto com uma esteira, e separam-se aquelas que não estão muito bem retorcidas, ou que estão demasiado crestadas. As folhas de *chá imperial* devem ser crestadas até atingirem um grau maior de desidratação, para serem mais facilmente moídas e transformadas em pó. No entanto, algumas dessas folhas são tão jovens e tenras que, primeiramente, elas são colocadas na água quente, depois em um papel grosso, e em seguida são secadas na brasa sem serem enroladas, por causa de seu tamanho diminuto. Os camponeses têm um método mais ligeiro e, quanto a isso, mostram-se bem menos afetados. Eles contentam-se em crestar as folhas em caldeiras de barro, sem outra preparação; seu *chá* não é menos apreciado pelos conhecedores e é muito mais barato.

Por toda parte, as afetações, mesmo as mais inúteis, constituem quase todo o preço das coisas, entre aqueles que só se diferenciam das pessoas em geral por causa de seus gastos. Parece mesmo que esse *chá comum* tem mais resistência do que o *chá imperial*, o qual, após alguns meses guardado, é novamente levado ao fogo, para que dele seja retirada, segundo dizem, certa umidade, que ele pode ter absorvido na estação das chuvas. Contudo, sustenta-se que, depois disso, ele pode ser conservado por muito tempo, contanto que não entre em contato com o ar; pois o ar quente do Japão dissiparia facilmente os seus sais voláteis, que são extremamente sutis. Com efeito, todo mundo reconhece que esse *chá* e, em certa medida, todos os outros, perderam já, em sua maior parte, os seus sais voláteis quando chegam à Europa, mesmo que se tome o cuidado de mantê-los bem fechados. Kæmpfer afirma que, fora do Japão, jamais encontrou aquele sabor agradável nem aquela propriedade moderadamente refrescante que é apreciada nesse país.

Os japoneses conservam suas provisões de *chá* comum em grandes potes de barro que possuem um bocal muito estreito. Geralmente, o *chá imperial* é mantido em vasos de porcelana, sobretudo naqueles vasos muito antigos e muito caros. Comumente, admite-se que estes últimos não só conservam o *chá*, mas acentuam a sua qualidade.

O arbusto da China que produz o *chá* é quase igual àquele do Japão. Ele atinge a altura de três, quatro ou cinco pés, no máximo. É espesso e ornado com numerosos ramos. Suas folhas são verde-escuras e pontudas. Elas têm uma polegada de comprimento e cinco linhas [ou a 12ª parte de uma polegada] de largura, suas bordas são dentadas como uma serra, suas flores são numerosas e semelhantes às da roseira silvestre: compostas de seis pétalas esbranquiçadas ou claras, apoiadas sobre um cálice dividido em seis pequenas partes ou pequenas folhas redondas, espessas, que não caem. No centro dessas flores há uma numerosa concentração de cerca de duzentos estames amarelados. O pistilo se transforma em um fruto esférico, por vezes com três ângulos e três cápsulas, geralmente com apenas uma. Cada cápsula encerra uma semente que se assemelha a uma avelã na forma e no tamanho, coberta por uma casca delicada, lisa e avermelhada, com exceção da base, que é esbranquiçada. Essa semente contém uma amêndoa esbranquiçada e oleosa, coberta por uma delicada película de cor cinzenta. De início, seu sabor é adocicado, mas, em seguida, torna-se amargo, provocando a vontade de vomitar, e, por fim, torna-se picante e muito seco. Suas raízes são delicadas, fibrosas e espalham-se pela superfície da terra. Essa planta é muito cultivada na China; ela não se desenvolve em solos arenosos ou muito oleosos, mas sim em planícies [**226**] temperadas e expostas ao sol.

Enorme cuidado e atenção são dispensados ao *chá* do imperador da China, bem como ao do imperador do Japão: procede-se a uma escolha meticulosa de suas folhas na estação adequada. Colhem-se as primeiras folhas que surgem na ponta dos ramos mais tenros; as demais têm um preço insignificante. Todas são secadas na sombra e mantidas de acordo com a designação *chá imperial*; entre essas folhas, separam-se ainda as menores das maiores, pois o preço varia conforme o tamanho delas: quanto maiores são as folhas, mais alto é o seu preço.

O *chá avermelhado*, que é denominado *chá bohea*, é aquele que foi mais macerado e torrado: disso decorre a diversidade de cor e sabor.

Os chineses, de quem seguimos o método, despejam água fervente sobre as folhas inteiras de *chá* que foram colocadas num recipiente destinado a esse uso, e extraem a sua tintura, misturando-a com um pouco de água límpida, a fim de temperar o seu amargor e torná-la mais agradável; eles bebem-na quente. Geralmente, ao beber essa tintura, eles colocam açúcar na boca, o que os japoneses raramente fazem; em seguida, despejam água uma segunda vez e dela extraem uma nova tintura que é mais fraca do que a primeira; depois disso, descartam as folhas.

Os chineses e os japoneses atribuem ao *chá* virtudes maravilhosas, como ocorre com todos aqueles que experimentaram algum alívio ou algum benefício com o uso de um remédio agradável; certo é que, pelo menos em nossos países, se tiramos algum proveito dessa bebida, deve-se atribuí-lo principalmente à água quente. As partes voláteis do *chá* que aí se espalham podem ainda ajudar a atenuar e reabsorver a linfa quando ela é demasiado espessa, e estimular ainda mais a transpiração; mas, ao mesmo tempo, o uso imoderado dessa folha continuamente infundida em água quente relaxa as fibras, enfraquece o estômago, ataca os nervos e ocasiona-lhes o tremor; de modo que, para a manutenção da saúde, é melhor usá-la como remédio, não como bebida agradável, já que depois é muito difícil privar-se dela. Tal dificuldade deve ser grande, dado que são vendidas atualmente na Europa cerca de 8 milhões a 10 milhões de libras de *chá* por ano, pelas diversas companhias, tão grande é o consumo dessa folha estrangeira.

China (*Geografia*), Diderot [3, 339]

Grande império da Ásia limitado ao norte pela Tartária, da qual é separado por uma muralha de 400 léguas, a leste pelo mar, a oeste por altas montanhas e desertos, ao sul pelo oceano e pelos reinos de Tonquim, Laos e Cochinchina. A China tem cerca de 750 léguas de extensão por 500 de largura. É o país mais populoso e mais bem cultivado do mundo, banhado por muitos rios de grande porte e entrecortado por uma infinidade de canais que facilitam o comércio. O mais importante chama-se *canal real* e atravessa o país de uma ponta a outra. Os chineses são muito industriosos, amam as artes, as ciências e o comércio, e utilizaram o papel, a imprensa e a pólvora muito antes que os europeus pensassem em fazê-lo. O país é governado por um imperador que é, ao mesmo tempo, o chefe da religião. Tem sob o seu comando os mandarins, ou grandes senhores do país, que são livres para lhe comunicar os seus erros. O governo é extremamente brando. Os povos desse país são idólatras. Os chineses adquirem tantas mulheres quanto quiserem. Para a sua filosofia, ver o verbete *Filosofia dos chineses*. O comércio da China consiste em arroz, soja, tecidos de toda espécie e outros artigos.

Chineses, filosofia dos, Diderot [3, 341-8]

É um consenso unânime que os povos da China são superiores a todas as nações da Ásia por sua antiguidade, por seu espírito, por seus progressos nas artes, por sua sabedoria, por sua política, pelo gosto que têm pela filosofia. Na opinião de alguns autores, rivalizam nesses pontos com os rincões mais esclarecidos da Europa.

A crermos no que se diz a seu respeito, os chineses foram sábios desde as primeiras épocas do mundo. Tinham cidades inteiras formadas por filósofos, e, numa época em que a terra mal deixara as águas do Dilúvio, adotaram os mais sublimes planos de filosofia moral. Ao menos é o que afirma o testemunho de Vossius, Spizelius e de uma multidão de missionários da Companhia de Jesus, que chegou a essas grandes e ricas paragens movida pelo desejo de disseminar [**342**] as luzes de nossa sagrada religião. [**343**]

[...]

Difícil saber se Confúcio teria sido o Sócrates da China ou o seu Anaxágoras. Essa questão depende de um conhecimento profundo de sua língua. Mas, a partir da análise de algumas de suas obras, fica claro que ele preferia o estudo dos homens e dos costumes ao da natureza e de suas causas. [**347**]

[...]

De fato, a moral de Confúcio é muito superior à sua metafísica e à sua física. Para suas máximas sobre o governo da família, as funções da magistratura e a administração do império, consulte-se o livro de Bulsinger.

Os mandarins e os letrados não compõem o grosso da nação, e o estudo das letras não é uma ocupação das mais comuns. Por isso, as dificuldades a esse respeito são maiores que em outras partes de sua história, e haveria, ao que parece, muitas coisas a dizer sobre os chineses. O que propomos aqui não é um resumo de sua história, mas de sua filosofia. Mesmo assim, arriscaremos as seguintes observações. 1º) Embora não possamos conceder aos chineses a antiguidade de que se orgulham e que os panegiristas não contestam, podemos recusar ao seu império uma data muito anterior à do Dilúvio. 2º) Quanto mais longínqua a antiguidade atribuída a eles, mais motivos temos para censurá-los pela imperfeição de sua língua e de sua escrita. É inconcebível que um povo a que se atribuem tanto espírito e tanta sagacidade tenha multiplicado ao infinito os acentos, em vez das palavras, e os caracteres, em vez das combinações entre eles. 3º) A eloquência e a poesia dependem estreitamente da perfeição da língua, e, ao que tudo indica, eles não são nem grandes oradores nem grandes poetas. 4º) Seus dramas são muito imperfeitos, se é verdade que costumam tomar o homem no berço, representando em seguida a sequência inteira de sua vida, arrastando-se a ação teatral por meses a fio. 5º) Nessas terras, o povo se inclina fortemente por uma idolatria das mais grosseiras, ao menos segundo o padre Le Comte. Esse missionário conta que um habitante de Nanquim cuja filha fora desacreditada pelos médicos recorreu desesperado a um ídolo, na tentativa de salvar sua querida criança. Não poupou sacrifícios, oferendas, arômatas ou dinheiro, e ofereceu ao ídolo tudo o que, em sua opinião, poderia agradá-lo. Mesmo assim, sua filha morreu. Então, seu zelo e sua piedade degeneraram em furor, e ele decidiu se vingar de um ídolo do qual abusara. Levou sua queixa a um juiz, que conduziu o caso como se fosse um processo legal; e venceu, malgrado as solicitações dos bonzos, que, com razão, receavam que a punição de um ídolo que não atendia aos homens teria consequências funestas tanto para outros ídolos quanto para eles mesmos. Nem sempre, porém, esses idólatras são tão moderados. Às vezes, dirigem-se a eles ofendendo-os em termos como estes: "Crês mesmo que nossa indignação não tem fundamento? Ponderai, eu te peço, a seguinte situação: há quanto tempo te agradamos? Foste instalado num templo, és adorado da cabeça aos pés; servimos a ti as mais deliciosas oferendas; se não as comeste, é porque não quiseste. Não podes dizer que te faltaram incensos. Fizemos a nossa parte, mas não fizeste a tua. Quanto mais te damos, mais pobres ficamos. Convenha: se te devemos, também deves a nós. Eu te pergunto: que bens nos ofereceste?". A arenga geralmente termina com a destruição do ídolo, que é feito em pedaços. Os bonzos, devassos, hipócritas e avaros, encorajam o quanto podem a superstição, estimulando, principalmente, as peregrinações e a devoção das mulheres, "que se entregam a ponto de despertar o ciúme dos maridos, o que obrigou os missionários a construir igrejas separadas para cada um dos sexos". Vide o padre Le Comte, sexto volume. Parece que, dentre as religiões estrangeiras toleradas na China, a cristã ocupa o primeiro lugar. Os maometanos não são muito numerosos, mas têm imponentes mesquitas. Os jesuítas tiveram muito mais êxito nesse país do que em outros nos quais também exercem as funções apostólicas. As mulheres chinesas parecem bastante piedosas, se é verdade, como diz o padre Le Comte, "que se confessam todos os dias, seja por gosto pelo sacramento, pela piedade ou por alguma outra razão". A julgar pelas objeções do imperador aos primeiros missionários, os chineses não abraçaram o cristianismo cegamente. "Se o conhecimento de Jesus Cristo é necessário ao bem-estar", disse ele aos missionários, "e Deus quis sinceramente nos salvar, por que nos deixou por tanto tempo no erro? Vossa religião se estabeleceu no mundo há mais de dezesseis séculos, e nunca ouvimos falar dela. A China vale tão pouco que não merece ser levada em consideração, enquanto os bárbaros foram iluminados?" É uma dificuldade debatida todos os dias nos bancos da Sorbonne. "Mas os missionários", acrescenta o padre Le Comte, que menciona essa dificuldade, "responderam a ela, e o príncipe se deu por satisfeito." Ou seja, os missionários são ou muito ignorantes ou muito desastrados para embarcar na missão de converter um povo minimamente policiado sem ter resposta para uma objeção trivial como essa. Vide os verbetes *Fé*, *Graça*, *Predestinação*. 7º) Os chineses possuem manufaturas de tecidos e porcelana muito bem-feitas, mas, se são excelentes na matéria, pecam pelo gosto e pela forma. Privilegiam os bonecos de porcelana. Utilizam belas cores em pinturas ruins. Em suma, não têm o gênio da invenção e das descobertas que atualmente reluz na Europa. Se tivessem homens superiores, as luzes deles derrubariam os obstáculos, pela própria impossibilidade de permanecerem cativos. De modo geral, o espírito do Oriente é mais tranquilo, mais ocioso, mais apegado às necessidades essenciais e ao que encontra estabelecido, menos [348] ávido por novidades que o espírito do Ocidente. Isso dá à China, em particular, usos mais constantes, um governo mais uniforme, leis mais duradouras. Mas, como as ciências e as artes demandam uma atividade inquieta, uma curiosidade que tudo quer saber e a recusa de se dar por satisfeito, somos mais aptos para elas, e não admira que, malgrado a antiguidade dos chineses, os tenhamos deixado para trás. Vide as *Mémoires de l'Académie*, de 1727; a *História da Filosofia*, de Bruckner, Bulfinger e Leibniz; as *Mémoires des missions étrangères*, do padre Le Comte; e as *Mémoires de l'Académie d'Inscriptions*. [Tradução parcial]

Chocolate (*Economia Doméstica, Dietética*), Diderot [3, 359-60]

Espécie de doce ou tablete preparado com diferentes ingredientes com base na semente do cacau. Vide *Cacau*. A bebida feita com essa semente recebe o mesmo nome. Sua origem é americana. Os espanhóis viram que era muito usada no México quando conquistaram essa região por volta de 1520.

Os indígenas preparavam essa bebida de um modo muito simples. Assavam o cacau num pote de cerâmica e, após descascá-lo, moíam-no entre duas pedras, diluíam-no em água quente e temperavam-no com pimenta. Vide *Pimenta*. Os mais requintados acrescentavam o urucum (vide *Urucum*) para dar cor e o *atolle* para dar volume. Este último é um mingau de farinha de milho ou de trigo da Índia que os mexicanos temperam com pimenta. As religiosas e as damas espanholas realçaram o seu sabor substituindo a pimenta por ingredientes como açúcar, canela, óleos aromáticos, âmbar, almíscar etc. O *atolle* é usado no México como o creme de arroz no Levante. A receita original tinha uma aparência tão repulsiva e um sabor tão selvagem que, como disse um soldado espanhol, prestava mais para ser jogada aos porcos do que para ser oferecida a um homem, acrescentando que jamais a teria tolerado, não fosse pela inexistência do vinho – pois, do contrário, teria de passar com água.

Instruídos pelos mexicanos, e convencidos por experiência própria de que essa bebida rústica era um alimento salutar, os espanhóis se dedicaram a corrigi-la com a adição do açúcar, de aromáticos do Oriente e de drogas locais, cuja enumeração seria inútil fazer, pois tudo o que conhecemos são os seus nomes. Dentre esses muitos ingredientes, a baunilha é o único que chegou a nós, e, juntamente com a canela, foi incorporada ao preparo da receita.

A baunilha é uma vagem de cor acastanhada e fragrância suave. É mais achatada e mais longa que a vagem de nossos feijões; contém uma substância macia, cheia de pequenos grãos escuros e brilhantes. Deve-se colhê-la ainda nova, gorda e bem nutrida, e assegurar-se de que ela não tenha sido esfregada com bálsamo nem guardada em local úmido. Vide *Baunilha*.

O cheiro agradável e o gosto acentuado que ela transmite ao chocolate fizeram dela uma iguaria muito desejada. Com o tempo, porém, seu uso se tornou menos frequente, pois constatou-se que essa substância aquece demais o corpo. Preferiu-se o cuidado com a saúde ao prazer dos sentidos, e muitos preferem se abster de seu consumo. Na Espanha e na Itália, o chocolate preparado sem a baunilha chama-se chocolate saudável, e, nas ilhas francesas americanas, onde a baunilha não é rara nem cara como na Europa, ela simplesmente não entra nas receitas, lembrando que aí se consome mais chocolate do que em qualquer outro lugar do mundo.

Mas a baunilha mantém os seus partidários, e é justo que a sua opinião seja respeitada. Que ela seja, portanto, empregada na preparação do chocolate, desde que em pequenas doses, para que pareça mais saborosa. Se digo "para que pareça", é porque o gosto comporta uma infinita diversidade de opiniões, cada um quer que a sua seja respeitada, e o que um acrescenta, o outro retira. Mesmo que concordássemos acerca dos ingredientes que entram na mistura, seria impossível fixar proporções universalmente aprovadas. É suficiente que, em conformidade ao paladar mais comum, sejam escolhidos de modo a agradar ao maior número. [360]

Quando a pasta de cacau estiver bem fina sobre a pedra (vide *Cacau*), acrescenta-se o açúcar em pó passado na peneira de seda; a proporção exata entre o cacau e o açúcar é obtida pela igual medida de peso entre eles. Recomenda-se, no entanto, que nessa etapa se reduza em um quarto a quantidade de açúcar, para que a massa não resseque muito rápido e não seja afetada pelas impressões do ar, expondo-se ao ataque dos vermes. A quarta parte de açúcar posta de lado deve ser reintroduzida na preparação do chocolate como bebida.

Quando o açúcar estiver bem misturado à massa de cacau, acrescenta-se um pó bem fino, feito de gomos de baunilha e canela socados e peneirados juntos. Repassa-se essa mistura mais uma vez na pedra, e, uma vez que o todo esteja incorporado, coloca-se a massa em fôrmas de ferro branco, onde ela toma a forma que se lhe queira dar e adquire uma consistência natural. Os que gostam dos aromas pronunciados acrescentam uma pitada de essência de âmbar antes de pôr a massa nas fôrmas.

No chocolate sem baunilha, a proporção de canela é de duas dracmas por libra de cacau; com baunilha, a dose cai ao menos pela metade. A quantidade de baunilha é arbitrária: um, dois ou três favos ou mais, dependendo da imaginação de cada um.

Para dar a impressão de que utilizaram mais baunilha do que de fato o fazem, os artesãos do chocolate misturam à massa ingredientes como pimenta, gengibre etc. Para alguns apreciadores, esse é o melhor preparo do chocolate. Mas, como essas especiarias imprimem calor ao corpo, as pessoas sensatas não se entregam a tais excessos, e têm o cuidado de não consumir chocolate de composição desconhecida.

Preparado em tabletes, o chocolate oferece uma comodidade. Permite que, quando saímos de casa com pressa ou viajamos, e não temos tempo de prepará-lo na forma de bebida, ingiram-se alguns gramas, com um gole de água por cima, para que o estômago possa atuar e dissolva a refeição improvisada.

Os habitantes das Antilhas fazem pães de cacau puro, sem nenhum outro ingrediente. Vide *Cacau*. Quando querem tomar chocolate líquido, procedem da seguinte maneira.

Preparação do chocolate à moda das ilhas francesas da América. Raspa-se levemente o cacau com uma faca ou com um ralador raso. O cacau deve estar bem seco, para não soltar gordura. Uma vez obtida a quantidade desejada (por exemplo, quatro colheres de sopa cheias), misturam-se duas ou três pitadas de canela em pó, passadas na peneira de seda, e cerca de duas colheres de sopa de açúcar em pó.

Coloca-se essa mistura numa chocolateira, acrescentando-se a ela um ovo fresco (a clara e a gema). Misturam-se bem os ingredientes com um batedor, reduzindo o preparado à consistência do mel líquido. Em seguida, acrescenta-se um líquido fervendo, água ou leite, dependendo do gosto, batendo-se bem para que a mistura incorpore.

Por fim, leva-se a chocolateira ao fogo em banho-maria, num caldeirão cheio de água fervente, por exemplo. Quando o preparado começa a precipitar, retira-se a chocolateira do fogo. Após ser fortemente agitado com um batedor, o chocolate é servido em xícaras, nas quais é vertido várias vezes, até formar espuma. Para realçar o gosto, pode-se acrescentar uma colher de água de flor de laranjeira, com uma gota ou duas de essência de âmbar.

Essa maneira de preparar o chocolate tem muitas vantagens peculiares que a tornam preferível às demais.

Em primeiro lugar, se bem preparado, o chocolate adquire um perfume delicioso e um gosto extremamente delicado, além de ser leve para o estômago. Sem mencionar que não deixa restos na chocolateira ou nas xícaras.

Em segundo lugar, sua preparação já é em si mesma um prazer, pois, dependendo do gosto, podem-se aumentar e diminuir à vontade as doses de açúcar e de canela, acrescentar ou não a água de flor de laranjeira e a essência de âmbar, e assim por diante. Em suma, pode-se fazer toda alteração que se considere agradável.

Em terceiro lugar, desde que não se acrescente nada que seja nocivo às qualidades do cacau, o chocolate fica tão temperado que pode ser tomado a qualquer hora do dia, por pessoas de todas as idades, tanto no verão como no inverno, sem receio do menor incômodo. Já o chocolate temperado com a baunilha e outros ingredientes amargos quentes pode ser perigoso, sobretudo no verão, para os mais jovens e para os de constituição viva e seca. O copo de água fresca que se costuma beber antes ou depois do chocolate atenua por um tempo a impressão de fogo que ele deixa no sangue e nas vísceras, mas, depois que a água segue para as vias ordinárias, a impressão retorna.

Em quarto lugar, essa maneira de preparar o chocolate é tão barata que a taça não custa mais que uns poucos centavos. Se os artesãos soubessem disso, poucos dentre eles não recorreriam a um meio tão fácil e tão elegante de almoçar a baixo custo e se sustentar com vigor até a hora do jantar sem outro alimento, sólido ou líquido. Vide *Cacau*.

Colônia (*História Antiga e Moderna, Comércio*), Forbonnais [3, 648-51]

Entende-se por essa palavra o deslocamento de um povo, ou da parte de um povo, de uma região para outra.

Essas migrações foram frequentes, mas geralmente possuem causas e efeitos diferentes. Para distingui-las, vamos classificá-las em seis classes que iremos caracterizar.

I. Mais ou menos 350 anos após o dilúvio, o gênero humano formava ainda uma única família. Com a morte de Noé, já em número muito grande para viver juntos, seus descendentes se dividem. A posteridade de cada um dos filhos desse patriarca, Jafé, Sem e Cam, divididas em diferentes tribos, partindo das planícies do Sinar em busca de novas terras habitáveis, de modo que cada tribo se tornou uma nação particular. Desse modo, conforme uma região não mais podia alimentar seus habitantes, as diversas regiões da terra foram sendo progressivamente habitadas.

Esse é o primeiro tipo de colônia, que tem na necessidade sua causa e na subdivisão das tribos e povos o seu efeito particular.

II. Mesmo com os homens já dispersos sobre toda a superfície da Terra, as regiões ainda não estavam ocupadas a ponto de não ser possível aos antigos habitantes compartilhá-las com os novos.

À medida que terras mais distantes do centro comum de onde todos os povos partiram, cada família separada errando ao acaso e sem habitação fixa, vão sendo ocupadas, nos países de onde elas saíram, e onde permanece um maior número de pessoas, o sentimento natural que leva à sua união e ao conhecimento de suas necessidades recíprocas forma [**649**] sociedades. A ambição, a violência, a guerra e mesmo a multiplicação [das pessoas] obriga que, seguidamente, membros dessas sociedades busquem novas moradias.

É desse modo que Ínaco, de origem fenícia, vai para a Grécia, onde funda o reino de Argos, onde sua descendência foi posteriormente afastada do trono por Dânao, ele também um aventureiro vindo do Egito. Sem ousar retornar para Tiro, reino de seu pai, Agenor, Cadmo dirige-se aos confins da Fócida, onde lança os fundamentos da cidade de Tebas. Liderando uma colônia egípcia, Cécrope constrói a cidade que posteriormente, sob o nome de Atenas, se tornará o templo das artes e das ciências. A África viu, sem se inquietar, serem erguidos os muros de Cartago, de que muito rapidamente se tornou tributária. A Itália recebeu os troianos que escaparam da ruína de sua pátria. Esses novos habitantes trouxeram consigo suas leis e o conhecimento de suas artes às regiões onde o acaso os conduziu, mas eles formaram apenas pequenas sociedades, quase todas constituídas como repúblicas.

A multiplicação de cidadãos em um território limitado ou pouco fértil faz soar o alarme da liberdade. A política encontra uma solução no estabelecimento de colônias. Amiúde, a própria perda da liberdade, revoluções, facções, forçam uma parte do povo a sair de sua pátria para formar uma nova sociedade mais conforme a seu gênio.

Essa é a origem da maior parte das colônias dos gregos na Ásia, na Sicília, na Itália, na Gália. Objetivos de conquista e grandeza não entravam, de modo algum, em seus planos. Comumente, as colônias conservavam as leis, a religião e a linguagem da metrópole, ela era livre e estava ligada a seus fundadores unicamente por laços de reconhecimento ou pela necessidade de uma defesa comum. Em algumas ocasiões, muito raras, é verdade, viram-se umas armadas contra as outras.

Esse segundo tipo de colônia teve motivos diversos, mas o efeito que a caracteriza foi a multiplicação de sociedades independentes entre os países, o aumento da comunicação entre elas e seu refinamento.

III. A partir do momento em que a terra possui habitantes em número grande o suficiente para ser necessário o estabelecimento de propriedades distintas, essa propriedade gera disputas entre eles. Essas disputas, que entre os membros de uma mesma sociedade eram julgadas pelas leis, não poderiam sê-lo entre membros de sociedades independentes. Nesse caso, a força decidia, a fraqueza do vencido se tornava o título de uma segunda usurpação e a garantia do sucesso. O espírito de conquista toma posse dos homens.

Para assegurar suas fronteiras, o vencedor manda os vencidos para as terras sob seu domínio e distribui as suas terras a seus próprios súditos, caso contrário ele se contenta em ali construir e fortificar novas cidades, que povoa com seus soldados e com os cidadãos de seu Estado.

Esse é o terceiro tipo de colônia, do qual encontramos exemplos em quase todas as histórias antigas, sobretudo a dos grandes Estados. Foi por meio desse tipo de colônias que Alexandre conteve tão rapidamente um número muito grande de povos vencidos. Os romanos, desde os princípios de sua república, serviram-se delas para crescer e, nos tempos de seus vastos domínios, elas foram as barricadas que os defenderam, por muito tempo, contra os partas e os povos do norte. Esse tipo de colônia era um desdobramento da conquista e garantia a sua segurança.

IV. As excursões dos gauleses na Itália, dos góticos e dos vândalos por toda a Europa e na África e dos tártaros na China formam um quarto tipo de colônia. Esses povos, expulsos de seus países por outros povos mais poderosos, pela miséria ou atraídos pela descoberta de um clima mais doce e de um campo mais fértil, conquistaram terras para dividi-las com os vencidos e construir ali uma nação com eles. Muito diferente nisso de outros conquistadores que parecem unicamente buscar novos inimigos, como os citas, na Ásia, ou estender suas fronteiras, como os fundadores dos quatro grandes impérios.

O efeito dessas colônias de bárbaros foi assustar as artes e espalhar a ignorância nas regiões onde eles se estabeleceram, ao mesmo tempo que ali aumentaram a população e fundaram monarquias poderosas.

V. O quinto tipo de colônia é o daquelas fundadas pelo espírito de comércio e que enriquecem a metrópole.

Tiro, Cartago e Marselha, as únicas cidades da Antiguidade que tiveram seu poder fundado no comércio, são também as únicas que seguiram esse plano em algumas de suas colônias. Útica, construída pelos tiros mais ou menos duzentos anos antes da fuga de Elissa, mais conhecida pelo nome de Dido, nunca pretendida por nenhum império sobre as terras da África, servia de ponto de parada para seus navios, assim como para os das colônias estabelecidas em Malta; e, ao longo das costas frequentadas pelos fenícios, Cádis, uma de suas colônias mais antigas e famosas, nunca buscou nada além de comércio com a Espanha, sem tentar ali impor leis. A fundação de Marsala, na Sicília, não sugeriu aos tiros nenhuma ideia de conquista da ilha.

O comércio não foi, de modo algum, o objetivo do estabelecimento de Cartago, mas essa cidade buscou crescer através dele. Foi exclusivamente para estendê-lo e para conservá-lo que ela se tornou uma cidade guerreira e entrou em disputas com Roma pela Sicília, Sardenha, Espanha, Itália e seu próprio entorno. Suas colônias ao longo da costa africana, em ambos os mares, até Cerne, aumentaram mais sua riqueza que a força de seu império.

Marselha, colônia dos habitantes da Foceia expulsos de seu país e, na sequência, da ilha de Córsega pelos tiros, localizada em um território estéril, ocupa-se exclusivamente de sua pesca, de seu comércio e de sua independência. Suas colônias na Espanha e nas costas meridionais da Gália existiam só para isso.

Esse tipo de estabelecimento era duplamente necessário aos povos que se lançam ao comércio. Desprovida da segurança provida por uma bússola, sua navegação era tímida, eles não ousavam se arriscar muito longe da costa e a distância a ser percorrida nas viagens exigia paradas seguras e abundantes para os navegantes. A maior parte dos povos com quem eles comercializavam ou não conviviam nas cidades ou, ocupados unicamente de suas necessidades, não viam valor no excedente [do que produziam em relação a suas necessidades]. Era indispensável estabelecer entrepostos que fizessem o comércio interior e onde os navios, ao desembarcar, pudessem fazer suas trocas.

A forma dessas colônias correspondia àquela das nações comerciantes da Europa, da África e da Índia, que ali encontravam balcões e fortalezas para a comodidade e a segurança de seu comércio. Essas colônias derrogam sua própria instituição ao se tornarem conquistadoras, a menos que o Estado não se encarregue desses gastos. É preciso que eles sejam bancados por uma companhia rica e exclusiva, em situação de formar e perseguir projetos políticos. Na Índia, dentre as grandes nações europeias que ali comercializam, apenas os ingleses são vistos como comerciantes, sem dúvida porque eles são os menos poderosos, em termos de possessões nesses territórios.

VI. A descoberta da América ao final [650] do século XV multiplicou as colônias europeias e nos fornece um sexto tipo.

Todas as colônias desse continente foram estabelecidas tendo como objetivo o comércio e a agricultura, ou a eles foram direcionadas. Daí a necessidade de conquista das terras e da expulsão de seus antigos habitantes para abrir espaço para a chegada de novos.

Essas colônias foram estabelecidas unicamente para serem úteis às metrópoles, de onde se segue que:

1º) Elas devem estar sob sua dependência imediata e, consequentemente, sob sua proteção.

2º) O comércio deve ser feito em exclusividade com seus fundadores.

Uma colônia desse tipo atinge melhor seu objetivo à medida que aumenta o produto das terras da metrópole, permite ali a subsistência de um maior número de pessoas e contribui ao ganho de seu comércio com outras nações. Em circunstâncias particulares, pode ser que essas três vantagens não estejam presentes ao mesmo tempo, mas pelo menos uma delas deve compensar, em certo grau, as demais. Se a compensação não é completa, ou se a colônia não oferece nenhuma dessas três vantagens, pode-se concluir que ela é prejudicial ao país que a domina e que ela o atrapalha.

Desse modo, o lucro do comércio e da agricultura de nossas colônias é precisamente, 1º) o maior produto que seu consumo causa ao proprietário de nossas terras, deduzidos os custos da agricultura; 2º) o que recebem os artesãos e marinheiros que trabalham para elas ou por causa delas; 3º) todas as necessidades que elas satisfazem; 4º) todo o excedente que elas nos garantem para a exportação.

Desses cálculos, várias consequências podem ser traçadas:

A primeira é que tais colônias deixam de ser úteis se houver a possibilidade de ultrapassarem a metrópole; assim, é uma lei tomada da natureza da coisa, que as artes e a agricultura devem ser restringidas na colônia a alguns objetos específicos, de acordo com a conveniência do país que a domina.

A segunda consequência é que, se a colônia estabelece um comércio com estrangeiros, ou ali sejam consumidas mercadorias estrangeiras, o montante desse comércio e desse consumo consiste em um roubo à metrópole; roubo comum, mas punível por leis e pela diminuição de força real e relativa do Estado pelo ganho do estrangeiro.

Nesses casos, portanto, não se trata de um atentado à liberdade desse comércio restringi-lo: toda polícia que o tolera, por sua indiferença, ou que permite a alguns portos a facilidade de contravenção ao primeiro princípio da instituição das colônias, é uma polícia destrutiva do comércio ou da riqueza de uma nação.

A terceira consequência é que uma colônia será tão mais útil quanto mais povoada for, e quanto mais suas terras forem cultivadas.

Para atingir esse objetivo de modo seguro, é preciso que o primeiro estabelecimento seja feito à custa do Estado que a funda; que a divisão das sucessões seja igual entre os filhos, no intuito de fixar ali um número maior de habitantes pela subdivisão das fortunas; que a concorrência do comércio esteja perfeitamente estabelecida, porque, desse modo, a ambição dos negociantes fornecerá aos habitantes mais adiantamentos para suas culturas do que ofereceriam companhias exclusivas, desde o princípio, definidoras tanto do preço das mercadorias quanto dos termos dos pagamentos. É preciso ainda que a saída dos habitantes seja parcimoniosa e em compensação por seus trabalhos e sua fidelidade. É por isso que as nações hábeis retiram de suas colônias apenas a despesa de suas fortalezas e tropas, por vezes contentando-se apenas com o lucro geral do comércio.

As despesas de um Estado com suas colônias não se limitam aos custos iniciais de seu estabelecimento. Esses tipos de empresa exigem constância, até obstinação, a menos que a ambição da nação a garanta por meio de esforços extraordinários, mas a constância tem efeitos mais seguros e princípios mais sólidos. Desse modo, até que a força do comércio tenha dado às colônias uma espécie de consistência, elas carecem de um encorajamento contínuo, segundo a natureza de sua posição e de seu terreno: se essas necessidades são negligenciadas, além da perda dos primeiros adiantamentos e do tempo, expomo-las a se tornarem presas de povos mais ambiciosos ou mais ativos.

Contudo, seria ir contra o próprio objetivo das colônias despovoar a metrópole para estabelecê-las. As nações inteligentes enviam para suas colônias, de pouco em pouco, os excedentes de seus homens, ou aqueles que vivem à custa da sociedade. Assim, o intuito do primeiro povoamento é estabelecer a quantidade de habitantes necessária para defender a região estabelecida contra inimigos que poderiam atacá-la. Os povoamentos subsequentes servem para fazer crescer o comércio. O excesso de população pode ser calculado como a quantidade de homens inúteis na colônia ou a quantidade que falta na metrópole. É possível, portanto, que haja circunstâncias nas quais será útil impedir os cidadãos da metrópole de migrar voluntariamente para as colônias em geral, ou para uma colônia em particular.

Tendo estabelecido uma nova forma de dependência e de comércio nas colônias da América, foi necessário criar novas leis. Os legisladores hábeis tiveram por objetivo principal favorecer o estabelecimento da população e da agricultura, mas, à medida que um e outro atingem certo grau de perfeição, pode ocorrer que essas leis se tornem contrárias ao objetivo de sua instituição, que é o comércio. Nesse caso, elas se tornam injustas, uma vez que é o comércio que, através de sua atividade, fornece as leis para as colônias um pouco florescentes. Parece conveniente, portanto, alterá-las ou modificá-las, à medida que elas se afastam de seu espírito. Se a agricultura foi mais favorecida que o comércio, isso foi em favor do comércio, e, uma vez que os motivos dessa preferência acabem, o equilíbrio deve ser restabelecido.

Quando um Estado possui várias colônias que podem se comunicar entre si, o verdadeiro segredo para aumentar as forças e as riquezas de cada uma é estabelecer entre elas uma correspondência e uma navegação monitorada. Esse comércio particular tem a força e as vantagens do comércio interior de um Estado, desde que as mercadorias da colônia não entrem em concorrência com as da metrópole. Ele acresce realmente à riqueza, uma vez que o bem-estar das colônias sempre lhe remete lucros pelo consumo que ele causa. Por essa mesma razão, o comércio ativo que elas mantêm com as colônias estrangeiras, envolvendo mercadorias para consumo próprio, é vantajoso, desde que contido dentro de seus limites legítimos.

O comércio nas colônias e com elas está submetido às máximas gerais que o tornam florescente por toda parte, apesar de que circunstâncias particulares podem exigir que ele seja ali suspenso. Tudo deve mudar com os tempos, e é no modo como se lida com essas mudanças forçadas que consiste a habilidade suprema.

Vimos que, em geral, a liberdade deve ser restringida em favor da metrópole. Outro princípio sempre constante é que toda exclusividade – tudo aquilo que priva o negociante e o habitante da colônia do lucro e da concorrência, os pedágios, as servidões – **[651]** tem efeitos mais perniciosos em uma colônia do que em qualquer outro local. O comércio é aí tão limitado que a impressão causada por ela é mais frequente, o desencorajamento é seguido por um abandono total. Mesmo que esses efeitos não sejam instantâneos, é certo que o mal não será menos perigoso.

O que contribui na diminuição da quantidade ou encarecimento da mercadoria necessariamente diminui o lucro da metrópole e fornece às outras pessoas uma ocasião favorável ao ganho ou à entrada na concorrência.

Não entraremos aqui em detalhes a respeito das diversas colônias europeias na América, na África e nas Índias Orientais, o que faria este artigo ser muito longo. Ademais, o local natural desses temas é no comércio de cada Estado. Ver os verbetes *França*, *Londres*, *Holanda*, *Espanha*, *Portugal*, *Dinamarca*.

Sobre as colônias antigas, podem ser consultadas: *Gênese*, cap.X, Heródoto, Tucídides, Diodor da Sicília, Estrabão, Justino, a *Geografia sagrada* de Samuel Bochart, a *História do comércio e da navegação dos antigos*, a dissertação do sr. De Bougainville sobre *Os deveres recíprocos das metrópoles e das colônias gregas*. A respeito das novas colônias, o sr. Melon, em seu *Ensaio político sobre o comércio*, e *O espírito das leis* analisaram muito a questão política. Para um detalhamento, podem-se consultar as *Viagens* do padre Labat, de don Antônio de Ulloa, do sr. Fraizier e o livro intitulado *Comércio da Holanda*.

Companhia de comércio, Forbonnais [3, 739-43]

Entendemos por Companhia de Comércio uma associação formada para empreender, realizar ou conduzir operações quaisquer de comércio.

Tais companhias são de dois tipos: privadas ou privilegiadas.

As companhias privadas são usualmente formadas por um pequeno grupo de indivíduos que fornecem, cada um, uma parcela dos fundos de capital, ou simplesmente seus conselhos e tempo, por vezes os três em conjunto, em condições acordadas no contrato de associação. Essas companhias são comumente conhecidas como sociedades (ver o verbete *Sociedade*).

É costumeira, contudo, a utilização do nome de companhia para associações ou sociedades privadas formadas por muitos membros, com um capital considerável e empreendimentos relevantes, seja pelos riscos envolvidos ou pela importância das operações. Esse tipo de sociedade-companhia é frequentemente composto por pessoas de diversas profissões, muitas das quais entendem pouco de comércio, e que confiam, sob um plano geral, a direção das empresas aos associados ou a agentes comissionados capazes. Ainda que as operações dessa companhia não recebam nenhuma preferência pública em relação às operações privadas, elas são sempre vistas sob um olhar desconfiado nas praças de comércio, porque [**740**] toda concorrência diminui os lucros. Mas essa razão mesma deve torná-las agradáveis ao Estado, cujo comércio não pode ser estendido e aperfeiçoado senão através da concorrência dos homens de negócio.

Essas companhias são úteis aos comerciantes, inclusive em geral, uma vez que estendem os conhecimentos e o interesse de uma nação a respeito dessa parcela sempre invejada e frequentemente menosprezada, a despeito de ser o único esteio de todas as demais.

A abundância de dinheiro, a redução da taxa de juros, o bom estado do crédito público, o crescimento do luxo, todos signos evidentes da prosperidade pública, marcam a época desse tipo de estabelecimento, que contribuem, a seu turno, para essa prosperidade ao multiplicar os diversos tipos de ocupação para o povo junto com seu bem-estar e seu consumo, assim como ao aumentar os rendimentos do Estado.

Há um caso, contudo, no qual elas podem ser danosas. É quando seu patrimônio é dividido em ações que são negociadas e transacionadas sem qualquer formalidade, de modo que estrangeiros possam eludir a sábia lei que impede, em Estados policiados, a associação nas forças armadas de estrangeiros não naturalizados ou não domiciliados. Povos que possuem uma taxa de juros mais atrativa que seus vizinhos podem então, através dessas ações, atrair de longe todo o lucro do comércio deles, por vezes inclusive arruiná-lo, se esse for o seu intento. É unicamente nessa situação que os homens de negócio têm direito de reclamar. Outra regra geral: tudo o que pode ser matéria de agiotagem é perigoso em uma nação onde se pagam taxas de juros mais altas que nas outras.

A utilidade que essas associações trazem aos diretamente envolvidos é mais equívoca do que aquela que que elas trazem ao Estado. No entanto, seria injusto impedir todos esses projetos simplesmente porque a maior parte daqueles que foram tentados fracassaram. Os perigos correntes são as perdas individuais, impossíveis de serem separadas das grandes operações, as despesas fastuosas em estabelecimentos antes que os lucros estejam assegurados, a impaciência em obter lucro, o desgosto precipitado, enfim, as decisões equivocadas.

A credulidade, filha da ignorância, é imprudente, mas é inconsequente abandonar uma empresa que se sabe arriscada unicamente porque seus riscos se tornaram prementes. A fortuna parece se aprazer em submeter a provações aqueles que a solicitam, seus prêmios não estão reservados àqueles que refugam diante de seus primeiros caprichos.

Há algumas regras gerais às quais podem se ater aqueles que não são afeitos ao comércio mas querem aí se envolver.

1º) Em épocas nas quais os capitais de uma nação aumentaram em todas as classes do povo, mesmo que desproporcionalmente entre elas, os setores de comércio que criaram grandes fortunas, e que sustentam uma grande concorrência entre homens de negócios, nunca geram lucros consideráveis e, quanto mais essa concorrência aumenta, mais a desvantagem será sentida.

2º) É pouco prudente empregar em negócios afastados e arriscados os capitais cujos rendimentos não são supérfluos à subsistência. Isso porque, mesmo que os ganhos, lucros ou juros anuais obtidos com ele sejam pouco consideráveis, as perdas que podem ocorrer recaem imediatamente sobre o capital, esse mesmo capital que, frequentemente, já se encontra reduzido devido às despesas extraordinárias dos primeiros anos de qualquer negócio. O mesmo é válido se as operações minguam ou são tímidas e se o planejado não pôde ser alcançado e os lucros são medíocres, mesmo com sorte.

3º) Todo projeto que não apresenta lucros foi posto em prática por um homem pouco sábio ou pouco sincero.

4º) Uma operação de comércio excelente é aquela onde, seguindo o curso ordinário dos acontecimentos, os capitais não correm risco.

5º) O ganho de um comércio é quase sempre proporcional a incerteza do sucesso e a operação é boa se essa proporção é clara.

6º) A escolha dos indivíduos que devem ser encarregados da condução de uma empresa é o ponto mais essencial a seu sucesso. O ideal é alguém capaz de abarcar a totalidade dos olhares e de dirigir aqueles envolvidos em cada operação à vantagem comum, mas que fracassaria em uma atividade de detalhe. A aptidão ao detalhe é a marca do talento, que, contudo, frequentemente é dispensável no comércio. É possível enriquecer através do comércio sem conhecê-lo. Se as leis não estão eivadas a tal ponto de formalidades, um hábil negociante será um bom juiz; em todo caso, ele será um grande financista. Mas, porque um homem conhece as leis, porque ele administra bem os rendimentos públicos ou porque ele ganhou muito dinheiro com um gênero de negócio, não se segue que seu julgamento deva prevalecer em todas as deliberações de comércio.

Nunca se viram tantos planos e projetos dessa espécie quanto após o restabelecimento da paz e é notável que quase todos tenham olhares dirigidos a Cádis, à Martinica ou a Santo Domingo. Tais projetos não exigiriam grande habilidade e, por pouco que se queira raciocinar, seria fácil prever a sorte dos interesses por detrás deles. O resultado é que muito mais capital é gasto por esses negócios do que eles geram de excedente.

Se esses negociantes se ocupassem em descobrir novas minas, estabelecer fábricas sólidas nas cidades menos conhecidas, como Nápoles ou Hamburgo, se essas companhias tivessem empregado seus capitais de modo sábio para conduzir o comércio das colônias da Louisiana ou aquelas mais a norte, se elas tivessem sido formadas por empresas já existentes nas Antilhas, em Guadalupe ou em Caiene, rapidamente teria percebido que há grandes oportunidades de ganho sólido a serem exploradas em ramos de comércio já abertos. Os meios de subsistência para o povo e os recursos das famílias dobrariam em dez anos.

Esses detalhes talvez não coubessem em um dicionário ordinário, mas o objetivo da *Enciclopédia* é instruir e é importante escusar o comércio de falhas daqueles que os administram.

As companhias, ou comunidades privilegiadas, são aquelas que receberem do Estado um direito ou privilégios particulares para certas empresas que excluem outros indivíduos. Tal prática começou em tempos de barbárie e ignorância, onde os mares estavam repletos de piratas, a arte de navegação era grosseira e incerta e o uso de seguros não era bem conhecido. Aqueles que então tentavam a fortuna em meio a tantos perigos precisavam encontrar meios de diminuí-los, compartilhando riscos, meios de se sustentar mutuamente e de se reunir em corpos políticos. A vantagem obtida pelos estados com esses corpos garantiram incentivos e uma proteção especial aos primeiros deles. Subsequentemente, as necessidades desses estados e a avidez dos mercadores levaram à perpetuação desses privilégios sob o pretexto de que o comércio não poderia ser levado a cabo de outro modo.

Esse preconceito não foi inteiramente dissipado à medida que os povos se tornavam policiados e que os conhecimentos humanos se aperfeiçoavam, porque é mais cômodo imitar do que raciocinar e ainda hoje há pessoas que pensam que em certos casos ainda é útil restringir a concorrência.

Um desses casos particulares é aquele [**741**] de uma empresa nova, arriscada ou de alto custo. Todos indubitavelmente convirão que empresas desse tipo exigem incentivos e privilégios individuais do Estado.

Se esses privilégios e inventivos consistem em isenções tributárias, é claro que o Estado não perde nada que não seja lucro de um grande número de pessoas, uma vez que se trata de uma indústria nova que está sendo favorecida. Se os privilégios são despesas e gratificações, o que talvez seja mais seguro e mesmo indispensável, três consequências absolutas decorrem no plano da concorrência. Primeiro, conforme um número grande de pessoas vai enriquecendo, os adiantamentos que o Estado fez retornam de modo seguro e pronto. Segundo, conforme maiores esforços contribuem, o estabelecimento vai progressivamente atingindo sua perfeição, ponto no qual, terceiro, as despesas cessam.

O leitor será mais bem instruído ao considerar o sentimento de um dos mais hábeis homens da Inglaterra no comércio. Falo do sr. Josias Child, no terceiro capítulo de um de seus tratados, intitulado *Considerações sobre o comércio e os juros da moeda* (*Trade, and Interest of Money Considered*).

Ninguém pode achar que conhece melhor o tema aqui discutido, nem sustenta tamanha autoridade, abrindo menos espaço para a crítica. Cabe observar que o autor escreveu em 1669, e que muitas coisas mudaram desde então, mas quase sempre na direção da extensão dos seus princípios.

"Temos, entre nós, dois tipos de companhia de comércio. Em uma, os capitais são reunidos como na Companhia das Índias Orientais, da Moreia, braço da Companhia da Turquia, e da Groenlândia, braço da Companhia de Moscou. Nas demais associações ou companhias de comércio, os indivíduos membros fazem negócios com capitais separados, mas sob direção e regras comuns. Desse modo ocorre o comércio com Hamburgo, com a Turquia, com o Norte e com Moscou.

"Há muito tempo se debate a questão de saber se é útil ao público essa união de negociantes em corpos políticos.

"A minha opinião sobre o tema é a seguinte:

"1. As companhias me parecem absolutamente necessárias para fazer o comércio em países nos quais V. M. não possui alianças, ou onde não pode obtê-las, seja em razão da distância, seja por causa da barbárie dos povos que habitam essas regiões, ou da pouca comunicação que eles têm com a cristandade. Finalmente, também são necessárias onde quer que seja necessário manter fortalezas e tropas, como é caso do comércio na costa da África e nas Índias Orientais.

"2. Parece-me evidente que a maior parte desses comércios deve ser levada a cabo por uma companhia cujos fundos estejam reunidos."

Algum tempo depois os ingleses encontraram o segredo de garantir a propriedade e a proteção do comércio na costa africana (ver o verbete *Grã-Bretanha, seu comércio*).

"3. Parece-me muito difícil decidir definitivamente que algum outro tipo de companhia privilegiada de comércio seja útil ou danosa ao público.

"4. O que não me impede de concluir, em geral, que todas as restrições de comércio são danosas e, consequentemente, que nenhuma companhia, seja ela formada por capitais reunidos ou simplesmente pela partilha de regras comuns, é útil ao público a menos que todos os súditos de V. M. tenham a possibilidade de serem ali admitido a um baixo custo. Se esse custo exceder, em valor total, vinte libras esterlinas, é demasiado por três razões:

"A primeira, porque os holandeses, cujo comércio é o mais florescente da Europa e possuem as regras mais seguras para se enriquecer desse modo, admitem de modo livre e indiferente, em todas as associações de mercadores e mesmo de cidades, não apenas os cidadãos do estado, mas também judeus e estrangeiros.

"A segunda, porque, para atingirmos uma situação capaz de sustentar a concorrência com os holandeses no comércio, é preciso o aumento do número de comerciantes e dos capitais, o que nos garantiria uma entrada livre nas comunidades que se ocupam desses negócios. Muitas pessoas e uma grande riqueza em capitais são necessárias tanto para levar a cabo vantajosamente um comércio como para fazer a guerra.

"A terceira, porque o único bem que pode ser esperado das comunidades ou associações é a regulação e a direção do comércio. Se a entrada nas companhias for livre, os membros não estarão menos submetidos à ordem que se quer estabelecer, de modo que a nação obterá todas as vantagens que tais companhias prometem.

"O comércio do Norte consome, além de uma grande quantidade de nossos produtos, uma enorme quantia de mercadorias italianas, espanholas, portuguesas e francesas. O número de nossos negociantes que faz esse comércio é baixo se o comparamos com o número de negociantes que fazem a mesma coisa na Holanda. Nossos negociantes no Norte se ocupam principalmente com o comércio de entrada e saída [isto é, importação e exportação de mercadorias inglesas] e, consequentemente, estão muito menos envolvidos no comércio de mercadorias estrangeiras; talvez não sejam ricos o suficiente para empreender nesse ramo. Por outro lado, se notarmos que aqueles dentre os nossos negociantes que conhecem perfeitamente bem as mercadorias italianas, espanholas, portuguesas e francesas estão excluídos do comércio desses bens no Norte, ou então que, se recebem permissão para ali exportar, não recebem os retornos, é fácil de perceber que os holandeses fornecem essas mesmas mercadorias com preferência para a Dinamarca, Suécia e demais países do mar Báltico. É o que se passa realmente.

"Mesmo sem ter uma Companhia do Norte, os holandeses fazem ali dez vezes mais comércio que nós, ingleses.

"Nosso comércio com Portugal, com a Espanha e com a Itália não está estruturado em companhias e é igual àquele que a Holanda faz nesses países do Norte, se não for ainda mais considerável."

Se nesse estado de coisas o comércio da Inglaterra fosse igual ao da Holanda nos países que foram elencados, é evidente que esse comércio cresceu com a liberdade de navegação no Norte ou que a Inglaterra revendia à Holanda parte de seus estoques, privando-se assim de parcela considerável de seu lucro. Esse é o efeito de todas as navegações restritivas, uma vez que as grandes associações buscam unicamente as grandes vendas.

"Possuímos companhias de comércio da Rússia e da Groenlândia, mas o comércio dessas regiões está quase inteiramente perdido por nós. Não movimentamos nem a quadragésima parte do que os holandeses negociam, e eles não precisaram de companhias para estabelecer esse comércio. Desses fatos resulta que:

"1. As companhias restritivas e limitadas não são capazes de conservar ou fazer crescer um ramo de comércio.

"2. O que faz que as companhias limitadas, [742] ainda que estabelecidas e protegidas pelo Estado, causem a perda de um ramo do comércio da nação.

"3. Ramo que pode ser estendido com sucesso por toda a cristandade, sem o estabelecimento de qualquer companhia.

"4. O que implica que, se quisermos assim formular, as companhias nos enganam, porque sabemos menos sobre os ramos de comércio sob controle de companhias limitadas do que dos ramos em que todos os súditos de V. M. indiferentemente têm a liberdade de negociar.

"Diversas objeções são levantadas contra essa liberdade que não são difíceis de responder.

"Primeira objeção. *Se todos que quiserem abrir um negócio tivessem a liberdade, jovens e outras pessoas despreparadas iriam querer virar mercadores e sua inexperiência teria como efeito seu fracasso, o que prejudicaria o comércio, porque eles comprariam caro aqui para vender barato no exterior, ou comprariam mercadorias estrangeiras a um alto preço e as revenderiam com perda.*

"A essa objeção respondo que, em se tratando de negócios pessoais, cada um deve ser seu próprio tutor. No fim das contas, essas pessoas farão nos ramos de comércio sob controle de companhias o que elas fazem nos ramos que estão abertos a qualquer um. O cuidado [*soins*] dos legisladores abarca a totalidade do povo e não se estende aos negócios domésticos. Se o resultado que se alega nessa objeção, um preço baixo de mercadorias nacionais no exterior ou o preço alto de mercadorias estrangeiras internamente, vejo duas grandes vantagens à nação.

"Segunda objeção. *Se a liberdade for estabelecida, as butiques e demais varejistas que revendem as mercadorias que importamos terão uma tal vantagem nesse comércio sobre os comerciantes [atacadistas] que acabarão por dominar todo o negócio.*

"Não se vê nada parecido na Holanda, nem nos ramos de comércio livre, como aquele com a França, Portugal, Espanha, Itália e todas as colônias. Além disso, isso provavelmente não ocorreria. Uma loja varejista frequentemente exige capitais consideráveis e muita atenção por parte de seu proprietário. Por sua vez, o comércio em larga escala exige os mesmos cuidados, de tal modo que é muito difícil que um homem sozinho tenha tempo e dinheiro para buscar esses dois objetivos. Ademais, de centenas de varejistas a que assistimos tentar o comércio internacional, muito poucos não renunciaram a uma dessas ocupações após um ou dois anos para se dedicar exclusivamente à outra. Isso tudo a despeito de essa consideração não ser muito relevante para a nação, cujo interesse geral é comprar barato, qualquer que seja o nome ou o estrato social do vendedor, nobre, negociante ou varejista.

"Terceira objeção. *Se os varejistas ou outras pessoas ignorantes no comércio internacional puderem aí entrar livremente, eles negligenciarão a exportação de nossos produtos, pagando em moeda metálica ou em letras de câmbio as mercadorias estrangeiras que importam, o que seria uma perda evidente para a nação.*

"É óbvio que essas pessoas, como todas as demais, têm seu interesse pessoal como primeira lei. Se acham vantajoso exportar nossos produtos, elas o farão. Se for mais conveniente pagar o estrangeiro com prata ou letras de câmbio, elas não hesitarão. Em todas as coisas, os negociantes seguem os mesmos princípios.

"Quarta objeção. *Se o comércio for livre, o que se ganharia com o engajamento no período de sete anos de serviços e com o dinheiro pago pelos pais a um negociante pelo ensino de seus filhos? Quem pagaria tal coisa?*

"Os sete anos de serviços e o dinheiro que os aprendizes pagam tem como único objetivo o aprendizado por parte de jovens desejosos em aprender a arte ou ciência do comércio e não a aquisição de um monopólio ruinoso para a pátria. Isso é tão verdadeiro que amiúde se contratam negociantes que não fazem parte de nenhuma comunidade ou companhia. Aliás, dentre aqueles que estão incorporados há alguns aos quais por nada no mundo deveríamos confiar aprendizes. Em última instância, o que se almeja é a lição do mestre, segundo sua capacidade, sua probidade, o número e a natureza dos negócios que ele faz, sua boa ou má conduta, tanto pessoal quanto cidadã.

"Quinta objeção. *Se o comércio for livre, não seria uma injustiça manifesta para com as companhias de negociantes, que por si próprias ou por suas predecessoras, despenderam grandes somas na obtenção de privilégios no exterior, como é o caso da companhia da Turquia e a de Hamburgo?*

"Não conheço nenhum caso de uma companhia que, sem capitais suficientes, tenha desembolsado dinheiro para obter seus privilégios, tenha construído fortalezas ou feito guerra com seus recursos. Sei muito bem que a companhia da Turquia mantém um embaixador e dois cônsules com os seus recursos e que, de tempos em tempos, vê-se obrigada a dar presentes ao grão-senhor ou a algum de seus principais oficiais. Sei também que a companhia de Hamburgo igualmente é responsável pela manutenção de um ministro ou deputado nessa cidade. Penso que seria injusto que indivíduos tivessem a liberdade de empreender negócios sem estar submetidos a uma quota-parte do custo dessas respectivas companhias. Mas não concebo por que razão um indivíduo seria privado desses mesmos negócios ao se submeter à regulamentação e às despesas comuns da companhia, nem por que sua associação deve custar tanto.

"*Sexta objeção. Se a entrada nas companhias for livre, elas serão tomadas por varejistas, que passarão a controlar as assembleias, de modo que os postos da diretoria e de sua assistência serão ocupados por pessoas incapazes, em prejuízo dos negócios em comum.*

"Se quem faz essa objeção é um negociante, ele sabe quão infundada ela é, pois seria um exagero se vinte varejistas entrassem em uma companhia em um único ano e esse número não é capaz de influenciar as eleições. Se eles se apresentarem em maior número, trata-se de um bem para a nação e um mal apenas para as companhias, pois o interesse é o atrator comum de todos os homens e o mesmo interesse comum faz todos que se engajam em um comércio desejar vê-lo regulamentado e governado por homens sábios e experimentados. Sempre serão encontrados votos para esse objetivo e a companhia das Índias fornece a prova desde o momento em que qualquer cidadão inglês passou a poder comprar uma ação, pagando cinco libras por sua associação. Os objetores deveriam se convencer a respeito, uma vez que essa companhia está mais bem fundamentada e administrada do que na época em que a associação custava cinquenta libras esterlinas.

"O sucesso justifica esse arranjo, uma vez que a nova companhia, apoiada nos princípios mais [743] lucrativos, triplicou seu capital, ao passo que a antiga, mais limitada, continuamente decepcionava para, enfim, tombar em ruínas, a despeito de um começo auspicioso".

"Os detalhes sobre cada uma dessas diversas companhias da Europa podem ser encontrados nos verbetes dedicados a elas."

Concorrência (*em matéria de comércio*), Forbonnais [3, 832-3]

Essa palavra apresenta a ideia de várias pessoas que aspiram a uma preferência; por exemplo, diversos indivíduos cuja ocupação é vender a mesma mercadoria, cada um se esforçando para oferecer a melhor ou ao mais baixo preço, no intuito de obter a preferência do comprador.

Já no primeiro exame percebe-se que a concorrência é a alma e o aguilhão da indústria e o princípio mais ativo do comércio.

Essa concorrência é externa ou interna.

A concorrência externa do comércio de um país consiste em poder vender no exterior os produtos de suas terras e de sua indústria em quantidade tão grande quanto os outros países vendem as suas e em proporção à população, aos capitais, à extensão e à fertilidade das terras. Quem não mantém essa concorrência nas proporções que acabamos de discutir necessariamente possui um poder relativamente inferior ao dos outros, porque seus homens são menos ocupados, menos ricos, menos felizes e, a partir desse momento, relativamente em menor número e com menos condições de socorrer a república. Nunca é demais repetir: a balança do comércio é, verdadeiramente, a balança dos poderes.

Essa concorrência externa não pode ser obtida à força. Ela é o prêmio dos esforços da indústria para descobrir os gostos dos consumidores, prevê-los e mesmo induzi-los.

A concorrência interna é de dois tipos. A primeira é entre as mercadorias do Estado e as mercadorias estrangeiras de mesma natureza, ou de mesma utilidade. As mercadorias estrangeiras, por privarem o povo dos meios de subsistência devem, em geral, ser proscritas, e aqueles que contribuem com sua introdução, seja vendendo-as ou comprando-as, são realmente culpáveis diante da sociedade pelo aumento ou manutenção do número de pobres de que são responsáveis.

O segundo tipo de concorrência interna é o do trabalho, entre os indivíduos. Essa concorrência se baseia na faculdade que cada um possui de se ocupar do modo que crê mais lucrativo ou que mais lhe agrada.

Essa faculdade é a base principal da liberdade do comércio e contribui, sozinha, mais do que qualquer outro meio para garantir à nação essa concorrência que a enriquece e a torna poderosa. A razão é muito simples. Ainda que não possa, infelizmente, dizer que todos se ocupem dele, todo homem é naturalmente levado a seu bem-estar, ou ao menos é levado a buscá-lo. Esse bem-estar, salário de seu trabalho, em consequência, torna sua ocupação agradável. Assim, desde que nenhum vício interno da polícia do Estado estabeleça entraves à indústria, ela encontra, por si mesma, seu lugar no encadeamento [das coisas]. Quanto maior a produção, menor é seu preço, e esse baixo preço obtém a preferência dos estrangeiros. [**833**]

À medida que o dinheiro entra em um país por essa via, que os meios de subsistência se multiplicam para o povo, o número ou a concorrência de consumidores cresce, as mercadorias precisam ser representadas por uma soma maior [de dinheiro]. Esse aumento do preço de cada coisa é real e o primeiro efeito dos progressos da indústria, mas um círculo virtuoso de novas concorrências traz consigo a atenuação que convém. As mercadorias que são objeto do consumo se tornam diariamente mais abundantes e essa abundância modera parte do aumento dos preços; a outra parte se divide, imperceptivelmente, entre todos aqueles que trabalharam em sua produção, ou que as transportaram, pela diminuição de seus lucros; essa diminuição dos lucros, finalmente, é compensada pela diminuição dos juros do dinheiro, pois o número de tomadores de empréstimo fica abaixo do número de prestamistas e, por uma convenção unânime, o preço do dinheiro cai, como o de todas as demais mercadorias. Essa queda dos juros é, como vemos, efeito de um grande comércio. Desse modo, observamos, *en passant*, que, para conhecer se uma nação que não possui minas comercializa tanto quanto as outras em proporção às facilidades relativas a cada uma para comercializar, basta comparar as taxas de juros do dinheiro em cada uma delas, pois é certo que, se a concorrência desses juros não for a mesma, não haverá igualdade na concorrência externa das vendas e da navegação.

Quando se percebe nesses signos evidentes um crescimento contínuo no comércio de um Estado, todas essas partes agem e comunicam um movimento igual. O comércio goza todo o vigor de que é suscetível.

Uma tal situação é inseparável da presença de um grande luxo; ele se estende sobre as diversas classes do povo porque são todas afortunadas. Mas o governante que produz o bem-estar público pelo aumento do trabalho não tem nada a temer: o excesso, que seria muito rapidamente o término fatal de tanta prosperidade é, incessantemente, barrado pela concorrência externa. A indústria abre para si novas rotas, aperfeiçoa seus métodos e produtos; a economia de tempo e de forças multiplica os homens; as necessidades fazem nascer as artes, a concorrência as educa e a riqueza dos artesãos os torna sábios.

Eis os efeitos prodigiosos desse princípio da concorrência, tão simples à primeira vista, como o são quase todos os princípios do comércio. Esse aqui, em particular, parece-me ter uma vantagem muito rara: a de não estar sujeito a nenhuma exceção.

Congo (*Geografia Moderna e Comércio*), Anônimo [3, 868]

Grande país da África que inclui numerosos reinos. É limitado ao norte pelo rio Zaire, a oriente pelos reinos de Macacou ou Anzico, Mosoles, Jagas e Matamba, ao sul pelo rio Dende, e na encosta pelo mar. O país é habitado por negros, dentre os quais um bom número de cristãos. Os portugueses estabeleceram aí grandes assentamentos. Foram eles que descobriram o Congo em 1484, apoderando-se do país em 1491. Sua principal residência é em Luanda. O tráfico de escravos responde pela maior parte do comércio. Os melhores negros são de São Salvador e Sondy. O país produz presas de elefante, cera e almíscar, e recebe cargas de ouro, prata, veludo, chapéus, armas, aguardentes, vinhos etc. O reino possui minas de cobre.

Contrabando (*Comércio, Polícia*), Forbonnais [4, 129-31]

Contrabando é, em geral, todo comércio feito em contrário às leis de um Estado. No uso ordinário, porém, distingue-se o contrabando propriamente dito da fraude.

Qualquer sociedade tem dois objetivos principais em sua administração interna. O primeiro é garantir o bem-estar do maior número possível de homens. O segundo, fundado sobre o primeiro, é coletar entre o povo as despesas necessárias, não ao crescimento dos domínios da sociedade, o que seria muito frequentemente contrário à felicidade do povo, mas aquelas exigidas para a sua segurança e para a manutenção da majestade daqueles que o governam.

Para alcançar o primeiro objetivo, foi necessário proibir a entrada de várias mercadorias estrangeiras, cujo consumo interno teria privado o povo de seu trabalho ou de seu bem-estar e o Estado de sua população. Essa proibição foi estendida, inclusive, à saída de algumas mercadorias nacionais em consequência do mesmo princípio.

Para satisfazer às necessidades públicas da sociedade foram estabelecidos tributos, seja sobre as mercadorias estrangeiras permitidas, seja sobre as mercadorias nacionais.

A palavra "contrabando" se aplica às contravenções do primeiro tipo, a palavra "fraude" àquelas do segundo tipo.

Fica claro que o contrabando propriamente dito é assim considerado unicamente pela vontade do legislador. Uma vez enunciada sua palavra, todo homem que goza das vantagens da sociedade deve submeter-se a suas leis. Se ousar a elas se contrapor, ele se torna um criminoso, ainda que frequentemente digno de piedade, mas será sempre desprezível se se tornou cúmplice de um contrabando em prejuízo do trabalho dos pobres unicamente por um interesse vaidoso de obter um luxo ou se destacar de modo frívolo.

Ainda que a lei deva ser tomada como santa por todos no Estado, é possível que seus motivos nem sempre sejam favoráveis ao bem geral.

Pudemos notar que há dois tipos de proibição: uma delas referente à entrada; outra, à saída de mercadorias. Examinemos seus motivos.

As proibições sobre a entrada de mercadorias estrangeiras úteis são aquelas ditadas por um conhecimento profundo das balanças de comércio particulares, de suas diversas circulações, e da balança geral, isto é, aquelas que um exame sério e refletido prova serem necessárias ao bem-estar ou ao trabalho do povo.

Proibir a entrada de cereais estrangeiros, dado que [**130**] os terrenos nacionais podem fornecê-los em abundância à subsistência pública, é uma política bastante sábia.

Proibir uma manufatura estrangeira unicamente porque se planeja imitá-la não é sempre uma jogada prudente, pois os estrangeiros possuem, por sua vez, um direito de proibição. Por exemplo, recentemente os ingleses proscreveram o uso de nosso linho e cambraia, não se dando conta de que a França possui o direito de proibir de modo ainda mais eficaz a entrada de quinquilharias inglesas, cujo consumo abundante é tolerado entre nós sob o nome e à custa dos tributos que os alemães nos cobram.

Antes de ordená-la, portanto, convém pesar de modo muito escrupuloso a perda e o ganho que podem resultar de uma proibição. O cálculo é a bússola do comércio; sem ele, é quase impossível determinar a aplicação dos princípios gerais, pois os casos particulares variam ao infinito.

Além das proibições absolutas, foram introduzidas, por pessoas que entendem o comércio, uma outra espécie, mais mitigada. Quando há necessidade, real ou política, de importar uma mercadoria estrangeira, é permitida sua introdução apenas através de navios nacionais. Mas é preciso tomar cuidado para utilizar esse expediente só no caso em que se compra de um povo mais do que a ele se vende, ou para readquirir um comércio abocanhado por nações que fizeram dele sua economia.

O direito de proibição é natural a qualquer sociedade independente, contudo, há casos em que a segurança de todos pode exigir sua renúncia por parte de alguns. Na medida em que elas são obrigatórias por conta de um tratado de paz, essa convenção se torna lei de direito público e não é possível contradizê-la sem incorrer em injustiça.

Na medida em que o contrabando gera um lucro considerável, é praticamente impossível erradicá-lo em qualquer Estado com certa extensão. Em todos os lugares, a punição daqueles que utilizam essas mercadorias proibidas foi vista como o expediente mais direto na tentativa de aniquilar esse verme roedor. De fato, os compradores são sempre tão culpados quanto os vendedores e, de modo geral, seus motivos são ainda mais vergonhosos.

Qualquer relaxamento dessa política gera tamanhas consequência que se torna quase impossível ao legislador reparar seus efeitos funestos. Pode ser inclusive um ato de prudência necessário ceder à corrupção geral se o lucro obtido pela subversão da lei, a quantidade de facilidades e o capricho das pessoas forem mais fortes que a própria lei. Contudo, a mera tolerância cria um exemplo perigoso: os estrangeiros continuam enriquecendo, o Estado perde produção de seu território ou a oportunidade de um trabalho que poderia substituir em parte o que foi destruído.

Em diversas situações, o contrabando no qual as pessoas se profissionalizaram e, por assim dizer, do qual obtêm seus recursos, não é o mais perigoso. Devemos incessantemente buscar descobri-lo, é raro que não o surpreendamos cedo ou tarde, e basta uma punição exemplar para corrigir os demais.

Refiro-me ao contrabando cometido nas aduanas, que consiste em facilitar, sob as mais diversas denominações e sob direitos arbitrários, a entrada de mercadorias proibidas, seja para lucro pessoal, seja para lucro dos contratantes [*fermiers*]. Esse contrabando, que ninguém observa, é um meio silencioso e seguro de esgotar um Estado, ainda mais porque o remédio é complicado, pois o controle das aduanas, mesmo demonstrando as melhores formas que ele pode ser cumprido, não é igualmente bem-sucedido em todas as regiões, do mesmo modo que um experimento físico bem constatado pode falhar se conduzido por outras mãos.

Até o momento só discutimos o contrabando de entrada, o de saída consiste na exportação de mercadorias que o Estado proíbe de vender ao exterior. Essas proibições são sempre em número pequeno, uma vez que, em geral, só são úteis nos casos em que os indivíduos seriam privados de bens considerados necessários ou de oportunidades de trabalho. Assim, a exportação de lã é proibida na Inglaterra porque sua qualidade é reputada única; na França, a saída do linho, do salitre etc.

A exportação de armas e munição está sujeita a restrições em quase todos os países, com exceção da Holanda. Legisladores [*republicans*] inteligentes sabem que é bom receber dinheiro do mundo inteiro e guardam as proibições para ocasiões extraordinárias. De fato, são apenas fuzis, espadas, munição, canhões e materiais como alcatrão e piche que os países se recusam a fornecer e cujo transporte pode ser útil proibir sob certas circunstâncias, porque seria difícil substituí-los. Mas se, em tempos de paz, a Suécia ou a

Dinamarca imaginarem proibir a saída desses materiais em direção à França, isso significaria prestar a ela e a suas colônias na América um serviço muito notável.

Nos países onde o comércio ainda não saiu de sua infância, a exportação de ouro e de prata são proibidas com as penas mais rigorosas. O exemplo da Espanha, de Portugal, e mesmo da França em tempos de inspeção do tesouro real, demonstram a impotência e o caráter quimérico dessas proibições. Ao ler apenas as queixas do autor do dicionário de comércio sobre a quantidade de dinheiro que sai da Inglaterra, poderíamos acreditar que ele não concebe que esse dinheiro possa para lá voltar. Se se tratasse de uma obra menos estimável, não faríamos esse comentário, mas, ao fazer justiça ao zelo e à aplicação de seu autor, é bom não se deixar levar por seus princípios.

Fraude consiste em não realizar o pagamento dos tributos sobre as mercadorias nacionais ou estrangeiras, seja no comércio interno, seja na importação ou na exportação, de modo que ela pode ser considerada de acordo com essas três circunstâncias.

Os tributos são coletados no consumo interno, na entrada dos locais onde o consumo ocorre, na entrada das províncias ou, finalmente, sobre as mercadorias das quais o mercado estabelece um monopólio.

Independentemente dos equívocos da lei, qualquer fraude é crime. Trata-se de roubar da pátria, de aniquilar os efeitos desse princípio augusto que sustenta os reis e o mais essencial de seus deveres, a justiça distributiva. Mas, como é raro que a totalidade de um povo seja guiada pelo espírito público, convém fazê-lo amar a lei que se quer que ele respeite. É difícil persuadir um povo de que o uso de uma mercadoria necessária, e que é facilmente encontrada a um preço baixo, pode ser legalmente proibido, a não ser que ele a compre a um preço alto e respeitando formalidades incômodas.

Se essa mercadoria é necessária a alguma atividade agrícola ou manufatureira, a fraude ocorrerá e a procura por ela será dobrada, caso contrário, tais partes essenciais do emprego dos homens diminuirão e, com elas, a população. Quanto mais sedutores são os motivos para cometer uma fraude, mais a lei se torna severa. Nada é mais funesto à probidade de um povo que essa desproporção na pena dos crimes, de modo que os juízes responsáveis por seu cumprimento estão diariamente expostos à deplorável necessidade de retirar da sociedade cidadãos que poderiam ter sido úteis se as leis fossem melhores. [**131**] Ainda que não seja possível substituir esse tipo de imposto, é evidente que o povo seria aliviado de um grande fardo se o Estado convertesse em uma soma fixa de dinheiro o que é obtido de cada sujeito através desse ramo do rendimento público.

O monopólio que o Estado se reserva sobre as mercadorias puramente convencionais é muito mais suave, ainda que frequentemente ele não seja o mais favorável à população, na medida em que limita a ocupação dos cidadãos e diminui os meios de engordar a balança do comércio.

Um princípio constante das finanças bem compreendidas é que o produto dos rendimentos cresce em razão do número de indivíduos, de seu emprego e de seu lazer. Tais são os recursos ativos e duráveis dessa parte tão bela quanto essencial da administração. O monopólio de que falamos carrega consigo os mesmos inconvenientes que os demais em relação às penas e às formalidades, contudo, uma operação muito simples poderia solucionar esses problemas e dobrar o rendimento.

A fraude sobre os tributos que são coletados de província em província é comum em razão do lucro que ela gera a quem a perpetra e ao fato de que a barreira que lhe deve ser, absoluta e necessariamente, contraposta exige tantas despesas que esse tipo de tributo nunca gera mais do que um quarto do que custa ao povo. Mas o seu maior inconveniente está na interrupção da circulação interna e externa das mercadorias e, com isso, o estrago sobre o emprego dos indivíduos, à população. Nunca é demais repetir que esse inconveniente não se deve ao valor desses tributos, mas às formalidades que se multiplicam proporcionalmente às facilidades de burlá-las. Por outro lado, sem essas formalidades não haveria receita, daí porque, ainda que esse tipo de fraude não envolva os mesmos inconvenientes dos precedentes, ocasionalmente deve ser vista como um princípio vicioso em um corpo político.

A fraude sobre os tributos que são coletados no local de consumo das mercadorias é muito menos comum, porque é mais fácil descobri-la e porque esses tributos, uma vez que sua incidência seja conhecida, nunca são consideráveis o suficiente para tornar a fraude lucrativa. Se essa proporcionalidade não fosse respeitada, a nação perderia não apenas a receita tributária, devido ao consumo clandestino, mas o próprio consumo diminuiria e, com ele, o rendimento do Estado, o trabalho e o bem-estar dos súditos.

Enquanto esses tributos forem proporcionais às faculdades do povo, eles serão pagos de modo imperceptível, e como eles são muito favoráveis à sua indústria, sempre retardada por imposições arbitrárias, sua segurança o faz considerar tranquilamente tais tributos. No geral, apenas os ricos ficam insatisfeitos, porque esse método é o mais adequado a estabelecer o equilíbrio entre os súditos. O célebre sr. Law dizia, em 1700, ao Parlamento escocês, que o peso dos impostos sobre os rendimentos e a indústria de uma nação estava em uma proporção de 1 para 4, em relação ao peso dos impostos sobre o consumo.

Já os tributos que são coletados nos portos e nas fronteiras sobre as mercadorias importadas ou exportadas são fáceis de fraudar, de acordo com as circunstâncias locais e, principalmente, de acordo com a probidade dos comissários — pois é muito raro que esse tipo de fraude seja bem-sucedida por conta própria. Se tanto a fraude sobre a exportação quanto a fraude sobre a importação são consideradas igualmente ilícitas, é preciso distinguir claramente seus respectivos efeitos sobre a sociedade e, pelo mesmo motivo, a punição.

Ao se evadir o pagamento dos tributos sobre a saída das mercadorias nacionais, o erário público é roubado, mas o povo não perdeu sua ocupação, nem o Estado a sua balança. Se a mercadoria não pudesse ser exportada senão através da fraude, o Estado ainda assim ganharia em todos os sentidos. No entanto, como não é permitido aos indivíduos interpretar a lei, cabe ao legislador evitar essa tentação: determinando corretamente a proporção dos tributos sobre a saída das mercadorias compatível com seu comércio e o bem-estar de seu povo; distinguindo tanto quanto possível as espécies gerais, de modo a garantir o equilíbrio entre a qualidade das terras de todas as províncias (essa consideração infalivelmente restringiria esses tributos e os outros tipos de receita cresceriam na mesma proporção).

A fraude sobre as importações estrangeiras traz consigo efeitos tão perniciosos à sociedade em geral que aquele que a comete deveria ser submetido a dois tipos de punição, um relacionado à fraude, outro ao contrabando. De fato, sendo o confisco a punição para a fraude simples, é natural que aquele que contribui para a diminuição do equilíbrio geral do comércio, que força os pobres a permanecer desocupados, que subtrai, enfim, toda a força da circulação das mercadorias nacionais, seja submetido à mesma punição.

Alguns casuístas relapsos e altamente repreensíveis ousaram avançar a tese de que a fraude é lícita. Esse erro circula muito na Espanha, porque ali o clero tem um interesse em sustentar essa tese. Na França, onde os ministros de Deus sabem que o sacerdócio não pode privar o príncipe de seus tributos indeléveis sobre todos os súditos de modo igual, os teólogos unanimemente pensam que a fraude também é uma lesão às leis divinas, como o é às humanas. No entanto, após ter percorrido um grande número de exames de consciência, não encontrei nenhum onde essa falha tenha sido mencionada aos penitentes.

Crisálida (*História Natural, Zoologia*), Daubenton [3, 402]

Chrysalis aurelia, nome dado aos insetos durante a metamorfose. Denomina-se crisálida um inseto que se encontra, por assim dizer, em trabalho de metamorfose, em estado intermediário, por exemplo, entre o estado de lagarta e o de borboleta. O inseto tem então um mínimo de movimento, não se alimenta e é recoberto por um invólucro duro e crostoso, cujas partes se ligam entre si como numa massa informe. De início, os invólucros das crisálidas são moles e contêm boa quantidade de líquido; em seguida, adquirem mais consistência. Há crisálidas com figura similar à de uma tâmara, e por isso são chamadas de favo, como as crisálidas do bicho-da-seda. Há outras de figura muito irregular, às vezes tão bizarra que imaginamos ver algo semelhante a um bebê embalado dormindo num berço ou ao rosto de uma pessoa, à cabeça de um cão, gato ou pássaro, quando, na realidade, o que se vê são crisálidas de lagartas, ou as partes da borboleta sob o invólucro; então, distinguem-se a cabeça, os olhos, as antenas, a tromba, o corselete, as pernas e o corpo. Alguns invólucros são tão transparentes que vemos através deles o animal ali contido. Há crisálidas de várias cores, marrons, amarelas, verdes, vermelhas, brancas, violáceas, negras etc. e de todas as nuances da maioria das cores, algumas das quais compostas por uma mistura que produz um efeito belíssimo – do que não se segue que o animal será belo. As crisálidas costumam se esconder em locais protegidos, e a maioria delas é revestida por telas ou nodos de seda ou de outros materiais. Vide *Lagarta*. O período em que cada inseto se transforma em crisálida varia conforme a espécie, e sua duração pode ser mais ou menos longa. Há insetos que permanecem nesse estado por doze dias apenas, outras levam mais tempo para deixá-lo; há crisálidas que duram até um ano. Em geral, sua duração depende muito da temperatura do ar: o calor a torna mais breve, o frio, mais longa. Vide *Theol. De ins.*, do sr. Lesser. Vide *Ninfa, Metamorfose, Inseto*.

Crise (*Medicina*), Bordeu [4, 471-89]

Galeno explica que o termo "crise", adotado pelos médicos, vem do barrete e significa, propriamente dizendo, um julgamento.

Hipócrates empregou essa palavra com frequência e deu a ela diferentes acepções. Entende que toda espécie de excreção é uma crise, incluindo a gravidez ou mesmo uma fratura exposta. Chama de crise a tudo o que acontece a uma doença, e afirma que há crise quando uma doença aumenta ou diminui consideravelmente, quando degenera em outra ou, ainda, quando desaparece por completo. Nesse mesmo sentido, ou quase, Galeno afirma que a crise é uma mudança súbita da doença para melhor ou para pior. Isso levou muitos autores a considerar a crise como uma espécie de combate entre a natureza e a doença, combate no qual a natureza pode vencer ou sucumbir, e a propor que, em certo sentido, a morte pode ser considerada como a crise de uma doença.

A doutrina das crises era uma das partes mais importantes da medicina dos antigos. Alguns, é verdade, a rejeitavam como vã e inútil, mas a maioria seguiu Hipócrates e Galeno, cujo sistema iremos expor antes de falar sobre as opiniões dos médicos que se opuseram a ele e de relatar as diferentes opiniões dos modernos sobre essa parte da medicina prática.

A crise, diz Galeno, e, a partir dele, toda a sua escola, é precedida por uma singular perturbação das funções: a respiração torna-se difícil, os olhos reluzem; o doente cai no delírio e acredita ver objetos luminosos; chora, queixa-se de dores na parte posterior do pescoço e de uma sensação irritante no orifício superior do estômago; o lábio inferior treme, o corpo inteiro é fortemente abalado; às vezes, os hipocôndrios se contraem e os doentes se queixam de um fogo que arde no interior do corpo, sentem-se alterados; alguns dormem ou cochilam. Após essas mudanças, verifica-se a existência de suor abundante, tontura, sangramento das narinas, vômito e úlceras na pele. A crise propriamente dita consiste nos esforços e excreções, não é mais que [472] a renovação da doença, ou então um acesso extraordinário que, de uma maneira ou de outra, vem pôr fim a ela.

A crise começa e termina com o transporte de materiais de uma parte do corpo a outra ou pela excreção de materiais. Existem, portanto, duas espécies diferentes de crise. Elas diferem, ainda, por serem boas ou más, perfeitas ou imperfeitas, seguras ou perigosas.

Boas crises são as que permitem ao menos esperar o restabelecimento do doente, más são as que aumentam o perigo. Crises perfeitas são as que expelem, evacuam ou transportam a matéria mórbida (vide *Cocção*), as imperfeitas o fazem apenas em parte. Por fim, crise segura é a que ocorre sem riscos; perigosa é a que põe o doente em risco considerável de sucumbir durante o esforço realizado na própria crise. Poderíamos acrescentar a essas espécies de crise a insensível, que alguns autores chamam de solução, na qual o material mórbido é dissipado aos poucos. Cada espécie de crise tem os seus signos particulares, que variam conforme a crise se dê por via de suor, urina, excrementos, escarros ou hemorragias. Esses signos permitem que o médico julgue a via que a natureza escolheu para a crise. Nos verbetes dedicados aos órgãos de secreção, encontram-se os meios que permitem identificar o desfecho da doença a partir das diferentes excreções críticas. Ver em particular *Urina, Catarro, Hemorragia* e *Suor*.

Mas os antigos não se contentaram em defender que há crises na maioria das doenças agudas e em oferecer regras para determinar o órgão ou a parte na qual ou por meio da qual a crise ocorre; quiseram também fixar o momento da crise. Chegaram assim à doutrina dos dias críticos, que vamos expor agora, detendo-nos nos pontos mais aceitos pela maioria dos médicos de então (pois havia quem ousasse questionar a validade dessas regras). As regras mais aceitas eram as que veremos a seguir.

Todas as doenças críticas se resolvem em 40 dias, quando não antes. Muitas terminam aos 30, e, mais comum, aos 20, aos 14 ou aos 7 dias.

Portanto, é no intervalo de 7, 14, 20 ou no máximo 40 dias que se dão as revoluções das doenças agudas, cuja marcha é pontuada por crises ou dias críticos, ou ao menos cujas crises têm um caráter mais sensível e mais observável.

Os dias da doença em que a crise surge são chamados de críticos; os demais, de não críticos. Estes podem, no entanto, se tornar críticos, como Galeno reconhece, mas é um evento contrário às regras que a natureza costuma seguir. Dentre os dias críticos, há os que julgam de maneira perfeita e favorável, e que os árabes chamavam de principais ou radicais, ou, mais simplesmente, críticos: o 7º, o 14º e o 20º. Outros, dentre os dias benignos, são considerados secundários, como o 9º, o 11º e o 17º; já o 3º, o 4º e o 5º julgam de maneira menos perfeita; o 6º muitas vezes julga, porém mal e imperfeitamente, e, por isso, era considerado como um tirano, enquanto o 7º, que julga plena e favoravelmente, era comparado a um rei bom. O 8º e o 10º dias julgam raramente e julgam mal. Por fim, o 12º e o 18º quase nunca julgam.

Esse resumo mostra os bons e os maus dias de uma doença aguda: o 7º, o 14º e o 20º são eminentemente bons. Galeno afirma ter notado num único verão mais de 400 doenças julgadas perfeitamente no 7º dia; e, embora encontremos em Hipócrates exemplos de pessoas mortas no 7º dia, é um acidente raro, devido à força do temperamento, que faz com que a doença decida nesse ponto e não obedeça ao curso ordinário. Isso tudo de acordo com Galeno, que quer salvar o 7º dia, que, como observamos, ele compara a um bom príncipe que perdoa seus súditos ou protege do perigo. O 14º, segundo na ordem dos dias salutares, é benigno e julga com frequência; muitos autores chegavam a preferi-lo ao 7º. Quanto ao 20º dia, se é crítico e salutar, a posse de seus direitos não é tranquila. Arquígenes prefere o 21º.

Exceto pelos três dias mencionados, todos são perigosos e ruins em alguma medida; às vezes julgam, é verdade, mas nem sempre de maneira crítica, e não são considerados exatamente como tais. Por isso, recebem denominações particulares e são distinguidos em indiciários, intercalares e vazios.

Os dias indiciários ou indicativos formam a primeira ordem abaixo dos três dias críticos e também são chamados de contemplativos, pois indicam ou anunciam que a crise será perfeita e se dará num dos dias radicais. A essa ordem pertencem o 4º, o 11º e o 17º dias. O 4º, que é o primeiro dos dias indiciários, assim como o 7º é o primeiro dos críticos, anuncia este último, que só é perfeito quando anunciado enquanto tal pelo primeiro. Em seus *Aforismos*, Hipócrates afirma que "os que serão julgados no 7º dia apresentam, no 4º, uma hipóstase branca na urina". Portanto, segundo Galeno, o 4º dia é, por natureza, índice do 7º, desde que não suceda nada extraordinário. Pois pode acontecer de ele próprio ser crítico (como observamos e como é dito por Hipócrates em suas *Epidemias* sobre Péricles, que foi curado no 4º dia após suor abundante); ou pode ser, ainda, que não indique, seja devido à natureza da doença, se extremamente aguda, seja por medidas equivocadas do médico, seja, por fim, devido a outra causa extraordinária. O 4º dia pode indicar que a morte chegará antes do 7º, e deve-se recear por isso quando as mudanças que ele traz excedem a fronteira do ordinário. O 11º dia é índice do 14º: é menos regular, menos exato que o 4º, e, como ele, torna-se às vezes crítico, ou melhor, torna-se crítico no mais das vezes. Galeno observa que, uma vez no outono, todos os seus doentes foram julgados no 11º dia. O 17º é índice do 20º, mas, ao que parece, perde essa prerrogativa, [**473**] cedendo-a ao 18º, e então, como afirma Arquígenes, o 20º deixa de ser crítico.

Os dias ditos intercalares ou provocadores são o 3º, o 5º, o 9º, o 13º e o 19º. São como lugares-tenentes dos críticos, jamais poderiam substituí-los. Se provocam uma crise, deve-se esperar por uma recaída. Segundo Hipócrates, isso vale especialmente para o 5º, mortal para os doentes em epidemias. O 9º dia, por se encontrar entre o 7º e o 14º, pode, às vezes, ser benigno. Galeno o situa entre os críticos da segunda ordem, pois ou ele repara a crise do 7º ou precipita a do 14º. O 13º e o 19º são muito fracos, este último ainda mais que o primeiro.

Os dias vazios, assim chamados porque geralmente julgam mal, não fornecem indicações e não suprem os críticos; tais são o 6º, o 8º, o 10º, o 16º e o 18º. Galeno emprega toda a sua retórica contra o 6º e declama contra ele de maneira veemente. Começa, como dissemos, por compará-lo a um tirano, e, após dirigir-lhe essa injúria, desce do tropo sublime para a acusação propriamente dita de causar hemorragias mortais, ferimentos funestos, parótides malignas. Foi imitado por Actário. O 8º dia é menos pernicioso que o 6º, mas se aproxima dele, tal como o 10º. O 12º, se me permitem a expressão, é um dia inútil, serve apenas para a contagem, assim como o 16º e o 18º.

Todos os dias, exceto pelo 6º, são, como vemos, de pouca monta em relação ao seu papel na marcha da natureza. Mas, por isso mesmo, são muito preciosos para os médicos, pois oferecem tempo para a aplicação de remédios. Foram chamados de dias *medicinais*. São por assim dizer, os dias da Arte, que praticamente não tem direitos sobre os demais dias. Pois a medicina não deve, em hipótese alguma, perturbar a natureza, que divide seu trabalho entre os dias críticos e os indicativos, repousa e toma fôlego nos dias vazios.

Até aqui, falamos apenas das doenças que não vão além do 20º dia. Outras, porém, chegam ao 40º e, no período de seu curso para além dos vinte dias, têm suas crises e dias críticos. Entre eles, contam o 27º, o 34º e o próprio 40º. Os dias entre o 20º e o 40º são contados de sete em sete, enquanto os entre o 1º e o 20º se contam também de catorze em catorze. Deles, o 7º, o 14º, o 20º e o 21º são os mais notáveis, os únicos a que damos atenção. Alguns antigos chamaram esses dias de semissétimos, e dividiram os dias em geral entre pares e ímpares, cuja maior ou menor virtude dependia de os doentes serem sanguíneos ou biliosos; os biliosos tinham seus movimentos nos dias ímpares, os sanguíneos, nos pares.

Resume-se a isso, se não me engano, o que os antigos disseram sobre as diferenças entre os dias. Desnecessário lembrar as contradições em que porventura incorreram ou acompanhar suas tentativas de dar acabamento ao sistema. [**487**]

Que me seja permitido lembrar aqui, sem negligenciar nada que possa servir para erguer um sistema, o que eu mesmo disse em minhas *Recherches anatomiques sur les glandes*, 1751, §127: "Supondo que um órgão qualquer do corpo atue todos os dias, exercendo sua função numa hora precisa, não poderíamos suspeitar que ele concorra para produzir os fenômenos que observamos nesse período em particular? E, se há órgãos cujas ações ou funções se reencontram a cada dois ou três dias, não cabe a mesma suspeita? Se é verdade, isso permite esclarecer muitos dos fenômenos de que tanto se fala sobre as crises e os dias críticos, e distinguir o que há de real e o que há de imaginário nessa questão". São problemas que propus e espero ver resolvidos por um grande fisiologista ou médico que os considere dignos de sua atenção e me julgue no direito de oferecer minhas próprias ideias. Por fim, não poderia deixar de mencionar uma tese de Hipócrates que me parece muito importante. Ele diz (*Das doenças*, livro IV) que a cocção perfeita dos alimentos costuma levar três dias, e que, como a natureza segue nas doenças as mesmas leis que na saúde, as reincidências serão mais fortes nos dias ímpares. O sr. Murry tira proveito dessa observação, que mereceria ser examinada com atenção.

Minha segunda observação é a respeito de uma famosa passagem de Celso, que acusa os antigos de terem sido enganados pela filosofia de Pitágoras e terem fundado o sistema dos dias críticos sobre os dogmas dessa escola, para a qual os números, principalmente os ímpares, têm um papel importantíssimo. A passagem a que me refiro desfere um golpe mortal na doutrina das crises e solapa seus fundamentos. Por isso, Celso foi vivamente atacado por todos os partidários das crises, antigos bem como modernos. *Genuina Hippocratis proeceptorum traditio*, diz o sr. Murry, *Celso non innotuit, cui per tempus non vacabat, aut quem animus non stimulabat, ut medicinae clinicae navaret operam... Celsus ait in praesatione recentiores fateri Hippocratem optime praesagisse, quamvis in curationibus quoedam mutaverint.* "Celso não teve tempo de se instruir na prática a respeito da verdadeira doutrina de Hipócrates, e afirma que os médicos de seu tempo reconheciam a força de Hipócrates apenas nos prognósticos."

Assim se pronunciou a maioria dos que acusaram Celso de não ser praticante e, portanto, de não ter condições de estipular o que seja em matéria de crises. Contentei-me, acima, em colocar em dúvida seu testemunho particular, e parece-me que é tudo o que se pode fazer. Na verdade, quando vejo que Celso, quando refuta o sistema dos antigos sobre o número de dias, diz ainda que é preciso observar as reincidências e não os dias (*ipsas accessiones intueri debet medicus*, cap.jv. lib. III.), e que todos os modernos adotam esse jeito de calcular, não posso evitar a conclusão de que ele merece ser examinado mais de perto ou ao menos de que recebeu instruções dos médicos mais tarimbados. Afinal, embora Celso não tenha sido praticante, é natural presumir que ele teria se fiado unicamente pela prática dos famosos médicos de sua época, e não se deve presumir que esses médicos, discípulos de Asclepíades, não teriam examinado doentes. Acrescentai a isso a boa-fé de Celso em relação a Hipócrates. "Ele sabia muito bem como formar um prognóstico, mas mudamos algo em sua maneira de tratar os doentes." Se Hipócrates tivesse observado as doenças venéreas, por exemplo, certamente teria dito, após testes reiterados e ao observar um doente acometido por esse mal, "em tantos dias os dentes estarão cariados, os ossos terão exostose, os cabelos cairão", e que o próprio Asclépio não teria buscado por um remédio para deter os progressos da doença. É importante, por isso, não se pronunciar sobre Celso de modo leviano. Como eu mesmo já observei, já é muito lançar dúvida sobre juízos particulares que ele emitiu, sem esquecer que os praticantes famosos de seu tempo compartilhavam a sua opinião.

Em terceiro e último lugar, malgrado a exatidão dos trabalhos modernos que citamos, não se deve pensar que os anticríticos careçam de recursos; restam-lhes razões que têm no mínimo um ar especioso. Reconhecemos, efetivamente, diriam eles, que as doenças têm crises e que há dias assinalados para as reincidências; do que não se segue que essa doutrina tenha aplicação prática. Consultemos os praticantes consumados, encarregados do tratamento dos doentes. Eles nos dirão que em geral é impossível conhecer uma doença em seus primeiros momentos; informarão que os doentes apelam a eles para que aplaquem dores mais agudas e remedeiem sintomas mais prementes; e confirmarão que os doentes querem ser curados, e os médicos se tornam inúteis quando se limitam a contar os dias e esperar pelo certo. Supõe-se que a marcha das crises seria tão regular e tão conhecida quanto a circulação do sangue; mas qual a utilidade desse conhecimento? Quem ousaria afirmar que é útil? Tão certo quanto que todas as doenças têm suas crises é que elas têm também [**488**] suas alterações de urina; a história das crises se presta a ser reconstituída tanto quanto a da transpiração; mas tudo isso não leva, no final, a mais que algumas regras gerais que todos conhecem e ninguém utiliza. Essa doutrina das crises contém pequenas verdades nos detalhes que só impressionam os que não viram os doentes por si mesmos e tentam inventar regras que supram sua falta de luzes. Acompanhar as crises e as reincidências de uma doença é como examinar os vícios dos humores através do microscópio, o grau de febre com um termômetro ou com um relógio ou um pêndulo de pulso, maquininha pueril cuja utilização é ainda mais fútil, e que os praticantes veem como um ornamento gótico, rechaçado pelos verdadeiros artistas. Esses preciosismos podem ser curiosos, mas não são instrutivos; têm ares de ciência, mas são inúteis. Não é por meio de cálculos escrupulosos que aprenderemos a julgar uma doença e a utilizar os remédios: o cálculo nos torna temerários, indecisos, temporizadores, e, portanto, nos faz menos úteis à sociedade. A natureza tem, quanto a isso, as suas leis; mas não são computáveis, e não se deixam classificar.

O verdadeiro médico, dirão ainda os anticríticos, é o homem de gênio que lança um olhar firme e decidido sobre a doença, a natureza e a prática extensiva, deixando-se levar por um entusiasmo que os teóricos desconhecem. Ele julga os períodos de uma doença sem se dar conta do que faz; pode ter aprendido tudo o que a teoria ensina, mas não a utiliza, esquece-a e se guia pelo hábito, quase a despeito de si mesmo. O praticante é diferente. Não importa se a doença é orgânica ou humoral, se é um esforço salutar da natureza ou uma perturbação dos movimentos naturais, se a crise se anuncia ou está em curso, a identificação do estado presente é uma prerrogativa do verdadeiro *connoisseur*. Os sintomas levam-no a se apressar ou a esperar; ele vos dirá "este doente passa mal" e acreditareis nele, ou "este não corre nenhum risco" e o desfecho justificará o prognóstico. Se perguntardes pelas razões, muitas vezes não terá como dá-las; é como perguntar a um pintor por que o quadro é da *belle nature* ou indagar ao músico a razão dos melodiosos acordes que encantam os ouvidos. O praticante que busca pelas razões pode se enganar, pois nem sempre pode contar com seu gênio; carece de expressões, pois não é o sentimento que se exprime; impressionado pelos sintomas em conjunto, não tem como explicar o porquê; "aprendei a ver", ele vos exorta, *veni et vide* [venha e veja]. O gosto, o talento, a experiência, fazem o praticante; mas o gosto e o talento não se adquirem; o hábito e a experiência podem supri-los, até certo ponto. O hábito ensina a conhecer as doenças e avaliá-las, bem como as fisionomias e as cores; mas as regras, quaisquer que sejam, permanecem no imenso espaço das generalidades, e, se podem ser úteis a todos os que aprendem a arte, são, ao contrário, completamente inúteis para aqueles que a exercem na prática, pois não ensinam nada de determinado, nada de real, nada de usual: *inescant, non pascunt* [eles comem, mas não se alimentam]. Vide *Medicina*.

O que eu disse a respeito das crises, dos dias críticos e da maneira como cada partido defende sua opinião nessa controvérsia mostra o quão importante e espinhosa é a questão.

Terminarei este artigo exortando todos os médicos que se dedicam sinceramente ao progresso da arte a não negligenciarem as oportunidades e os meios para esclarecer essas questões. Trata-se de saber e decidir, por meio da observação, se as doenças têm crises, se elas têm dias determinados, se de fato alguns dias são críticos e outros não; supondo que haja crises, como tratá-las e abordá-las; se os remédios atrapalham, e até que ponto; se as retardam ou aceleram; quais os mais apropriados para produzir esses efeitos, se é que existem; se as doenças oferecem dias marcados para a aplicação dos remédios e outros em que não se deve tocar em nada, *nihil movendum* [nada para se tocar]; se é útil ou necessário, em que sentido e até que ponto, considerar uma doença como o salutar esforço da natureza da máquina ou como tão oposta à vida e à natureza quanto à saúde; se a garantia do prognóstico médico na previsão de crises tem alguma utilidade de fato; se um praticante sapiente e experimentado que desconhece a doutrina das crises poderia agir, acompanhando os sintomas, como se estivesse a par da história das crises no corpo; se há diferença ou não em acompanhar as crises; e, por fim, se um médico espectador é tão suscetível ao erro quanto um ativo ou mesmo outro que se precipite um pouco.

Eu disse que os problemas mencionados devem ser resolvidos pela observação, o que exclui de saída ideias puramente hipotéticas, que não têm lugar em matéria de fato. Não que se deva renunciar, na explicação das crises, a toda espécie de sistema; podemos nos permitir alguns, para ligar fatos e observações, mas os que se mostrem desnecessários devem ser postos de lado. O mais importante é que as observações sejam bem-feitas, e devidamente verificadas. Não entrarei em detalhes inúteis a respeito; direi apenas que entendo por observação verificada aquela com a qual se pode contar, feita por um longo tempo, anotada sem nenhum viés particular contra ou a favor de uma opinião, e apresentada em público antes de ser adotada numa academia ou faculdade qualquer. Devem-se exigir provas; que o observador disponha seus cadernos à vista de todos. Se essas precauções são necessárias, é porque eventualmente todos nós nos enganamos, adotamos opiniões descuidadamente, lembramo-nos vagamente do que vimos de favorável a ela e esquecemos o resto. O observador, ou quem quer que possa fornecer observações bem-feitas, não é aquele que garante *eu vi, eu fiz, eu observei*, fórmulas barateadas pelo batalhão de cegos que as utilizam, mas que pode provar o que afirma em seus argumentos e demonstrar o que viu num determinado momento, e como o fez. É o único meio para convencer os pirrônicos, que, do contrário, sempre poderão vos dizer: "Onde foi que o vistes? Como fizestes para ver?", ou, mais grave ainda: "De que lugar vistes? De que lugar credes tê-lo visto? Quem disse que vistes de fato?".

De resto, o observador deve ter muitos talentos. Não se trata apenas do treino passivo, por assim dizer, do praticante que recebe um raio dessa viva luz que acompanha a verdade e força ao consentimento. É preciso, ainda, sair desse estado passivo e pintar com exatidão o efeito que foi produzido, ou seja, exprimir com clareza o que foi percebido nessa espécie de êxtase, e fazê-lo com traços refletidos, combinados de maneira a esclarecer [**489**] o leitor tal como a natureza faria. É esse o objetivo do observador, que deve ter um talento raro, que não se confunde com o do mero praticante, que não sabe traduzir suas ideias passageiras, que se renovam à mercê das necessidades, e que a reflexão não seria capaz de evocar.

É evidente, por tudo isso, que o exame da doutrina das crises deve ser reservado aos médicos dotados de uma capacidade fora do comum. Os que se contentam em seguir suas ideias e seus sistemas, e não a natureza, só podem formar ideias inúteis ou perigosos romances, desviando-se da finalidade a que deveriam se propor. Também os observadores que se contentam com coletar dados, mas não têm gênio para separar os bons dos ruins e ligá-los entre si, permanecem longe da verdade. Por fim, os praticantes mais solicitados não dispõem de tempo, e, por estarem estabelecidos, raramente dão ouvidos à paixão que leva às reformas gerais na Arte. Seria desejável que os observadores seguissem à risca esses praticantes e oferecessem um relato preciso de seus diferentes procedimentos, como os poetas e historiadores de outrora em relação às belas ações dos heróis.

Quanto aos médicos formados para ensinar nas escolas, com frequência se veem obrigados a fiar-se em um sistema do qual dependerá o respeito que se tem por eles. Dessa espécie de médico, sem dúvida muito respeitável e muito útil, poderíamos dizer, com Hipócrates, *unusquisque suoe orationi testimonia & conjecturas addit ... vincitque hic, modo ille, modo iste, cui potissimum lingua volubilis ad populum contigerit*, "Cada um se apoia sobre conjecturas e autoridades, aquele que hoje derrota seu adversário amanhã será derrotado por ele, e o mais forte costuma ser aquele que cuja língua, no entender do povo, é menos volúvel". São males da condição do professor, que tem, em compensação, outras tantas vantagens.

Em suma, é necessário, para resolver ou ao menos esclarecer a questão das crises, ser livre, e ter sido iniciado nessa espécie de medicina filosófica ou transcendente, nem sempre adequada para os médicos populares, ou clínicos. Na verdade, poderíamos nos perguntar se a maioria dos médicos não é feita apenas para copiar ou imitar os grandes mestres da Arte. Se depositássemos uma responsabilidade excessiva em suas mãos, não haveria o risco de esses espíritos copistas e imitadores, provavelmente os mais doutos e mais preparados para a prática diária da medicina, caírem no pirronismo? Mas é certo que teremos de buscar com eles o que chamarei de testemunhos dos fatos particulares da Medicina, e parece conveniente que adotem regras determinadas, tanto para sua própria tranquilidade quanto para a segurança dos doentes. *Sinc in memoria tibi morborum curationes & horum modi, & quomodo in singulis se habeant; hoc enim principium est in Medicina, & medium & finis*: "O começo, o meio e o fim da medicina são o conhecimento adequado do tratamento e da história das doenças". É tudo o que Hipócrates exigia de seus discípulos.

Isso quanto aos médicos comuns, dedicados a trabalhos de interesse cotidiano para a sociedade, cujos serviços, tão mais preciosos por serem mais solicitados, não poderiam ser perturbados pelos praticantes.

Questões como a doutrina das crises estão reservadas aos legisladores da arte. Esse título é concedido ao médico filósofo, que começa por ser testemunha, torna-se praticante e, por fim, observador consumado, e, ultrapassando as fronteiras comuns, eleva-se acima do *status* de sua profissão. Abra os fastos da Medicina, conte os seus legisladores. Vide *Médico* e *Medicina*. [Tradução parcial]

Culinária (*Arte Mecânica*), Jaucourt [4, 537-9]

Arte de agradar ao paladar, um luxo, eu quase disse uma luxúria, tão prezado e a respeito do qual os mundanos fazem tanto caso, chamando-o de *a boa mesa* (*la bonne chère*). Montaigne a definiu sem rodeios como *ciência da goela*, e o sr. La Mothe le Vayer, como *Gastrologia*. São termos que designam de maneira apropriada o segredo, travestido em método douto, de incitar a que se coma além do necessário. Pois a culinária das pessoas sóbrias ou pobres nada mais é que a arte, mais trivial, de preparar refeições para satisfazer às necessidades da vida.

Os laticínios, o mel, os frutos da terra, os legumes temperados com sal, os pães cozidos sobre as cinzas foram os primeiros nutrientes dos povos do mundo. Utilizavam essas benesses da natureza sem outros refinamentos, e eram não apenas mais fortes e mais robustos, como mais resistentes a doenças. As carnes, cozidas, grelhadas ou assadas, e os peixes, cozidos na água, vieram depois, e eram consumidos com moderação. A saúde não era prejudicada, a temperança reinava, o apetite regulava sozinho a hora e o número das refeições.

Mas essa temperança durou pouco. O hábito de comer sempre as mesmas coisas, preparadas quase sempre da mesma maneira, gerou um desgosto que deu origem à curiosidade e levou a experimentos que conduziram à sensualidade. O homem provava, variava, escolhia, e terminou por transformar em arte a mais simples e natural das ações.

Os asiáticos, mais voluptuosos que outros povos, foram os primeiros a empregar na preparação de seus pratos todos os produtos oferecidos pelo clima; o comércio os levou a seus vizinhos. O homem, que persegue as riquezas, amava a posse dessas iguarias que satisfaziam a sua volúpia. Tomou os alimentos mais simples e mais nutritivos e os transformou nos mais abundantes, variados e sensuais, e também mais nocivos à saúde. O requinte da mesa asiática foi transmitido a todos os povos da Terra. Os persas comunicaram esse ramo do luxo aos gregos, apesar da vigorosa oposição dos legisladores lacedemônios.

Quando se tornaram ricos e poderosos, os romanos deixaram para trás as antigas leis, abandonaram a frugalidade e passaram a apreciar a boa mesa.

Tunc coquus, diz Tito Lívio (xxxjx), *vilissimum antiquis mancipium, estimatione & usu, in pretio esse, & quod ministerium fuerat, ars haberi coepta; vix tamen illa quæ tunc conspiciebantur, semina erant futuræ luxuriæ*.³ Foram os primeiros germes da mesa sensual, que eles logo levaram ao cume do dispêndio e da corrupção. Leia-se a respeito o retrato pintado por Sêneca, que, com severidade, ou, se quisermos, com bile, nos ensina muitas coisas que outros espíritos, indulgentes em relação a seu século, preferem ignorar. Por toda parte, diz ele, veem-se sibaritas, confortavelmente reclinados sobre seus leitos, contemplando suas magníficas mesas, satisfazendo os ouvidos [**538**] com a música mais harmoniosa, a vista com os espetáculos mais encantadores, o olfato com os mais requintados perfumes, e o paladar com as mais delicadas carnes. *Mollibus, lenibusque fomentis totum lacessitur corpus, & ne nares interim cessent, odoribus variis inficitur locus ipse, in quo luxuriæ parentatur*.⁴ Vem dos romanos o hábito de multiplicar os serviços e o emprego dos domésticos aos quais hoje se dão nomes como copeiro, *maître-d'hotel*, trinchador etc. Seus cozinheiros, principalmente, eram pessoas importantes, solicitadas, respeitadas, e pagas em proporção ao mérito — ou seja, à sua proeminência nessa arte sedutora e perniciosa, que não conserva a vida, mas é fonte de males inesgotáveis. Havia em Roma um artista da culinária que recebia 4 talentos por ano, ou, no cálculo do dr. Bernard, 864 libras esterlinas ou cerca de 1.900 talentos franceses. Marco Antônio ficou tão contente com o jantar que um de seus cozinheiros preparou a seu mando para a rainha Cleópatra, que lhe deu como recompensa uma cidade inteira.

Essas pessoas aguçavam o apetite de seus senhores com a quantidade, a pujança e a variedade de cozidos, que levaram a ponto de alterar os próprios alimentos. Imitavam os peixes desejados com outros, dando a eles o sabor e a forma daqueles que o clima ou a estação negavam ao paladar. O cozinheiro de Trimalcion compôs, com a carne de peixes, animais como o pombo-rameiro,

---

3 "Naquela época, o cozinheiro, um escravo de pouco valor e apreciação pelos antigos, começou a ser valorizado pela sua habilidade e utilidade. No entanto, o que se via naquela época eram apenas os primeiros indícios do luxo futuro".

4 "Com suaves e delicados estímulos, todo o corpo é acariciado, e para que o nariz não fique em descanso, o próprio ambiente em que a luxúria é preparada é impregnado com diversos aromas."

a tartaruga e galináceos variados. Ateneu fala de um porco grelhado a meia-altura preparado por um cozinheiro que, de tão hábil, o trinchara e estripara sem lhe abrir o ventre.

Os sicilianos da época de Agostinho se destacavam pela excelência dessa arte enganosa, e não havia em Roma mesa requintada que não tivesse sido preparada por um cozinheiro dessa nação.

Non siculæ dapes/ Dulcem elaborabunt saporem,[5] diz Horácio. Apício, que viveu sob Trajano, encontrara o segredo de conservar frescas as ostras que colhia na Pártia e enviava ao príncipe, que as recebia em estado perfeitamente comestível. Diversos cozidos receberam o seu nome, e ele fez seita junto aos glutões de Roma. Sem dúvida, o nome de um voluptuoso qualquer dessa capital cairia melhor a um molho do que a um livro, e teria uma imortalidade mais certa se assegurada por um cozinheiro do que por um editor.

Os italianos herdaram as ruínas da culinária romana e ensinaram a boa mesa aos franceses. De início, os reis da França tentaram conter a importação desses excessos com éditos. Mas os excessos triunfaram sobre as leis. No reinado de Henrique II, cozinheiros oriundos da Itália se estabeleceram na França. A culinária é algo que preferíamos não ter herdado dos italianos corrompidos que serviram na corte de Catarina de Médici.

Montaigne diz ter conhecido um dos artistas que servia ao cardeal Caraffe. Pronunciou um discurso sobre a ciência da goela com uma gravidade e uma compostura magistrais, como se estivesse falando de teologia; decifrou, diante dos meus olhos, as diferenças de sabor entre o primeiro prato, o segundo e o terceiro, e como cada um despertava, seduzia e aguçava o paladar; enunciou a política dos molhos, primeiro em geral, depois quanto aos ingredientes e seus efeitos; explicou as diferentes saladas adequadas para cada um deles e como ornamentá-las, deixando-as ainda mais bonitas de se ver; por fim, entrou na questão da ordem do serviço de mesa, oferecendo belas e importantes considerações. Tudo isso com as mais ricas e magníficas palavras, tais como as que se empregam para tratar do governo de um império. Lembrou-me de meu homem: *Hoc salsum est, hoc adustum est, hoc lautum est parùm; Illud rectè; iterùm sic memento.* Ter. *Adelph.* "Este está salgado

---

5 "As delícias da Sicília não produzirão um sabor doce tão refinado."

demais, aquele está queimado; este não está no ponto, aquele está perfeito: lembrai-vos de fazê-lo do mesmo jeito, da próxima vez."

Os franceses perceberam quais sabores deveriam predominar em cada molho e logo ultrapassaram seus mestres, lançando-os no oblívio. Desde então, como se tivessem imposto a si mesmos um importante desafio, nada lhes é tão lisonjeiro quanto ver o triunfo do seu gosto culinário sobre os de outros reinos opulentos. Não têm rivais entre o trópico de Câncer e o Mediterrâneo.

Mas os costumes e a corrupção generalizada garantem que todos os países ricos tenham seus Lúculos, que contribuem, com seu exemplo, para perpetuar o gosto pela boa mesa. Concordam que é preciso desfigurar de mil maneiras os repastos que a natureza oferece. Com isso, elas perdem as propriedades nutritivas e tornam-se, por assim dizer, saborosos venenos, feitos para destruir o temperamento do corpo e abreviar a duração da vida.

A culinária, tão simples nas primeiras épocas do mundo, tornou-se, com o passar dos séculos, cada vez mais complexa e refinada, ora num lugar, ora noutro, até adquirir, nos dias de hoje, o estatuto de um estudo, de uma ciência das mais difíceis, a respeito da qual publicam-se todos os dias novos tratados, com nomes como "Cuisinier François", "Cuisinier royal", "Cuisinier moderne", "Dons de Comus", "École des officiers de bouche" e outros mais. Cada um com seu método próprio, eles provam que é impossível reduzir a uma ordem fixa o que o capricho dos homens e o desregramento de seu paladar buscou, inventou ou imaginou para mascarar os alimentos.

É preciso convir, no entanto, que devemos à arte culinária muitos procedimentos de grande utilidade que merecem a consideração dos médicos. Alguns se referem à conservação dos alimentos, outros tentam torná-los mais digeríveis.

A conservação dos alimentos é uma questão muito importante. As longas viagens exigem que se recorra à conservação, independentemente da escassez que por vezes acomete até as regiões mais férteis. O método de conservação é o mesmo para os alimentos do reino vegetal e para os do reino animal, e consiste no acréscimo ou na subtração de partes que tendem a impedir ou favorecer a corrupção. No caso dos animais, o procedimento é ainda mais simples que no dos vegetais, e consiste na dissecação, a fogo lento e brando, ou, nos países quentes, à luz do sol. São assim dissecados muitos peixes dos quais nos alimentamos.

Também é possível subtrair o excesso de umidade dos sucos animais, separando-se o líquido para outros propósitos. Por serem viscosos, os corpos animais suportam bem essa vicissitude. Daí a invenção das geleias e dos tabletes de carne para viagens de longa duração. Mas esses tabletes contêm aditivos, e pertencem, por isso, a uma espécie de conservação mais trivial, feita pelo acréscimo de um corpo estrangeiro que seja capaz de adiar a putrefação, [**539**] como o sal marinho ou o sal comum. Os ácidos vegetais, como o vinagre, os sucos de uva, de limão, de lima etc. são ainda mais apropriados, e, despejados sobre as partes sólidas dos animais, penetram-nas e promovem entre elas uma união ainda mais estreita e sólida.

Tal é o método empregado na conservação de carnes extraídas de animais e submetidas a sais voláteis atenuados pela deflagração de vegetais e por sais ácidos voláteis misturados a um óleo fortemente atenuado, como as carnes defumadas. Seu preparo inclui ainda a dissecação, que responde por boa parte do processo. É certo, no entanto, que o óleo exalado na defumação e os sais que tomam o lugar da água que evapora do corpo da carne contribuem para que ela se torne ainda mais resistente à putrefação. A experiência cotidiana demonstra que as carnes e peixes preparados de acordo com esse método conservam-se por mais que tempo que outras.

Há muitas outras maneiras de conservação dos alimentos. Por serem todas baseadas nesse mesmo princípio, não irei descrevê-las. Se cozinharmos as carnes, seja fervendo-as ou grelhando-as, poderemos conservá-las melhor do que por outros métodos, pois com isso perdem boa parte de sua viscosidade. Também podemos conservar por algum tempo partes de animais ou de vegetais recobrindo-as com gordura, envolvendo-as em óleo ou em sucos depurados, protegendo-as contra o ar exterior e impedindo assim a sua fermentação ou putrefação. Por fim, especiarias como a pimenta e outras são conservantes bastante usuais, pois conferem aos alimentos um sabor agradável; dificilmente, porém, são utilizados sem o acréscimo de sal. Sem mencionar que as conservas preparadas com especiarias quase sempre recorrem também à dissecação.

Quanto à arte de facilitar a digestão de alimentos de ambos os reinos, a primeira regra recomendada pelo uso é que se principie por alumiar um fogo forte, sobretudo para as carnes, pois as fibras de carne crua são coesas demais para que o estômago humano consiga separá-las. Deve-se reduzir a viscosidade entre elas, tornando-as mais solúveis e facilitando assim a digestão. Com esse fim são empregadas a ebulição em líquidos como a água, o óleo, o vinho, e outros, e a exposição direta ao fogo, grelhando-as e cozinhando seus sucos internos.

O acréscimo de outras substâncias, antes mesmo que se submeta o alimento ao fogo, ajuda ainda mais a digestão e a corrige. O tempero mais comum utilizado para facilitar a digestão é o sal, que, em pequenas doses, irrita levemente o estômago, estimula sua ação e promove a secreção dos licores. Todo corretivo, não importa qual seja, atua dando ao alimento um caráter contrário a um excesso em particular.

Quanto à tão cultivada ciência da goela, que serve para despertar o apetite pelo hábil disfarce dos alimentos, e às pesquisas experimentais voltadas para a sensualidade, direi apenas que, por agradáveis que sejam os cozidos que o luxo prepara em todos os países segundo os caprichos da Gastrologia, a verdade é que esses pratos não são alimentos úteis, mas espécies de veneno que em nada contribuem à conservação da saúde. O sr. Lorry, médico da Faculdade de Medicina de Paris, oferece uma judiciosa teoria fisiológica a respeito desse assunto num tomo *in-12* publicado em 1754.

Diamante, *adamas* (*História Natural, Mineralogia*), Daubenton [4, 938-41]

O diamante é o mais precioso dentre os materiais que, segundo as convenções humanas, representam o luxo e a opulência. Em comparação a ele, os mais puros metais, como o ouro e a prata, são corpos brutos. O diamante reúne as cores mais belas do jacinto, do topázio, da esmeralda, da safira, da ametista e do rubi, e supera a todas com seu brilho. Não apenas é mais brilhante que qualquer outra matéria mineral, é também mais duro que elas. Sua rigidez e seu peso constituem, aos olhos dos naturalistas, os caracteres pelos quais ele se distingue. A rigidez e a transparência são a causa da viva polidez de que é suscetível e dos brilhantes reflexos que ofuscam os olhos. O diamante possui essas qualidades em grau tão elevado que foi considerado, em todos os séculos, nas nações polidas, como a mais bela produção da natureza no reino mineral, sendo tomado no comércio como signo do que há de mais valioso, e, na sociedade, como o ornamento mais rico que existe.

As minas de diamante, como são chamados os locais em que a pedra é encontrada, são raríssimas. A natureza parece ser avara nessa matéria tão bela e tão perfeita. Até este século, as únicas minas de diamante conhecidas eram as das Índias Orientais. Recentemente, outras foram encontradas na América, em particular no Brasil, o que deu a esperança de novas descobertas.

As mais conhecidas da Ásia se situam nos reinos de Visapur, de Golconde e de Bengala, às margens do Ganges, e na ilha de Bornéu. Boatos dão conta da existência de minas no reino do Pegu. [**940**]

O único rio da ilha de Bornéu em que se encontram diamantes se chama Sucadan. Tudo o que sabemos dessas localidades é que estão para lá das terras dos Sambas e dos Sucadanas, ambos entrepostos de venda dos diamantes. Seus habitantes são ferozes e cruéis. Os portugueses nunca conseguiram estabelecer um comércio estável e seguro com eles. Não agrada aos soberanos do país que os diamantes sejam vendidos a estrangeiros. Os poucos obtidos vêm tráfico dos mineradores, que os roubam das minas, burlando assim uma vigilância estrita. Vide Tavernier, *Voyage des Indes*, livro II, cap.XVII, e *Dictionnaire du commerce*, verbete *Diamante*.

No início deste século, foram descobertos no Brasil diamantes e outras pedras preciosas, como rubis, topázios e peridotos. As pedras do Brasil, muito belas, são vendidas a alto preço. Mas, como as minas são abundantes, há receio de que o seu preço venha a cair.

Quando extraído da mina, o diamante se encontra revestido por uma crosta escura e espessa que mal deixa entrever a transparência no interior da pedra. Nem os melhores *connoisseurs* conseguem julgar o seu valor. Incrustado, ele chama-se *bruto*. Nesse estado, tem, a exemplo do cristal de Spath, uma figura naturalmente definida. Mas essa figura varia de diamante para diamante, e temos poucas descrições satisfatórias a respeito. Em sua *Mineralogia*, o sr. Wallerius distingue quatro espécies de diamante, que ele caracteriza a partir da figura. 1º) O diamante octaedro pontiagudo, similar ao cristal oxagonal, mas sem as extremidades pontiagudas. 2º) O diamante liso, que não termina em pontas e possui figura e densidade variadas. 3º) O diamante cúbico, que parece um composto de diferentes cubos; mesmo quando é esférico, distinguem-se os cubos brilhantes. A quarta espécie não merece o nome de diamante, pois não passa de um cristal. Outros falsos diamantes incluem o Alençon do Canadá.

Para talhar o diamante, é necessário antes desincrustá-lo. Trata-se de um material tão rijo que não conhecemos outro que permita lixá-lo, ou, nos termos de arte, cortá-lo. Podemos lixar um diamante com a melhor lima, e, mesmo assim, ele permanecerá intacto. É necessário, por isso, trabalhar sobre a pedra com outra pedra de diamante, esfregando-se uma contra a outra. Essa operação se chama *polir o diamante*. Para lhe dar polimento, deve-se seguir o fio da pedra, pois, do contrário, o diamante não adquire polidez. Chama-se então *diamante de natureza*.

Uma vez desincrustado, a transparência e a limpidez do diamante podem ser devidamente avaliadas. No comércio, a transparência do diamante chama-se *água*. O diamante de água pura e cristalina tem uma bela transparência. Os defeitos mais comuns na limpidez dos diamantes vêm da presença de sais, fuscos e cristais coloridos por pontos, filetes e veios pretos ou vermelhos. Esses defeitos, exprimidos por diferentes nomes como "tables", "dragoneux", "jardinages" e outros, devem-se, em geral, a duas causas, a incrustação de matérias estranhas ao diamante (pontos, filetes, veios etc.) e o vazio das fendas que se produzem no diamante quando ele é extraído da mina, pois os mineiros, quando golpeiam os rochedos, atingem por vezes o diamante, rachando-o por acidente. A transparência e a limpidez são as duas principais qualidades do diamante. Uma terceira, não menos essencial à sua beleza, está naturalmente ligada às duas primeiras, mas precisa, para ser aprimorada, do recurso à arte. Refiro-me ao brilho e à vivacidade dos reflexos.

Um diamante de água pura e límpida deve ter reflexos vivos e brilhantes. Para tanto, a pedra deve ser talhada nas proporções corretas. Há diferentes maneiras de talhar o diamante e as outras pedras preciosas. Vide em *Pedras preciosas* a descrição dessa arte, com os mecanismos utilizados. Remetemos o leitor a esse verbete, pois os procedimentos e os instrumentos são os mesmos para todas as pedras preciosas.

O diamante tem cores e nuances infinitamente variados. Mas eu não saberia dizer se, como afirmam os joalheiros, foram de fato encontrados diamantes de um vermelho ou púrpura como o dos rubis, de um laranja como o do jacinto, de um verde como o da esmeralda, de um azul como o da safira. O diamante mais raro é o verde reluzente; é também, por isso, o mais caro. Os diamantes rosa e azul, e mesmo o amarelo, também são valorizados. Os diamantes vermelho-escuro são os mais comuns. Essa cor é considerada um defeito, pois ofusca a pedra, reduzindo em muito o seu preço. [**941**]

Em outros tempos, atribuía-se ao diamante um sem-número de propriedades medicinais. Inútil mencioná-las, pois são todas falsas.

Os diamantes são pesados por quilate. Um quilate tem quatro grãos, cada um deles é dividido em meio, quarto, oitavo, e assim por diante.

O verbete *Pedras preciosas* traz as tabelas de preço dos diamantes, minério ao qual o preço das demais pedras é referido. [Tradução parcial]

Doença (*Medicina*), Anônimo [9, 929-38]

νόσος, νοῦσος, νόσημα, [**930**] *morbus*, em geral, é o estado do animal vivente que não goza de saúde; é a vida física num estado de imperfeição.

Porém, para determinar mais precisamente o significado desse termo, o qual, aliás, todo mundo compreende ou sente tão bem que não é fácil atribuir-lhe uma definição muito clara e exata, convém estabelecer o que é a vida, o que é a saúde.

Qualquer pessoa que pareça estar saudável é considerada possuidora de todas as condições exigidas para usufruir presentemente não apenas da vida, mas também do estado de vida em sua perfeição mais ou menos completa de que ela é suscetível.

Mas, como a vida em si consiste essencialmente no exercício contínuo das funções particulares, sem as quais o animal estaria em manifesto estado de morte, então basta que o exercício de suas funções subsista, ou, pelo menos, que seja suspenso somente na medida em que ainda possa ser restabelecido, para que seja possível afirmar que a vida persiste: todas as outras funções podem cessar, podem ser suspensas ou abolidas, sem que ela cesse.

Assim, a vida é propriamente essa disposição da economia animal, na qual subsiste o movimento dos órgãos necessários à circulação do sangue e à respiração, ou até mesmo apenas o movimento do coração, por mais imperfeito que seja.

A morte é a cessação completa e permanente desse movimento e, por conseguinte, de todas as funções do corpo animal; a saúde ou a vida saudável, que é o estado absolutamente oposto, consiste, portanto, na disposição de todas as suas partes, de tal modo que ela seja própria para a execução de todas as funções de que ele é suscetível, relativamente a todas as suas faculdades, à idade, ao sexo e ao temperamento do indivíduo; de modo que todas essas funções ou algumas delas estejam em exercício, segundo as diferentes necessidades da economia animal; mas não todas juntas, o que seria uma desordem nessa economia, pois, em relação à maior parte dessas funções, ela exige que o exercício de algumas suceda o de outras. Porém, basta que subsista uma faculdade, mediante a qual as outras possam, quando necessário, ser colocadas em movimento sem qualquer impedimento considerável. Ver *Vida, Morte, Saúde*.

A *doença* pode ser considerada como um estado intermediário entre a vida e a morte: no primeiro desses dois estados sempre há alguma das funções que subsiste, por mais imperfeito que seja o seu exercício; pelo menos a principal das funções a que está ligada a vida, o que sempre distingue o estado de *doença* daquele da morte, tanto quanto esse exercício se mostra perceptível ou permanece suscetível de sê-lo.

Na *doença*, porém, o exercício de todas as diferentes funções não ocorre sem impedimento; ele se encontra um tanto quanto alterado pelo excesso ou pela deficiência e até pode deixar de ocorrer em relação a uma função ou a um conjunto de funções; isso é o que distingue o estado de *doença* do estado de saúde.

Por conseguinte, pode-se definir a *doença* como uma disposição viciosa, um impedimento do corpo ou de algum de seus órgãos, que ocasiona uma lesão mais ou menos perceptível no exercício de uma ou várias funções da vida saudável, ou provoca a cessação absoluta de alguma delas ou até mesmo de todas, com exceção do movimento do coração.

Como o corpo humano só está sujeito à *doença* porque é suscetível a várias mudanças que alteram o estado de saúde, alguns autores definiram a *doença* como uma mudança do estado natural para um estado antinatural: mas essa definição é, propriamente falando, apenas uma explicação do termo, e não explica em que consiste essa mudança, sobretudo porque dela não se pode ter uma ideia distinta, pois não se chegou a um acordo sobre o que se entende por *natureza* e *antinatural*, termos cujo significado é bastante controverso entre os médicos. Assim, essa definição é, no mínimo, obscura, e não estabelece nenhuma ideia distinta da *doença*.

Assim também ocorre com várias definições relatadas pelos antigos, como aquela relatada por Galeno, a saber: que a *doença* é uma afecção, uma disposição, uma constituição antinatural. Não se podem obter mais esclarecimentos de outras definições propostas pelos modernos, tais como aquelas que apresentam a *doença* como um esforço, uma tendência para a morte, um concurso de sintomas; enquanto é indiscutível que existam *doenças* salutares, e que a experiência ensine que um único sintoma pode constituir uma *doença*. Ver *Morte, Sintoma, Natureza*.

A definição proposta por Sydenham também não é desprovida de inconveniente: ela consiste em estabelecer que a *doença* é um esforço salutar da natureza, um movimento extraordinário que ela opera para remover os obstáculos produzidos durante o exercício das funções, a fim de extrair ou eliminar do corpo aquilo que prejudica a economia animal.

Antes de tudo, essa ideia de *doença* peca pela menção que faz da natureza, sobre a qual ainda há controvérsia; outrossim, ela sempre supõe um excesso de movimento no estado de *doença*, embora muitas vezes ele dependa de uma deficiência de movimento, de uma diminuição ou cessação da ação nas partes afetadas: assim, a definição não abrange tudo o que deve ser objeto dela. Além disso, ao admitir que os esforços extraordinários da natureza constituem a *doença*, nem sempre podemos considerá-los como salutares, dado que, frequentemente, são mais nocivos em si mesmos do que a causa mórbida que atacam; e muitas vezes causam a morte ou a transformação de uma *doença* em outra, de natureza mais funesta. Assim, a definição de Sydenham só condiz com certas circunstâncias que são observadas na maior parte das *doenças*, sobretudo nas agudas; tais são a cocção e a crise. Ver *Esforço, Cocção, Crise, Expectação*.

O célebre Hoffman, após determinar boas razões para rejeitar as definições mais conhecidas de *doença*, decidiu fornecer-lhe uma definição bem detalhada, a qual considerou, como de costume, preferível a qualquer outra. Segundo Hoffman, a *doença* deve ser considerada como uma mudança considerável, uma perturbação sensível na proporção e na ordem dos movimentos que ocorrem nas partes sólidas e fluidas do corpo humano, quando são demasiado acelerados ou atrasados em algumas de suas partes ou na totalidade delas; do que resulta uma lesão importante nas secreções, excreções e outras funções que constituem a economia animal; de modo que esse distúrbio tende a provocar a cura ou a causar a morte ou a determinar a disposição a uma *doença* diferente e muitas vezes mais perniciosa para a economia animal.

Mas essa definição é antes uma exposição raciocinada daquilo que constitui a *doença*, suas causas e efeitos, do que uma ideia simples de sua natureza, que deve ser apresentada em poucas palavras. Contudo, essa exposição parece muito apropriada à constituição do corpo humano, e não contradiz em absoluto o que acaba de ser estabelecido: que toda lesão funcional que seja considerável e mais ou menos constante comporta a ideia de *doença*, que a distingue suficientemente do [**931**] que se entende por afecção, que é apenas uma leve indisposição de pouca duração ou pouco significativa, que os gregos chamam de πάθος, *passio*. Essa é uma dor fraca e passageira, que é suportável e quase não incomoda: uma dejeção da natureza da diarreia, que não se repete, porém, com frequência, e é inócua; uma verruga, uma mancha sobre a pele, um arranhão ou qualquer outra ferida insignificante, que não causa nenhuma lesão funcional importante. Frequentemente, é possível sentir tais indisposições sem estar doente.

O homem, entretanto, jamais goza de saúde perfeita, por causa das diversas coisas das quais ele precisa fazer uso, ou que o afetam inevitavelmente, como os alimentos, o ar e suas diversas influências etc. Ele não se encontra tão predisposto quanto se poderia imaginar, porém, àquilo que pode causar perturbações na economia animal, as quais tendem a romper o necessário equilíbrio entre os sólidos e os fluidos do corpo humano, a aumentar ou diminuir sensivelmente a irritabilidade e a sensibilidade, que, na proporção adequada, determinam e regulam a ação, o funcionamento de todos os órgãos, dado que há pessoas que vivem sem nenhuma *doença* propriamente dita. Ver *Equilíbrio, Irritabilidade, Sensibilidade, Saúde, Fisiologia*.

Assim, conhecer a natureza da *doença* é saber que existe uma deficiência no exercício das funções, e saber qual é a complicação presente, ou quais são as condições deficientes; de onde se segue que tal ou qual função não pode ocorrer adequadamente. Por conseguinte, para conhecer suficientemente o que há de defeituoso na função atingida, é preciso conhecer perfeitamente todas as funções cujo exercício pode ocorrer em qualquer parte que seja e as condições que tal exercício exige. Portanto, também é preciso ter um conhecimento perfeito (na medida em que os sentidos o permitem) da estrutura das partes que constituem os instrumentos de quaisquer funções. Pois, como afirma Boerhaave (*comm. in instit. med. pathol.*, §698), são necessários, por exemplo, o concurso e a integridade de mil condições físicas para que a visão ocorra efetivamente, para que todas as funções do olho possam operar adequadamente: adquiri um conhecimento perfeito de todas essas condições (consequentemente, da disposição que as determina) e sabereis perfeitamente em que consiste a função da visão e todas as suas circunstâncias. Se uma dessas mil condições, porém, estiver ausente, compreendereis, antes de tudo, que essa função não pode mais ocorrer integralmente, e que há uma deficiência em relação a essa milésima parte atingida, ao passo que as outras 999 condições físicas conhecidas, com os efeitos que delas resultam, permanecem como devem ser, a fim de que as funções das partes necessárias à visão possam perdurar.

Portanto, o conhecimento da *doença* depende do conhecimento das ações, cujo defeito é uma *doença*: não basta saber o seu nome, é preciso conhecer a sua causa próxima. É fácil percebermos que uma pessoa é cega, ainda que a examinemos rapidamente; mas o que resulta disso para a sua cura, desde que ela seja possível? A respeito disso, é preciso conhecer aquilo que a privou da visão, saber se a causa é externa ou interna, examinar se o defeito se encontra nas membranas dos órgãos do olho ou se reside nos humores e corpos naturalmente transparentes que estão compreendidos nessas membranas, ou se estão nos nervos dessa parte. Podereis provocar a cura da *doença* se porventura conhecerdes as condições que faltam para o exercício da função; mas vós mesmos sereis como um cego quanto à escolha dos meios de curar a cegueira em questão caso o defeito que constitui a *doença* se encontre na ausência da única condição exigida que, entre mil, vós ignorais. Se, pelo contrário, conheceis todas as causas que constituem a função em seu estado de perfeição, não podereis deixar de conceber a *doença* a ser tratada.

A patologia, que tem por objeto o exame das *doenças* em geral e de tudo aquilo que se opõe à economia animal no estado de saúde, é a parte teórica da ciência na qual se encontra a exposição de tudo o que se relaciona com a natureza da *doença*, suas diferenças, suas causas e seus efeitos (ver *Patologia*).

Domingos, São (*Geografia*), Anônimo [5, 33]

Grande ilha da América, a mais rica das Antilhas. Tem cerca de 160 léguas de extensão, 30 de largura média e 350 de circunferência, sem incluir as angras. Cristóvão Colombo a descobriu aos 6 de dezembro de 1492. É banhada por um bom número de grandes rios, suas minas de ouro são numerosas, e fartas também em cristais e outras pedras preciosas.

Epidemia (*Medicina*), *doença epidêmica*, D'Aumont [5, 788-9]

Isto é, que afeta quase ao mesmo tempo e num mesmo lugar um grande número de pessoas, quaisquer que sejam seu sexo, sua idade e condição, com os mesmos sintomas essenciais, cuja causa muitas vezes reside nas coisas das quais não se pode prescindir para as necessidades da vida e cujo tratamento é conduzido pelo mesmo método. A palavra grega ἐπιδήμιος, *epidemia*, é formada por ἐπὶ, *em* ou *entre*, e δῆμος, *povo*; por conseguinte, é utilizada para significar algo que está no ou entre o povo, que é comum ao povo. O uso fixou o sentido do termo, quando empregado isoladamente, para mencionar uma doença popular, que alguns autores, como Boerhaave, por vezes chamam de doença universal, *morbus epidemicus, popularis, universalis*.

As doenças *epidêmicas* constituem um tipo peculiar entre as diferenças acidentais das doenças em geral, relativamente ao lugar onde elas prevalecem. As *epidemias* não são mais frequentes em um país do que em outro; quanto a isso, elas diferem das *endemias*, que são doenças com a mesma característica, que afetam particularmente e quase de modo contínuo os habitantes de determinada região. Ver *Endêmico*. As doenças *epidêmicas* também se distinguem das *esporádicas*, pois estas são absolutamente peculiares às pessoas que elas acometem, e dependem de uma causa que lhes é inerente. Ver *Esporádico*.

As doenças *epidêmicas* só se instalam em certos períodos e certos lugares. Elas não são de um único tipo; pelo contrário, diferem muito, segundo a variação das estações que as precedem e que as acompanham, segundo a diferente compleição dos habitantes de determinado país. Por vezes, afetam o corpo inteiro, como as febres. Em outros casos, elas só atingem certas partes, como no caso das dores, dos fluxos catarrosos. Ora são benignas e evoluem sem causar muitas perturbações na economia animal, ora são contagiosas e acompanhadas de sintomas muito violentos, e matam muita gente. Morrem mais pessoas por causa das doenças *epidêmicas*, mesmo estando em plena força, do que em decorrência de qualquer outro tipo de doença. Elas mudam de característica e natureza quase todo ano, mesmo nos casos em que parecem apresentar os mesmos sintomas: cabe apenas a um médico muito atento e grande observador distinguir o que há de essencialmente diferente nesses sinais; quanto a isso, muitas vezes, até os médicos mais hábeis se enganam.

Por vezes, as diferentes causas das *epidemias* que se encontram no ar dependem da corrupção de suas propriedades sensíveis e manifestas, tais como o calor, o frio, a umidade, a secura etc. Em outros casos, o ar, ao penetrar no corpo humano pelas diferentes vias comuns, às quais não se pode impedir o acesso, leva-a consigo e aplica a diversas partes certos miasmas de natureza desconhecida, que, entretanto, produzem os mesmos efeitos em todas as pessoas afetadas, como se observa na peste, na varíola. A diferente posição das regiões, o aspecto variado, a exposição a certos ventos, as exalações dos pântanos, as grandes inundações, que tornam os terrenos pantanosos, seguidas de uma estação quente, ou de um vento meridiano, que acelera a putrefação das águas estagnadas, a partir das quais continuamente se alastram no ar matérias fétidas, verminosas ou ácidas, que infectam esse elemento no qual vivemos e as diversas substâncias que são utilizadas para nossa alimentação, também contribuem muito para estabelecer os diferentes tipos de *epidemias*.

Os alimentos, na condição de objetivos comuns, por sua natureza, muitas vezes também são a causa das doenças populares. É o que se observa nas cidades sitiadas, onde tanto os ricos quanto os pobres, sem nada para se alimentar, são obrigados a comer coisas pouco apropriadas a esse fim e de péssima qualidade; e, encontrando-se assim assaltados pela mesma necessidade e reduzidos à mesma miséria, experimentam os mesmos efeitos, são afligidos pelas mesmas doenças. Vimos a peste causar estragos terríveis em uma fortificação sitiada, desprovida de assistência, cercada por um exército abundantemente abastecido de víveres, que se encontrava totalmente livre dessa doença.

A partir do que foi dito sobre as causas das *epidemias*, resulta que elas não se transmitem tão comumente, ao contrário do que se pensa, de uma pessoa por elas acometida a outra, incólume. Não é preciso recorrer ao contágio para explicar essa transmissão: raramente ela ocorre por esse motivo; é mais natural atribuí-la à causa comum que afetou o primeiro e que continua a produzir seus efeitos nos sujeitos que se encontram dispostos a receber suas influências.

Para proteger-se disso, deve-se ter o cuidado de evitar tudo aquilo que possa impedir a mínima transpiração, e, para tanto, não se expor, sobretudo, ao ar frio da manhã ou da noite, não praticar nenhum exercício intenso, só se nutrir com alimentos de fácil digestão, fazer uso de coisas capazes de fortificar e de manter a fluidez dos humores e favorecer as secreções e excreções.

Em relação aos países em geral, pode-se às vezes tentar impedir com sucesso que sejam infectados por doenças *epidêmicas*, ou livrá-los delas, purificando o ar por meio de fogueiras frequentemente acesas, nos lugares habitados, com madeiras resinosas, com as quais são construídas numerosas piras, dispostas a certa distância entre si. Hipócrates não hesita em aconselhar a ação dessas fogueiras, a partir da experiência que fez com elas, como um remédio contra a peste, e até mesmo como meio de neutralizar a infestação do ar que a provoca. Segundo Hoffman, observou-se que os lugares e, sobretudo, as cidades, onde se queima mais carvão mineral do que outrora, encontram-se menos sujeitos às doenças *epidêmicas* e, de modo geral, mais saudáveis do que eram antes desse costume: a fumaça dessas matérias fósseis tem a virtude de alterar as propriedades das más exalações que poderiam produzir doenças de todo tipo. Outra maneira muito conveniente de prevenir as infestações do ar, quando elas ocorrem, e interromper seus efeitos, é a secagem dos pântanos, escoando as águas estagnadas e evitando que a elas se juntem outras; a manutenção da limpeza e da vazão dos esgotos e dos fossos das cidades e dos campos.

Durante o surto das doenças *epidêmicas*, ou quando se teme que elas se instalem, deve-se ter muita confiança no efeito benéfico dos ventos do norte e do leste, por serem muito apropriados para purificar o ar, ou para evitar que a ele se misturem exalações que poderiam corrompê-lo. Esses mesmos ventos também têm a virtude de tornar o corpo humano menos suscetível às influências nocivas que as doenças *epidêmicas* podem causar, dando-lhe vigor pelo aumento da elasticidade de suas fibras e preservando assim o livre exercício de todas as funções. As chuvas também são muito salutares na época de epidemia causada pela infestação [**789**] do ar: elas arrastam e levam consigo todas as matérias heterogêneas que produziam a corrupção desse elemento.

Quando surge uma doença *epidêmica* cuja característica não é muito conhecida (o que ocorre muitas vezes), os médicos, segundo o conselho de Boerhaave, devem esforçar-se por observar atentamente todos os seus sintomas na época dos equinócios, na qual elas geralmente mais persistem. Para descobrir a sua causa, em comparação com a espécie conhecida de doença à qual mais se assemelha a doença *epidêmica*, os médicos devem evitar a utilização de remédios capazes de produzir grandes alterações na economia animal, a fim de que eles não dissimulem a característica da doença e impeçam a observação dos fenômenos que a natureza da afecção pode produzir constantemente nos diferentes períodos que precedem o restabelecimento da saúde ou a morte, que anunciam uma recuperação ou uma piora. Eles devem observar muito atentamente o que faz a natureza ou o que ela tenta fazer no curso da doença; em seguida, devem atentar para tudo o que os doentes ingerem, sejam alimentos, sejam remédios, aquilo que produz efeitos benéficos ou prejudiciais, as evacuações que são salutares ou nocivas. Por fim, devem comparar o que se verifica nas doenças da mesma espécie quando várias pessoas são afetadas ao mesmo tempo, considerando a diferença de sexo, idade e temperamento.

Dessas investigações feitas cuidadosamente podemos inferir as indicações adequadas para determinar o método a ser seguido no tratamento das doenças *epidêmicas*. Se tivéssemos uma compilação de observações exatas sobre todas aquelas que surgiram até agora, talvez estivéssemos suficientemente instruídos sobre sua natureza diversa e sobre os remédios que foram utilizados com sucesso em cada espécie, a fim de aplicarmos, por analogia, um tratamento quase certo para cada uma das que apareceriam em seguida; pois é muito provável que nem sempre se instalem espécies absolutamente novas em relação às anteriores: talvez sua variedade tenha se esgotado. Portanto, é muito importante, para o gênero humano, que se trabalhe para compensar o que falta quanto a isso. Nunca será demais exortar a todos os médicos interessados no progresso de sua arte a fazer a história de todas as doenças *epidêmicas* de que tratam; a descrevê-las com rigor e exatidão; a bem observar todas as suas circunstâncias; a não deixar de mencionar os lugares e climas onde são feitas essas observações, os acidentes que contribuíram para o o surgimento da *epidemia*, a estação em que ela predomina, a constituição do ar e suas variedades determinadas pela inspeção do barômetro, do termômetro e do higrômetro, na medida do possível; e, em uma palavra, a tomar como modelos, nesses tipos de observações, aquelas do maior e mais antigo médico conhecido, o sábio Hipócrates, que foi o primeiro a perceber a necessidade de fazê-las, e que nos deixou escritos imortais sobre esse assunto; aquelas observações do Hipócrates moderno, Sydenham, que, num intervalo tão longo, foi quase o único quanto a isso a seguir os passos do pai da medicina, e que deixou um exemplo que devemos seguir indefinidamente; aquelas observações da Sociedade de Edimburgo etc. Ver o verbete *Ar* e o que se diz sobre esse elemento como causa das doenças *epidêmicas*.

Escravidão (*Direito Natural, Religião, Moral*), Jaucourt [5, 934-9]

A escravidão é o estabelecimento de um direito fundado na força, que torna um homem de tal modo pertencente a outro homem que este se torna o senhor absoluto de sua vida, seus bens e sua liberdade.

Essa definição convém quase igualmente à escravidão civil e à escravidão política. Para dar as grandes linhas de sua origem, sua natureza e seu fundamento, tomarei emprestadas muitas coisas do *Espírito das leis*, sem me deter em louvar a solidez dos seus princípios, porque não posso acrescentar nada à sua glória.

Todos os homens nascem livres. No começo eles não tinham senão um nome e uma condição; no tempo de Saturno e de Rea, não havia senhores nem escravos, diz Plutarco. A natureza os havia feito iguais. Mas essa igualdade natural não foi conservada por muito tempo; pouco a pouco os homens foram se afastando dela, a servidão foi se introduzindo gradativamente e é verossímil que ela tenha de início sido fundada em convenções livres, embora a necessidade tenha sido sua fonte e origem.

Quando, por uma consequência necessária da multiplicação do gênero humano, foi preciso abandonar a simplicidade dos primeiros séculos, foram buscados novos meios de aumentar as facilidades da vida e adquirir bens supérfluos. É muito provável que as pessoas ricas tenham contratado os pobres para trabalhar por meio de um salário. Como esse recurso pareceu ser muito cômodo a uns e a outros, muitos decidiram assegurar sua situação e entrar para sempre do mesmo modo para uma família, com a condição de que lhes fossem fornecidos os alimentos e todas as outras coisas necessárias à vida. Assim, a servidão de início foi criada por consentimento livre e por um contrato de fazer para ganhar – *do ut facias*. Essa sociedade era condicional, para certas coisas, segundo as leis de cada país e segundo as convenções dos interessados. Em suma, tais escravos não eram propriamente senão servidores ou mercenários, muito semelhantes aos nossos empregados domésticos.

Mas as coisas não pararam aí. Foram tantas as vantagens de ter um outro para fazer o que seríamos nós mesmos obrigados a fazer que, à medida que se quis enriquecer, estabeleceu-se, com armas na mão, o costume de conceder a vida aos prisioneiros de guerra com a condição de que eles servissem como escravos àqueles entre as mãos dos quais haviam caído.

Como um resto de ressentimento do inimigo havia se conservado contra os infelizes que haviam sido reduzidos à escravidão pelo direito das armas, estes eram tratados ordinariamente com muito rigor. A crueldade para com as pessoas da parte de quem se havia corrido o risco de ter o mesmo destino pareceu desculpável, de modo que se imaginou que se podia matar impunemente tais escravos num movimento de cólera ou pela menor falta deles.

Uma vez autorizada essa licença, ela foi estendida a todos que tinham nascido de tais escravos, e até àqueles que eram comprados ou adquiridos de qualquer outra maneira, sob um pretexto ainda menos plausível. Assim, a servidão veio a se naturalizar, por assim dizer, pela sorte na guerra. Os que foram favorecidos pela fortuna e que permaneceram no estado em que a natureza os havia criado foram chamados livres; os que, ao contrário, por fraqueza ou infortúnio, foram submetidos aos vencedores foram chamados escravos. Os filósofos, juízes do mérito das ações dos homens, consideraram também como uma caridade a conduta do vencedor que fazia do vencido seu escravo em vez de lhe tirar a vida.

A lei do mais forte, o direito de guerra, injurioso para com a natureza, a sede de conquistas, o amor pela dominação e pelo ócio introduziram a escravidão, que, para a vergonha da humanidade, foi recebida por todos os povos do mundo. Com efeito, não poderíamos lançar os olhos sobre a História Sagrada sem ver nela os horrores da servidão. A história profana, dos gregos, dos romanos e de todos os outros povos que passam por ser os mais civilizados, são como monumentos dessa antiga injustiça exercida com violência maior ou menor sobre toda a face da terra segundo os tempos, os lugares e as nações.

Há duas espécies de escravidão ou servidão, a real e a pessoal. A servidão real é aquela que liga o escravo à terra; a servidão pessoal se relaciona mais à administração da casa e liga o escravo à pessoa do senhor. Há um abuso extremo da escravidão quando se é escravo real e pessoal ao mesmo tempo. Entre os judeus, havia essa espécie de escravidão de estrangeiros. Eles davam a eles os mais rudes tratamentos. Moisés gritava em vão "não tereis um domínio rigoroso sobre eles", "não os oprimireis". Ele nunca conseguiu com suas exortações amenizar a dureza de sua nação feroz. Então tentou, com suas leis, trazer algum remédio para essa situação.

Ele começou fixando um termo para a escravidão e por ordenar que ela só poderia durar até o ano do jubileu para os estrangeiros e para os hebreus até seis anos (Levítico, V, 39).

Uma das principais razões da instituição do *sabbat* foi proporcionar um descanso para os servidores e escravos (Êxodo, XX e XXIII e Deuteronômio, XVI).

Ele também estabeleceu que ninguém poderia vender sua liberdade a menos que fosse reduzido a não ter mais absolutamente nada para viver. Prescreveu que, quando os escravos se resgatavam, seriam considerados os seus serviços, do mesmo modo que as rendas tiradas da terra entrariam como compensação no preço do resgate, quando o antigo proprietário a recobrasse (Deuteronômio, XV; Levítico, XXV). [**935**]

Se um senhor tivesse furado um olho, ou quebrado o dente de seu escravo (e com mais forte razão sem dúvida se tivesse feito um mal mais considerável), o escravo devia retomar sua liberdade em compensação por sua perda.

Uma outra lei desse legislador diz que se um senhor bate num escravo e o escravo morre, ele deve ser punido como culpado de homicídio. É verdade que essa lei acrescenta que se o escravo viver um ou dois dias depois de ter sido surrado, o senhor ficará isento da pena. A razão dessa lei talvez seja porque, se o escravo não morria imediatamente, presumia-se que o senhor não tinha a intenção de matá-lo, e então se considerava que o senhor já tinha sido punido o suficiente por ter perdido o que o escravo lhe tinha custado, ou o serviço que havia perdido. Pelo menos é o que dão a entender as palavras que seguem o texto: pois este escravo é seu dinheiro.

De qualquer modo, era um povo bem estranho, segundo a observação do sr. Montesquieu, um povo no qual era preciso que a lei civil se afastasse da lei natural. Não é assim que São Paulo pensava sobre isto, quando, pregando à luz do Evangelho, deu este preceito da natureza e da religião, que deveria ser profundamente gravado no coração de todos os homens: Senhores, restituí a vossos escravos o que o direito e a equidade exigem de vós, sabendo que tendes um senhor no céu (Epístola aos colossenses, JV), ou seja, um senhor que não leva em conta essa distinção de condições, forjada pelo orgulho e pela injustiça.

Os lacedemônios foram os primeiros da Grécia a introduzir o uso de escravos, ou que começaram a reduzir à servidão os gregos que haviam sido feitos prisioneiros de guerra. Eles foram ainda mais longe (e lamento muito não poder esconder essa parte de sua história): trataram os hilotas com a maior barbárie. Esses povos, habitantes do território de Esparta, tendo sido vencidos em sua revolta contra os esparciatas, foram condenados a uma escravidão perpétua, e os senhores eram proibidos de libertá-los ou vendê-los fora do país. Assim, os hilotas se viram submetidos a todos os trabalhos fora da casa e a toda espécie de insultos na casa. O excesso de sua infelicidade chegava a ponto de eles não serem somente escravos de um cidadão, mas também escravos do público. Em vários povos há apenas uma escravidão real, porque suas mulheres e seus filhos fazem os trabalhos domésticos. Em outros há uma escravidão pessoal, porque o luxo pede o serviço dos escravos na casa. Mas aqui estão nas mesmas pessoas a escravidão real e a pessoal.

O mesmo não acontecia entre os outros povos da Grécia. Neles a escravidão era extremamente amenizada, e até os escravos tratados rudemente por seus senhores podiam pedir para serem vendidos para um outro. É o que nos ensina Plutarco (*De superstitione*, p.66, edição de Wechel).

Os atenienses em particular, segundo nos conta Xenofonte, agiam com seus escravos com muito doçura. Puniam severamente, algumas vezes até com a morte, aquele que tivesse batido num escravo. A lei de Atenas, com razão, não queria acrescentar a perda da segurança à perda da liberdade. Por isto é que não se vê que os escravos tenham perturbado essa república como abalaram a Lacedemônia.

É fácil compreender que a humanidade exercida para com os escravos é a única coisa que pode prevenir, num governo moderado, os perigos que se poderiam temer por causa de seu grande número. Os homens se acostumam à servidão, desde que seu mestre não seja mais duro do que a servidão. Nada é mais próprio para confirmar essa verdade do que a situação dos escravos entre os romanos em seus belos dias da República, e a consideração dessa situação merece nossa atenção durante alguns momentos.

Os primeiros romanos tratavam seus escravos com mais bondade do que qualquer outro povo. Os senhores consideravam os escravos como seus companheiros. Viviam, trabalhavam e comiam junto com eles. O maior castigo que infligiam a um escravo que tivesse cometido uma falta era lhe prender uma forquilha nas costas ou no peito, estender os braços do escravo até as duas pontas da forquilha, e fazê-lo passear assim em praça pública. Era uma pena ignominiosa, e nada mais: os costumes bastavam para manter a fidelidade dos escravos.

Longe de impedir por meio de leis forçadas a multiplicação desses órgãos vivos e animados pelo econômico, ao contrário, a favoreciam com todo o seu poder e os associavam por uma espécie de casamento, *contuberniis*. Dessa maneira enchiam suas casas com servidores domésticos de um e de outro sexo e povoavam o Estado com um povo inumerável: as crianças dos escravos que, com o tempo, faziam a riqueza do mestre, nasciam tranquilamente em volta dele. Ele era o único encarregado de sua manutenção e de sua educação. Os pais, livres desse fardo, seguiam a inclinação da natureza e multiplicavam sem medo sua numerosa família. Viam, sem inveja, uma sociedade feliz, da qual se consideravam membros. Sentiam que sua alma podia elevar-se assim como a de seus mestres, e não sentiam a diferença que havia entre a condição de escravo e a de um homem livre. Os senhores generosos até mesmo faziam, às vezes, os escravos dotados de talento aprenderem os exercícios, a música e as letras gregas. Terêncio e Fedro são exemplos muito bons desse gênero de educação.

A República se servia com uma vantagem infinita desse povo de escravos, ou antes, de súditos. Cada um deles tinha o seu pecúlio, ou seja, seu pequeno tesouro, sua pequena bolsa, que possuía nas condições que eram impostas pelo mestre. Com esse pecúlio trabalhava do lado para onde seu gênio o levava: um fazia o banco, outro se dedicava ao comércio por mar, um vendia mercadorias no varejo, outro se aplicava a alguma arte mecânica, um consolidava suas terras ou as valorizava. Mas não havia nenhum que não tentasse aproveitar esse pecúlio, que lhe proporcionava ao mesmo tempo a comodidade na servidão presente e a esperança da liberdade futura. Todos esses meios espalhavam abundância, animavam as artes e a indústria.

Uma vez enriquecidos, esses escravos se resgatavam e tornavam-se cidadãos. A República se refazia sem cessar, e recebia em seu seio novas famílias à medida que as antigas desapareciam. Tais foram os belos dias da escravidão, enquanto os romanos conservaram seus costumes e sua probidade.

Mas, quando eles cresceram por suas conquistas e suas rapinas, quando seus escravos não foram mais companheiros de trabalho, e só os empregavam para tornar-se instrumentos de seu luxo e seu orgulho, a condição dos escravos mudou totalmente de face. Passou-se a considerá-los como a parte mais vil da nação e, consequentemente, não se teve mais nenhum escrúpulo em tratá-los de modo desumano. Como não havia mais costumes, recorreu-se às leis; foram até mesmo necessárias leis terríveis para estabelecer a segurança desses senhores cruéis, que viviam no meio de seus escravos como no meio de inimigos. [**936**]

Sob Augusto, quer dizer, no começo da tirania, estabeleceram o *senatus-consultus* silaniano e várias outras leis que ordenavam que, quando um senhor fosse morto, seriam condenados à morte todos os escravos que estivessem sob o mesmo teto ou num lugar próximo da casa de modo que de lá se pudesse ouvir a voz de um homem. Nesse caso, aqueles que dessem refúgio a um escravo para salvá-lo eram punidos como assassinos. Mesmo aquele a quem seu senhor ordenasse que o matasse e que tivesse obedecido a essa ordem era considerado culpado; aquele que não tivesse impedido o senhor de matar-se a si mesmo seria punido. Se o senhor tivesse sido morto durante uma viagem, eram mortos os que estavam com ele e os que fugissem. Acrescentemos que esse senhor, durante sua vida, podia matar impunemente seus escravos e submetê-los à tortura. É verdade que em seguida houve imperadores que diminuíram essa autoridade. Cláudio ordenou que os escravos que fossem abandonados por seu senhor estando doentes tornar-se-iam livres se recobrassem a saúde. Essa lei assegurava a liberdade num caso raro. Teria sido necessário também assegurar sua vida, como o disse muito bem o sr. de Montesquieu.

Além do mais, todas essas leis cruéis das quais acabamos de falar eram usadas contra escravos cuja inocência era provada. Não dependiam do governo civil, mas de um vício do governo civil. Não derivavam da equidade das leis civis, já que eram contrárias ao seu princípio. Provavelmente eram fundadas na lei da guerra, com a diferença de que os inimigos estavam no seio do Estado. Dir-se-á que o *senatus-consultus* silaniano derivava do direito das gentes, segundo o qual uma sociedade, mesmo sendo imperfeita, deve se conservar. Mas um legislador esclarecido previne o terrível mal de tornar-se um legislador terrível. Enfim, a barbárie contra os escravos foi levada tão longe que provocou a guerra civil que Floro comparou às guerras púnicas, e que, por sua violência, abalaram o império romano até em seus fundamentos.

Agrada-me imaginar que ainda há sobre a terra climas felizes, onde os habitantes são doces, ternos e compassivos. Assim são os indianos da quase ilha além do Ganges. Eles tratam seus escravos como se tratam entre si; cuidam das crianças deles, casam-nos e lhes concedem facilmente a liberdade. Em geral, os escravos dos povos simples, laboriosos, e entre os quais reina a pureza dos costumes, são mais felizes que em qualquer outro lugar. Sofrem apenas uma escravidão real menos dura para eles e mais útil para seus senhores. Assim eram os escravos dos antigos germanos. Esses povos, diz Tácito, não os mantêm como nós em nossas casas para fazer cada um cuidar de uma tarefa; ao contrário, eles assinalam para cada escravo uma casa, no qual ele vive como pai de família. Toda servidão que lhe é imposta é a obrigação de pagar ao senhor uma taxa em grãos, animais, peles ou tecidos. Desse modo, acrescenta o historiador, não se consegue distinguir o senhor do escravo pelas comodidades da vida.

Quando os romanos conquistaram os gauleses, enviaram seus escravos, sob o nome de francos, para cultivar as terras que haviam ganhado por sorteio. Eram chamados *gens de poëte*, em latim *gentes potestatis*, vinculados à gleba, *addicti gleboe*. Foi por esses servos que a França foi povoada. Sua multiplicação é que constituiu as aldeias de fazendas cultivadas por eles, e essas terras ficaram com o nome de *villae* que os romanos lhes haviam dado, de onde vieram os nomes *village* e *vilains*, em latim *villa* e *villani*, para significar pessoas do campo e de baixa extração. Assim, a França tinha dois tipos de escravos, os dos francos e os dos gauleses, e todos iam para a guerra, não importa o que tenha dito o sr. de Boulainvilliers.

Esses escravos pertenciam a seus patrões, e eram considerados seus homens de corpo, como se dizia na época. Com o tempo foram ficando sujeitos a duras corveias, e de tal modo vinculados à terra de seus senhores que pareciam fazer parte delas, de maneira que não podiam se estabelecer em outros lugares, nem mesmo se casar na terra de outro senhor sem pagar o que era chamado *formariage* ou *memariage*. Até mesmo as crianças nascidas da união de dois escravos que pertenciam a diferentes senhores eram repartidas, ou então um dos patrões, para evitar a partilha, dava um outro escravo em troca.

Um governo militar com a autoridade dividida entre vários senhores devia degenerar em tirania. Foi também o que não deixou de acontecer: os senhores eclesiásticos e leigos abusaram de todo o seu poder sobre seus escravos e os atormentaram com tantos trabalhos, taxas, corveias e tantos outros maus tratamentos que os infelizes servos, não podendo mais suportar a dureza do jugo, fizeram, em 1108, uma famosa revolta, descrita pelos historiadores, e que finalmente terminou com a obtenção de sua franquia, pois nossos reis haviam até então tentado, sem nenhum sucesso, amenizar com seus decretos a condição da escravidão.

Entretanto, como o cristianismo começava a ser aceito, outros sentimentos humanos foram abraçados. Aliás, nossos soberanos, determinados a enfraquecer os senhores e a tirar o baixo povo do jugo de seu poder, tomaram o partido de liberar os escravos. Luís, o Gordo, foi o primeiro a dar o exemplo, e, liberando os servos em 1235, conseguiu em parte recobrar a autoridade sobre seus vassalos, que tinha sido apropriada pelos senhores. Luís VIII marcou o começo de seu reino por uma liberação semelhante, em 1223. Enfim, Luís X, conhecido como Luís, o Teimoso, proclamou um édito sobre esse assunto que nos parece digno de ser transcrito aqui: "Luís, pela graça de Deus, rei da França e de Navarra, a nossos amados e fiéis (...); como, segundo o direito de natureza cada um deve nascer livre (...), considerando que nosso reino é chamado de reino dos francos, e querendo que a coisa concorde com o nome que tem, por deliberação do nosso conselho, ordenamos que em todo o reino em geral seja concedida franquia em condições boas e válidas ... e que, assim, cada um dos senhores que tem homens de corpo tomem nosso exemplo de trazê-los de volta à franquia etc. Feito em Paris, 3 de junho do ano da graça de 1315".

Mas foi apenas por volta do século XV que a escravidão foi abolida na maior parte da Europa. Entretanto, ainda subsistem demasiados vestígios dela na Polônia, na Hungria, na Boêmia e em vários outros lugares da baixa Alemanha. Vide as obras dos senhores Thomasius e Hertins. Mesmos nos nossos costumes há ainda alguns restos da servidão. Vide *Concha*. De qualquer modo, no espaço de quase um século que se seguiu à abolição da escravidão na Europa, as potências cristãs, tendo feito conquistas nesses países onde acreditaram que lhes era vantajoso ter escravos, se permitiram comprá-los e vendê-los e se esqueceram do princípio da natureza e do cristianismo, que considera os homens como iguais.

Após ter percorrido a história da escravidão desde sua origem até nossos dias, vamos provar que ela fere a liberdade do homem, é contrária [**937**] ao direito natural e civil, fere as formas dos melhores governos e, enfim, é inútil em si mesma.

A liberdade do homem é um princípio reconhecido muito tempo antes do nascimento de Jesus Cristo por todas as nações que professaram generosidade. A liberdade natural do homem consiste em não reconhecer nenhum poder soberano sobre a terra, e de não se subordinar à autoridade legislativa de quem quer que seja, mas seguir somente as leis da natureza. A liberdade na sociedade consiste em estar sujeito a um poder legislativo estabelecido pelo consentimento da comunidade e não estar submetido à fantasia, à vontade inconstante, à incerteza e ao arbítrio de um só homem em particular.

Essa liberdade, pela qual não se é sujeito a um poder absoluto, é tão estreitamente unida à conservação do homem, que não pode ser separada dele a não ser por aquilo que destrói, ao mesmo tempo, sua conservação e sua vida. Logo, quem quer que tente se apropriar de um poder absoluto sobre alguém se põe em estado de guerra contra ele, de modo que não se pode considerar o procedimento de outro modo senão como um atentado manifesto contra a sua vida. Com efeito, a partir do momento em que um homem quer me submeter contra minha vontade a seu domínio, tenho razão para presumir que, se caio entre suas mãos, ele me tratará segundo seu capricho, não terá escrúpulo em me matar quando lhe der na fantasia. A liberdade é, por assim dizer, a proteção de minha conservação e o fundamento de todas outras coisas que me pertencem. Assim, aquele que, no estado de natureza, quer me tornar escravo, me autoriza a repeli-lo por todas as espécies de vias para colocar minha pessoa e meus bens em segurança.

Como todos os homens possuem uma liberdade igual, não se pode despojar ninguém dessa liberdade sem que tenha dado ocasião para isto por ações criminosas. Certamente, se um homem, no estado de natureza, mereceu a morte por ter ofendido alguém, que nesse caso tornou-se senhor de sua vida, este pode, quando tiver o culpado em suas mãos, tratar com ele e empregá-lo ao seu serviço, e nisto não lhe faz nenhum mal. Pois, no fundo, quando o criminoso julga que sua escravidão é mais pesada e mais aflitiva do que a perda de sua existência, está ao seu dispor lançar-se na morte que deseja, resistindo a obedecer ao seu senhor.

O que faz que a morte de um criminoso na sociedade civil seja uma coisa lícita é o fato de que a lei que o pune foi feita em seu favor. Um assassino, por exemplo, usufruiu da lei que o condena; ela lhe conservou a vida em todos os instantes, logo, ele não pode reclamar contra essa lei. Não se poderia dizer da escravidão a mesma coisa. A lei que estabelecesse a escravidão seria, em todos os casos, contra o escravo, e nunca a favor dele, o que é contrário ao princípio fundamental de todas as sociedades.

O direito de propriedade sobre homens e sobre coisas são dois direitos bem diferentes. Embora todo senhor diga, daquele que está submetido à sua dominação, "esta pessoa é minha", a propriedade que ele tem sobre um homem não é a mesma que ele pode se atribuir, quando diz "esta coisa é minha". A propriedade de uma coisa implica um pleno direito de servir-se dela, consumi-la, destruí-la, seja porque encontra nela seu proveito, ou por capricho. De modo que, de qualquer maneira que disponha dela, não lhe faz nenhum mal. Mas a mesma expressão, aplicada a uma pessoa, significa somente que o senhor tem o direito, exclusivamente a qualquer outro, de governá-la e lhe prescrever leis, enquanto, ao mesmo tempo, fica submetido a várias obrigações em relação a essa mesma pessoa, e seu poder sobre ela, aliás, é muito limitado.

Por maiores que sejam as injúrias sofridas por um homem, a humanidade não lhe permite, se por acaso eles se reconciliarem, reduzi-lo a uma condição na qual não lhe resta nenhum traço da igualdade natural de todos os homens, e, consequentemente, permite tratá-lo como um animal, do qual se pode dispor à vontade. Os povos que trataram os escravos como um bem do qual podiam dispor à sua fantasia foram bárbaros.

Não somente não se pode ter propriedade rigorosamente dita sobre pessoas, mas também é ofensivo à razão que um homem não tenha o poder sobre sua vida, que ele possa dar a um outro, por consentimento ou por convenção, um direito que não possui por si mesmo. Logo, não é verdade que um homem livre possa vender-se. A venda supõe um preço. O escravo, ao se vender, faz que todos os seus bens passem para seus senhores. Assim, o senhor não dá nada e o escravo não recebe nada. Talvez ele tenha um pecúlio, dirão alguns; mas o pecúlio é acessório da pessoa. A liberdade de cada cidadão é uma parte de liberdade pública. Essa qualidade, no estado popular, é uma parte da soberania. Se a liberdade tem um preço para aquele que a compra, ela não tem preço para aquele que a vende.

A lei civil, que permitiu aos homens a partilha dos bens, não pôde colocar entre o número dos bens uma parte dos homens que fazem essa partilha. A lei civil devolve os contratos que contêm alguma lesão, não pode se impedir de ir contra um acordo que contém a maior das lesões. A escravidão, portanto, não é menos oposta ao direito civil do que ao direito natural. Que lei civil poderia impedir um escravo de se livrar de sua servidão, ele que não está na sociedade e que consequentemente não está concernido por nenhuma lei? Ele só pode ser contido por uma lei da família, pela lei do senhor, isto é, pela lei do mais forte.

Se a escravidão choca o direito natural e o direito civil, ela fere também as melhores formas de governo. É contrária ao governo monárquico, no qual é soberanamente importante não abater e não aviltar a natureza humana. Na democracia, em que todos são iguais, e na aristocracia, em que as leis devem se esforçar para que todo mundo seja tão igual quanto a natureza do governo pode permitir, escravos são contra o espírito da constituição; eles só serviriam para dar aos cidadãos um poder e um luxo que não deveriam ter.

Além do mais, em todo governo e em todo país, por mais penosos que sejam os trabalhos exigidos pela sociedade, pode-se fazer tudo com homens livres, encorajando-os por meio de recompensas e privilégios, proporcionando os trabalhos às suas forças, ou utilizando máquinas que a arte inventa e aplica segundo os lugares e a necessidade. Vide a prova disto no sr. Montesquieu.

Enfim, podemos acrescentar ainda, com esse ilustre autor, que a escravidão não é útil ao senhor nem ao escravo; ao escravo, porque ele não pode fazer nada por virtude; ao senhor, porque ele contrai, tendo escravos, toda a sorte de vícios e maus hábitos, contrários às leis da sociedade, se acostuma insensivelmente a cometer faltas contra as virtudes morais, torna-se orgulhoso, a mão sempre pronta para bater, colérico, duro, voluptuoso, bárbaro.

Assim, tudo concorre para deixar ao homem a dignidade que lhe é natural. Tudo nos adverte que não se pode tirar a sua dignidade natural, que é a liberdade. A [**938**] regra do justo não é fundada no poder, mas sobre o que é conforme à natureza. A escravidão não é tão somente um estado humilhante para aquele que a sofre, mas também para a humanidade que é degradada.

Os princípios que acabamos de estabelecer são invencíveis, e assim não será difícil demonstrar que a escravidão nunca pode ser amenizada com nenhum princípio racional, nem pelo direito da guerra, como pensavam os jurisconsultos romanos, nem pelo direito de aquisição, nem pelo nascimento, como alguns modernos quiseram nos persuadir; em suma, nada no mundo pode tornar legítima a escravidão.

Nos séculos passados se disse que o direito da guerra autoriza o da escravidão. Quiseram que os prisioneiros fossem escravos, para que não fossem mortos. Mas hoje não nos enganamos mais com essa bondade, que consistia em fazer do vencido seu escravo, em vez de massacrá-lo. Compreendeu-se que essa pretensa caridade não é senão a do bandido, que se glorifica de ter dado a vida aos que ele não matou. Somente os tártaros no mundo passam no fio da espada seus prisioneiros de guerra e creem lhes estar fazendo um favor quando os vendem ou distribuem a seus soldados. Em todos os povos que não são despidos de qualquer sentimento generoso, só é permitido matar na guerra em caso de necessidade. Quando um homem faz um prisioneiro, não se pode dizer que tinha necessidade de matá-lo, porque não o matou. Tudo o que o direito da guerra pode dar a respeito dos cativos é se assegurar de tal modo de suas pessoas que eles não possam estar em condições de causar prejuízo.

A aquisição de escravos por meio de dinheiro pode ainda menos estabelecer o direito de escravidão porque o dinheiro, ou tudo o que ele representa, não pode dar o direito de despojar alguém de sua liberdade. Aliás, o tráfico de escravos para obter um ganho vil como animais brutos é repugnante para nossa religião, que veio para apagar todos os traços da tirania.

Certamente, a escravidão não é mais bem fundada no nascimento. Esse pretenso direito cai com os outros dois. Pois, se um homem não pode ser comprado, nem se vender, ainda menos ele poderia vender seu filho que ainda não nasceu. Se um prisioneiro de guerra não pode ser reduzido à servidão, muito menos seus filhos. Seria inútil objetar que se os filhos foram concebidos e postos no mundo por uma mãe escrava o senhor não está errado em se apropriar deles e reduzi-los à mesma condição, porque, como a mãe não tem nada por si mesma, seus filhos só podem ser sustentados pelo senhor, que lhes fornece alimentos e outras coisas necessárias à vida antes que estejam em condições de servi-lo: essas são ideias frívolas.

Se é absurdo que um homem tenha direito de propriedade sobre outro, com mais forte razão ele não pode ter esse direito sobre os filhos dessa pessoa. Além disso, a natureza, que deu leite às mães, proveu suficientemente à sua nutrição, e o resto de sua infância está tão perto da idade em que há neles a maior capacidade de se tornarem úteis que não se poderia dizer que aquele que os alimentava desse alguma coisa para ser seu senhor Se ele forneceu alguma coisa para a manutenção da criança, o objeto é tão módico que qualquer homem, por mais medíocres que sejam as faculdades de sua alma e de seu corpo, pode, em poucos anos, ganhar com o que pagar essa dívida. Se a escravidão fosse fundada na alimentação, seria necessário reduzir a ela as pessoas incapazes de ganhar sua vida, mas ninguém quer como escravos pessoas assim.

Não seria possível haver uma convenção, expressa ou tácita, pela qual a mãe escrava sujeitaria os filhos que pusesse no mundo à mesma condição em que ela caiu, pois ela não poderia estipular tal coisa para suas crianças.

Já se disse, para colorir esse pretexto de escravidão das crianças, que elas não estariam no mundo se o senhor tivesse querido se utilizar do direito de guerra de ordenar a morte de sua mãe. Mas a suposição de que todos os que são presos numa guerra (mesmo que esta fosse a mais justa do mundo), sobretudo as mulheres, possam ser legitimamente mortos é falsa. *Espírito das leis*, livro XV.

Era uma pretensão orgulhosa dos gregos antigos imaginar que, como os bárbaros eram escravos por natureza (era assim que eles falavam) e os gregos eram livres, era justo que os primeiros obedecessem aos últimos. Dessa maneira, seria fácil tratar como bárbaros todos os povos cujos costumes e modos fossem diferentes dos nossos e (sem outro pretexto), atacá-los para submetê-los às nossas leis. Somente os preconceitos do orgulho podem fazer com que renunciemos à humanidade.

Logo, crer que a religião cristã dá aos que a professam um direito de reduzir à servidão os que não a professam, para trabalhar mais facilmente para a sua propagação, é ir diretamente contra o direito dos povos e contra a natureza. Contudo, foi esse modo de pensar que encorajou os destruidores da América em seus crimes. E esta não foi a única vez que se serviram da religião contra suas próprias máximas, que nos ensinam que a qualidade do próximo se estende a todo o universo.

Enfim, escrever, como o fez um de nossos autores modernos, que é pequenez de espírito imaginar que ter escravos significa degradar a humanidade, porque a liberdade de que cada europeu crê usufruir não é outra coisa senão o poder de romper as próprias correntes para se dar um novo senhor, como se a corrente de um europeu fosse a mesma de um escravo das colônias, isto é brincar com as palavras, ou, antes, zombar delas. Percebe-se bem que esse autor nunca foi posto em escravidão.

Entretanto, não haveria casos ou lugares em que a escravidão deriva da natureza das coisas? Respondo: 1º) a essa questão respondo que não. Respondo em seguida, com o sr. Montesquieu, que se há países em que a escravidão parece fundada numa razão natural, são aqueles em que o calor amolece o corpo e enfraquece muito a coragem, em que os homens são levados a cumprir deveres penosos apenas pelo medo do castigo. Nesses países, a escravidão civil ainda é acompanhada pela escravidão política.

Nos governos arbitrários, há uma grande facilidade em vender-se, porque a escravidão política aniquila de algum modo a liberdade civil. Em Achim, diz Dampierre, todo mundo procura se vender. Alguns dos principais senhores não têm menos de mil escravos, que são os principais mercadores, que por sua vez também têm escravos e estes têm muitos outros. Os escravos são herdados, e obrigados a traficar. Nesse lugar, os homens livres, fracos demais contra o governo, procuram tornar-se escravos daqueles que tiranizam o governo.

Observai que, nos Estados despóticos, onde já existe a escravidão política, a escravidão civil é mais tolerável do que em outros lugares. Cada um fica contente de ter sua subsistência e sua vida. Assim, a condição de escravo não é mais pesada do que a de súdito. São duas condições que se tocam. Mas, embora nesses países a escravidão [**939**] seja, por assim dizer, ligada a uma razão natural, não deixa de ser verdade que a escravidão é contra a natureza.

Em todos os Estados maometanos a servidão é recompensada pela brandura da qual usufruem os escravos que servem à volúpia. É essa brandura que torna os haréns do Oriente lugares de delícias inclusive para aqueles contra quem são feitos. Pessoas que têm medo do trabalho podem encontrar sua felicidade nesses lugares tranquilos. Mas pode-se ver que com isso se fere até mesmo o fim do estabelecimento da escravidão. Estas últimas reflexões são do *Espírito das leis*.

Concluamos que a escravidão fundada na força, na violência e, em certos climas, no excesso de servidão, não pode se perpetuar no universo senão pelos mesmos meios.

Escrita (*Arte Mecânica*), Diderot [5, 371-2]

Arte de formar os caracteres do alfabeto de uma língua, de reuni-los e compor palavras, traçando-as de maneira clara, nítida, exata, distinta, elegante e fácil. Costuma ser executada sobre papel, com pluma e tinta. Vide os verbetes *Papel*, *Pluma* e *Tinta*.

Observaremos, para começar, que a arte da escrita costuma ser negligenciada na educação. Mas é tão ridículo escrever mal ou afetar esse defeito quanto tê-lo de fato, ou então afetar uma pronunciação defectiva. Quando falamos ou escrevemos, é para ser compreendidos. Uma criança rica não precisa saber escrever tão bem como um professor, mas a pobre que tiver a oportunidade de se aperfeiçoar na escrita e não a aproveitar jamais dominará esse recurso em toda a sua extensão. Para cada circunstância que requer um homem que saiba desenhar, haverá cem para um homem que saiba escrever. Não há cargos fixos para desenhistas, mas há uma infinidade deles para quem sabe escrever. Poucas crianças realmente aprendem a desenhar; mas não há uma que não possa aprender a escrever.

Para o ato de escrever, deve-se:

1º) *Apontar a pluma.* Aponta-se a pluma com ponta fina ou grossa, dependendo da força do caractere que se queira formar e da natureza desse caractere.

Para as escritas redonda, assentada, média e pequena, a pluma deve ser fendida em pelo menos duas linhas, vazada na altura da fenda e cavada abaixo das duas carnes que separam a grande cauda do bico da pluma, de modo que o bico fique na altura da fenda. No caso da escrita assentada, a carne do bico que corresponde ao polegar deve ser mais longa e mais larga que a outra, o bico da pluma deve ser cortado obliquamente, e a grande cauda deve ter uma vez e meia o comprimento do bico.

Para a escrita bastarda, a fenda deve ter mais ou menos $\frac{2}{12}$ avos de polegada, um pouco mais longa do que para a redonda. Os lados do bico devem ser menos cavados, a longa cauda deve ter uma vez e meia o comprimento do bico e a extremidade do bico deve ser cortada obliquamente, como para a escrita redonda.

Para a escrita acelerada, grossa, média ou pequena, e para os traços da redonda e da bastarda, a fenda deve ter entre $\frac{2}{12}$ e $\frac{3}{12}$ avos de comprimento, seus lados devem ser quase retos, os ângulos e carnes iguais e a grande cauda do mesmo comprimento do bico ou da fenda.

O pequeno instrumento de aço que serve para apontar a pluma chama-se canivete. Vide o verbete *Canivete.*

2º) *Posicionar o corpo.* Os mestres preferem que o lado esquerdo fique mais perto da mesa do que o direito e que ambos os cotovelos caiam suavemente sobre a mesa. O peso do corpo deve ser sustentado pelo braço esquerdo. A perna esquerda deve ficar mais avançada sob a mesa do que a direita, e o braço esquerdo deve ficar inteiro sobre a mesa; o cotovelo deve corresponder à borda e estar afastado do corpo por mais ou menos cinco dedos. É preciso haver uma distância de quatro a cinco dedos entre o corpo e o braço direito. A mão esquerda segura o papel e o muda de posição, a direita toca ligeiramente sobre a mesa, de modo que que haja um contorno de mais ou menos o diâmetro de uma pluma comum entre a origem do dedo menor e o plano da mesa, no caso da escrita redonda; o intervalo que deve ser um pouco menor, no caso da bastarda. Por fim, é desejável que a mão se incline um pouco para fora nessa escrita, e fique um pouco mais reta para a primeira. A posição do braço varia apenas conforme exija a linha. Dos cinco dedos da mão, os três primeiros devem ser empregados para segurar a pluma; os dois outros devem ficar embaixo da mão, separados dos três outros meio de través. O dedo grande deve ser dobrado ligeiramente; a extremidade deve estar um pouco abaixo da grande cauda da pluma, e, entre a unha e a pluma, deve haver uma distância de mais ou menos $\frac{1}{12}$ avos de polegada. O índex deve estender-se levemente alongado até o meio da unha do grande dedo. A extremidade do polegar deve corresponder ao meio da unha do índex e deixar, entre a unha e a pluma, o intervalo de aproximadamente $\frac{1}{12}$ de polegada. A pluma não deve ser mantida nem muito inclinada nem muito reta. O pulso deve estar ligeiramente posto sobre a mesa e na direção do braço, sem fazer um ângulo para fora nem para dentro.

3º) *Realizar os movimentos convenientes*. Embora existam outros, distinguem-se, propriamente falando, apenas dois movimentos: o dos dedos e o do braço. O primeiro, para as letras menores e algumas maiúsculas; o segundo, para as letras capitais, os traços, os passes, os entrelaçamentos e a maior parte das maiúsculas. Mencionei que há outros movimentos, pois certas ocasiões exigem um movimento misto dos dedos e do braço, como em diversas maiúsculas ou na formação das caudas das letras grandes, como o F e o G.

4º) *Conhecer os efeitos da pluma*. Resumem-se a dois: os traços cheios e os traços finos. Em geral, chamam-se traços cheios tudo o que não é produzido por um único gume da pluma, e traços finos os produzidos por esse gume. A direção é irrelevante. O traço fino é o mais miúdo que a pluma produz. Tudo o que não seja traço fino é chamado de cheio. Como se vê, a rigor, [**372**] há um único traço fino, e uma infinidade de cheios.

5º) *Diferenciar as posições da pluma*. As posições variam, inevitavelmente, ao infinito. Mas a arte as reduz a três principais. Ou a pluma está de face ou oblíqua ou de lado. Ela está de face quando, ao alongar e dobrar os dedos verticalmente, ela produz um traço cheio perpendicular com a largura inteira do bico. É evidente que, então, se deslocada horizontalmente, resultará um traço fino. A pluma é oblíqua todas as vezes em que o traço que ela produz é menor do que aquele que ela produz de face e mais forte do que aquele produzido por um fino. Portanto, é evidente que, para fazer um traço fino, é preciso movê-la obliquamente. A pluma fica de lado na posição contrária à do rosto, ou seja, movida horizontalmente, produz um traço que tem toda a largura do bico e, movida perpendicularmente, produz um traço fino.

6º) *Aplicar de modo conveniente essas posições da pluma.* A pluma de face serve para algumas letras maiores ou terminadas por um traço fino, e para algumas letras menores, como o S e o T. O mesmo ocorre com a posição lateral. De onde se vê que a posição oblíqua, que é sempre mediana entre as duas outras, que podem ser consideradas como os seus limites, é a que gera todas as escritas.

7º) *Escrever.* Para escrever, deve-se exercitar e praticar durante muito tempo os preceitos, primeiro em tamanho grande, depois em pequeno, começar pelos traços mais simples e mais elementares e deter-se neles até que sejam executados perfeitamente. Devem-se fazer traços finos e cheios, traçar um fino horizontal da esquerda à direita e terminá-lo por um traço perpendicular, traçar um fino horizontal da direita à esquerda e associá-lo a um traço perpendicular; formar linhas inteiras de traços finos e traços verticais, alternativamente e em sequência; formar espaços quadrados com dois traços cheios paralelos e dois traços finos paralelos; passar em seguida aos arredondados, e aprender a situar os finos e os cheios; escrever as letras; instruir-se sobre a sua forma geral, a proporção entre as suas diferentes partes, os seus traços finos e os seus cheios; por fim, reunir as letras, formar palavras e escrever linhas.

A formação de todas as letras remete à do I e do O. Vide os verbetes correspondentes a essas letras. Essas duas vogais são chamadas *letras radicais*. Vide o verbete *Letras*. Distinguem-se várias espécies de escrita, chamadas redonda, bastarda, corrida etc. Vide esses verbetes. Vide também nossas Pranchas de Alfabetos, onde encontrareis alfabetos e exemplos dos alfabetos atualmente em uso.

Terminaremos este verbete propondo um meio de vivificar a escrita apagada, sempre que possível. Tomar cinco pequenos grãos de cantáridas (quanto menores, melhor). Esmagá-los e triturá-los, até reduzi-los a um pó fino. Misturar esse pó a meia porção de álcool líquido. Expor o pergaminho ou a folha de papel em questão ao vapor do líquido aquecido. Passar um pincel ou algodão embebido nessa mistura sobre o papel. A escrita apagada reaparecerá.

Esquimós (*Geografia*), Jaucourt [5, 953]

Povo selvagem da América setentrional que habita as regiões extremamente frias das encostas do Labrador e da baía de Hudson.

São selvagens entre os selvagens, os únicos da América de que não conseguimos nos aproximar. São mirrados, brancos, atarracados e autênticos antropófagos. Observam-se em outros povos maneiras humanas, por extraordinárias que sejam; neste, porém, tudo é feroz, à beira do inverossímil.

Apesar do clima rigoroso, não acendem fogueiras; vivem da caça e utilizam flechas com pontas feitas de dentes de vacas-marinhas [morsas] ou de ferro, quando conseguem obtê-lo. Tudo o que comem é cru: raízes, carnes e peixes. Sua alimentação mais comum é a carne dos lobos [leões] ou das vacas-marinhas; também apreciam muito a banha desses animais. Com suas peles fabricam sacos, em que armazenam, para a pior estação do ano, provisões de carne cortada em pedaços.

Nunca tiram a roupa e jamais deixam suas tocas subterrâneas, nas quais entram de quatro. Para melhor se protegerem contra o frio, fabricam pequenas túnicas com as peles de pássaros. Por baixo dela, trajam uma outra, em forma de camisa, feita com peles de animais tecidas em bandas e imunes à chuva. As mulheres levam os pequenos sobre o dorso entre duas túnicas e lhes dão de mamar tirando com os braços os pobres inocentes de suas costas.

Esses selvagens fabricam canoas e as revestem com couro, deixando no centro uma abertura que acomoda um único homem, que maneja um remo de duas espaldas e assim enfrenta a tempestade e os peixes grandes.

Os esquimós foram descobertos pelos dinamarqueses. A região que habitam é repleta de enseadas, portos e baías, em que os barcos do Quebec buscam, em troca de quinquilharias, peles de lobos-marinhos que os selvagens ofertam durante o verão. *Extrait d'une voyage a Ste Helene, du 30 octobre 1751*. Vide ainda o relato sobre a Groenlândia inserido nas *Voyages au Nord* e os do barão de Hontan. Mas não vos iludais de que esses livros satisfarão vossa curiosidade, pois contêm apenas ficções. O que não admira, pois, até hoje, nenhum viajante ou armador se arriscou a penetrar as vastas terras do Labrador. Isso explica por que os esquimós são, de todos os povos selvagens da América, os que menos conhecemos.

Falcoaria (*Ordem enciclopédica, Ciência, Arte, Economia rústica, Caça*). Le Roy [6, 430b-432b]

Arte de treinar e governar aves de rapina destinadas à caça. Este nome é dado também à equipagem, que compreende os falcoeiros, os cavalos, os cães etc. A caça enquanto tal recebe o nome mais apropriado de voo. Sob esta denominação, falaremos alhures sobre as diferentes caças realizadas com aves. Vide *Voo*.

O objeto natural da caça parece ser a obtenção da carne dos animais. A falcoaria visa mais à opulência e ao prazer do que à utilidade, sobretudo depois que o uso do fuzil facilitou a caça.

A falcoaria é uma prática honrosa na Alemanha, onde muitos príncipes a exercem com frequência. A modalidade francesa, embora reluzente, não é tão cotidiana.

O nome da falcoaria deriva do pássaro chamado falcão, que é, de todos, o que se serve ao maior número de usos. Existe o falcão propriamente dito, mas o nome costuma ser aplicado a outros pássaros, aos quais acrescenta um lustro. Fala-se em falcão-gerifaltes, falcão-lanário etc.

Observam-se em falcões da mesma espécie diferenças que designam sua idade e o tempo em que foram capturados. Chamam-se falcões peregrinos aqueles que, embora estejam em sua primeira penugem, foram capturados vindos de longe, e cuja área e cujo ninho não foram vistos. O falcão de ninho, também chamado de falcão real, é o que foi capturado em sua área ou nas redondezas. Por fim, o falcão dito bravo é o que é já passou pela muda ao ser capturado.

Os autores que escreveram sobre a falcoaria fazem muitas outras distinções, que, no entanto, não estão ligadas à arte, mas designam os países de onde vieram ou são termos do jargão ligado à arte.

A escolha dos pássaros é essencial à falcoaria. Deve-se prestar atenção à conformação que vamos descrever, por mais que as marcas externas possam ser enganosas. O falcão deve ter a cabeça redonda, o bico curto e grosso, o pescoço longo, o peito vigoroso, as bases das asas largas, as coxas longas, as pernas curtas, as mãos grandes, os dedos finos, alongados e fortes, nas articulações, as unhas firmes e curvas, as asas longas. Os sinais de força e coragem são os mesmos para o gerifalte e o terçó, que é o macho em todas as espécies de aves de rapina, e que são assim chamados porque é um terço menor do que a fêmea. Uma marca boa e menos equívoca num pássaro é a de cavalgar o vento, isto é, enfrentá-lo com as garras quando exposto à ventania. As penas de um bom falcão devem ser castanhas – e todas da mesma cor. A boa cor das mãos é o verde água; a do bico, amarela. Os de plumagem manchada são menos valorizados que os outros. Os falcões negros são apreciados. Mas, qualquer que seja a plumagem, os mais corajosos são sempre os melhores.

Além da conformação, deve-se ainda prestar atenção à saúde do pássaro. É preciso ver se ele não está atacado pelo cancro, uma espécie de tártaro que se prende à garganta e à parte inferior do bico; se não tem a mandíbula empelotada, ou seja, se o alimento não empelota em seu estômago; se ele se mantém tranquilo sobre o poleiro, sem vacilar; se a sua língua não treme; se os seus olhos são penetrantes e firmes; se as fezes são brancas e claras, pois fezes azuis são um sintoma de proximidade da morte.

Escolhido o pássaro, passa-se aos cuidados necessários para treiná-lo. Começa-se por armá-lo com travas, na ponta das quais se põe um anel, sobre o qual está escrito o nome do dono; acrescentam-se sinos, que servem para indicar o lugar em que ele se encontra quando se afasta da caça. Carrega-se o falcão sempre sobre o pulso. Deve-se obrigá-lo a ficar acordado. Caso ele queira se defender, deve-se mergulhar sua cabeça na água. Enfim, deve-se obrigá-lo, pela fome e pelo cansaço, a deixar que envolvam sua cabeça com um capuz que lhe cubra os olhos. Esse exercício dura com frequência três dias e três noites seguidas. É raro que, ao final desse tempo, as necessidades que o atormentam e a privação de luz não o façam perder qualquer ideia de liberdade. Considera-se que ele se esqueceu de sua altivez quando deixa que facilmente se lhe cubra a cabeça, e quando, descoberto, aceite a comida ou a carne que lhe é oferecida de tempos em tempos. A repetição dessas lições assegura, pouco a pouco, o êxito. Como as necessidades são o princípio da dependência do pássaro, procura-se aumentá-las, limpando seu estômago com curetagens. Fazemos com que engula pequenas pelotas de folhas que aumentam seu apetite; e, após ter excitado sua fome, nós o satisfazemos, e o reconhecimento liga o pássaro àquele mesmo que o atormentou. Quando as primeiras lições tiverem êxito, e o falcão se mostrar dócil, ele é levado a um gramado. Ali, descobrimos sua cabeça e, com a ajuda da carne, o fazemos saltar sobre o pulso. Quando ele estiver seguro com esse exercício, é tempo de lhe dar alimento vivo e fazê-lo conhecer a isca.

    A isca é uma representação da presa, uma montagem de pés e asas, das quais os falcoeiros se servem para chamar os pássaros, e sobre a qual se põe um pedaço de carne. Como esse instrumento é destinado a chamar os pássaros e conduzi-los, é necessário que eles estejam não apenas acostumados a ele, mas também que o apreciem. Alguns falcoeiros têm o hábito de excitar o pássaro por várias vezes numa mesma lição quando o estão acostumando à isca. Logo que o pássaro se lança sobre a isca e dá uma bicada, eles a retiram, sob o pretexto de excitar sua fome e obrigá-lo a voltar mais uma vez. Mas, por esse método, corre-se o risco de que o pássaro se desgoste. É mais seguro, quando o pássaro faz o que se quer dele, alimentá-lo de verdade, o que deve ser a recompensa por sua docilidade. A isca deve servir para fazer o pássaro voltar quando estiver nos ares, mas não seria suficiente sem a voz do falcoeiro, que o adverte a voltar-se para o seu lado. É preciso, pois, que este movimento da isca seja sempre acompanhado do som da voz e mesmo dos gritos do falcoeiro, a fim de que tanto uma quanto o outro anunciem juntos ao pássaro que suas necessidades vão ser satisfeitas. Todas estas lições devem sempre ser repetidas, e pelo progresso em cada uma delas o falcoeiro julgará as que ainda terão necessidade de serem repetidas. Deve-se procurar conhecer bem o caráter do pássaro, falar com ele com frequência, deixar jejuar aquele que volta menos avidamente à isca, vigiar durante mais tempo aquele que não lhe é bastante familiar, cobrir sempre com o capuz aquele que teme este gênero de sujeição. Quando a docilidade e a familiaridade de um pássaro estiverem suficientemente confirmadas num jardim, nós o levamos para campo aberto, mas sempre amarrado a uma fieira, que é um cordão de uma dezena de toesas. Descobre-se sua cabeça. e, chamando-o a alguns passos de distância, mostra-se a ele a isca. Quando ele se lança sobre ela, deixamos que ele dê uma boa mordida, para continuar a tranquilizá-lo. No dia seguinte lhe mostramos a isca um pouco mais de longe, e ele consegue enfim a lançar-se sobre a isca a partir do final da fieira. Então, deve-se fazê-lo conhecer e manejar por várias vezes a presa que lhe é destinada. Conservam-se algumas presas particulares para esse uso. Isso se chama dar fuga. É a última lição, mas ela deve ser repetida até que se esteja completamente seguro sobre o pássaro: então o tiramos da fieira, e ele voa de verdade.

Quando os falcões estão seguros no jardim, e saltam no punho, faz-se com que matem um pombo amarrado numa estaca, para que saibam o que é uma presa viva. Depois disso, dá-se a eles um pombo, que voa amarrado com um cordão. E, quando se julga que estão bem seguros para serem eles mesmos libertados da fieira, dá-se a eles um pombo voando livremente, mas com os olhos costurados. Eles o pegam, porque o pombo se defende mal. Então, se contamos com sua obediência, procura-se fazer com que rejeitem os pombos e sobretudo as presas que eles não devem capturar: para isso, os lançamos sobre bandos de pombos que se defendem muito bem para serem pegos e não se lhes dá sua carne a não ser quando pegam a presa à qual os destinamos. O falcão para corvos é treinado da mesma maneira, mas sem se servir de pombos; dá-se a ele um corvo amarado numa estaca, e, depois disso lhe damos por várias vezes a fuga na ponta de uma fieira fina e curta, até que julguemos bem confirmado para voar de verdade.

Os autores que escreveram sobre a falcoaria oferecem ainda outros métodos dos quais não falaremos, seja porque estão contidos substancialmente no que já dissemos, seja porque a experiência e o uso de hoje os abreviaram. Um mês deve bastar para treinar um pássaro. Alguns são covardes e preguiçosos; outros são tão altivos que se irritam contra todos os meios que empregamos para torná-los dóceis. Deve-se abandonar tanto uns quanto outros. Em geral, os tolos são mais fáceis, mas menos do que os selvagens, que, segundo a linguagem dos falcoeiros, são quase sempre curiosos, ou seja, menos dispostos por sua inquietude a se dobrar às lições.

Devemos falar aqui do cuidado com as aves de rapina, seja na saúde ou na doença, como uma parte principal da falcoaria. No inverno, deve-se mantê-los do lado de fora durante o dia. Mas, durante a noite, deve-se mantê-los em quartos aquecidos. À tarde, deve-se descobri-los no poleiro, onde devem estar amarrados de modo a não prejudicar uns aos outros. O falcoeiro deve olhar e limpar precisamente o capuz, porque nele podem se introduzir sujeiras que poderiam ferir perigosamente os olhos do pássaro. Quando estão descobertos, deixa-se uma luz acesa por uma hora, durante a qual eles se alisam, o que é muito útil para a sua plumagem. Durante o verão, que é o tempo normal da muda, deve-se colocá-los em lugar fresco, e deixar em seu quarto muita grama, sobre a qual eles ficam, e uma vasilha de água, na qual eles tomam banho. Entretanto, não se pode deixar assim em liberdade qualquer espécie de ave. O falcão gerifalte da Islândia e o da Noruega não se suportam. Os da Noruega são maus, mesmo entre si. Deve-se amarrá-los sobre a grama e banhá-los à parte a cada oito dias.

As aves devem ser alimentadas com carne de boi e de pernil de carneiro cortada em pedaços, da qual se retirou a gordura e os nervos. Algumas vezes sangram-se pombas sobre a carne, mas, em geral, o pombo serve mais para repreender do que para alimentar. Durante a muda, são dadas aos falcões duas refeições ao dia, mas moderadas; é um tempo de regime. Nos outros tempos, apenas uma refeição, mas que seja boa. Na véspera de uma caça diminui-se a quantidade de comida que lhes é dada e às vezes lhes fazemos curetagens no estômago, a fim de, como dissemos, torná-los mais ardentes. Uma bicada a mais tornaria a ave sem forças e prejudicaria seu voo. Por volta do mês de março, que é o tempo do amor, faz-se com que os falcões engulam pedregulhos do tamanho de uma avelã, para fazer com que abortem seus ovos, que nessa época começam a crescer. Alguns falcoeiros fazem isso até com os machos e imaginam que isso os refresque. Mas esse remédio é com frequência perigoso, e só se deve usá-lo raramente [....].

Feira (*Comércio e Política*), Turgot [7, 39-41]

Essa palavra, que vem de *forum*, praça pública, em sua origem era sinônimo da palavra "mercado", e ainda o é em certos aspectos. Uma e outra significam um concurso de vendedores e compradores em locais e tempos definidos; mas a palavra "feira" parece apresentar a ideia de um concurso mais numeroso, mais solene e, consequentemente, mais raro. Essa diferença, que chama a atenção à primeira vista, parece ser a que determina a aplicação dessas duas palavras em seu uso; contudo, ela provém de outra diferença mais oculta e, por assim dizer, mais radical, entre essas duas coisas. Nós iremos desenvolvê-la.

É evidente que os vendedores e compradores não se reunirão em determinados dias e lugares sem um atrativo, um interesse que compense ou mesmo que ultrapasse os custos de viagem e de transporte dos produtos ou das mercadorias. Sem esse atrativo, cada um permanecerá em casa. Quanto mais ele for considerável, mais longe os produtos poderão ser transportados, mais o concurso de compradores e vendedores será numeroso e solene, mais o distrito onde esse concurso tem lugar pode ser estendido. O curso natural do comércio é suficiente para formar esse concurso e para aumentá-lo até certo ponto. A concorrência de vendedores limita o preço dos produtos, e, a seu turno, o preço dos produtos limita o número de vendedores. De fato, uma vez que todo comércio deve manter aquele que o empreende, é necessário que o número de vendas compense o vendedor pela [**40**] modicidade de lucro que ele obtém em cada uma, e que, consequentemente, o número de vendedores se adéque ao número atual de consumidores, de modo que cada vendedor corresponda a um certo número desses. Reconhecido isso, suponho que o preço de um produto seja tal que, para sustentar seu comércio, seja necessário vendê-los ao consumo de trezentas famílias; é evidente que três aldeias, cada uma contando com cem famílias, poderão manter apenas um vendedor dessa mercadoria. Esse vendedor provavelmente se instalará naquela aldeia onde o maior número de consumidores pode se reunir de modo mais cômodo ou ao menor custo, porque essa diminuição de custos fará do vendedor estabelecido nessa aldeia o preferido em relação àqueles que gostariam de se estabelecer numa das duas outras. Muito provavelmente esse será o caso com muitas outras espécies de produtos, e os vendedores de cada um desses produtos se reunirão no mesmo lugar pela mesma razão da diminuição de custos, e porque um homem que necessita de duas espécies de produtos prefere fazer apenas uma viagem, em vez de duas, para obtê-las: é assim que realmente se pagava menos por cada mercadoria. O lugar que se torna considerável por essa reunião de diferentes comércios tornar-se-á cada vez maior, porque ali se reúnem todos os artesãos cujo gênero de trabalho não os retém no campo e todos os homens cujas riquezas lhes permitem ser ociosos para buscar as comodidades da vida. A concorrência dos compradores atrai os vendedores pela esperança da venda; estabelecem-se vários [vendedores] do mesmo produto. A concorrência dos vendedores atrai os compradores na esperança de bons preços, e ambos continuam a aumentar até que a desvantagem da distância não seja [mais] compensada aos compradores afastados pelo bom preço do produto que a concorrência produz, e mesmo o que o uso e a força do hábito adicionam ao atrativo do bom preço. Assim se formam naturalmente os diferentes centros de comércio ou mercados, aos quais respondem tantas regiões ou cantões mais ou menos extensos, segundo a natureza dos produtos, a facilidade maior ou menor de comunicação e o estado da população mais ou menos numerosa. E tal é, dizendo rapidamente, a primeira e a mais comum origem de vilas e cidades.

A mesma razão de comodidade que determina o concurso de vendedores e compradores em certos lugares determina-o também em certos dias, sempre que os produtos são desprezíveis demais para sustentar longos transportes e que o cantão não é povoado o suficiente para fornecer um concurso suficiente e diário. Esses dias são fixados por uma espécie de convenção tácita, e a menor circunstância basta para isso. O número de dias de uma jornada entre os lugares mais importantes dos arredores, combinado com certas épocas que determinam a partida dos viajantes, como a proximidade de certas festas, certos prazos de pagamento por usos, todo tipo de solenidade periódica, enfim, tudo o que reúna um certo número de homens em certos dias, torna-se o princípio de estabelecimento de um mercado nesses mesmos dias, porque os vendedores sempre têm o interesse de buscar compradores, e reciprocamente.

Contudo, basta uma distância um pouco maior para que esse mercado e o bom preço produzido pela concorrência sejam contrabalançados pelos custos de viagem e de transporte dos produtos. Não é, portanto, ao curso natural de um comércio animado pela liberdade que se deve atribuir essas feiras brilhantes, onde as produções de uma parte da Europa são trazidas a um grande custo, e que parecem uma convenção de nações. O interesse que deve compensar esses custos exorbitantes de forma alguma vem da natureza das coisas, mas resulta de privilégios e imunidades concedidas ao comércio em certos locais e em determinados períodos, enquanto, em todos os outros lugares, ele é sobrecarregado por taxas e tributos. Não é surpreendente que o estado de incômodo e de vexação habituais, contra os quais o comércio reclamou por tanto tempo em toda a Europa, tenha determinado o curso com violência em direção aos lugares onde lhe era oferecido um pouco mais de liberdade. É assim que os príncipes, ao conceder isenções tributárias, produziram tantas feiras nas diferentes partes da Europa, e é evidente que essas feiras devem ser tanto mais consideráveis quanto mais sobrecarregado de tributos é o comércio em tempos ordinários.

Uma feira e um mercado, portanto, são ambos um concurso de vendedores e compradores em lugares e tempos determinados; mas, para os mercados, o que os reúne é o interesse recíproco que os compradores e os vendedores têm em se procurar, e, para as feiras, é o desejo de aproveitar certos privilégios [o que os reúne]; de onde se segue que essa reunião deve ser bastante mais numerosa e solene nas feiras. — Ainda que o curso natural do comércio seja suficiente para estabelecer os mercados, como resultado desse infeliz princípio que em quase todos os governos, já faz muito tempo, infectou a administração do comércio; eu me refiro à mania de tudo conduzir, de tudo regular e de nunca se dirigir aos homens em seu interesse próprio. Eu dizia, desse infeliz princípio resultou que, para estabelecer os mercados, fez-se intervir a polícia; limitando-se o número [de mercados] sob o pretexto de impedir que eles se prejudicassem mutuamente; proibindo-se a venda de certas mercadorias fora de certos lugares designados, seja pela comodidade de fiscais encarregados de receber os tributos que as oneram, seja porque se quis sujeitá-las a formalidades de controle físico e verificação, e não é possível estabelecer aduanas em toda parte. Não se devem perder ocasiões de combater esse sistema fatal à indústria; encontrar-se-á mais de uma na *Enciclopédia*. Na França, as feiras mais célebres são as de Lyon, Bordeaux, Guilbray, Beaucaire etc.; na Alemanha, as de Leipzig, Frankfurt etc. Meu objetivo aqui não é fazer a enumeração, nem expor em detalhes os privilégios estabelecidos pelos diferentes soberanos, seja em relação às feiras em geral, seja em relação a tal ou qual feira em particular; limitar-me-ei a algumas reflexões contra a ilusão bastante comum que faz com que algumas pessoas citem a grandeza e extensão do comércio de certas feiras como uma prova da grandeza e da extensão do comércio de um estado.

Sem dúvida, uma feira deve enriquecer o lugar onde ela ocorre e faz a grandeza de uma cidade particular, e enquanto toda a Europa lamentava os múltiplos entraves do governo feudal, enquanto cada aldeia por assim dizer formava uma soberania independente, enquanto os senhores encastelados viam no comércio apenas uma oportunidade de aumentar suas rendas, submetendo a contribuições e pedágios exorbitantes todos aqueles a quem a necessidade forçava a passagem por suas terras, é muito provável que aqueles que primeiro foram esclarecidos o suficiente para sentir que relaxando um pouco o rigor de seus tributos tenham sido mais do que compensados pelo aumento do comércio e do consumo e, rapidamente, viram seu domicílio enriquecido, maior, mais belo. É muito provável que, assim que reis e imperadores tinham suficientemente aumentado sua autoridade [**41**] para subtrair taxas impostas por seus vassalos às mercadorias destinadas para as feiras de certas cidades que eles queriam favorecer, essas cidades se tornaram o centro de um enorme comércio e viram crescer seu poder com suas riquezas. Mas, desde que todas as regiões independentes se reuniram para formar um só Estado sob um único príncipe, se a negligência, a força do hábito, a dificuldade de reformar os abusos mesmo quando queremos, e a dificuldade de o querer, comprometeram-nos a deixar subsistir esses mesmos entraves, os mesmos tributos locais e os mesmos privilégios que tinham sido estabelecidos enquanto cada província e cada cidade obedecia a diferentes soberanos, não é estranho que o efeito do acaso tenha sido não apenas elogiado, mas também imitado, como a obra de uma política sã? Não é estranho que, com as melhores das intenções e tendo em vista fazer florescer o comércio, tenham-se ainda instituído novas feiras, que se tenham aumentado ainda mais os privilégios e as exceções de certas cidades, que se tenha mesmo impedido o estabelecimento de certos tipos de comércio no centro de províncias pobres com medo de incomodar algumas outras cidades enriquecidas desde muito tempo por esse mesmo ramo de comércio? E que importa que Pedro ou João, no Maine ou na Bretanha, fabrique essa ou aquela mercadoria, desde que o Estado enriqueça e que os franceses vivam? Que importa que um tecido seja vendido em Beaucaire ou no local de sua fabricação, desde que o trabalhador receba o preço de seu trabalho? Uma massa enorme de comércio, reunido e amontoado em um lugar para ser visto num único golpe de vista, atrairá a atenção de políticos superficiais de modo muito mais óbvio. As águas artificialmente reunidas em reservatórios e canais divertem o viajante pela exibição de um luxo frívolo; mas as águas que as chuvas difundem uniformemente sobre a superfície dos campos, que apenas a inclinação do terreno dirige e distribui por todos os vales, ali formando piscinas, levam a todos os lados a riqueza e a fecundidade. Que importa que se faça um grande comércio em determinada cidade e num certo momento, se esse comércio momentâneo é grande apenas pelas causas que entravam o comércio e que tendem a diminuí-lo em todo o restante do tempo e no restante do Estado? "É preciso", disse o magistrado civil a quem devemos a tradução de Child (o sr. Vincent de Gournay) e com quem a França talvez um dia estará em dívida pela destruição dos obstáculos que foram impostos ao progresso do comércio ao tentar favorecê-lo, "é preciso jejuar por todo o ano para empanturrar-se em alguns dias? Na Holanda não há feiras; mas toda a extensão do Estado e por todo o ano se forma, por assim dizer, uma feira contínua, porque aí o comércio é sempre e por toda a parte igualmente florescente".

Diz-se que "O Estado não pode passar sem rendas; para sustentar a si mesmo, é indispensável impor às mercadorias diferentes taxas. No entanto, não é menos necessário facilitar a venda de nossa produção, sobretudo no estrangeiro, o que não se pode fazer sem baixar o preço o máximo possível. Conciliam-se esses dois objetos indicando-se os lugares e períodos de imunidade, onde o baixo preço das mercadorias atrai o estrangeiro e produz um consumo extraordinário, enquanto o consumo habitual e necessário fornece suficientemente à renda pública. O desejo mesmo de aproveitar esses momentos de graça dá aos vendedores e compradores uma avidez que a solenidade dessas grandes feiras aumenta ainda mais por uma espécie de sedução, de onde resulta um aumento na massa total do comércio".

Tais são os pretextos alegados para sustentar a utilidade das grandes feiras. Porém, não é difícil se convencer de que é possível, através de arranjos gerais e favorecendo igualmente todos os membros do Estado, conciliar com muito mais vantagens os dois objetos que o governo pode se propor. Com efeito, uma vez que o príncipe consinta em perder uma parte de seus tributos e a sacrificá-los em nome dos interesses do comércio, nada impede que, tornando todos os tributos uniformes, ele consiga sobre a totalidade [da arrecadação] a mesma soma que consentiu em perder; o objetivo de aliviar os tributos das vendas ao estrangeiro, deixando-os subsistir apenas sobre o consumo interno, será muito mais facilmente alcançado isentando-se de tributos todas as mercadorias que saem [do país]; porque, afinal, não é possível negar que nossas feiras forneçam uma grande parte de nosso consumo. Nesse arranjo, o consumo extraordinário que é feito em períodos de feiras diminuirá bastante; mas é evidente que a moderação de tributos no restante do tempo tornará o consumo geral bem mais abundante, com a diferença de que, no caso dos tributos uniformes, porém moderados, o comércio ganha tudo o que o príncipe lhe quer sacrificar; ao passo que, no caso do tributo geral mais alto acompanhado das exceções locais e momentâneas, o rei pode sacrificar muito e o comércio não ganha quase nada, ou, o que é a mesma coisa, os produtos e mercadorias podem baixar de preço muito menos do que os tributos diminuem, e isso porque é preciso subtrair da vantagem que essa diminuição provê os custos do transporte dos produtos e mercadorias ao lugar designado para a feira, a mudança de local, o aluguel de estandes ou barracas encarecido pelo monopólio dos proprietários, por fim, o risco de não vender em um espaço e tempo curtos demais, e de ter feito uma longa viagem sem nenhum ganho. Ora, é preciso sempre que a mercadoria pague todos esses custos e esses riscos. Portanto, é verdade que o sacrifício de tributos do príncipe é tão útil ao comércio pelas isenções momentâneas e locais quanto o seria por uma leve moderação sobre a totalidade dos tributos; é verdade que o consumo extraordinário que aumenta pela isenção particular ocorre na mesma proporção que o consumo diário que diminui pela sobretaxa habitual. Some-se a isso que não há isenção particular que não abra espaço a fraudes que visam aproveitá-la, a novos empecilhos, à multiplicação de fiscais e inspetores para impedir essas fraudes, a penas para puni-las. Outra perda de dinheiro e homens para o Estado.

Concluamos que as grandes feiras não são jamais tão úteis quanto são danosos os empecilhos que elas implicam, e que, muito longe de ser a prova do estado florescente do comércio, elas não podem existir exceto nos Estados onde o comércio é entravado, sobretaxado por tributos e, por consequência, medíocre.

Forjas (grandes), Bouchu [7, 135-68]

Chamam-se assim as usinas em que o minério de ferro é trabalhado.

A manufatura do ferro, o mais necessário de todos os metais, continua a ser negligenciada. Ninguém até hoje se dignou a conhecer e acompanhar um veio de mina, a acrescentar ao minério ou a privá-lo dos adjuntos necessários ou contrários à sua fusão, a saber como convertê-lo em ferro que se preste ao uso público. A maioria dos fornos e forjas é deixada a trabalhadores ignorantes. Mas seria de suma importância aprender a perscrutar as minas, a fundir o minério, conduzi-lo aos pontos de solidez e dimensão que constituem as diferentes espécies de ferro, trabalhá-lo em grandes volumes assim que deixa a mina, nas fundições, oficinas e fiações, a partir das quais é distribuído para diferentes usos na sociedade. O ferro remexe a terra, protege nossas habitações, defende-nos, fornece ornamentos. Mas é comum encontrar pessoas que consideram o ferro e sua manufatura com ares de desdém. Os manufatores dessa espécie mereceriam uma distinção à parte, pois introduzam, na sociedade, materiais novos e necessários. O ferro obtém para o reino uma arrecadação considerável, e, para a nação, um crescimento de riqueza que excede o que é consumido no reino e vai para o estrangeiro.

Para chamar atenção para essa manufatura, esperando obter conhecimentos mais amplos a seu respeito, seguimos a ordem dos trabalhos e operações realizados nela.

A 1ª etapa diz respeito às qualidades do mestre e dos principais trabalhadores; a 2ª, à pesquisa dos minérios e à localização das minas; a 3ª, à extração; a 4ª, às regulações previstas para essa atividade; a 5ª, ao método de separação do ferro de outros materiais; a 6ª, às reservas e gastos de água; a 7ª, à compra, função e emprego da madeira; a 8ª, aos benefícios do uso do ar; a 9ª, ao forno; a 10ª, à forja; a 11ª, à fundição; a 12ª, ao batimento do ferro; e a 13ª, ao seu enfilamento.

Não entraremos em detalhes sobre os diferentes tipos de forja, pois se trata apenas da descrição geral de um trabalho suscetível a modificações de acordo com circunstâncias particulares. [Tradução parcial]

Francês (*História da Literatura, Moral*), Voltaire [7, 286-7]

A língua francesa começou a adquirir forma apenas no século X. Nasceu das ruínas do latim e do celta, misturados a algumas palavras tedescas. No início, essa língua era um *romanum rusticum*, o romano rústico; já o tedesco foi a língua da Corte até os dias de Carlos, o Calvo, e continua a ser a única língua da Alemanha após a grande fratura de 843. Na França ocidental, prevaleceu o romano rústico, ou língua romance. Os povos das regiões do Vaud, do Vallais, e do vale de Engandina e de outros cantões até hoje conservam vestígios evidentes desse idioma.

O francês se formou no final do século X; escrevia-se em francês no início do século XI, mas era uma língua mais próxima do romano rústico que do francês atual. A língua do romance *Philomena*, escrito no século X em romano rústico, não é muito diferente daquela das leis normandas. É fácil ver, no francês que falamos, as origens dessa língua no celta, no latim e no alemão. As palavras que significam as partes do corpo humano ou coisas de uso cotidiano nada têm em comum com o latim ou o alemão, vêm do gaulês ou do celta, como *tête, jambe, sabre, pointe, aller, parler, écouter, regarder, aboyer, crier, coûtume, ensemble*, e tantas outras da mesma espécie. A maioria dos termos de guerra é de origem franca ou alemã: *marche, maréchal, halte, bivouac, reitre, lansquenet*. Quase todo o resto veio do latim, sendo que as palavras latinas foram abreviadas de acordo com o uso e o gênio das nações do norte, como: *palatium-palais, lupus-loup, Auguste-Août, Junius-Juin, unctus-oint, purpura-pourpre, pretium-prix* etc. Quanto à língua grega, outrora falada em Marselha, não restam mais que uns poucos vestígios.

No século XII começaram a ser introduzidos na língua alguns termos gregos, oriundos da filosofia de Aristóteles. Por volta do século XVI, exprimiam-se em grego todas as partes do corpo humano, suas doenças e os remédios destas, em palavras como *cardiaque, céphalique, podagre, apoplectique, asthmatique, iliaque, empième* e tantas outras. Embora tenha sido enriquecida pelo grego e, a partir de Carlos VIII, tenha extraído recursos do italiano, a essa altura já aperfeiçoado, a língua francesa ainda não adquirira uma consistência regular. Francisco foi o primeiro a abolir o uso do latim nos pleitos e julgamentos, pois esse uso testemunhava o estado bárbaro de uma língua que não se ousava apresentar em atos públicos, e era pernicioso para os cidadãos, cuja sorte era decidida numa língua que não compreendiam. O cultivo do francês se tornou então obrigatório, mas a língua não era nobre nem regular. A sintaxe foi entregue ao capricho. O gênio da conversação se voltava para a pilhéria, e a língua se tornou tão fecunda em burlescos e caprichos quanto estéril em termos harmoniosos e nobres. Isso explica por que, nos dicionários de rimas, encontramos vinte rimas convenientes à poesia cômica para uma destinada a um uso mais elevado; e explica também por que Marot nunca teve êxito no estilo sério e Amiot traduziu em termos de engenho a elegância de Plutarco.

O francês se tornou vigoroso sob a pluma de Montaigne; mas não tinha elevação nem harmonia. Ronsard estragou a língua ao transpor para a poesia francesa compostos gregos utilizados pelos filósofos e médicos. Malherbe ajudou a reparar o desserviço de Ronsard. Com a fundação da Academia Francesa, a língua se tornou mais nobre e harmoniosa, até que, no século de Luís XIV, adquiriu em cada gênero a perfeição de que é suscetível.

O gênio da língua francesa está na clareza e na ordem. Cada língua tem seu gênio, e ele depende da facilidade com que ela se exprime de maneira feliz e emprega ou rejeita os torneios familiares às outras línguas. O francês não tem declinações, submete-se inteiramente aos artigos, e, como não pode adotar inversões, contrariamente ao grego ou ao latim, obriga a que as palavras sejam arranjadas segundo a ordem natural das ideias. Há uma única maneira de dizer *Plancus a pris soin des affaires de César* [Plancus cuidou zelosamente dos assuntos de César.], esse é o único arranjo que poderíamos dar a essas palavras. Se quisermos exprimir essa frase em latim, *res Caesaris Plancus diligenter curavit*, haverá 120 maneiras de arranjar as palavras sem destruir o sentido e prejudicar a língua. Os verbos auxiliares, que, nas línguas modernas, alongam e enervam as frases, tornam a língua francesa pouco apropriada ao estilo lapidar. Seus verbos auxiliares, pronomes e artigos, sua falta de particípios declináveis e, por fim, sua marcha uniforme, são danosos ao grandioso entusiasmo da poesia. Dispõe de menos recursos no gênero do que o italiano ou o inglês. Mas esse estorvo, e essa escravidão, a tornam mais apropriada à tragédia e à comédia do que qualquer outra língua da Europa. A ordem natural em que somos obrigados a exprimir nossos pensamentos e a construir frases espalha por essa língua uma [**287**] doçura e uma facilidade que agradam a todos os povos; e o gênio da nação, combinado ao da língua, produziu mais livros agradáveis do que qualquer outro povo.

Por muito tempo a vida social livre e amena permaneceu um segredo francês; a língua recebeu uma expressão delicada e uma fineza plenamente natural que dificilmente se encontram em outras. Essa fineza foi, vez por outra, abusada; mas as pessoas de bem e o bom gosto souberam trazê-la de volta aos seus justos limites.

Muitos creem que a língua francesa teria se tornado mais pobre em relação aos tempos de Amiot e Montaigne. É verdade que esses autores utilizam muitas expressões que não são mais correntes, a maioria delas termos familiares, substituídos por outros, equivalentes a eles. Em compensação, foi enriquecida por muitos termos nobres e enérgicos, e, para não falarmos em eloquência das coisas, digamos que ela adquiriu a eloquência das palavras. Essa eloquência brilhou no chamado Século de Luís XIV, quando a língua foi estabelecida. Se excetuarmos eventuais alterações que o tempo e o capricho nos reservam, os séculos XVII e XVIII permanecerão como os modelos da língua.

O francês não poderia ter se destacado na filosofia. O governo gótico ofuscou as luzes por quase doze séculos, e os mestres do engodo, pagos para embrutecer a natureza humana, adensaram ainda mais as trevas. Mesmo assim, encontra-se atualmente em Paris mais filosofia do que em qualquer outra cidade do mundo, senão em todas elas juntas, exceção feita a Londres; e esse espírito de razão penetra até nas províncias. Atualmente, na filosofia, é quase certo que o gênio francês se equipara ao inglês, e supera, provavelmente, o de todos os outros povos reunidos. Há mais de oitenta anos, na literatura, ele é sem dúvida o primeiro, no que se refere às amenidades sociais e a essa polidez fácil e natural que, na falta de outro nome, chama-se *urbanidade*. [Tradução parcial]

Geografia Física, Demarest [7, 613-27]

É a descrição razoada dos grandes fenômenos da Terra e a consideração dos resultados gerais deduzidos das observações locais e particulares, combinados e reunidos metodicamente sob diferentes classes, num plano capaz de mostrar a economia natural do globo tomado apenas como uma massa que não é habitada nem fecunda.

À medida que a Geografia e a Física se aperfeiçoaram, os princípios luminosos desta última foram aproximados dos detalhes secos e desencarnados daquela. Como consequência dessa feliz associação, nossa própria residência, nossa morada, que nos apresentava a imagem de um amontoado de detritos, de um mundo em ruína, com irregularidades em sua superfície e perturbações na parte interna, ressurgiu diante de nossos olhos, mostrando ordem e uniformidade, e revelando às claras uma série de relações gerais. Foi posta de lado a entediante nomenclatura de termos bizarros, que atestam os limites impostos pela ambição e pela conquista às diferentes sociedades disseminadas pela superfície do globo. Os países e regiões passaram a ser diferenciados pelos fenômenos que se oferecem à nossa observação. Fenômenos singulares ou uniformes, tudo o que trazia os sinais dos trabalhos da natureza foi recolhido com cuidado e discutido com exatidão. Foram examinadas a forma, a disposição, as relações entre diferentes objetos: tentou-se apreciar a extensão dos efeitos, fixar seus [**614**] limites, complementando a observação pela experiência. Enfim, teve-se a curiosidade de chegar aos princípios gerais, constantes e regulares. À medida que as ideias se desenvolveram, o geógrafo desenhista tomou por base suas descrições topográficas, a história da superfície do globo, e distribuiu por países e regiões o que o naturalista descreveu e ordenou por classes e dispôs em coleções.

Este é o resumo dos progressos da Geografia Física; ela os deve à reunião combinada dos auxílios fornecidos pelo concurso de vários conhecimentos. Com efeito, nunca é demais reunir recursos, quando entramos em discussões sobre objetos tão vastos e extensos. Quando nos propomos a examinar a constituição exterior e interior da Terra, a apreender os resultados gerais das observações que foram feitas e recolhidas sobre as elevações, as profundezas, as desigualdades da bacia do mar; sobre os movimentos e balanços dessa imensa massa de água que cobre a maior parte do globo; sobre as substâncias terrestres que compõem as primeiras camadas dos continentes que se pôde sondar; sobre a disposição por leitos; sobre a direção das montanhas etc.; enfim, sobre a organização do globo; quando se deseja compreender as principais operações da natureza; quando se discute sua influência sobre os fenômenos particulares e subalternos, devemos, eu digo, por meio do encadeamento de fatos e raciocínios constantes, formar um plano de explicação, limitando-nos sabiamente a estabelecer analogias e princípios.

Após essas considerações, que nos dão uma ideia do objeto da Geografia Física, iremos nos deter, neste verbete, em dois pontos importantes. 1º) O desenvolvimento dos princípios dessa ciência capazes de guiar os observadores que se dedicam a estender cada vez mais os seus limites, bem como os que queiram apreciar as suas descobertas. 2º) Apresentar sucintamente os resultados gerais verificados que formam o corpo dessa ciência, a fim de constatar o seu estado atual.

Os princípios da Geografia Física podem ser reduzidos a três classes gerais. A primeira compreende os que concernem à observação dos fatos; a segunda, os que têm por objeto a sua combinação; a terceira, enfim, os que se relacionam com a generalização dos resultados e com o estabelecimento desses princípios fecundos que, nas mãos de um observador, se tornam instrumentos que ele aplica com proveito na descoberta de fatos novos.

Princípios que concernem à observação dos fatos. Na Geografia Física, é tão importante mostrar a necessidade da observação para aumentar nossos verdadeiros conhecimentos quanto desenvolver o uso desses conhecimentos e o método de concatená-los. Estamos convencidos dos inconvenientes trazidos pela ociosa presunção que nos leva a querer adivinhar a natureza sem consultá-la. A sagacidade e a meditação estão longe de poder substituir as respostas sólidas e luminosas que a natureza nos dá, quando a interrogamos. Ao contrário, consideram-nas como um objeto prévio para o qual se dirige seu principal esforço: nunca dissimulamos esses princípios. Heráclito se queixava de que os filósofos buscavam seus conhecimentos nos pequenos mundos construídos por sua imaginação e não no grande mundo. Se nos expuséssemos à mesma crítica, e perdêssemos de vista esses conselhos tão sábios, desconheceríamos tanto os nossos próprios interesses quanto os da verdade. O que restou dos belos devaneios dos antigos? O verdadeiro e o sólido, e apenas eles, podem enfrentar a destruição dos tempos e as trevas do esquecimento. Haveria alguma comparação, em termos de utilidade, entre abstrações gerais sobre a natureza e um só fenômeno bem observado e bem discutido? Queremos, pois, fatos, e observadores em condições de apreendê-los e recolhê-los com sucesso.

Compreende-se facilmente que a primeira qualidade de um observador é ter adquirido, com o estudo e a aplicação, noções preliminares que possam esclarecê-lo sobre o valor do que ele encontra, de modo que não lhe escape nenhuma circunstância essencial no exame dos fatos e ele possa reunir, em alguma medida, todos os lados da discussão, que não os trate apressadamente, imperfeitamente, sem juízo e discernimento, com a ignorância estúpida que tudo admite e nada distingue. Com a observação habitual da natureza, adquirimos o segredo de admirar sem nos extasiar; mas a leitura refletida e atenta nos previne contra a imposição de uma visada superficial.

É preciso reconhecer que são muitos os obstáculos que nos privam desses benefícios. As pessoas em condições de tirar proveito de seus conhecimentos viajam pouco ou o fazem em busca de objetos alheios aos progressos da Geografia Física. Os que se encontram no terreno, ao alcance, por exemplo, de uma fonte singular, periódica ou mineral, de um amontoado de conchas e petrificações, negligenciam esses objetos por ignorância ou distração, ou, enfim, porque esses objetos perderam para eles a pungência de singularidade e importância. Os estrangeiros e os viajantes, mesmo os hábeis, encontram-nos por acaso ou os visitam deliberadamente, mas não podem, com uma olhada rápida, adquirir um conhecimento detalhado e aprofundado. Observações superficiais feitas às pressas apresentam os objetos de uma maneira muito imperfeita; não se pôde vê-los com sangue-frio, com a tranquilidade da discussão, com os detalhes de correspondências, tão necessários às combinações luminosas. Substituímos pelo boato e pelo exagero o que a natureza nos mostraria com precisão se a consultássemos com calma. Dessa precipitação resulta que os observadores mais esclarecidos, tocados naturalmente pelos primeiros golpes do maravilhoso, com frequência são vítimas de sua surpresa; não puderam colocar-se de início do ponto de vista favorável; desfiguraram a verdade porque a viram mal, e, cedendo a impressões falsas, misturaram aos seus relatos circunstâncias que os seduziram, mas não os esclareceram. Se mesmo quando dominamos o conhecimento da natureza estamos sujeitos ao erro, e a forçamos a se revelar em experimentos, a quantos enganos e desatenções não nos exporíamos se tivéssemos que percorrer a vasta extensão dos continentes e mares para procurá-la ali, onde ela se encontra, e onde não nos deixa perceber senão uma parte muito pequena de si mesma, com frequência sob um aspecto propício a nos iludir?

Um observador que tenha se dedicado a esse estudo por gosto ou por se encontrar em condições de ver, deve começar por ver muito, considerar diferentes faces, familiarizar-se com os objetos para, em seguida, reconhecê-los facilmente e compará-los com proveito; levar em conta tudo que o afeta e tudo que é digno de afetá-lo; recolher suas observações ordenadamente, sem se apressar em extrair consequências prematuras dos fatos que descobre ou em raciocinar sobre os fenômenos que percebe. Essa precipitação, que seduz nosso amor-próprio, é a fonte de todas as falsas combinações, de todas as deduções imperfeitas, de todas as ideias vagas com as quais se sobrecarregam os objetos que só foram considerados imperfeitamente, de modo que as partes menos esclarecidas [**615**] são, por essa razão, as que mais se prestam a essa comichão de discorrer.

Mas, para além de seu fracasso, há outros motivos para nos abstermos de reflexões precipitadas. A inspeção atenta e refletida sobre nosso globo promete uma infinidade de luzes e conhecimentos absolutamente novos. Por isso, um observador que começa a formar um conjunto sistemático a partir de uma pequena porção de fatos que recolheu, poderia muito bem considerar inúteis todas as descobertas que, no entanto, se esperam dos seus colegas, gabando-se de possuir penetração suficiente para dispensar os esclarecimentos que eles poderiam lhe oferecer.

Acreditamos, ainda, que o observador deve evitar toda prevenção, todo ponto de vista fixo, dependente de um sistema já organizado, que leve à interpretação dos fatos segundo um plano: ele passa rapidamente sobre as circunstâncias pouco compatíveis com os princípios de sua predileção, detendo-se naquelas que parecem lhe convir.

Longe de nós querer que se observe sem propósito ou desígnio. O espetáculo da natureza engendra uma infinidade de reflexões muito sólidas num observador sagaz que tenha se instruído com exatidão sobre as descobertas daqueles que o precederam, incluindo as suas mais bizarras ideias. Suas investigações podem ter um objeto determinado, mas ele deve estar disposto a abandoná-lo sempre que a natureza se declare contra a sua posição prévia. Por isso, não devemos nos limitar a um fenômeno isolado, mas buscar todas as suas circunstâncias. Detalharemos essas circunstâncias com esse cuidado com a discussão, inspirados pelo desejo de encontrar a correspondência desse fenômeno com os outros. Embora não condenemos essa indiscreta precipitação de construir observando, não queremos que se esqueça que os materiais que reunimos devem naturalmente entrar num edifício.

Quais opiniões podem nos guiar no exame refletido dos fatos? O que se deve observar na parte externa de nosso globo? Onde devemos primeiro deter o nosso olhar? A primeira coisa a fazer é apreender os contornos dos continentes, a distribuição dos mares, a formação das montanhas, as camadas do solo e os fósseis que nelas se encontram. À medida que se percorre um grande número desses objetos, essas formas, vindo a se oferecer a nossos olhares, produzirão em nosso espírito impressões duráveis, caracteres reconhecíveis, que não nos escaparão mais, e que nos darão as primeiras ideias da regularidade de todas essas coisas. Levaremos em conta, com exatidão, circunstâncias e lugares onde elas se anunciam; enfim, teremos, por uma sequência da mesma atenção, condições de assinalar as variedades e todas as suas dependências.

O exame das variedades, reiterado e levado a uma multidão de objetos que encontramos diante de nós quando se fazem ver, nos fará distinguir facilmente o caráter próprio de uma configuração com as circunstâncias acessórias. Discute-se com muito maior proveito a extensão dos efeitos e mesmo a combinação das causas, quando se pode decidir o que elas admitem de maneira constante, o que negligenciam algumas vezes, e o que elas excluem sempre.

As irregularidades são fontes de luz, pois revelam efeitos que se escondem de nós, ou são imperceptíveis, devido a uma uniformidade constante. A natureza se manifesta com frequência por um desvio que mostra seu segredo abertamente. Mas só poderá extrair proveito dessas irregularidades aquele que saiba dizer, em tal ou qual circunstância, qual a marcha da natureza, e possa discernir se esses desvios afetam o essencial ou o acessório.

Para ter ideias claras sobre os objetos que observamos, devemos também nos empenhar em deixar nos limites mais ou menos precisos os mesmos efeitos regulares ou irregulares. Aprecia-se, por meio de medidas exatas, até onde se estende tal contorno, tal avanço angular numa montanha, tal profundidade nos vales, sejam eles formados por camadas que se curvam e continuam em boa ordem, sejam apenas a consequência de um desabamento súbito; tomam-se as dimensões das fendas perpendiculares, da espessura das camadas etc.

Na apreciação dos limites dos efeitos, é útil passar da consideração de uma extremidade à consideração da extremidade oposta, como da altura das montanhas aos mais profundos abismos, ou de continentes ou mares, do fóssil mais bem conservado ao grau último de calcinação.

Um observador inteligente não se deterá, em suas discussões eruditas, sobre as formas exteriores e a estrutura do objeto, tomará conhecimento das matérias que, diversamente associadas, concorreram para produzi-lo. Ligará uma ideia à outra: tal matéria, dirá ele, afeta tal forma; concluirá de uma a partir da outra, e reciprocamente. Realizará distinções gerais entre as substâncias terrestres, dividindo-as em matérias vitrescíveis e calcárias e as identificará por meio da água-forte ou de reduções químicas. Terá oportunidade de notar que os arenitos se dispõem em blocos e massas nas pedreiras; as pedras calcárias, em leitos e camadas; que os xistos afetam a forma trapezoidal; que algumas cristalizações adquirem figura piramidal ou paralelepipedal, que, em outras, as lâminas cristalizadas se reúnem e se adaptam sobre uma base em direção a um centro comum, e assim por diante. Essas interdependências fornecerão detalhes que, multiplicando as atenções do observador, lhe apresentam os objetos sob uma nova luz e dão peso às suas descobertas.

Esse observador prestará a mais escrupulosa atenção às circunstâncias uniformes e regulares que acompanham certos efeitos. Elas não poderão lhe escapar, se souber que o seu exame influi na apreciação dos fenômenos. Talvez essa seja a consideração mais importante de toda a Geografia Física. Adotando essa perspectiva, o observador contemplará as obras da natureza, ora no conjunto de sua estrutura, ora na relação entre as partes. Uma visada geral e rápida apreende as coisas vagamente. Um detalhe ínfimo pode às vezes esgotar toda uma questão. É preciso, portanto, sustentar uma observação a partir de outra, sucedendo-as alternadamente, e, assim, fortalecendo e estendendo a investigação.

Nas palavras do sr. Buffon, "um estudo como esse supões as vistas alargadas de um gênio ardente, que tudo abarca de uma só vez, aliada à atenção minuciosa de um instinto laborioso, que se detém num único ponto" (*História Natural*, Discurso introdutório, livro I, 1749).

O lugar ocupado por um corpo ou reunião de corpos na economia geral deve ser determinado relativamente à natureza desses corpos. Os detalhes que concernem à substância e suas formas serão subordinados aos que se devem à disposição relativa; notar-se-á exatamente que certas camadas de pedra calcária ou outras são de igual espessura em todo o seu comprimento, mas as de cascalho amassadas nos vales não mostram a mesma regularidade [**616**]; nas primeiras, as conchas e outros corpos marinhos petrificados ficam no raso; nas segundas, elas são dispostas bem irregularmente; as fendas perpendiculares são mais largas nas substâncias moles do que nas matérias mais compactas etc. Mas, qualquer que seja a multiplicidade dos agentes que movem a natureza e a variedade das formas que ela dá a seus efeitos, tudo tende a um conjunto: um corpo estranho situado no meio de substâncias de natureza diferente, um amontoado de talco no meio de matérias calcárias, blocos de arenito em meio a calcário argiloso, grãos de areia na argila, todas essas observações são essenciais para conhecer a distribuição geral.

Mas, como um único homem não pode ver tudo sozinho, e como o progresso dos nossos conhecimentos se deve à combinação das descobertas e pesquisas de vários observadores, é preciso recorrer ao testemunho de muitos. Contudo, é preciso uma crítica séria e uma discussão severa para decidir sobre a qualidade desses testemunhos. A experiência e a razão nos autorizam a desconfiar em geral de todos os fatos cuja única garantia nos é dada pela literatura antiga. Mas eles só são válidos na medida em que possam ser verificados, e tenham sido purgados de todo elemento maravilhoso. Não cremos, porém, que se devam proscrever nominalmente todas essas célebres mentiras que, por uma negligência criticável ou por uma credulidade imbecil foram transmitidas de séculos em séculos até ocupar o posto da verdade. Pode-se julgar, pelo emprego frequente que os compiladores se permitem, o mal que elas fazem às ciências. Entretanto, para proscrevê-las de uma vez por todas, deve-se ter condições de substituí-las pelo verdadeiro, que com frequência não é alterado senão por ideias as mais bizarras. Só deixamos para trás uma ilusão quando conhecemos os pretextos que lhe deram origem. Quanto aos autores que escreveram antes da renovação das ciências, devem ser consultados com reservas; privados de conhecimentos capazes de esclarecê-los e guiá-los na discussão dos fatos, observaram-nos apenas imperfeitamente, ou do ponto de vista dos seus preconceitos. Kircher descreve, desenha, oferece pranchas de reservatórios subterrâneos que, segundo ele pensa, distribuem a água dos mares até as fontes; apresenta, com uma boa-fé indubitável, detalhes maravilhosos sobre as fossas do mar Cáspio, o fogo central e cavernas subterrâneas, como se tivesse feito observações desses objetos.

Em geral, os observadores ignorantes, pouco atentos ou precipitados, que veem os objetos rapidamente, sem propósito ou ponderação, não merecem credibilidade. Busco no autor pelos detalhes, por boa-fé e simplicidade, por uma abundância de pontos de vista que me inspirem confiança em seu gênio, em suas observações, na exatidão de seus relatos.

Frequentemente, a observação nos abandona em assuntos complicados; não é precisa o bastante, só mostra uma parte dos efeitos, ou os mostra em escala grande demais para que se possa conseguir alguma asserção que ponha ordem nas ideias. Então, a experiência é indispensável. Deve-se decidir seguir as operações da natureza com uma constância e uma persistência que nada pode desencorajar, sobretudo quando se está seguro de que se está no bom caminho. Sem esse recurso, não se pode estar certo de raciocinar sobre os fatos com conhecimento de causa. Todos os detalhes da observação não poderão ser reunidos com essa precisão tão desejável nas ciências e só levarão a consequências vagas, sobre suposições gratuitas, que apresentam mais nossas decisões do que as da natureza. Tal é o caso, por exemplo, como observamos no verbete *Fonte*, da observação da quantidade de chuva que cai em diferentes partes do globo em comparação à massa das águas que circulam em sua superfície. Depende disso o veredicto acerca de tudo o que concerne à origem das fontes, à distribuição dos vapores sobre a superfície dos continentes e das águas correntes. Mesmo que tenhamos reunido todos os fatos, recolhido todas as observações as mais curiosas, não poderíamos, sem resultados precisos de experimentos, nos pronunciar decididamente sobre objetos tão importantes como esses.

Princípios que têm por objeto a combinação dos fatos. Como os fatos sozinhos e isolados anunciam somente coisas vagas, deve-se interpretá-los aproximando-os e combinando-os.

Percebe-se hoje, mais do que nunca, que quase tão importante quanto realizar descobertas é colocá-las em ordem. Sem esse recurso, os traços esparsos que representam a natureza nos escapariam. Quase todos os fenômenos, e principalmente os que temos em vista, só são úteis na relação que podem ter com outros, assim como as letras do alfabeto, que, em si mesmas inúteis, formam, quando reunidas, as palavras e as línguas. A natureza não se mostra inteira num único fato, ou mesmo por vários. Se um fenômeno solitário é notado, é com a expectativa de que um dia venha se reunir a outros da mesma espécie. Mas, no plano da natureza, fatos isolados são impossíveis, e, como percebem os observadores inteligentes, não revelam muito sobre a natureza. Um fato isolado, em suma, não é um fato físico, e a verdadeira filosofia consiste em descobrir as relações ocultas às vistas curtas e aos espíritos desatentos. Um exemplo chocante permitirá sentir a pertinência desses princípios. O padre Feuillée observou "que os cortes de rochedos próximos a Coquimbo, no Peru, eram perpendiculares ao nível do solo, e que alguns se cortavam de leste a oeste e outros do norte ao sul, em ângulos retos; os primeiros eram paralelos ao Equador, os últimos ao meridiano".

Se esse religioso erudito tivesse sido conduzido pelo que indicamos aqui, longe de afirmar que a natureza configurou as montanhas dessa maneira para tornar essa parte do mundo, já tão rica por suas minas, mais perfeita do que todas as outras, ele teria concebido o propósito de buscar observações equivalentes a respeito de outros continentes, e não teria se limitado à consideração infrutífera das causas finais. Ver *Causas finais*. Essa ideia, devidamente tratada pelo sr. Bourguet, levou-o à descoberta dos ângulos correspondentes etc.

Isso mostra a necessidade de combinar os fatos. Essa operação delicada é executada sobre dois planos diferentes, o da ordenação e coleta, e o da analogia.

Geografia Física

À medida que se reúnem fatos e observações, ficaríamos mais atormentados do que esclarecidos se não tivéssemos o cuidado de reduzi-los a certas classes determinadas pelo assunto e não pelo encadeamento natural, pois, como as pesquisas estão longe de ser exaustivas, tudo o que temos são cadeias esparsas que não anunciam a correspondência mútua que algum dia poderá formar uma sequência ininterrupta. Mas, como [**617**] a aparência de ordem é sempre necessária, faz-se um arranjo em partições inexatas. A verdade aparecerá mais por meio desse engano do que por meio da confusão; o tempo e as pesquisas retificarão um, ao passo que aumentaria a outra.

Deve-se mesmo reconhecer que essas partições gerais, embora imperfeitas, seriam mais convenientes ao nosso trabalho presente, que é o de recolher para uso da posteridade, e mais conformes a nossos conhecimentos limitados e imperfeitos sobre certos assuntos complicados que ainda não receberam senão o primeiro esboço, do que visadas truncadas às quais a imaginação dá forma e aparência de teoria. Essas tábuas seriam como os arquivos das descobertas e o depósito de nossos conhecimentos adquiridos, aberto a todos os que sentissem o zelo e talentos para enriquecê-lo novamente. Os observadores o percorreriam de uma vez, e sob uma luminosa precisão, o que transmitimos algumas vezes numa confusão de ideias estranhas e bizarras, no meio das quais a maior sagacidade as discerne com dificuldade.

Essa primeira operação ofereceria grandes facilidades para a segunda: contemplando os fatos simplificados, classificados com uma certa ordem, ficamos mais em condições de apreender suas correspondências mútuas e o que pode uni-los na natureza. Essa distribuição não ocorreria apenas com as observações que tivéssemos recolhido dos outros, mas também com aquelas feitas por nós mesmos.

Assim, tiraremos grandes proveitos dessa *classificação* dos fenômenos para apreender suas relações: mas deve-se convir que, quando estivermos familiarizados com os próprios objetos e tivermos adquirido o hábito de vê-los com inteligência, eles formarão em nosso espírito impressões duráveis, e se nos anunciarão com as características de correspondência que são o fundamento da analogia. Nós nos elevaremos insensivelmente a visões mais gerais pelas quais abarcaremos ao mesmo tempo vários objetos: apreenderemos a ordem natural dos fatos e ligaremos os fenômenos; e percorreremos de uma só vez uma série de observações análogas, cujo encadeamento se perpetuará sem esforço.

Mas uma primeira condição para chegar a esse ponto de vista é ter observado escrupulosamente cada objeto comparado, pois, do contrário, não se podem perceber bem os justos limites das relações que podem reuni-los. Se formos exatos em discernir o que poderia aproximar um fato de outro e descobrir o que, nos fenômenos, anunciava uma tendência marcada à correspondência de organização, então as analogias se apresentarão ao nosso espírito por si mesmas.

Frequentemente nos deixamos seduzir no transcurso de nossas observações, ou por negligência, ou então por uma prevenção de sistema; consequentemente, tem-se a presunção de ver para além daquilo que a natureza nos mostra ou então teme-se perceber tudo o que ela pode nos revelar. Segundo essa ilusão, imagina-se semelhança entre objetos mais dessemelhantes, regularidade e ordem no meio da confusão.

Em todas essas operações, a grande arte não é a de complementar os fatos, mas a de combinar seus detalhes conhecidos, imaginar circunstâncias, saber descobri-las. Com efeito, à medida que se estudam cada vez mais a natureza, seu mecanismo, sua arte, seus recursos, a multiplicidade dos meios na execução, suas desordens, mesmo as aparentes, tudo nos espanta, tudo nos surpreende, tudo, enfim, nos inspira essa desconfiança e circunspecção que modera essa inclinação indiscreta de nos entregar a nossas primeiras visadas ou de seguir nossas primeiras impressões.

Para que não haja precipitação, será, pois, muito prudente não nos determos senão nas relações mais imediatas e nos servir daquelas que foram percebidas e verificadas com exatidão, para nos elevar a outras. Para isto, organizamos por ordem nossas observações, e fazemos novas quando as relações intermediárias nos faltam. Teremos cuidado em não ligar os fatos sem ter percorrido todas aqueles que ocupam o intervalo, para uma indução cuja natureza terá conduzido a cadeia. Longe de sobrecarregar com circunstâncias maravilhosas ou estranhas os objetos complicados, nós os decomporemos por uma espécie de análise, a fim de nos limitar à comparação das partes e, à medida que avançarmos nesse trabalho, recomporemos novamente todas as partes e suas relações para usufruir do efeito do conjunto.

Assim, nós nos deteremos de início nas formas exteriores, em seguida nas massas ou configurações interiores; enfim, discutiremos as circunstâncias. Segui os contornos de duas montanhas que correm paralelamente; assinalei a correspondência de seus ângulos salientes e reentrantes; penetro em sua massa e descubro com surpresa que as camadas que por sua adição formam a solidez desses avanços angulares são sujeitas à mesma regularidade que as camadas exteriores. Percebo a mesma analogia de regularidade em relação às direções exteriores e mútuas das cadeias e em relação à organização correspondente das massas. Vou mais longe: digo que a forma exterior das montanhas tomada em absoluto tem uma relação determinada de dependência com a disposição dos leitos que entram em sua estrutura interior. Levarei mais adiante ainda minhas analogias sobre a natureza das substâncias, suas alturas correspondentes, e observarei, como uma circunstância muito notável, que os ângulos são mais frequentes e mais agudos nos vales profundos e estreitos etc.

Um ponto importante sobre o qual insistirei será não perder de vista nem dissimular as diferenças mais notáveis, ou as mais leves exceções que se oferecerem ao meu olhar no curso das relações que terei ocasião de captar e indicar. As relações que estabelecerei em consequência dessa atenção serão menos vagas e, segundo esse plano, ficarei em condições até mesmo de estabelecer novas relações e combinações luminosas entre essas variedades quando elas se anunciarem com características decisivas de uma semelhança. Por esse meio não me permitirei nenhuma espécie de suposição e, bem longe de ser tentado a estender as relações para além do que os fatos me apresentam, no caso em que uma expressão me parecer figurar mal, a esperança que terei de empregá-la um dia com sucesso me determinará a não a dissimular ou negligenciar, como seria tentado a fazê-lo se a tivesse considerado inútil. Essa exceção me dando ocasião de formar com ela uma nova classe de variedades sujeitas a efeitos regulares, minha observação não será mais proveitosa para o progresso da Geografia Física do que se eu tivesse, com a ajuda de uma ilusão muito fácil, suposto regularidades uniformes?

É apenas com essas precauções que se poderá recolher uma sequência bem ligada de fatos análogos e que se formará um conjunto no qual o espírito contemplará sem dificuldade uma ordem metódica de ideias claras e de relações fecundas.

Princípios de generalização das relações. É então que os principais fatos bem determinados, descritos com exatidão, combinados com sagacidade, são para nós uma fonte de luz que guia os observadores [618] no exame dos outros fatos e lhes prepara uma sequência bem atada. À força de perceber efeitos particulares, estudá-los e compará-los, tiramos, de suas relações colocadas numa nova luz, ideias fecundas que estendem nossa visão; nós nos elevamos insensivelmente a objetos mais vastos; e é nessas circunstâncias delicadas que se tem necessidade de método para conduzir seu espírito. Quando é preciso seguir e discernir com um golpe de vista firme e seguro os procedimentos da natureza em grande escala, e medir de algum modo a capacidade de seus fins com a vasta extensão do universo, não se deveriam ter preparado andaimes durante muito tempo para elevar-se a um ponto de vista favorável de onde se possa descobrir essa imensidão? Por isto insistimos nas operações preliminares a essa grande operação.

A generalização consiste, pois, no estabelecimento de certos fenômenos extensos, que são tirados do caráter comum e distintivo de todas as relações percebidas entre os fatos da mesma espécie.

Consideram-se sobretudo as relações mais fecundas, mais luminosas, mais bem decididas, aquelas, em suma, cuja natureza nos apresenta, o mais frequentemente, os termos de comparação: tais são os objetos da generalização. No que concerne a seus procedimentos, ela os dirige sobre a marcha da própria natureza, que é sempre traçada por uma progressão ininterrupta de fatos e observações, redigidas numa ordem dependente das combinações já percebidas e determinadas. Assim, os fatos se encontram (pelas precauções indicadas nas duas partes precedentes) dispostos em certas classes gerais, com esse caráter que as une, que lhes serve de ligação comum. Caráter que apreendemos em detalhe e que contemplamos então de uma só visada. Caráter, enfim, que torna palpável o conjunto de fatos, de modo que o plano de sua explicação se anuncia por essas disposições naturais. Desse ponto de vista, o observador usufrui de todas as suas pesquisas. Percebe com satisfação esse concerto admirável, essa união, esse plano natural, esse encadeamento metódico que parece multiplicar um fenômeno, por sua correspondência com aqueles que se encontram em circunstâncias semelhantes.

Extraem-se a partir dessa generalização princípios constantes, que podem ser considerados como o suco extraído de um rico fundo de observações que têm lugar de provas de raciocínios. Parte-se desses princípios como pontos luminosos para esclarecer novamente certos assuntos por analogia, e, em consequência da regularidade das operações da natureza, vemos surgir novos fatos que se organizam por si mesmos em ordem de sistema. Esses princípios são para nós leis da natureza, sob o império das quais submetemos todos os fenômenos subalternos. Como o segredo do enigma, eles oferecem numa precisão luminosa mais jogo e facilidade ao espírito observador para estender seus conhecimentos. Enfim, têm essa vantagem muito importante de nos livrar do engano sobre uma infinidade de fatos desfigurados ou absolutamente falsos; esses fatos desaparecerão ou se retificarão à sua luz, assim como é fácil compensar uma falsa impressão quando se tem o sentido da coisa.

Mas, para estabelecer esses princípios gerais, que não são propriamente senão efeitos gerais percebidos regularmente na discussão de fatos combinados, é necessário que a generalização tenha sido severa e exata; que tenha tido como fundamento uma série numerosa e variada de fatos ligados estreita e continuamente, sem interrupção. Sem essa precaução, em vez de princípios formados sobre fatos e realidades, tereis abstrações gerais, de onde não podereis tirar nenhum fato que se encontre na natureza. Que uso podem ter princípios que não são germes de descobertas? E como se quer que uma ideia estranha à natureza apresente o seu desfecho? É somente daquilo que tirais do fundo da natureza e que ela vos deixou ver, que podeis vos servir como instrumento seguro para desvelar o que ela vos esconde.

Se a indução pela qual haveis generalizado não foi esclarecida por um grande número de observações, o resultado geral terá extensão demasiada: não abarcará todos os fatos que se quiser submeter a ela; e esse inconveniente tem por princípio essa precipitação censurável que, em vez de temer exceções onde faltam fatos, e onde sua luz nos abandona, deixa-se arrastar por simples suspeitas gratuitas de uma regularidade constante.

Esse engano só acontece porque na discussão dos fatos não se distingue o essencial do acessório e, na enumeração e, na combinação dos fenômenos, forma-se o encadeamento sem abarcar as exceções; mas seria necessário levá-las em conta tão exata quanto as conveniências que serviram para as analogias.

Mas observações vagas e indeterminadas não são suficientes para estabelecer princípios. Nossas pesquisas devem ter por objetivo verificar e apreciar todos os fatos, e, principalmente, dar alguma precisão aos resultados. Sem esse cuidado, não há conhecimento certo, generalização ou resultados gerais.

Os princípios com frequência têm extensão demasiada, pois são redigidos a partir de visões ambiciosas, ditadas por uma hipótese de predileção. No transcurso das observações, eludem-se, por dissimulação ou por distinções sutis, as muitas exceções, desprezadas como insignificantes, buscando-se sempre, no meio desses obstáculos, a generalização dos resultados. Se, em seguida, são encontrados fatos contrários, são adaptados aos preceitos, adequando a uma regra demasiado geral para explicá-los.

Outros resultados se apresentam com frequência com uma infinidade de modificações e restrições, que fazem temer que não estejam ainda subordinados a outros. Essa timidez com a qual se é obrigado a esclarecer seus princípios vem de um defeito de observação: não há nenhum outro partido a tomar para lhes assegurar a solidez, a extensão, a precisão que talvez mereçam adquirir, senão consultar a natureza: sem isso, os princípios cuja generalização não for plena e inteira, cuja aplicação não for fixa e determinada, serão continuamente uma fonte de enganos e ilusões.

Em suma, se quisermos transmitir verdades sólidas, resultados gerais certificados e princípios fecundos e luminosos, teremos de nos apoiar sobre fatos discutidos com cuidado, ligados com sagacidade e generalizados com discernimento. [Tradução parcial]

Golfinho (*História Natural, Ictiologia*), Daubenton [4, 645]

Peixe cetáceo também chamado de bico de ganso por causa de suas mandíbulas alongadas, de algum modo similares às do ganso. Recebe outros nomes em outras línguas e dialetos, a maioria deles com o significado de porco-do-mar ou peixe-porco, pois a gordura e a banha do golfinho são como a do porco, com o qual se assemelha ainda, segundo se diz, quanto à conformação das partes internas – vale dizer que, como os demais cetáceos, ele é semelhante aos quadrúpedes em geral.

O golfinho tem a pele dura e lisa, o corpo alongado, o dorso curvado em abóboda, o focinho longo, a boca grande, dentes pequenos e pontiagudos, uma língua carnuda, móvel e cortada nas bordas. Seus grandes olhos são recobertos por uma pele, de modo que só se vê a pupila. Situam-se próximos às extremidades dos lábios. O orifício da orelha se situa atrás do olho, mas, de tão pequeno, é difícil de se ver. Na parte inferior do focinho encontra-se um orifício em forma de *croissant* que leva a um duplo canal que permite ao golfinho respirar e ejetar água. Esse peixe tem duas fortes nadadeiras presas ao peito e uma terceira, em posição vertical, presa ao dorso, em parte óssea, em parte cartilaginosa, sem arestas ou pontas. A cauda é formada por duas nadadeiras que saem das costas e formam um semicírculo. No baixo-ventre estão o umbigo, os órgãos da geração e o ânus. O dorso é negro e o ventre é branco, com a pele espessa e firme, exceto sob a nadadeira, onde há gordura, tal como nos porcos. A carne do golfinho é escura e não difere muito daquela do porco ou do boi. Cheira mal; é consumida no Languedoc, mas por uma questão de necessidade. Esse peixe tem ossos, como os quadrúpedes, e as partes internas de seu corpo são, como dissemos, similares às deles, como os outros peixes cetáceos; mas não tem a vesícula do fel. Também as partes de geração do macho e da fêmea são similares às dos animais quadrúpedes. Acasalam-se se aproximando um do outro pelo ventre e abraçando-se com as nadadeiras. A fêmea costuma ter um feto de cada vez, no máximo dois. A gestação dura seis meses; a mãe aleita os filhotes e os carrega até que aprendam a nadar, acompanhando-os depois por um bom tempo. O crescimento desses animais leva 10 anos; acredita-se que vivam por 25 ou 30 anos. Segundo se diz, eles dormem com o focinho acima da superfície para poder respirar, e movendo as nadadeiras suavemente, para se sustentar. Afirma-se ainda que eles roncam. Conseguem ficar mais tempo fora d'água do que dentro dela; quando impedidos de vir à tona, sufocam. Gesner diz ter visto um golfinho que sobreviveu três dias fora d'água. Quando capturados, queixam-se e vertem lágrimas. Esses animais emitem sons e têm uma espécie de canto. Bellon afirma que eles nadam nas águas tão rapidamente quanto um pássaro voa nos ares. Mas, como suas nadadeiras são pequenas, há razão para crer que a rapidez e a continuidade dos movimentos desse animal se devem à agilidade e à força de seu corpo. Quando são vistos agitando-se na superfície da água, ou como que brincando nela, é um augúrio de tempestade. De acordo com Bellon, nadam em tropas ou em duplas, um macho e uma fêmea, mas nunca sozinhos. Esse autor foi informado pelos gregos do Propôntida que os golfinhos realizam migrações, partem do mar Mediterrâneo rumo ao setentrião, nos mares do Helesponto e do Propôntida. Permanecem por algum tempo no Ponto Euxino e em seguida retornam para o lugar de onde vieram. Reúnem-se em tropas para enfrentar os bonitos. A única diferença entre o golfinho e o boto é a boca; vide *Boto*. Observe-se que a verdadeira figura do golfinho é muito diferente daquelas que constam em brasões e das feitas por escultores e pintores. Está fora de questão a ideia de que ele teria um carinho especial pelas crianças, ou de que gostaria de música, ou que responderia a nós quando o chamamos pelo nome de Simon. O que os autores antigos e modernos nos contam a respeito é tão fabuloso que um naturalista jamais poderia pensar em incluir essas histórias em suas observações. Vide Rond. *de pisc.* Willughby, *hist. pisc.*, e o verbete *Peixe*.

Grãos (*Economia Política*), Quesnay [17, 812-31]

[**826**] Para compreender melhor as vantagens do comércio externo de grãos, são necessárias algumas observações fundamentais sobre o comércio em geral e, principalmente, sobre o comércio das mercadorias de mão de obra e sobre o de *denrées du crû* [produtos locais]. Pois, quanto ao comércio de tráfico, que consiste em comprar para revender, é ocupação de Estados menores, que, por não terem outros recursos, se tornam mercadores. Essa espécie de comércio exterior é indigna da atenção de um grande reino. Por isso, vamos nos limitar a comparar as vantagens dos dois outros gêneros de comércio, conhecendo melhor, por esse meio, aquele que nos interessa mais.

Máximas do governo econômico

I. *Os trabalhos da indústria não multiplicam as riquezas.* Os trabalhos da agricultura não apenas compensam os custos, pagam a mão de obra da cultura e garantem ganhos aos trabalhadores, como também produzem os rendimentos dos bens fundiários. Aqueles que compram as produções da indústria pagam os custos, a mão de obra e o ganho dos comerciantes, mas essas produções não geram nenhum rendimento além disso.

Desse modo, todas as despesas com as produções da indústria são pagas com o rendimento dos bens fundiários, pois os trabalhos que não produzem rendimento não podem existir senão por meio das riquezas provenientes daqueles que o produzem.

Compare o ganho dos operários que fabricam as produções da indústria com o ganho dos operários que o fazendeiro emprega na cultura da terra. Verá que esse ganho, de uma parte a outra, limita-se à subsistência desses operários, que esse ganho não é um aumento de riquezas e que o valor das produções da indústria é proporcional ao próprio valor dos bens de subsistência que os operários e comerciantes consomem. Assim, o artesão destrói em sua subsistência tanto quanto produz por seu trabalho.

Não há, portanto, multiplicação de riquezas nas produções da indústria, uma vez que o valor dessas produções não aumenta senão em conformidade ao preço dos bens de subsistência que os operários consomem. As grandes fortunas dos comerciantes não devem ser vistas de outro modo: elas são o resultado das grandes empresas de comércio que agrupam os ganhos semelhantes àqueles dos pequenos comerciantes, do mesmo modo que as empresas de grandes trabalhos formam grandes fortunas dos pequenos lucros que são retirados do trabalho de um grande número de operários. Todos esses empreendedores fazem suas fortunas porque outros fazem despesas, de modo que não há um crescimento das riquezas.

A fonte da subsistência dos homens é o princípio da riqueza. A indústria a prepara para o uso dos homens. Para usufruir dela, os proprietários pagam os trabalhos da indústria e, desse modo, os rendimentos se tornam comuns a todos os homens.

Os homens se multiplicam, portanto, em proporção ao rendimento dos bens fundiários. Alguns fazem nascer as riquezas pela cultura, outros as preparam para o usufruto, aqueles que delas usufruem pagam a uns e outros.

São necessários, portanto, bens fundiários, homens e riquezas para existir riquezas e homens. Desse modo, um estado que fosse povoado exclusivamente por comerciantes e artesãos não poderia subsistir senão através dos rendimentos dos bens fundiários estrangeiros.

II. *Os trabalhos da indústria contribuem para a população e ao crescimento das riquezas.* Se uma nação recebe do exterior um milhão [de bens primários] em troca de mercadorias fabricadas internamente por sua mão de obra, ao mesmo tempo que ela vende ao exterior mercadorias primárias por um milhão, ambas as produções são para ela igualmente um acréscimo de riquezas, sendo-lhe igualmente vantajosas. Isso desde que ela possua mais homens do que o rendimento do solo do reino seja capaz de manter, pois então uma parte desses homens não poderia subsistir senão por meio das mercadorias de mão de obra que ela vende ao exterior.

Nesse caso, uma nação retira do solo e dos homens todo o produto que ela pode deles retirar, mas ela ganha muito mais com a venda de um milhão de mercadorias primárias que com a venda de um milhão de mercadorias de mão de obra, porque, com estas, ela ganha apenas o preço do trabalho do artesão, ao passo que, com aquelas, ela ganha o preço do trabalho da cultura e o preço das matérias produzidas pelo solo. Desse modo, supondo igualdade nas somas obtidas com a venda dessas diferentes mercadorias, o comércio de [mercadorias] primárias é sempre proporcionalmente muito mais vantajoso.

III. *Os trabalhos da indústria que ocupam os homens em detrimento da cultura de bens fundiários prejudicam a população e o crescimento das riquezas.* Se uma nação que vende ao estrangeiro, por um milhão, mercadorias de mão de obra e, por um milhão, mercadorias primárias, não possui homens suficientes ocupados na valorização dos bens fundiários, ela perde sobre o emprego dos homens ligados à fabricação das mercadorias de mão de obra que ela vende ao estrangeiro, uma vez que os homens não podem trabalhar nesse setor sem prejudicar o rendimento do solo e que o produto do trabalho dos homens que cultivam a terra poderia ser o duplo ou o triplo daquele obtido com a fabricação das mercadorias de mão de obra.

IV. *As riquezas dos cultivadores geram as riquezas da cultura.* O produto do trabalho da cultura será nulo, ou quase nulo, para o Estado se [**827**] o cultivador não tiver condições de bancar os custos de uma boa cultura. Um homem pobre que obtém da terra com seu trabalho apenas mercadorias de pouco valor, como batatas, trigo negro, castanhas etc. com as quais se alimenta, que não compra nem vende nada, trabalha apenas para si. Ele vive na miséria, e tanto ele quanto a terra que cultiva não geram nada ao Estado.

Esse é o efeito da indigência nas províncias onde não há fazendeiros em condições de empregar os camponeses, e onde esses camponeses são tão pobres que só conseguem obter por si mesmos alimentos e vestimentas de baixa qualidade.

Desse modo, o emprego dos homens na cultura pode ser infrutífero em um reino onde não existe a riqueza necessária para preparar a terra para gerar ricas colheitas. Mas os rendimentos dos bens fundiários estão sempre assegurados em um reino povoado por ricos fazendeiros.

V. *Os trabalhos da indústria contribuem para o aumento dos rendimentos dos bens fundiários e os rendimentos dos bens fundiários sustentam os trabalhos da indústria.* Uma nação que, pela fertilidade de seu solo e pelas dificuldades nos transportes, anualmente teria um excedente de mercadorias agrícolas que não poderia vender a seus vizinhos, mas que poderia vender mercadorias manufatureiras, fáceis de transportar, teria o interesse de atrair para si fabricantes e artesãos que consumiriam as mercadorias da região e venderiam sua produção ao exterior, aumentando assim as riquezas da nação através de seus ganhos e de seu consumo.

Mas esse arranjo não é fácil de ser obtido, porque os fabricantes e artesãos só se dirigem a uma região em proporção dos rendimentos atuais da nação, isto é, na proporção que existam proprietários ou comerciantes em condições de comprar seus produtos mais ou menos pelo preço que poderiam vender em outro local, e que lhe garantam a venda conforme eles sejam fabricados. Isso não é possível em uma nação que na qual suas mercadorias agrícolas não sejam vendidas ali mesmo, e onde a ausência de valor dessas mesmas mercadorias resulte em falta de rendimento para estabelecer as manufaturas e os trabalhos de mão de obra.

Um tal projeto só pode ser executado muito lentamente. Várias nações que tentaram se depararam com a impossibilidade de concluí-lo.

Trata-se do único caso no qual o governo poderia se aproveitar, de modo útil, dos progressos da indústria em um reino fértil. Pois, enquanto o comércio de bens primários é fácil e livre, os trabalhos da mão de obra só podem ser assegurados através dos rendimentos dos bens fundiários.

VI. *Uma nação que possui um grande comércio de bens primários pode sempre manter, ao menos para si mesma, um grande comércio de mercadorias manufaturadas.* Pois ela pode sempre pagar proporcionalmente aos rendimentos de seus bens fundiários os trabalhadores que fabricam os produtos de mão de obra dos quais necessita.

Assim, o comércio de produtos da indústria pertence, de modo seguro, a essa nação tanto quanto o comércio de suas mercadorias primárias.

VII. *Uma nação com pouco comércio de mercadorias primárias e que se vê reduzida a um comércio de indústria para sobreviver entra em um estado precário e incerto.* Isso porque esse comércio pode ser subtraído dela por nações rivais que, com maior sucesso, comercializem as mesmas mercadorias.

Além disso, essa nação está sempre em uma situação tributária e dependente daquelas que vendem os materiais de primeira necessidade. Ela se vê reduzida a uma economia rigorosa, porque não tem rendimento para gastar e só pode sustentar seu tráfico, sua indústria e sua navegação por meio da poupança, ao passo que aqueles que possuem bens fundiários aumentam seus rendimentos por meio do consumo desses materiais.

VIII. *Um grande comércio interno de mercadorias de mão de obra só pode subsistir por meio dos rendimentos dos bens fundiários.* Em um reino, é preciso examinar a proporção do comércio externo e do comércio interno de produções da indústria, pois, se o comércio interno de mercadorias de mão de obra fosse, por exemplo, de três milhões, e o comércio externo, de um milhão, os três quartos da totalidade desse comércio de mercadorias de mão de obra seriam pagos pelos rendimentos dos bens fundiários da nação, enquanto os estrangeiros pagariam por um quarto.

Nesse caso, os rendimentos dos bens fundiários seriam a principal riqueza do reino e o principal objetivo do governo seria o de velar pela manutenção e crescimento dos rendimentos dos bens fundiários.

Os meios consistem na liberdade do comércio e na conservação das riquezas dos cultivadores. Sem essas condições, os rendimentos, a população e os produtos da indústria diminuiriam.

A agricultura produz dois tipos de riqueza, a saber, o produto anual dos rendimentos dos proprietários e a restituição dos custos da cultura.

Para serem distribuídos anualmente a todos os cidadãos e para subvencionar os gastos do Estado, os rendimentos devem ser despendidos.

As riquezas empregadas nos custos da cultura devem ficar reservadas aos cultivadores e ser isentas de qualquer tributação, pois, se um tributo recai sobre elas, a agricultura é destruída, os ganhos dos habitantes do campo são suprimidos e a fonte dos rendimentos do Estado seca.

IX. *Uma nação que possui um grande território e que diminui o preço das mercadorias primárias para favorecer a fabricação de produtos de mão de obra destrói a si mesma*. Pois, se o cultivador não se vê desobrigado dos grandes custos que a cultura exige e não o obtém pela venda dos produtos agrícolas, a agricultura morre, a nação perde os rendimentos de seus bens fundiários e os trabalhos dos produtos de mão de obra diminuem, porque os proprietários fundiários não podem mais pagar por esses trabalhos. A região é despovoada por conta da miséria e pela deserção dos fabricantes, artesãos, manufatureiros e camponeses que só podem subsistir na medida de seus ganhos, que lhes são propiciados pelos rendimentos da nação.

Assim, as forças do reino são destruídas, as riquezas aniquiladas, os tributos sobrecarregam o povo e os rendimentos do soberano diminuem. E basta uma única conduta mal planejada para que o Estado entre em colapso.

X. *As vantagens do comércio externo não consistem no crescimento das riquezas pecuniárias*. O crescimento das riquezas que o comércio externo de uma nação gera pode não ser um crescimento de riquezas pecuniárias, porque o comércio externo pode ser feito com o estrangeiro em troca de mercadorias que são consumidas em cada nação. E elas não deixam de ser riqueza para cada uma dessas nações, porque podem ser usufruídas ou, caso não sejam consumidas, podem ser convertidas em riqueza pecuniária para outros usos.

Além disso, os produtos vistos como mercadorias são um conjunto de riquezas pecuniárias e riquezas reais. Um fazendeiro que vende seu trigo a um comerciante é pago em dinheiro, com o qual ele paga o proprietário, a talha, seus domésticos, seus trabalhadores, e compra as mercadorias das quais [**828**] necessita. O comerciante que vende o trigo ao estrangeiro e que dele compra outras mercadorias, ou que com ele faz um escambo, revende a mercadoria que trouxe de volta e, com o dinheiro que recebe, compra o trigo. O trigo, visto como mercadoria, é, portanto, uma riqueza pecuniária para os vendedores e uma riqueza real para os compradores.

Desse modo, todas as mercadorias que podem ser vendidas devem sempre ser vistas pelo Estado, indiferentemente, como riquezas pecuniárias e como riquezas reais, passíveis de serem usadas pelos cidadãos como lhes convém.

As riquezas de uma nação não são reguladas pela massa de riquezas pecuniárias. Um aumento ou diminuição desta última pode ocorrer sem que seja percebido, pois, em um Estado, ela é sempre efetiva por sua quantidade ou pela celeridade de sua circulação, em proporção à abundância e ao valor das mercadorias. A Espanha, que usufrui dos tesouros do Peru, a todo momento se vê exaurida pelas suas necessidades. A Inglaterra sustenta sua opulência por meio de suas riquezas reais; o papel, que ali representa o dinheiro, possui um valor assegurado pelo comércio e pelos rendimentos dos bens da nação.

Não é, portanto, uma maior ou menor quantidade de riquezas pecuniárias que determina a riqueza de um Estado, e as interdições para a saída de prata de um país em prejuízo de um comércio lucrativo só podem estar fundadas sobre algum prejuízo desvantajoso.

Para a sustentação de um Estado é preciso riqueza verdadeira, isto é, riquezas que sempre renascem, são sempre produzidas e sempre pagas, de modo a garantir o usufruto, a demanda das mercadorias e a satisfação das necessidades da vida.

XI. *O estado da balança do comércio entre diversas nações não nos permite conhecer as vantagens do comércio e o estado das riquezas de cada nação.* Pode haver nações mais ricas em homens e bens fundiários que outras, ainda que elas possuam menos comércio interno, menos consumo e mais comércio externo que aquelas.

Além disso, algumas dessas nações podem fazer mais comércio de tráfico que as outras. Esse comércio, que lhes rende o preço final das mercadorias revendidas, aparece como um grande objeto na balança de comércio sem que o fundo desse comércio lhes seja tão vantajoso quanto aquele de um comércio menor de outras nações que vendem diretamente os seus próprios produtos ao estrangeiro.

O comércio das mercadorias de mão de obra cria essa ilusão, uma vez que esses produtos incluem o preço das matérias-primas, que deve ser distinguido do preço de fabricação.

XII. *É pelo comércio interno e externo, mas sobretudo pelo estado do comércio interno que podemos julgar a riqueza de uma nação.* Pois, se ela consome uma grande quantidade dessas mercadorias a um alto preço, suas riquezas serão proporcionais à abundância e aos preços das mercadorias consumidas. Isso porque essas mesmas mercadorias são verdadeiras riquezas em razão de sua abundância e de seu alto preço, e poderiam, em condições extraordinárias, ser empregadas de outro modo pela venda ao exterior. Basta para tanto que ela possua seus fundos em riquezas reais.

XIII. *Uma nação não tem o que invejar no comércio de seus vizinhos quando ela obtém o melhor produto possível de seu solo, de seus homens e de sua navegação.* Pois ela não poderia atentar contra o comércio de seus vizinhos sem desarranjar a sua situação, sem causar dano a si mesma, sobretudo no comércio recíproco estabelecido com eles.

Desse modo, nações comerciantes rivais, e mesmo inimigas, deveriam prestar mais atenção em manter e, se possível, estender o seu próprio comércio, do que tentar prejudicar diretamente o comércio das outras nações. Elas deveriam inclusive favorecê-lo, uma vez que o comércio recíproco das nações é mutuamente sustentado pelas riquezas dos vendedores e dos compradores.

XIV. *No comércio recíproco, as nações que vendem as mercadorias mais necessárias ou as mais úteis possuem uma vantagem sobre aquelas que vendem mercadorias de luxo.* Uma nação que tem assegurado por seus bens fundiários o comércio de bens primários e, consequentemente, também o comércio interno de mercadorias de mão de obra, é independente de outras nações. Ela comercializa com estas últimas apenas para manter, facilitar e estender seu comércio externo, e deve, para conservar sua independência e sua vantagem no comércio recíproco, tanto quanto for possível, comprar do estrangeiro apenas as mercadorias de luxo e vender-lhes apenas as mercadorias necessárias às carências da vida.

As outras nações acreditarão que, pelo valor real dessas diferentes mercadorias, esse comércio recíproco lhes é mais favorável. Mas a vantagem é sempre da nação que vende as mercadorias mais úteis e mais necessárias. Desse modo, pois, seu comércio fica estabelecido sobre as necessidades dos outros: as outras nações vendem apenas o supérfluo e compram aquilo que constitui sua opulência. Elas têm mais interesse em vender do que ela tem necessidade de comprar e pode mais facilmente abrir mão desse luxo do que elas podem poupar sobre o necessário.

Cabe ainda ressaltar que os Estados que se especializam em manufaturas de luxo estão sujeitos a vicissitudes desagradáveis, pois basta um período de infortúnio para o comércio de luxo girar em falso e os trabalhadores ficarem sem pão e sem emprego.

Liberalizando o comércio, a França poderia produzir, em abundância, mercadorias de primeira necessidade suficientes para um grande consumo interno e para um grande comércio externo e que poderiam sustentar no reino um grande comércio de produtos de manufaturados.

Mas o estado de sua população não lhe permite empregar muitos homens nos produtos de luxo, e ela inclusive possuiria o interesse, para facilitar o comércio externo das mercadorias primárias, de incentivar, através da compra de mercadorias de luxo, um comércio recíproco com o estrangeiro.

Além disso, ela não deveria pretender de modo pleno um comércio geral. Deveria sacrificar alguns ramos menos importantes em prol de outras partes que lhe são mais lucrativas e que aumentariam e assegurariam rendimentos dos bens fundiários do reino.

No entanto, todo comércio deve ser livre, porque é do interesse dos mercadores se ligar aos ramos de comércio externo mais seguros e mais lucrativos.

Basta ao governo velar pelo crescimento dos rendimentos dos bens fundiários do reino, não incomodar a indústria, garantir aos cidadãos a facilidade e a escolha das despesas.

Reanimar a agricultura pela atividade do comércio das províncias onde as mercadorias perderam o valor.

Suprimir as proibições e os impedimentos prejudiciais ao comércio interno e ao comércio externo recíproco.

Abolir ou moderar os tributos excessivos sobre a circulação fluvial [**829**] e rodoviária, que destroem os rendimentos das províncias afastadas, onde as mercadorias só podem ser comercializadas depois de transportadas por longas distâncias. Aqueles a quem esses tributos pertencem serão suficientemente recompensados pelo crescimento geral dos rendimentos dos bens do reino.

Não é menos necessário extinguir os privilégios mantidos pelas províncias, cidades e comunidades em nome de vantagens particulares.

Também é importante facilitar por toda parte as comunicações e os transportes das mercadorias através da recuperação das estradas e da navegação fluvial.[6]

É ainda essencial não submeter o comércio das mercadorias das províncias a proibições e permissões provisórias e arbitrárias, que destroem o campo sob o pretexto capcioso de assegurar a abundâncias nas cidades. As cidades subsistem por conta das despesas dos proprietários que ali habitam, de modo que, ao destruir o rendimento dos bens fundiários, não se está favorecendo as cidades, nem garantindo o bem do Estado.

O governo dos rendimentos da nação não deve ser abandonado à discricionariedade ou à arbitrariedade de administrações subalternas e privadas.

---

6 Faltam estradas rurais ou de ligação às grandes rotas, cidades e mercados, ou elas estão em mau estado em quase todas as províncias. Trata-se de um grande obstáculo à atividade do comércio. Contudo, parece ser possível remediar essa situação em poucos anos: os proprietários têm muito interesse na venda das mercadorias que seus bens produzem para que não queiram contribuir nas despesas de reparação dessas estradas. Seria possível, pois, cobrar-lhes uma pequena taxa proporcional à talha de seus arrendamentos da qual, junto com os camponeses, os arrendatários estariam isentos. Quais estradas recuperar seria uma decisão a cabo do senhor intendente de cada distrito, após uma consulta aos habitantes, que, em seguida, faria executar as obras. Primeiro, seriam recuperadas as estradas em pior estado, e progressivamente as estradas seriam melhoradas. Em seguida, os arrendatários e camponeses seriam encarregados por sua manutenção. Um arranjo parecido poderia ser feito para tornar rios navegáveis. Há províncias que reconhecerem a utilidade desses trabalhos, a ponto de pedir uma autorização para que elas mesmas fizessem essas despesas, mas, por vezes, as necessidades do Estado exigiram que os fundos fossem repassados à Coroa. Esses insucessos acabaram por abafar essas disposições, tão vantajosas ao bem do Estado. (N. A.)

Não se deve limitar a exportação dos grãos a províncias individuais, porque elas ficam desabastecidas antes que as outras províncias possam supri-las, e seus habitantes podem ficar expostos, durante alguns meses, à falta de alimentos, que atribuímos, com razão, à exportação.

Mas, quando a liberdade de exportar é geral, a colheita de grãos deixa de ser sensível [às intempéries da natureza], pois os comerciantes os obtêm de todas as partes do reino e, sobretudo, das províncias onde eles estão mais baratos.

Desse modo, não haverá mais províncias onde as mercadorias fiquem sem valor. A agricultura se vê reanimada por toda parte em proporção da venda.

Os progressos do comércio e da agricultura marcham juntos. A exportação nunca canaliza outra coisa senão um excedente que não existiria sem ela e que mantém a abundância e aumenta os rendimentos do reino.

Esse acréscimo dos rendimentos aumenta a população e o consumo, porque as despesas aumentam, gerando os ganhos que atraem os homens.

Através desses progressos, em pouco tempo, um reino pode adquirir um alto grau de força e prosperidade. Assim, através de meios simples, um soberano pode garantir a seus estados conquistas muito mais vantajosas que aquelas que ele poderia obter de seus vizinhos. Os progressos são rápidos. Sob Henrique IV, um reino esgotado e sobrecarregado de dívidas se tornou muito rapidamente um país de abundância e riquezas. [Tradução parcial]

Inca (*História Moderna*), Anônimo [8, 641-2]

Nome que os naturais do Peru dão a seus reis e aos príncipes de seu sangue.

A crônica do Peru relata a origem dos incas da seguinte maneira. Por muito tempo, o Peru foi um teatro de crimes de toda espécie, das mais abomináveis guerras, discórdias e desordens, até que surgiram dois irmãos, um deles chamado Manco Capac, a respeito de quem os índios contam grandes maravilhas. Ele ergueu a cidade de Cusco, fez leis e regulamentações, e adquiriu o nome de "inca", transmitido a seus descendentes, que significa rei ou grão-senhor. Os incas se tornaram tão poderosos que se apoderaram de todas as terras que se estendem de Parto até o Chile, 1.300 léguas no total, incluindo as regiões divididas entre Guascar e Atabalipa. Quando os espanhóis chegaram, apoderaram-se dos estados incas e destruíram seu império.

Contam-se no total doze incas, mas, segundo se diz, até hoje as pessoas mais importantes do lugar ostentam esse nome, mero título honorífico que não traz sombra de autoridade, assim como o de cacique.

Quanto aos antigos incas, que reinaram antes da conquista dos espanhóis, seu nome significa, em língua peruana, em acepção própria e literal, senhor ou imperador, e sangue real. O rei era chamado de *capa inca*, ou seja, o senhor por excelência. A rainha se chamava *pallas*, e os príncipes, simplesmente incas. Seus súditos tinham extrema veneração por eles, consideravam-nos filhos do Sol, e acreditavam que eram infalíveis. Se alguém ofendesse o rei, um mínimo que fosse, a cidade que habitava, ou da qual era cidadão, era transformada em ruínas. Quando os incas viajavam, cada aposento em que repousavam ao longo do caminho era cercado por muros para que ninguém o ocupasse depois deles. O mesmo era feito com os locais onde vinham a falecer: o aposento era fechado com o ouro, a prata e outros bens de valor que se encontrassem com o príncipe no momento de sua morte, e construía-se outro aposento para seu sucessor. [**642**]

As mulheres e os serviçais do rei defunto eram sacrificados durante os ritos funerais: seu corpo ardia juntamente com o de seu senhor, na mesma fornalha. Vide Garcilasso de la Vega, *História dos incas*.

Índia (*Geografia Antiga e Moderna*), Jaucourt [8, 660-1]

[**861**] Como todos sabem, os portugueses encontraram o caminho das Índias Orientais no final do século XV, através do famoso Cabo das Tormentas, que Manuel, rei de Portugal, chamou de Cabo da Boa Esperança, nome que não se mostrou enganoso. Vasco da Gama foi o primeiro a ter a glória de atravessá-lo, em 1497, chegando, por meio dessa rota, às Índias Orientais e ao reino de Calicute.

Sua viagem bem-sucedida mudou o comércio do Velho Mundo e, em menos de cinquenta anos, os portugueses se tornaram senhores da riqueza das Índias. Trouxeram à Europa tudo o que a natureza produz de útil, raro, curioso e agradável. Abriram uma rota do Tages ao Ganges. Lisboa e Goa prosperaram. Os reinos do Sião e de Portugal se tornaram aliados. Na Europa, não se falava de outra coisa. Poderia ser diferente? Mas a ambição que anima os homens a empreender, que os leva a buscar por novas terras e novos mares, da qual se esperam tantos benefícios, mostrou-se tão funesta quanto a ambição que os leva aos conflitos e perturbações em terras já conhecidas.

O que não nos impede de apreciar filosoficamente o espetáculo da Índia. Voltemos os olhos para essa enorme região do Oriente, e consideremos o espírito e o gênio dos povos que a habitam.

As ciências provavelmente surgiram antes na Índia do que no Egito. As terras dos indianos são muito mais belas e mais férteis que as dos vizinhos do Nilo, e o solo, dotado de uma fertilidade bem mais variada, teria excitado a curiosidade e a indústria dos habitantes. Antes mesmo das campanhas de Alexandre, os gregos viajavam à Índia em busca de ciência. Foi lá que Pitágoras adquiriu seu sistema de metempsicose; lá, há mais de dois mil anos, Pilpay proferiu suas lições de moral por meio de fábulas engenhosas que se tornaram o livro oficial de parte do Industão. Vide *Fabulista*.

Os indianos inventaram o douto e profundo jogo de xadrez, alegórico como suas fábulas, e que, tal como elas, oferece lições indiretamente. Foi inventado para demonstrar aos reis que o sustento do trono depende do amor dos súditos, que fazem a sua força e o seu poder. Vide *Jogo de Xadrez*.

Nas Índias antigas, os gimnosofistas viviam juntos, ligados por ternos costumes e sentimentos, dedicando-se às ciências e ensinando-as à juventude, gozando, para tanto, de um sustento fixo que lhes permitia estudar sem outras preocupações. Sua imaginação não se deixava impressionar pelo brilho dos grandes ou das riquezas. Alexandre se sentiu intrigado diante desses homens raros. Convocou-os, e eles se apresentaram; recusaram os presentes que lhes ofereceu; disseram-lhe que viviam em retiro, modestamente, e sentiam-se aflitos por conhecer um príncipe tão grande que anseia pela funesta glória de arrasar o mundo.

A astronomia, depois astrologia, foi cultivada na Índia desde tempos imemoriais. A rotação do Sol era dividida em doze partes, o ano começava quando o Sol entrava na constelação que chamamos do Carneiro, a semana tinha sete dias, e cada dia recebia o nome de um dos sete planetas.

A aritmética era igualmente desenvolvida. Os números que utilizamos, e que os árabes trouxeram para a Europa [**662**] na época de Carlos Magno, vieram da Índia.

Índia

As ideias que indianos tinham de um Ser infinitamente superior às outras divindades sugerem ao menos que eles teriam adorado um único Deus antes que o politeísmo fosse introduzido, da mesma maneira como costumam sê-lo em todos os povos idólatras.

Os brâmanes, sucessores dos bracmanes, eles mesmos gimnosofistas, agravaram esse erro e o brutalizaram. Sempre que podem, convidam as mulheres a se lançarem na fogueira em que arde o cadáver de seu falecido esposo. A superstição e o despotismo terminaram por eliminar a ciência herdada dos tempos antigos.

A mesma natureza do clima, que deu a esses povos uma fraqueza que os tornou medrosos, deu-lhes também uma imaginação tão viva que tudo lhes toca ao extremo. Essa delicadeza, essa sensibilidade dos órgãos, explica por que fogem ao menor sinal de perigo. Também em razão do clima, acreditam que o repouso e o nada são o fundamento de todas as coisas, o fim ao qual elas chegam. Nesse país de calor excruciante, o repouso é de tal maneira delicioso que tudo o que reduz o coração ao mais puro vazio parece natural, e o mais famoso legislador da Índia, Foe, seguiu o que sentia, quando pôs os homens em estado de extrema passividade.

Para oferecer um resumo do vasto império sob o jugo do qual os indianos se encontram, diremos que ele é governado de maneira indigna por cem tiranos, submetidos a um imperador tão implacável como eles, amolecido, como eles, pelas delícias, e que devora a substância do povo. Simplesmente não existem ali os grandes tribunais depositários das leis, que protegem o fraco contra o forte. Eles tampouco existem no Industão, na Mongólia, na Pérsia, no Japão ou na Turquia. Mas, se julgarmos os demais indianos pelos que vivem aquém do Ganges, veremos as vantagens que um governo moderado teria para essa nação. Seus usos e costumes mostram pessoas amáveis, brandas, tenras, que tratam seus escravos como seus filhos, que estabeleceram um pequeno número de punições, todas elas brandas.

A destreza e a habilidade dos indianos nas artes mecânicas continuam a nos surpreender. Não existe nação superior a eles no gênero, seus ourives trabalham em filigrana com uma delicadeza infinita. Esse povo sabe pintar flores e dourar o vidro como ninguém. Os indianos fazem vasos para refrescar a água com paredes da espessura de duas folhas de papel. Seus tecidos não descoloram com a lavagem; fabricam pedra de moagem com laca e esmeril; seus pedreiros revestem enormes salas com uma espécie de cimento que fabricam com tijolos triturados e cal de concha, criando a aparência de uma única peça de pedra contínua, mais dura que o tufo.

Suas telas e musselinas são tão belas e tão finas que não cansamos de consumi-las e admirá-las. Mas essas mercadorias, tão desejadas em toda a Europa, apesar das frívolas leis dos príncipes contra o débito, são produzidas sob a opressão de uma corte ou à beira das estradas. Numa palavra, como diz o historiador de nosso século, devemos a eles nossos sentimentos de interesse, amor e reconhecimento, pelos produtos de suas terras, que nos alimentam, por seus tecidos, que nos vestem, por cálculos numéricos, que nos esclarecem, por suas antigas fábulas, que nos instruem, e pelos jogos que eles inventaram, e que tanto nos divertem.

Inseto (*História Natural*), Anônimo [8, 783-4]

[**783**] A maioria dos insetos nem sempre tem uma só e a mesma forma, altera-se a ponto de se tornar irreconhecível, alteração essa a que se dá o nome de *transformação* ou *metamorfose* dos insetos. Swammerdam identificou quatro tipos (*Biblia naturae; sive, Historia insectorum*, Amsterdã, 1737).

No primeiro tipo de metamorfose, o inseto sofre uma única transformação. A maioria deles, quando deixa o ovo e cresce, troca de pele, algumas de suas partes podem às vezes crescer um pouco mais que outras e adquirir uma cor diferente da que tinham antes. É o que acontece com as aranhas e as diferentes espécies de piolhos, de homens ou de animais, e também com os vermes de terra, as sanguessugas, as centopeias e outros.

Nos três outros tipos de metamorfose, quando o inseto passou por diversas modificações e chegou ao ponto do crescimento, ele adquire a forma de semininfa, de ninfa ou de crisálida, e, tendo permanecido por algum tempo sob uma dessas formas, deixa-a e se torna um perfeito inseto, apto a se reproduzir.

O segundo tipo de metamorfose é uma transformação incompleta, e ocorre quando insetos como as libélulas aquáticas, os grilos, os percevejos voadores etc. adquirem, com essa alteração, apenas asas, que antes não tinham. Quando as asas estão formadas, damos ao inseto o nome de *semininfa*. Nesse estado, observam-se no dorso corseletes e estojos que contêm as asas nascentes, que antes mal se mostravam ou simplesmente não apareciam. No estado de semininfa, os insetos comem, andam, correm, saltam ou nadam, como de costume. A maioria deles quase não difere, pela forma, do estado anterior, exceto pelo acréscimo das asas, embora alguns sejam muito diferentes em relação ao estado inicial.

No terceiro e no quarto tipo de metamorfose, os insetos deixam de utilizar seus membros, tornando-se incapazes de comer e de agir, e em nada se assemelham ao que eram antes. Por exemplo, insetos que antes não tinham patas ou que tinham entre cinco e onze pares, possuem agora três, nem mais nem menos, reunidos sobre o estômago juntamente com suas asas e antenas, e permanecendo, tais como eles, inteiramente imóveis.

No terceiro tipo de metamorfose, insetos como as abelhas são revestidos por uma fina membrana de revestimento e recebem, nesse estado, o nome de *ninfa*. No quarto tipo de metamorfose, insetos como as borboletas e as falenas são revestidos por um invólucro duro e crustáceo, que reúne todas as partes do animal em uma só massa. Recebem nesse estado o nome de *crisálida*.

Os insetos que se transformam em crisálidas passam por uma alteração a mais que outros insetos. Antes de se tornarem ninfas, eles adquirem, sob a pele, a forma de um elipsoide, ou de uma bola alongada na qual não se reconhece nenhuma das partes do animal. Nesse estado, a cabeça, o corselete, as asas e as patas da ninfa se encontram na parte interna da cavidade do ventre, da qual saem, sucessivamente, pelo orifício anterior, um pouco como se extrai uma unha encravada. Os insetos dessa classe não se distinguem dos outros apenas por se transformarem em ninfas sob a pele, mas, principalmente, porque, para se tornarem ninfas, passam por uma transformação dupla. De acordo com essa concepção, as diferenças entre as quatro ordens de transformação podem ser reduzidas a termos mais simples e mais fáceis: os insetos da primeira ordem, após terem deixado o ovo, chegam ao seu estado de perfeição sem que sua forma sofra nenhuma alteração; os da segunda classe passam por uma alteração parcial da forma; os da terceira, por uma alteração completa; e os da quarta, por uma dupla alteração de forma.

Inseto

Independentemente dessas metamorfoses, os insetos mudam de pele. Alguns, como as aranhas, apenas uma vez, outros muitas vezes, por exemplo os grilos campestres e as lagartas de couve, que trocam de pele quatro vezes. Outras chegam a trocar de pele seis vezes ou mais. Algumas rompem a pele com a cabeça para deixar o casulo, outras [**784**] o fazem na região do ventre. A pele descartada mantém a forma exata de cada uma das partes do corpo.

As crisálidas têm diferentes formas. Algumas são cônicas, outras são angulares. Há aquelas que se assemelham a tâmaras; chamam-se favas. Outras se parecem com uma pequena criança com uma cabeça de cachorro, de gato, de esquilo, de um pássaro etc. Mas são semelhanças muito imperfeitas. É mais fácil reconhecer na forma da crisálida a das principais partes do inseto que sairá dela: seus membros se encontram perfilados, rentes, dobrados ou estendidos, junto ao corpo, como se pode ver através da membrana de algumas crisálidas, ou nas quais se distingue ao menos a sua figura. As crisálidas têm diferentes cores, por vezes muito belas, podem ser douradas, marrons, amarelas, vermelhas, verdes, brancas, violeta, enquanto algumas têm diferentes tonalidades dessas cores. Não é raro acontecer de os mais belos insetos virem de crisálidas não tão bonitas e os mais feios virem das mais belas.

Alguns insetos são imóveis no estado de crisálida; outros fazem pequenos movimentos quando tocados; mas nenhum deles se alimenta nesse estado. Como não podem velar por sua própria segurança, protegem-se sob uma pedra ou uma raiz, deixando exposta a parte mais firme do casulo, que resiste aos dentes dos vermes; outros se mantêm suspensos em fios, ou tecem à sua volta uma espécie de filete malhado; outros, por fim, revestem-se de lã ou de um casulo de seda. Existem casulos ovais, esferoides, cônicos, cilíndricos, angulados; em forma de navio, de barco, e assim por diante.

Cada espécie de inseto tem uma época própria para a transformação em ninfa ou em crisálida; pode ser em maio, junho, julho, agosto ou setembro. Alguns permanecem nesse estado por 12 dias, outros por 15, 16 ou 20. Há os que se recusam a abandonar sua prisão, permanecendo nela por três semanas, quem sabe um mês. Sem mencionar os que levam 2, 6, 9 ou 10 meses para sair, e até um ano. Isso significa que os vemos surgir em sucessão, em diferentes épocas do ano, entre fevereiro e dezembro. Alguns são gerados duas vezes por ano. [Tradução parcial]

Iroqueses (*Geografia*), Jaucourt [8, 906]

Importante nação da América setentrional que habita as cercanias do lago Ontário, também dito Frontenac, e as margens do rio que leva as águas desse lago até o rio São Lourenço, e que os franceses, por essa razão, chamam de "rio dos iroqueses". Ao norte está a nação dos algonquins, a leste a Nova Inglaterra, ao sul Nova Jersey e a Pensilvânia, a oeste o lago Erié.

Esses bárbaros compõem cinco nações. A mais próxima dos ingleses é a do aniez; a vinte léguas destes, encontram-se os annegouts; dez dias depois, os onontagues, vizinhos dos goyagonis; por fim, a cem léguas dos ingleses, os tsonnomonans. São selvagens guerreiros, bastante unidos entre si, ora aliados aos ingleses, ora aos franceses, dependendo do que julgam ser do seu interesse.

O território que eles habitam é tão frio quanto o Quebec. Alimentam-se de carne defumada, de manteiga vinda das Índias e dos frutos que colhem nos bosques e nas montanhas. Não reconhecem um rei nem um chefe. As suas questões são tratadas em assembleias de anciãos e jovens. São divididos em famílias, as principais são a do Urso, a da Tartaruga e a do Lobo. Essas famílias estão presentes em todos os vilarejos; cada uma tem o seu chefe. Seu comércio se baseia principalmente no castor, que eles trocam por aguardente, pela qual sentem uma viva paixão.

Seu dinheiro e sua moeda são grãos de porcelana que vêm da costa de Manatee. São espécies de caracóis do mar, ora brancos, ora roxos quase pretos, com os quais fazem, ainda, seus principais ornamentos. Pintam o rosto de branco, preto, amarelo, azul e, principalmente, de vermelho. Sua religião é um caldo de superstições pueris, às quais seus costumes bárbaros fazem jus.

Não entrarei em detalhes. Os interessados podem consultar o relato do sr. La Potherie sobre os iroqueses, publicado no início deste século na *Description de l'Amérique septentrionale*; ou, ainda, a recente obra do sr. Colden, *History of the Five Nations* (Londres, 1753, *in-octavo*), obra tão curiosa quanto judiciosa.

Jaguar (*Zoologia*), Jaucourt [8, 435]

Nome de um animal do Brasil que Margrave considera como uma espécie de tigre, ainda que diferente dele sob muitos aspectos e, com suas manchas arredondadas, mais próximo de um leopardo. Os portugueses dão a esse animal o nome de onça (*once*), e tudo indica que ele poderia ser incluído na classe das onças ou linces propriamente ditos. Suas cabeças, orelhas, patas e outras partes são conformes aos dessa espécie de felino; suas garras pontiagudas são curvadas em meia-lua; seus olhos azuis brilham no escuro; tem a cauda longa como a de um gato, diferentemente do lince mais comum. O corpo do jaguar é inteiro amarelado, com belas manchas escuras distribuídas de maneira variada. É um animal selvagem, feroz e tão sedento de carne humana quanto daquela de outros animais.

Jaguaretê (*História Natural, Zoologia*), Anônimo [8, 435]

Espécie de animal feroz do Brasil que Margrave considera um tigre e que para outros seria um lince ou leopardo. Tem a pele amarelada, repleta de manchas escuras e marrons arredondadas ou de figura indefinida. Similar ao jaguar, é, no entanto, maior que ele. Vide *Jaguar*. O jaguaretê é um animal cruel e ávido por carne humana. Ray, *Synops. Quadruped*.

Jamaica (*Geografia*), Jaucourt [8, 439-40]

Grande ilha da América setentrional descoberta em 1494 por Cristóvão Colombo. Situa-se a 15 léguas de Cuba, 20 de São Domingos, 116 de Portobello e 114 de Cartagena.

Sua figura tende ao ovalado. Uma cadeia contínua de montanhas percorre a ilha de leste a oeste, repleta de fontes de água que a abastecem com rios agradáveis e de serventia. A Jamaica tem 20 léguas de largura de norte a sul, 50 de extensão de leste a oeste e 150 de circunferência.

O solo dessa ilha tem uma fertilidade espantosa e fornece tudo o que é necessário à vida. Os rios e o mar são abundantes em peixes, a vegetação é de um verde perpétuo, o ar é saudável, os dias e as noites têm duração equivalente, praticamente invariável ao longo do ano. Possui vários portos, baías e enseadas, uma incrível profusão de pássaros selvagens e de plantas as mais curiosas. Quase não há animais agressivos, exceto pelo crocodilo, que, no entanto, raramente ataca os homens.

A história natural completa dessa ilha foi escrita em inglês pelo cavaleiro Hans Sloane, que viveu nela por um bom tempo. Sua obra, que ele imprimiu à própria custa, tem dois volumes *in-folio* repletos de pranchas ilustrativas. O primeiro volume foi publicado em Londres em 1707, o segundo em 1725. O livro chega a custar uma dezena de guinéus e só é encontrado em vendas de bibliotecas de especialistas.

O almirante Pen tomou a Jamaica dos espanhóis, conquistando-a para os ingleses, em 1655. Desde então, permaneceu com a Inglaterra, que a cultivou com todo o cuidado e fez dela uma das mais férteis plantações do mundo. Contam-se hoje [**840**] perto de 60 mil habitantes ingleses e mais de 100 mil negros. Por sua importância para a nação britânica, seu governo é confiado às pessoas do mais alto escalão. Divide-se em catorze paróquias ou jurisdições.

A Jamaica produz açúcar, cacau, índigo, algodão, tabaco, conchas de tartaruga (com as quais os ingleses produzem belos artefatos), couros, madeira, sal e gengibre. Os habitantes traficam no comércio local a pimenta e outras especiarias, além de drogas como o gayac, raízes de esquina, a salsinha e a cássia.

Lapônia (*Geografia*), Jaucourt [11, 287-8]

Vasta região ao norte da Europa e da Escandinávia situada à beira do mar Glacial entre a Rússia, a Noruega e a Suécia. Divide-se entre essas três coroas: há uma Lapônia russa, uma dinamarquesa e uma sueca. Esta última é a única [**288**] minimamente povoada, o que não admira, dados os rigores do clima.

Saxo Gramático, que floresceu em fins do século XIII, foi o primeiro a mencionar essa região e seus habitantes. Mas, como diz o sr. Voltaire – cujas reflexões, para alívio do leitor, se encontram aqui em vez daquelas de Scheffer –, a Lapônia só veio a ser minimamente conhecida a partir do século XVI. Nem mesmo os russos, os dinamarqueses ou os suecos tinham alguma noção a seu respeito.

Como escreve o sr. Voltaire, apoiando-se no testemunho dos viajantes:

Os geógrafos antigos chamavam-na de *Retiro dos Cinofécalos, dos Himantópodes, dos Trogloditas e dos Pigmeus*. Aprendemos com os autores suecos e dinamarqueses que a raça dos pigmeus não é uma fábula. Eles eram encontrados numa região logo abaixo do polo, habitada por idólatras, montanhosa e rochosa, coberta por neve e cheia de lobos, alces, ursos, arminhos e renas.

Tudo indica que os lapões não descendem dos finlandeses ou dos povos vizinhos a que costumam ser associados. Os homens da Finlândia, da Noruega, da Suécia e da Rússia são louros, altos e bem-feitos; já os da Lapônia têm três cotovelos de altura, são morenos e têm os cabelos curtos, duros e pretos. A cabeça, os olhos, as orelhas, o nariz, o ventre, as coxas e os pés são pequenos, no que são diferentes de outros habitantes do deserto em que vivem.

Parecem ser uma espécie feita para o clima em que habitam, que só agrada a eles e a mais ninguém. A natureza consignou as renas a esses retiros, e parece ter produzido os lapões para elas: assim como suas renas não vieram de outra parte, eles tampouco poderiam ter vindo. Não é verossímil que os habitantes de uma terra menos selvagem tivessem atravessado geleiras e desertos para se instalar em terras tão estéreis e tão tenebrosas, em que a luz do dia não aparece durante três meses do ano e onde é preciso ir de cantão em cantão em busca de subsistência. Uma família pode ser lançada pela tempestade numa ilha deserta e povoá-la. No continente, porém, não se abandonam as localidades que oferecem algum tipo de alimentação para se estabelecer ao longe, em rochedos recobertos por musgos, em meio a tempestades, precipícios, neve e gelo, onde não há outro alimento além de peixes secos e do leite das renas, sem nenhum comércio com o resto do mundo.

Se os finlandeses, os noruegueses, os russos, os suecos e os islandeses, povos tão setentrionais quanto os lapões, se mudassem para a Lapônia, poderia a sua figura se alterar? Tudo indica que não, e que os lapões são uma nova espécie de homens que se apresentaram pela primeira vez aos nossos olhos e a nossas observações no século XVI, quando a Ásia e a América exibiam tantos outros povos que tampouco conhecíamos. Desde então, a esfera da natureza se expandiu para nós de todos os lados; é a única razão pela qual a Lapônia é digna de nossa atenção (*Essai d'histoire universelle*, tomo III).

Leopardo (*História Natural*), Anônimo [9, 391-2]

Leopardus, pardus, animal quadrúpede, parente próximo do tigre, tanto pela forma do corpo quanto pela ferocidade natural. O leopardo tem as mesmas cores que o tigre, mas, enquanto as manchas de um são longas, *macuale virgatae*, as do outro formam uma espécie de anel irregular, à maneira dos contornos de uma rosa, *maculae orbiculatae*. Os naturalistas dão o nome de leopardo ao [392] de manchas arredondadas, mas parece que o uso prevaleceu na direção contrária, e o mesmo animal recebeu o nome de tigre. O livro *Le Règne animal*, p.273, afirma que o leopardo tem uma cor branco-amarelada, com manchas longas no ventre e arredondadas no dorso, bem separadas entre si e diferentes das manchas em forma de rosa que mencionamos.

Lince (*História Natural*), Anônimo [9, 776]

Ou lobo-cervo, animal quadrúpede com até meio pé de altura e cerca de dois pés e meio de extensão, da extremidade do focinho ao começo da cauda. É parente próximo do gato, tanto pela figura quanto pela conformação. Na ponta de suas orelhas há um buquê de pelos escuros em forma de pincel, com uma polegada e meia de extensão. As partes superiores desse animal têm, assim como a parte externa das pernas, uma coloração amarela, levemente avermelhada, misturada a branco, cinza, marrom e preto. Suas partes inferiores e a face interna das pernas são brancas com manchas negras. A extremidade da cauda é preta, e o restante tem as mesmas cores que as partes inferiores do corpo. Tem cinco dedos nas patas anteriores e quatro nas posteriores. Encontram-se linces na Itália e na Alemanha; os da Ásia têm as cores mais belas; os da Europa também têm cores variadas. Esses animais ganharam o nome de lobo-cervo, pois são predadores agressivos que atacam os cervos. Vide *Quadrúpede*.

Mandioca (*Botânica*), Le Romain [10, 38-40]

Planta cuja raiz preparada faz as vezes de pão para a maior parte dos povos que habitam os países quentes da América.

A *mandioca* geralmente provém de estaca; ela desenvolve um caule lenhoso, tenro, quebradiço, dividido em vários ramos retorcidos, com 5 a 6 pés de comprimento, que parecem cheios de nós ou pequenas protuberâncias que marcam os pontos onde se encontravam as primeiras folhas, das quais a planta se despojou à proporção que adquiriu altura. Suas folhas são verde-escuras, bastante grandes, profundamente recortadas em forma de raios e presas a longos caules.

A *mandioca* tem casca fina, com coloração cinza ou avermelhada, aproximando-se da cor violeta, e a película que recobre as raízes se assemelha a essa cor segundo a espécie, embora o seu interior seja sempre extremamente branco e cheio de suco leitoso muito abundante, mais branco que o leite de amêndoa e tão nocivo antes de ser cozido que os homens e os animais muitas vezes experimentaram seus efeitos funestos, ainda que esse suco não pareça ácido nem corrosivo. As raízes da [39] *mandioca* são comumente maiores do que aquelas das beterrabas: elas vêm quase sempre em três ou quatro unidades grudadas umas às outras. Existem espécies que amadurecem em 7 ou 8 meses, mas a melhor e a mais usada permanece geralmente 15 ou 18 meses na terra antes de chegar ao amadurecimento completo: então os caules são facilmente removidos; e como as raízes são pouco aderentes à terra, dela se destacam muito facilmente.

Preparação das raízes para fazer caçava ou farinha de mandioca. Após serem separadas dos caules, as raízes são transportadas a um entreposto, onde se toma o cuidado de limpá-las bem e lavá-las com água abundante, a fim de retirar todas as suas impurezas e prepará-las para serem raspadas, ou seja, raladas em raspadores ou grandes raladores de cobre vermelhos e semicilíndricos, longos e com largura de 18 a 20 polegadas, fixados em pranchas de 3,5 pés de comprimento, cuja extremidade inferior repousa em um recipiente de madeira e a outra é apoiada no ventre daquele que raspa, o qual, com a força do braço, transforma as raízes em uma raspagem espessa e muito úmida, da qual se deve extrair o suco antes de cozinhá-la. Em vista disso, com ela são preenchidos sacos urdidos com cascas de latânia; esses sacos são empilhados, tendo-se o cuidado de dispor pedaços de pranchas entre eles, depois são colocados sob uma prensa formada por um longo e firme pedaço de madeira situado na posição horizontal e disposto como um braço de alavanca, sendo que uma das extremidades deve atravessar um buraco escavado no tronco de uma grande árvore: a outra extremidade é carregada com grandes pedras; e, como todo o pedaço se apoia transversalmente sobre a prancha que cobre o mais alto dos sacos, é fácil conceber o resultado: é a forma mais comum de prensar a *mandioca*. Por vezes, em vez de sacos, que se deterioram rapidamente, são utilizadas caixas de madeira grandes e fortes, com vários furos de verrumão, cada uma com um tampo que se introduz sem obstáculo por dentro das bordas: esse tampo é recoberto com algumas pequenas vigas, sob as quais se faz passar o braço da alavanca, como dissemos ao discorrermos sobre os sacos.

Os caraíbas ou selvagens das ilhas têm uma invenção muito engenhosa; porém, como ela serve apenas para extrair o suco de uma quantidade muito pequena de *mandioca*, parece desnecessário repetir aqui o que foi dito no verbete *Cobra*.

Após dez ou doze horas na prensa, quando a raspagem da *mandioca* estiver suficientemente livre de seu excesso de suco, fazem-na passar por um crivo, espécie de peneira meio grossa, e a levam até o casebre ou o local destinado à sua cozedura, para produzir caçava ou farinha de *mandioca*.

Modo de fazer a caçava. É necessária uma chapa de ferro fundido redonda e bem plana, com cerca de 2,5 pés de diâmetro e 1/12 polegada de espessura, alçada a 4 pés de altura, sob a qual se acende uma fogueira. Quando a chapa começa a esquentar, espalham-se sobre toda a sua superfície cerca de dois dedos de espessura da referida raspagem peneirada, tendo o cuidado de a espalhar por todo lado e de forma bastante homogênea, aplainando-a com um facão de madeira em forma de espátula. Deixa-se cozinhar tudo sem mexer de modo algum, a fim de que as partes da raspagem, por conta da umidade que ainda contêm, possam unir-se umas às outras para formar um só corpo, que diminui consideravelmente de espessura durante o cozimento. Deve-se ter o cuidado de virá-la na chapa, sendo fundamental cozinhar ambas as superfícies de forma homogênea: esse tipo de panqueca, que tem o aspecto de um grande pão, é chamado de *caçava*. Ela é resfriada ao ar livre, adquirindo uma consistência seca, dura e quebradiça.

Os caraíbas fazem a caçava muito mais espessa do que a nossa: ela também parece mais branca e é menos tostada, mas não se conserva durante muito tempo. Antes que o uso das chapas fosse introduzido entre esses selvagens, eles utilizavam grandes pedras achatadas e pouco espessas, sob as quais acendiam o fogo e, assim, cozinhavam sua caçava.

Modo de fazer a farinha de mandioca. Ela só difere da caçava quanto ao fato de as partes da referida raspagem não estarem ligadas entre si, sendo todas separadas por pequenos grumos que se assemelham à crosta de pão, ou melhor, a biscoito de farinha e água grosseiramente sovado.

Para fazer uma grande quantidade de farinha ao mesmo tempo, utiliza-se um tipo de forno de cobre com fundo plano, com cerca de 4 pés de diâmetro e 7 a 8 polegadas de profundidade, fixado na parede do casebre numa alvenaria de pedra de cantaria ou tijolo, constituindo uma fornalha baixa cuja boca deve estar na parte exterior da parede. Quando o forno se encontra aquecido, nele é jogada a raspagem da *mandioca* e, sem demora, esta é revolvida em todas as direções com uma plaina semelhante àquelas utilizadas pelos pedreiros para nivelar a argamassa. Por meio desse movimento contínuo, as partes da raspagem não se grudam umas às outras: elas perdem sua umidade e cozinham de forma homogênea. É pelo aroma agradável e pela coloração um pouco avermelhada que se conclui se o cozimento está correto: nesse caso, a farinha é retirada com uma pá de madeira, espalhada sobre toalhas de tecido grosso e, logo que é resfriada, é guardada em barris, onde se conserva por muito tempo.

Embora a farinha de *mandioca* e a caçava possam ser consumidas secas e sem qualquer outro preparo além daquele que foi mencionado, é habitual umedecê-las com um pouco de água fresca ou caldo claro de carne ou de peixe: essas substâncias engrossam consideravelmente e constituem um alimento tão excelente nos países quentes que aqueles que estão acostumados com ele preferem-no ao melhor pão de trigo. De minha parte, disso tenho a experiência de vários anos.

Pelo édito do rei, chamado de *código negro* e promulgado em Versalhes em março de 1685, os habitantes das ilhas francesas são expressamente ordenados a fornecer como alimento para cada um de seus escravos com pelo menos 10 anos de idade a quantidade de 2,5 potes de farinha de *mandioca* por semana, sendo que o pote contém 2 quartilhos; ou então, na falta de farinha, 3 caçavas, cada qual pesando 2,5 libras.

A água extraída da *mandioca*, o perigoso suco mencionado anteriormente, presta-se a vários usos. Os selvagens colocam-no em seus molhos; e, depois de o terem fervido, usam-no diariamente sem sentir qualquer incômodo: o que prova que esse suco, mediante uma boa fervura, perde a sua propriedade nociva.

Se recolhermos a água de *mandioca* em recipientes limpos e a deixarmos decantar, ela se torna mais clara; a fécula branca dela se separa e se precipita no fundo dos recipientes. Descartamos a água que resta e vertemos sobre a fécula uma quantidade suficiente de água comum, a fim de limpá-la bem. Aguardamos até que ela escorra e a decantamos de novo. Depois de repetir essa manobra cinco ou seis vezes, deixamos a fécula secar à sombra. Essa substância é chamada de *mouchache* [goma de mandioca], palavra espanhola que significa *criança* ou *pequeno*, como quem diz o *rebento da mandioca*.

A *mouchache* é extremamente branca, seu grão é fino e produz um pequeno estalo quando esmagada entre os dedos, mais ou menos como faz o amido [**40**], que muito se assemelha a ela. Ela também é utilizada para engomar tecido. Os selvagens a esmagam sobre os desenhos bizarros que gravam em suas obras de madeira, de modo que as hachuras parecem brancas sobre um fundo preto ou marrom, segundo a cor da madeira que utilizaram. Com a *mouchache* também são feitos excelentes bolos ou tipos de biscoitinhos mais leves, mais crocantes e muito mais saborosos que os *échaudés*; mas é preciso ter muita habilidade para não os estragar.

Quase todas as ilhas produzem outro tipo de *mandioca*, que os habitantes nativos chamam de *camanioc*. O seu suco não é perigoso como aquele da *mandioca* comum: sem qualquer risco, é possível até mesmo comer as suas raízes cozidas sob a cinza. Porém, ainda que essa espécie seja muito mais bonita e mais forte do que as outras, ela é pouco utilizada, pois demora demais para crescer e produz pouca caçava ou farinha.

Manufatura, reunida ou dispersa, Anônimo [10, 58-60]

Todos entendem a necessidade e a utilidade das manufaturas e não existe obra ou documentos sobre o comércio do reino em geral ou de províncias em particular que não analise esse assunto. Ela é estudada tão frequente e amplamente que, dentre os temas geralmente ali tratados, o presente é sempre aquele que deixamos de lado ou que lemos com desgosto. Isso não deve, contudo, nos levar a supor que essa matéria tenha sido esgotada, como poderia ter sido, se tivesse sido tratada por pessoas capazes de juntar experiência à teoria. Mas os fabricantes escrevem pouco e aqueles que não são fabricantes geralmente possuem ideias muito superficiais sobre o que apenas a experiência ensina.

Comumente, pela palavra "manufatura" entende-se um número considerável de operários reunidos em um mesmo lugar para fazer um tipo de trabalho sob o olhar do empreendedor. É verdade que, como existem muitos locais dessa espécie e que sobretudo os grandes ateliês chamam a atenção e excitam a curiosidade, é natural que essa ideia tenha sido assim reduzida. Entretanto, sob esse nome deve ser considerado um outro tipo de fábrica, aquela que, não estando reunida em um único local ou em uma única cidade, é composta por todos aqueles que são nela empregados e para ela concorrem, sem ali buscar outro interesse senão aqueles que cada indivíduo obtém para si próprio. Daí podermos distinguir dois tipos de manufaturas, as primeiras reunidas, as segundas dispersas. No primeiro gênero encontram-se todos os produtos que necessitam de um grande número de mãos reunidas, que exigem, seja no primeiro estabelecimento, seja para a continuidade das operações que ali são feitas, adiantamentos consideráveis, com os quais os produtos sucessivamente recebem diferentes preparações que precisam ser rapidamente complementadas e, finalmente, aquelas que, por sua natureza, estão localizadas em um terreno determinado. São as forjas, fundições e demais metalúrgicas, as vidrarias, as manufaturas de porcelana, de tecelagem e semelhantes. É preciso que elas sejam úteis aos empreendedores. Para tanto é preciso que:

1. Os objetos nos quais eles estão ocupados não estejam expostos aos caprichos da moda, ou que, caso contrário, não passem de variedades da mesma espécie.

2. O lucro seja fixo e suficiente para compensar todos os inconvenientes aos quais eles estão necessariamente expostos e dos quais se falará em breve.

3. Na medida do possível, elas estejam instaladas nos locais onde são obtidas e preparadas as matérias-primas, onde é fácil encontrar os tra-

balhadores necessários e onde a importação dessas matérias-primas e a exportação dos produtos possa ser feita facilmente e a baixo custo.

4. Finalmente, que elas sejam protegidas pelo governo.

Essa proteção deve ter por objetivo facilitar a fabricação desses produtos, moderando os tributos sobre as matérias-primas que ali são consumidas e concedendo privilégios e isenções aos trabalhadores mais necessários e cuja ocupação exige conhecimentos e talentos. Mas é preciso restringi-las a esses trabalhadores apenas, pois uma extensão maior seria inútil às manufaturas e oneroso ao resto do público. Na manufatura de porcelanas, por exemplo, não seria justo conceder as mesmas distinções dos responsáveis pela pintura e pela modelagem ao trabalhador que apenas joga lenha no forno. A propósito, se as isenções são úteis para excitar a emulação e destacar os talentos, quando mal aplicadas, elas se tornam onerosas ao resto da sociedade ao desencorajar as outras profissões, não menos úteis que aquela que se quer favorecer. Observarei ainda algo que vi ocorrer frequentemente: ao se tentar favorecer o projeto mais recente, quase sempre se sacrificam os mais antigos. Daí o povo, e notadamente os trabalhadores que são os primeiros e mais úteis manufatureiros do estado, serem sempre sacrificados em prol das outras ordens pela simples razão de que estão no setor há mais tempo, sendo sempre os menos protegidos. Outro modo de proteger as manufaturas consiste em diminuir as tarifas de saída para o exterior, assim como os tributos de circulação e venda no interior do estado.

Aqui é o momento de apontar a primeira, a mais geral e mais importante máxima que há para ser seguida por ocasião do estabelecimento de manufaturas: não permitir nenhuma (com exceção de casos de absoluta [59] necessidade) cuja produção empregue como principais matérias-primas mercadorias vindas do exterior, principalmente se for possível obtê-las no país, mesmo que em qualidade inferior.

A outra espécie de manufatura é formada por aquelas que podemos denominar dispersas. Aqui entram todas aquelas cujos produtos não estão sujeitos às necessidades indicadas anteriormente e envolvem todas as produções que podem ser executadas em casa, aquelas que os trabalhadores podem produzir por si mesmos, com matérias-primas que eles podem fabricar no interior de sua casa, com o auxílio de seus filhos e de seus domésticos. Tais são as fábricas de tecidos e sarjas, de veludo, lã, seda ou material parecido. No que segue, apresentaremos uma comparação exata das vantagens e inconvenientes dessas duas espécies de manufatura.

Uma manufatura reunida envolve altos custos para o seu estabelecimento e manutenção, como edifícios, diretores, contramestres, contadores, caixas etc., assim como grandes fundos. É necessário que todos esses custos se repartam pelas produções que ali são fabricadas; contudo, as mercadorias que dali saem só podem ser vendidas pelo preço que o público está acostumado a pagar. Daí se segue que, quase sempre, grandes estabelecimentos dessa espécie levem seus primeiros empreendedores à falência, tornando-se úteis apenas àqueles que, corrigindo os abusos e se conduzindo com simplicidade e economia, lucram com a derrocada dos primeiros.

As fábricas dispersas não estão expostas a esses inconvenientes. Um tecelão, por exemplo, emprega apenas a lã que recolheu de seus animais ou que comprou a um preço baixo, e, quando se depara com uma oportunidade, produz seu tecido tão bem quanto o trabalhador de um ateliê que opera com grandes custos. Ele é, ao mesmo tempo, o diretor, o contramestre, o contador, o caixa etc., sendo auxiliado por sua esposa e seus filhos, ou por aqueles que vivem com ele. Consequentemente, pode vender seu tecido muito mais barato que o empreendedor de uma manufatura.

Além dos custos que o grande manufator está obrigado a bancar, que podem ser evitados pelo pequeno fabricante, ele se depara com a desvantagem de estar muito mais exposto a roubos. A despeito de todos os seguranças por ele empregados, não pode controlar toda a distribuição, todas as pesagens, maiores e mais frequentes e pequenas fraudes do mesmo modo que o pequeno fabricante, que possui tudo sob sua visão e ao alcance da mão, sendo mestre de seu tempo.

Na grande manufatura, onde tudo é feito ao ritmo de badaladas de sinos, os trabalhadores são mais constrangidos e mais gananciosos. Acostumados a assumir um ar de superioridade e de comando, que é de fato necessário no trato com a massa, os supervisores os tratam de modo duro e com desprezo. Daí decorre que os trabalhadores ou são mais caros, ou estão ali só de passagem e até que encontrem uma posição em outro local.

Já o trabalhador do pequeno fabricante é companheiro do mestre, vive com ele, como iguais, tem um lugar à mesa e diante da lareira, tem mais liberdade e, finalmente, prefere trabalhar ali. Isso é diariamente observado nos lugares onde há manufaturas reunidas e pequenos fabricantes. As manufaturas só podem empregar os trabalhadores que não encontram emprego com os pequenos fabricantes, ou com jornaleiros, empregados e demitidos diariamente que no resto do tempo erram pelos campos. O empreendedor é obrigado a empregá-los como os encontra, porque sua necessidade exige. O pequeno fabricante é o mestre de seu tempo, ele não enfrenta nenhum custo extraordinário enquanto deixa seu posto vago, pode esperar e escolher a ocasião que lhe seja mais conveniente. O primeiro perde seu tempo e lida com custos em todas as situações e, se perde um prazo, perde também seu crédito, ao passo que o pequeno fabricante perde unicamente o seu tempo.

O empreendedor da manufatura está constrangido a vender para bancar as despesas diárias de sua empresa. O pequeno fabricante não tem a mesma necessidade: como ele produz pouco, pode esperar o melhor momento para a venda, vivendo de sua poupança ou emprestando pequenas somas.

Quando o empreendedor faz suas compras de matérias-primas, todos ficam sabendo e fixam seus preços. Como ele não pode comprar em pequenas quantidades, quase sempre compra de segunda mão.

O pequeno fabricante não compra mais que uma libra por vez, não se apressa, vai ao mercado em silêncio e sem pompa, sem esperar ser interpelado. Escolhe com mais atenção a melhor mercadoria e a conserva com mais cuidado. O mesmo ocorre na venda: o grande fabricante é obrigado quase sempre a utilizar entrepostos como locais de venda, sobretudo nas grandes cidades, onde precisa pagar mais tributos. O pequeno fabricante vende sua mercadoria em seu próprio local, ou então o leva ao mercado e à feira, escolhendo para a venda os lugares onde os custos são menores.

Essas vantagens estão mais diretamente relacionadas à utilidade pessoal, seja do manufator, seja do pequeno fabricante, do que ao bem geral do estado. Contudo, se considerarmos esse bem geral, não há comparação a ser feita entre esses dois tipos de fábricas. Todos os que pensaram e escreveram sobre as vantagens do comércio concordam que o primeiro e mais geral bem é empregar, o máximo possível, o tempo e as mãos dos indivíduos. Concordam que, quanto mais o gosto pelo trabalho e pela indústria se espalha, mais barata se torna a mão de obra, o que torna a venda da mercadoria mais vantajosa, ao garantir a subsistência de um número maior de pessoas. Finalmente, também concordam que, se esse comércio é capaz de fornecer ao exterior mercadorias de igual qualidade e a um preço mais baixo, a nação se torna preferida em relação àquelas onde a mão de obra é mais cara. A manufatura dispersa tem essa vantagem sobre a reunida. No curso de um ano, um trabalhador ou jornalista, no campo ou não, se depara com um grande número de dias e horas em que não pode se ocupar com o cultivo da terra ou de seu trabalho ordinário. Se esse homem possui em sua casa uma oficina ou uma tecelagem, pode assim empregar um tempo que, de outro modo, seria perdido para ele e para o estado. Como esse trabalho não é sua ocupação principal, ele não encara seu lucro como algo tão importante como se fosse seu único recurso. Esse trabalho é uma espécie de relaxamento dos trabalhos mais rudes da cultura da terra, o que permite inclusive que ele se contente com um lucro menor. Esses pequenos lucros são muito úteis. Eles ajudam na subsistência daqueles que os obtêm, sustentando o baixo preço da mão de obra, **[60]** o que, além dessa vantagem ao comércio em geral, também é importante para o próprio cultivo das terras. Se a mão de obra das manufaturas dispersas estivesse em uma situação na qual o operário encontrasse ali uma utilidade superior à que encontra ao trabalhar a terra, ele rapidamente abandonaria o cultivo. É verdade, contudo, que se veria logo em seguida obrigado a retomar seu primeiro ofício, como o mais seguro, no momento que a produção de alimentos tivesse que aumentar conforme aumenta a mão de obra, mas então o gosto pela cultura terá sido perdido. Para que tudo corra bem, é preciso que a cultura da terra seja a ocupação do maior número de pessoas da região, e que, ainda assim, pelo menos uma grande parte delas também se ocupe de algum outro trabalho, sobretudo durante o tempo em que elas não podem trabalhar no campo. Esses períodos de tempo perdido para a agricultura são muito frequentes. Não existe região mais afortunada do que aquela onde o gosto pelo trabalho está bem estabelecido, e não há objeção que possa ser levantada contra a experiência. É sobre esse princípio da experiência que estão fundadas todas as reflexões que compõem este artigo. Seu autor viu com seus olhos como pequenas empresas derrubaram grandes sem qualquer outra iniciativa a não ser vender um produto mais barato. Viu também grandes estabelecimentos próximos à falência pela única razão de serem grandes.

Seus revendedores, vendo seus estoques repletos de mercadorias prontas e com uma necessidade premente de vendê-las para cobrir seus compromissos, ou mesmo suas despesas correntes, conversam entre si para não apressar as compras, obrigando o empreendedor a baixar seu preço e, frequentemente, incorrer em perdas. Ele também viu, é preciso ser dito em prol do ministério, o governo vindo em socorro dessas manufaturas, ajudando-as a sustentar o seu crédito e seu estabelecimento.

Ser-me-á objetado o exemplo de algumas manufaturas reunidas que não apenas se sustentam, mas que honram a nação daqueles que a estabeleceram, ainda que suas produções pudessem igualmente ser feitas em fábricas domésticas. A manufatura de tecidos finos em Abbeville, por exemplo. Mas essa objeção foi antecipada. Entendemos que, quando se trata de produzir algo com a perfeição dos tecidos de Vanrobais, pode ser útil, ou mesmo necessário, criar estabelecimentos semelhantes àquele onde esses tecidos são fabricados. Como não existe fabricante rico o suficiente para bancar um tal estabelecimento por conta própria, é necessário que o governo concorra para tanto, com os adiantamentos e favores citados anteriormente. Contudo, é necessário que tais produtos sejam de tal necessidade, ou que sua venda seja tão segura e feita a um preço tal que o empreendedor seja recompensado por todas as desvantagens que naturalmente surgem da extensão desse tipo de estabelecimento. Do mesmo modo, é necessário que a remuneração da mão de obra seja bancada pela venda no exterior, para compensar o inconveniente de obter de longe as matérias-primas ali consumidas. E mesmo assim é possível que a mesma soma despendida para criar uma fábrica semelhante, se estivesse espalhada em várias mãos, fosse lucrativa na mesma medida ou até mais. Se não conhecêssemos os tecidos de Vanrobais, estaríamos acostumados a vestir tecidos de qualidade inferior, que poderiam ser produzidos em fábricas com menos custos e em maior número.

Matéria (*Metafísica e Física*), D'Alembert [10, 189-91]

Substância extensa, sólida, divisível, móbil e passiva, primeiro princípio de todas as coisas naturais que, por seus diferentes arranjos e combinações, forma todos os corpos.

Matéria

Aristóteles estabeleceu três princípios das coisas: a matéria, a forma e a privação. Os cartesianos rejeitaram este último e outros rejeitam os dois últimos.

Conhecemos algumas propriedades da matéria; podemos refletir sobre a sua divisibilidade, solidez etc. Vide *Divisibilidade*.

Mas qual é a sua essência, ou qual é o sujeito onde residem as propriedades? É o que é preciso descobrir. Aristóteles define a matéria como o que é *nec quid, nec quantum, nec quale* [nem o que, nem quanto, nem qual], nem nenhuma coisa determinada, o que leva muitos de seus discípulos a pensar que a matéria não existe. Vide *Corpo*.

Os cartesianos consideram a extensão como a essência da matéria; sustentam que, já que as propriedades que mencionamos são as únicas essenciais à matéria, é necessário que algumas delas constituam a sua essência; e como a extensão é concebida antes de todas as outras, e que sem ela não poderíamos conceber nenhuma outra, eles concluem que a extensão constitui a essência da matéria. Mas é uma conclusão pouco exata, pois, segundo esse princípio, a existência da matéria, como observou o sr. Clarke, teria mais direito do que todo o resto que constitui a essência. A existência, ou o τὸ *existere* é concebida antes de todas as propriedades e até mesmo antes da extensão.

Assim, já que a palavra "extensão" parece fazer surgir uma ideia mais geral do que a palavra "matéria", ele crê que se pode, com mais razão, chamar de essência da matéria essa solidez impenetrável que é essencial a toda matéria e da qual todas as outras propriedades derivam evidentemente. Vide *Essência, Extensão, Espaço* etc.

Além disto, ele acrescenta, se a extensão fosse essencial à matéria, e consequentemente a matéria e o espaço fossem a mesma coisa, daí se seguiria que a matéria é infinita e eterna, que é um ser necessário, que não pode ser criado nem aniquilado, o que é absurdo. Aliás, parece, seja pela natureza da gravidade, seja pelo movimento dos cometas, seja pela vibração dos pêndulos etc., que o espaço vazio e não resistente é distinto da matéria, e, consequentemente, que a matéria não é uma simples extensão, mas uma extensão sólida, impenetrável e dotada do poder de resistir. Vide *Vácuo, Extensão*.

Muitos dos antigos filósofos sustentaram a eternidade da matéria, da qual supõem que tudo havia sido formado, não podendo conceber que uma coisa pudesse ser formada do nada. Platão pretende que a matéria existiu eternamente, e concorreu com Deus na produção de todas as coisas, como um princípio passivo ou uma espécie de causa colateral. Vide *Eternidade*.

A matéria e a forma, princípios simples e originais de todas as coisas, compunham, segundo os antigos, certas naturezas simples chamadas elementos, de diferentes combinações, das quais eram formadas todas as coisas naturais. Vide *Elemento*. [**190**]

O doutor Woodward parece ter uma opinião um pouco diferente. Ele pretende que as partes da matéria são original e realmente diferentes umas das outras; que a matéria, no momento de sua criação, foi dividida em várias ordens ou gêneros de corpúsculos diferentes uns dos outros em substância, gravidade, dureza, flexibilidade, figura, grandeza etc., e que das diversas composições e combinações dos corpúsculos resultam todas as variedades dos corpos, tanto na cor quanto na dureza, peso, gosto etc. Mas o senhor Newton pretende que essas diferenças resultam de diferentes arranjos de uma mesma matéria, que ele considera homogênea e uniforme em todos os corpos.

Às propriedades da matéria que haviam sido conhecidas até aqui, o senhor Newton acrescentou uma nova propriedade, a saber, a da atração, que consiste em que cada parte da matéria é dotada de uma força atrativa, ou de uma tendência em direção a qualquer outra parte, força que é maior no ponto de contato do que em qualquer outro lugar, e que decresce em seguida tão prontamente que não é mais sensível a uma distância muito pequena. É desse princípio que ele deduz a explicação da coesão das partículas dos corpos. Vide *Coesão*. Vide também *Atração*.

Ele observa que todos os corpos, e até mesmo a luz e todas as partes voláteis dos fluidos, parecem compostas de partes duras, de modo que a dureza pode ser considerada como uma propriedade de todas as matérias, e que pelo menos a dureza da matéria lhe é tão essencial quanto sua impenetrabilidade, pois todos os corpos que conhecemos são bem duros por si mesmos, ou capazes de ser endurecidos. Ora, se os corpos compostos são tão duros quanto os vemos algumas vezes, e mesmo sendo muito porosos e compostos de partes situadas somente umas após as outras, as partes simples que são destituídas de poros e que nunca são divididas serão ainda mais duras. Além do mais, tais partes duras reunidas num monte poderão tocar uma à outra apenas num pequeno número de pontos, e assim será necessária menos força para separá-las do que para romper um corpúsculo sólido, cujas partículas se tocariam por todos os lados sem que se imaginassem poros ou interstícios que possam enfraquecer a coesão. Mas, estando essas partes duras situadas umas junto às outras e tocando-se apenas em poucos pontos, como, pergunta o senhor Newton, elas adeririam tão fortemente umas às outras sem o auxílio de alguma causa pela qual fossem atraídas ou pressionadas umas em direção às outras?

Esse autor observa ainda que as menores partes podem estar ligadas umas às outras pela mais forte atração, e compostas de partes maiores e de uma virtude menor, e que muitas destas podem, por sua coesão, compor outras maiores, cuja virtude vai se enfraquecendo sempre e assim sucessivamente até que essa progressão termine nas partículas maiores, das quais dependem as operações de química e as cores dos corpos naturais e que, por sua coesão, compõem os corpos de grandeza sensível. Se o corpo for compacto e se ele se dobrar ou ceder interiormente à pressão, de modo que volte em seguida à sua primeira figura, então ele é elástico. Vide *Elástico*. Se as partes podem ser deslocadas, mas não se restabelecem, o corpo é então maleável, ou mole; se elas se movem facilmente entre si, se são de um volume próprio a ser agitadas pelo calor, e se o calor for bastante forte para mantê-las em agitação, o corpo será fluido; e se ele tem aptidão para ligar-se a outros corpos, será úmido. As gotas de todo fluido, segundo o sr. Newton, afetam uma figura redonda pela atração natural de suas partes, do mesmo modo que acontece com o globo da Terra e o mar que o envolve. Sobre isto, vide *Coesão*. As partículas dos fluidos que não são ligadas fortemente umas às outras e que são bem pequenas para serem suscetíveis a essas agitações que os licores têm no estado de fluidez, são mais fáceis de separar e de rarefazer em vapores, ou seja, segundo a linguagem dos químicos, são voláteis. Basta um leve calor para rarefazê-las, e um pouco de frio para condensá-las; mas as partes maiores, que são por consequência menos suscetíveis à agitação, e que se ligam umas às outras por uma atração mais forte, também não podem ser separadas umas das outras a não ser por um calor forte, ou talvez não possam ser separadas absolutamente sem o auxílio da fermentação; trata-se das duas espécies de corpos que os químicos chamam de *fixos*. O sr. Newton observa ainda que, tudo considerado, é provável que Deus, no momento da criação, tenha formado a matéria de partículas sólidas, maciças, duras, impenetráveis, móbiles, de volumes, figuras e proporções adequadas, em suma, com propriedades as mais convenientes ao fim para o qual ele as formava. Essas partículas primitivas, sendo sólidas, são incomparavelmente mais duras do que qualquer corpo poroso que seja composto delas. São duras a um ponto que não podem nem se desgastar nem se romper, e não há força ordinária que seja capaz de dividir o que Deus fez indiviso no momento da criação. Enquanto essas partículas permanecerem intactas, podem compor corpos de uma mesma natureza e de uma mesma textura. Mas se elas pudessem vir a se desgastar ou a se romper, a natureza dos corpos que elas compõem mudaria necessariamente. Uma água e uma terra compostas de partículas gastas pelo tempo e de fragmentos dessas partículas não poderiam mais ser da mesma natureza da água e da terra compostas de partículas intactas, tais como eram no momento da criação. Consequentemente, para que o universo possa subsistir tal como ele é, é preciso que as mudanças das coisas corporais não dependam senão de diferentes separações, de novas associações e dos diversos movimentos de partículas permanentes. E, se os corpos compostos podem se romper, isto não poderia acontecer num meio de uma partícula sólida, mas em lugares em que as partículas sólidas se juntam, tocando-se por um pequeno número de pontos.

O sr. Newton acredita, ainda, que essas partículas não somente têm a força da inércia, e são sujeitas às leis passivas de movimentos que dela resultam naturalmente, mas também são movidas por certos princípios ativos, tal como o da gravidade, ou aquele que causa a fermentação e a coesão dos corpos. Não devemos considerar esses princípios como qualidades ocultas que se supõe serem resultantes das formas específicas das coisas, mas como leis gerais da natureza, pelas quais as próprias coisas foram formadas. Com efeito, os fenômenos nos revelam sua verdade, embora suas causas ainda não tenham sido descobertas. Vide *Fermentação, Gravitação, Elasticidade, Dureza, Fluidez, Sal, Ácido* etc.

Hobbes, Espinosa etc. sustentam que todos os seres no universo são materiais e que todas as diferenças vêm tão somente de suas diferentes modificações, de seus diferentes movimentos etc. [**191**]. Assim, eles imaginam que uma matéria extremamente sutil e agitada por um movimento muito vivo pode pensar. Vide no verbete *Alma* a refutação dessa opinião. Sobre a existência da matéria, vide os verbetes *Corpo* e *Existência*. (Chambers)

Metamorfose (*Mitologia*), Jaucourt [10, 436]

Espécie de fábula que envolve a transformação de humanos, transformados em feras, árvores, rios, montanhas, rochas ou tudo o que puderes imaginar. A regra tem, porém, suas exceções. Na metamorfose de Píramo e de Tisbe, o fruto branco de uma amoreira adquire a coloração negra; na de Coronis e Apolo, um corvo preto falante torna-se branco.

As metamorfoses são frequentes na mitologia. Podem ser de duas espécies, as aparentes e as reais. Metamorfoses de deuses como a de Júpiter em touro, a da jovem Minerva numa velha, são aparentes, pois os deuses não preservam a forma que adquiriram. Já as metamorfoses de Coronis em corvo, a de Aracne em aranha, a de Licaonte em lobo, são reais, pois as pessoas transformadas permanecem com a forma recém-adquirida. É o que ensina Ovídio, que nos oferece o catálogo mais completo e mais agradável das metamorfoses mitológicas.

Assim como é mais limitada que o apólogo na escolha das personagens, a metamorfose tem também uma utilidade mais restrita. Em compensação, tem muitos encantos que são seus, e pode, quando quer, elevar-se ao sublime da epopeia e descer novamente à simplicidade do apólogo. Não é estranha às figuras robustas e às descrições brilhantes, mas termina sempre produzindo um quadro fiel das circunstâncias relativas a uma alteração de natureza.

Um de nossos modernos pensou que, para dar à metamorfose algo da utilidade das fábulas, poderia ser introduzida, em cada uma das alterações relatadas, uma relação de equidade, de tal modo que a transformação fosse sempre a recompensa da virtude ou a punição do crime. Em seu entender, a observância dessa regra não alteraria a componente agradável da metamorfose e teria a vantagem de ser uma ficção instrutiva. A bem da verdade, Ovídio praticou-a ao menos algumas vezes, como na encantadora metamorfose de Filemon e de Baucis, ou na do bárbaro Licaonte, tirano da Arcádia.

México, Cidade do (*Geografia*), Jaucourt [10, 479-80]

Situada na América setentrional, é a maior cidade do Novo Mundo. Capital da Nova Espanha, tem um bispado estabelecido em 1547 [**480**], um ouvidor real e uma universidade – se podemos chamar assim às escolas da América espanhola.

Foi a capital do império do México até 13 de agosto de 1521, quando Cortés a tomou em definitivo e pôs fim a esse célebre império. Vejamos o que ela foi um dia, antes de falar sobre o seu estado atual.

Fundada bem no centro de um grande lago, essa cidade oferecia aos olhos o mais belo monumento erigido pela indústria dos americanos. Comunicava-se com a terra por meio de diques e grandes calçamentos, suntuosas obras que serviam tanto ao ornamento quanto à necessidade. Suas largas ruas de desenho regular eram entrecortadas por numerosas pontes. Circulavam por seus canais inúmeras canoas, voltadas para a satisfação das necessidades e para o comércio. Viam-se por toda parte casas espaçosas e confortáveis, feitas de pedra, e oito templos principais que se elevavam mais alto que os demais edifícios, além de praças, mercados e butiques reluzindo com esculturas de ouro e prata, vasos de terra decorados, vestimentas de algodão e tecidos de plumas com desenhos que impressionavam pelo vivo colorido.

A compra e a venda eram feitas por troca, cada um dava o que tinha em excesso e obtinha o que lhe faltava. Para produtos menos valiosos, o milho e o cacau serviam como moeda de troca. Os juízes do comércio se reuniam numa casa que fazia as vezes de tribunal, onde regravam as desavenças entre os negociantes. Outros ministros de posição inferior frequentavam o mercado, onde zelavam pela equidade nos contratos.

Os muitos palácios do imperador Montezuma tornavam a cidade ainda mais suntuosa. Um deles, erguido sobre colunas de jaspe, era dedicado a entreter a vista com diversos lagos, coalhados dos mais belos pássaros de mar e de rio. Outro era ornado com um viveiro de pássaros de proa. Um terceiro era repleto de armas de ataque e defesa, flechas, frondas, espadas com bainhas de pedras preciosas encaixadas em cabos de madeira talhada. Um quarto era consagrado à distração dos anões, corcundas e outras pessoas deficientes ou estropiadas de todos os sexos e idades. Um quinto era cercado por grandes jardins dedicados exclusivamente ao cultivo de plantas medicinais, que os intendentes distribuíam gratuitamente aos doentes. Os médicos relatavam ao rei os seus efeitos e realizavam registros que prescindiam do recurso à escrita. As duas últimas espécies de esplendor são progressos morais; quanto às primeiras, são progressos das artes, como afirma o sr. Voltaire.

Após a conquista, Cortés, refletindo sobre as vantagens oferecidas pela localização da cidade do México, decidiu dividi-la entre os conquistadores e mandou reconstruí-la. Primeiro, assinalou os locais a serem ocupados pela prefeitura e outros edifícios públicos. Em seguida, reservou bairros para os espanhóis e outros para os índios, prometendo a estes, ao mesmo tempo, que, se quisessem se misturar aos primeiros, teriam habitações privilegiadas. Para ganhar a afeição dos mexicanos, reservou uma rua inteira para os filhos de Montezuma. Os descendentes desse famoso imperador vivem até hoje na cidade, simples cavalheiros cristãos, misturados à multidão.

A atual Cidade do México se situa em uma vasta planície de água cercada por uma cadeia de montanhas com cerca de quarenta léguas de extensão. Durante a estação das chuvas, que começa em maio, só é possível entrar na cidade por meio de três calçamentos principais, o menor deles com nada menos que meia légua de extensão. Os outros dois têm, respectivamente, uma légua e uma légua e meia. Durante a estação da seca, o volume do lago em que a cidade se situa diminui consideravelmente. Os espanhóis tentaram escoar água a partir das montanhas vizinhas, mas, após obras imensas, executadas às expensas dos dias dos infelizes mexicanos, o projeto foi apenas parcialmente bem-sucedido. Mesmo assim, conseguiram evitar, com essas obras, as inundações que constantemente ameaçavam a cidade.

O traçado da atual cidade é regular, atravessado por canais de água vinda do lago. As casas são baixas, por causa dos frequentes tremores de terra; as ruas são amplas, e as igrejas, belíssimas. Há numerosos conventos.

No reinado de Montezuma, a cidade contava ao menos 300 mil habitantes, ao passo que hoje não passam de 60 mil, dos quais mais de 10 mil brancos. O restante da população é composto por índios, negros africanos, mulatos, mestiços e outros, descendentes das misturas entre essas nações e os europeus. Com isso, os habitantes têm todas as nuances de cores, do branco ao negro.

Trata-se de uma cidade comercial muito próspera, graças ao influxo de grandes navios vindos do norte, vinte por ano, ao todo. Atracam no porto de São João de Mhua, hoje chamado de Vera Cruz, carregados de mercadorias transportadas à cidade por terra. A cidade trafica, pelos mares do sul, com o Peru e, com as Índias Orientais, por intermédio das Filipinas, de onde chegam a Acapulco, todos os anos, dois galeões carregados de mercadorias a serem levadas à cidade.

Se considerarmos a quantidade de prata oriunda das minas que chega à cidade, a suntuosidade de seus edifícios sagrados, o grande número de charretes que se desloca pelas ruas, e as imensas riquezas dos espanhóis que a habitam, poderíamos pensar que se trata de uma cidade muito opulenta. Mas, quando vemos, de outro lado, os índios, que respondem por 4/5 de sua população, tão maltrapilhos que não usam roupas e têm os pés nus, fica difícil imaginar que a cidade é de fato rica.

A Cidade do México se situa a 22 léguas de Puebla, 75 de Acapulco e 80 de Vera Cruz.

Milho (*Agricultura*), Jaucourt [9, 888-9]

De todas as plantas, o milho é aquela cujo cultivo mais interessa ao mundo. A América inteira, parte da Ásia, da África e da Turquia vivem do milho. É semeado em abundância em alguns países quentes da Europa, como a Espanha, e deveria ser mais cultivado na França.

A espiga de milho oferece uma quantidade de grãos muito maior que a do trigo. Costuma ter oito fileiras de grãos, se não mais, quando o solo é favorável. Cada fileira contém pelo menos trinta grãos e cada grão produz mais farinha que qualquer outro grão de cereal que utilizamos.

Mas o milho, embora necessário à sobrevivência de tantos povos, está sujeito a acidentes. Em muitas regiões da América, só floresce por volta de fins de setembro, de tal maneira que as chuvas da estação o reduzem ao talo e os pássaros se alimentam dele quando cresce. É verdade que a natureza o revestiu com uma pele espessa, que o protege contra a chuva; mas os pássaros são capazes de furá-la, e fartam-se com a abundância do milho.

Conhecemos três ou quatro variedades de milho americano. O da Virgínia chega a ter talos com sete ou oito pés de altura, o da Nova Inglaterra é um pouco mais baixo, e existem ainda menores em outras regiões.

Os americanos costumam plantar o trigo entre março e junho. Os índios selvagens, que ignoram nossa divisão do ano em meses, orientam-se pela sementeira da planta na época em que certas árvores dos arredores começam a florescer ou pela vinda de certos peixes nos rios próximos.

Os ingleses da América adotam o seguinte método para o plantio do milho da Índia. Cavam sulcos regulares ao longo do terreno, a cinco ou seis pés de distância, lavram outros em sentido cruzado, separados pela mesma distância, e semeiam os grãos nos pontos em que os sulcos se encontram. Recobrem a sementeira com terra, utilizando a enxada ou formando com o arado um outro sulco, abaixo desses, que levanta a terra a despeja sobre eles. Quando as ervas daninhas começam a atacar o milho, eles voltam à lavoura do terreno, cortam-nas, destroem-nas e favorecem, com esse trabalho de purificação, a vegetação desejada.

Esse belo método, há tempos adotado pelos ingleses da América, foi adaptado e aplicado pelo sr. Tull [**889**] ao plantio do trigo, tal como hoje o praticamos.

Quando o caule do milho se tornou minimamente robusto, os agricultores o apoiam juntando terra ao seu redor e continuam a fazê-lo até que brotem as espigas. Aumentam então o reforço e só voltam a tocar os pés de milho na época da colheita. Para reforçar esses montes de terra em que o milho é semeado, os índios inserem três peixes do gênero chamado *aloof*, para que ele aqueça, umedeça e fertilize o terreno, que assim produz em dobro. Os ingleses adotaram a prática, mas apenas nos lugares em que o peixe é abundante. Empregam com êxito admirável a cabeça e as tripas da merluza.

Nos espaços abertos pela destruição das ervas daninhas, cultivam-se favas que, crescendo ao lado do milho, prendem-se aos seus caules, apoiando-se sobre eles. Nos intervalos plantam-se abóboras que crescem maravilhosamente, e, na entressafra, o terreno é semeado com nabos.

Quando o milho amadurece, é hora de colhê-lo. Alguns descascam as espigas no próprio terreno, outros preferem conservá-las em caixas, que reservam em lugares seguros, conservando as espigas durante o inverno. Mas um dos melhores métodos é escondê-las sob a terra, plantando relva por cima delas. Os índios mais experientes adotam essa prática com excelentes resultados.

O milho é usado principalmente moído em farinha, com diversas finalidades. Os índios, que não conhecem nossas técnicas, procedem da seguinte maneira. Dispõem os grãos de milho sobre uma placa aquecida, sem, no entanto, queimá-los. Uma vez grelhados, são submetidos ao pilão e depois peneirados. Armazenam essa farinha em sacos, como provisão, e a levam consigo quando viajam, comendo-a na forma de bolo.

O milho bem moído dá uma farinha que, peneirada, é bem branca, e produz um pão excelente, além de mingaus e pudins.

Os médicos mexicanos utilizam o milho em tisanas que oferecem aos pacientes, o que não é má ideia, dada a similaridade entre esse grão e a cevada.

Como é sabido, esse grão agrada muito aos animais de criação e de caça, e ajuda a engordá-los. Fabrica-se com o milho um licor vinhoso e um destilado de aguardente. Os americanos utilizam a planta inteira e não apenas o grão. Fendem os caules secos e cortam-nos em filamentos, fabricando cestos e cabazes de diferentes formas e tamanhos. O caule fresco dá um suco com o qual é produzido um xarope tão doce quanto o da cana de açúcar. Ninguém, até hoje, verificou se esse açúcar se cristaliza, mas tudo indica que sim. Enfim, os índios utilizam o milho para muitas outras coisas. Os curiosos encontrarão os detalhes em Garcilaso de la Vega, *Histoire des Incas*, livro I, cap.8, e Jean de Laet, *Description des Indes Occidentales*, livro VII, cap.3.

Montesquieu, Elogio de, D'Alembert [5, VII-XVII]

[VII] Os impérios, como os homens, crescem, decaem e desaparecem. Essas revoluções inevitáveis costumam ter causas secretas que a noite dos tempos oculta de nós e que, por parecerem insignificantes, se escondem dos olhos dos contemporâneos. Em relação a isso, não há diferença entre a história moderna e a antiga. A exceção é a história dos romanos, que oferece uma política razoada e um sistema que produziu grandeza, o que impede que a fortuna desse povo seja atribuída a engrenagens obscuras ou secundárias. As causas da grandeza de Roma se encontram na história, e cabe ao filósofo descobri-las. Num estudo como esse, porém, não há lugar para sistemas como os da física, quase sempre precipitados: uma observação nova e imprevista pode revirá-los num instante. Ao contrário, se na cuidadosa coleta dos fatos transmitidos pela história de um país não for possível reunir todos os materiais desejáveis, isso não é razão para recuar. Pois o estudo refletido da história, tão importante e difícil, consiste em combinar, da maneira mais perfeita possível, esses materiais defeituosos. O historiador procede como o arquiteto, que, em meio às ruínas de uma cidade antiga, retraça, da maneira mais verossímil que consegue, a planta de um edifício antigo, suprindo com gênio e conjecturas certeiras as lacunas deixadas pelos restos disformes e truncados.

Tal é o ponto de vista a partir do qual deve-se ler a obra do sr. Montesquieu, *Grandeza e decadência dos romanos*. Ele encontra as causas da grandeza dos romanos no amor pela liberdade, pelo trabalho e pela pátria, inspirado desde a infância; na severidade da disciplina militar; nas desavenças intestinas que fortaleciam os espíritos, mas cessavam tão logo o inimigo era avistado; na constância, em meio ao revés, que permitiu à república nunca desesperar; no princípio de só celebrar a paz após conquistada a vitória; na glória do triunfo, objeto de emulação dos generais; no apoio a povos que se revoltavam contra seus próprios reis; na excelente política de permitir aos vencidos a manutenção de seus deuses e costumes; na prática de nunca combater dois inimigos poderosos ao mesmo tempo, e tudo suportar da espada de um, até que o outro estivesse derrotado. Quanto às causas de sua decadência, ele as encontra no crescimento do Estado, com o que os tumultos populares se transformaram em guerras civis; nas guerras em países longínquos, que, por forçarem os cidadãos a se ausentar longamente, privaram-nos, imperceptivelmente, do espírito republicano; no direito de cidadania, concedido a tantas nações que transformou o povo romano numa espécie de monstro de várias cabeças; na corrupção introduzida pelo luxo vindo da Ásia; nas proscrições de Sila, que aviltaram o espírito da nação e a prepararam para a escravidão; na necessidade de senhores, uma vez subtraída ao povo a sua liberdade; na obrigação de alterar suas máximas, quando da alteração do governo; na série de monstros que reinaram, quase ininterruptamente, de Tibério a Nerva, e, depois, de Cômodo a Constantino; e, por fim, na transferência e partição do Império, que pereceu primeiro no Ocidente, pela força dos bárbaros, e, depois, no Oriente, onde, após languescer durante séculos sob o jugo de imperadores imbecis ou ferozes, extinguiu-se sem deixar vestígios, como esses rios que desaparecem na areia.

Bastou ao sr. Montesquieu um volume de dimensões exíguas para desenvolver um quadro interessante e vasto como esse. Por não ter se detido nos detalhes, apoderando-se apenas dos ramos mais fecundos de seu assunto, soube abarcar, num espaço curtíssimo, um grande número de objetos, captados com distinção e oferecidos ao leitor com agilidade e interesse. Permitindo que se veja muito, dá ainda mais o que pensar; e o livro poderia muito bem se chamar *História romana para uso dos estadistas e dos filósofos*.

Apesar da reputação que o sr. Montesquieu adquiriu em virtude desta última obra, sem mencionar as que a precederam, ele não fazia mais do que trilhar o caminho a uma [**VIII**] empreitada maior, destinada a imortalizar seu nome e torná-lo venerado pelos séculos vindouros. Há algum tempo, ele vinha concebendo um projeto: meditou acerca de sua execução ao longo de vinte anos; ou melhor, sua vida inteira foi dedicada a essa meditação contínua. Começou por tornar-se, de certo modo, um estrangeiro em seu próprio país, a fim de conhecê-lo melhor; percorreu em seguida a Europa inteira, e estudou a fundo os diferentes povos que a habitam. A célebre Ilha, que tanto se orgulha de suas leis, e que tão mau uso faz delas, foi para ele, ao longo dessa viagem, como a ilha de Creta para Licurgo: uma escola, onde há que se instruir, ainda que não se concorde com tudo. Interrogou e julgou, por assim dizer, as nações e os homens mais célebres, que hoje só existem nos anais da história do mundo; e elevou-se gradualmente ao mais belo título a que um sábio poderia aspirar, o de Legislador das Nações.

Ao mesmo tempo que se animou com a importância da matéria, admirou-se com sua extensão; abandonou-a e a ela retomou diversas vezes. Sentiu, como ele mesmo reconhece, que suas velhas mãos lhe faltavam; mas, encorajado por amigos, reuniu suas forças, e escreveu *O espírito das leis*.

Nessa importante obra, o sr. Montesquieu, sem se deter, como os que o antecederam, em discussões metafísicas relativas ao homem em abstrato, e sem se restringir a considerar alguns povos em certas relações ou circunstâncias particulares, aborda os habitantes do Universo no estado em que realmente se encontram e em todas as relações possíveis. A maioria dos escritores do gênero são quase sempre simples moralistas ou jurisconsultos, quando não reles teólogos. Para ele, no entanto, o homem, em todos os países e nações, ocupa-se menos daquilo que lhe é imposto por dever que dos meios pelos quais poderá efetuá-lo; menos da perfeição metafísica das leis, que desta outra, que a natureza humana torna suscetíveis; mais das leis feitas que das que deveriam ter sido feitas; mais das leis de um povo em particular que daquelas de todos os povos em geral. Assim, comparando-se aos que antes dele trilharam essa longa e nobre estrada, o sr. Montesquieu poderia dizer, como Correggio, ao ver as obras de seus rivais: *eu também sou pintor*.

Preenchido e tomado por seu objeto, o autor de *O espírito das leis* abarca nessa obra um número tão grande [IX] de matérias e as trata de modo tão breve e tão profundo, que apenas uma leitura assídua e refletida poderia identificar o mérito do livro, dissipando assim, inclusive, a noção de um método pretensamente defeituoso que alguns leitores imputaram ao sr. Montesquieu. Seria leviano acusá-lo [X] de ter negligenciado justamente o método, ao tratar de matéria filosófica numa obra composta ao longo de vinte anos. Mas é preciso distinguir a desordem real da aparente. A desordem é real quando a analogia e a sequência de ideias não são observadas, as consequências são erigidas em princípios ou os precedem, e o leitor, após numerosos desvios, se reencontra no [XI] mesmo ponto do qual partiu; mas é aparente, quando o autor, colocando no devido lugar as ideias que utiliza, deixa que o leitor supra as intermediárias. O sr. Montesquieu julgou que era necessário proceder assim, num livro destinado a homens pensantes, a cujo gênio incumbe suprir as omissões, deliberadas e pontuais. [XII]

A ordem que se percebe nas divisões principais d'*O espírito das leis* reina também nos detalhes; temos a impressão de que, quanto mais nos aprofundamos na obra, mais claro isso fica. Fiel às divisões gerais, o autor referiu a cada uma delas os objetos que lhe pertencem exclusivamente; quanto aos que cabem a [**XIII**] diferentes divisões ao mesmo tempo, colocou sob cada divisão o ramo que a ela pertence propriamente. Percebe-se facilmente, e sem confusão, a influência das diferentes partes do assunto umas sobre as outras, assim como, numa árvore ou sistema bem concebido dos conhecimentos humanos, pode-se ver a relação mútua das ciências e das artes. Essa comparação é justa. Para um plano do exame filosófico das leis vale o mesmo que se observa numa árvore enciclopédica das ciências: há sempre algo de arbitrário, e tudo o que se pode exigir do autor é que ele siga, sem se desviar, o sistema que formou para si mesmo.

Quanto à obscuridade que um autor pode se permitir em tal obra, repetiremos o que dissemos da falta de ordem: o que é obscuro para o leitor vulgar não haverá de sê-lo para os que o autor tem em mente. A obscuridade deliberada não é obscura. Quando se trata de apresentar verdades importantes, cuja enunciação direta e sem rodeios poderia ser ofensiva, e improdutiva, o sr. Montesquieu tem a louvável prudência de encobri-las. Com esse inocente artifício, esconde-as daqueles para quem seriam nocivas, sem com isso furtá-las aos olhos dos sábios.

Dentre as obras em que se apoiou, e que porventura lhe ofereceram perspectivas, vê-se que ele se beneficiou principalmente dos dois historiadores mais refletidos, Tácito e Plutarco. Um filósofo que tenha feito essas duas leituras não precisa de muitas outras; mesmo assim, não lhe pareceu que devesse negligenciar ou desdenhar o que pudesse haver de pertinente para o seu objeto. A leitura implicada na elaboração de um livro como *O espírito das leis* é imensa, e o uso razoado que o autor fez dessa prodigiosa multidão de materiais há de parecer ainda mais surpreendente quando se é informado de que ele estava quase inteiramente privado da visão e foi obrigado a recorrer aos olhos de outros. Essa vasta erudição contribui não somente para a utilidade como também para o aspecto agradável da obra. Sem fazer pouco da majestade do assunto, o sr. Montesquieu sabe temperar sua austeridade, oferecendo aos leitores momentos de repouso com fatos singulares e pouco conhecidos, alusões delicadas e toques enérgicos e brilhantes, que, com uma só pincelada, pintam povos inteiros e homens completos.

Por fim – longe de nós fazer o papelão dos comentadores de Homero –, há sem dúvida defeitos nessa obra, como em toda obra de gênio que ousa desbravar caminhos desconhecidos. O sr. Montesquieu é para nós, no estudo das leis, o mesmo que Descartes na filosofia: com frequência esclarece, porventura se engana, mas, mesmo quando isso acontece, instrui os que sabem lê-lo. A nova edição, atualmente em preparação, com adições e correções do próprio autor, haverá de mostrar que, se por vezes ele se equivocou, soube reconhecê-lo, e corrigiu-se. O livro adquire, com isso, a prerrogativa de ser de novo examinado naquelas passagens que não agradaram a seus críticos. Mais provável, no entanto, é que a matéria que ele mesmo julgou digna de correção tenha escapado a eles, tão cego costuma ser o desejo de causar dano aos outros. [XIV]

Como a maioria dos letrados que falou a respeito de *O espírito das leis* estava mais interessada em criticar a obra do que em oferecer uma ideia justa a seu respeito, faremos agora o que eles deveriam ter feito: desenvolver seu plano, caráter e objetivo. Os que porventura julguem esta análise longa demais considerarão talvez, após tê-la percorrido, que é o único meio para que se apreenda o método do autor. De resto, deve-se ter em mente que a história dos escritores célebres é a história de seus pensamentos e trabalhos; por isso, esta parte é a mais essencial e mais útil de um elogio, sobretudo na abertura de um volume de uma obra como esta *Enciclopédia*.

No estado de natureza, abstração feita de toda religião, os homens não conhecem, em meio a suas eventuais diferenças, outra lei que a dos animais, isto é, o direito do mais forte; e deve-se considerar o estabelecimento das sociedades como uma espécie de tratado contra esse direito injusto, destinado a estabelecer uma balança entre as diferentes partes do gênero humano. Mas o equilíbrio moral, como o físico, raramente é perfeito ou duradouro, e os tratados do gênero humano são, como os celebrados por nossos príncipes, o germe de contínuas divisões. O interesse, a necessidade e o prazer aproximam os homens; esses mesmos motivos os impelem incessantemente a desejar as vantagens oferecidas pela vida em sociedade, sem ter de arcar com os custos; e é nesse sentido que se pode dizer, com o autor, que os homens, desde o momento em que entram em sociedade, estão em estado de guerra. Pois a guerra supõe, entre as partes envolvidas, se não igualdade de força, ao menos a opinião de que ela existiria, pois do contrário não haveria, de parte a parte, nenhum desejo ou expectativa de vitória. Ora, se no estado de sociedade o balanço nem sempre é perfeito, tampouco é excessivamente desigual: ao contrário, ou os homens não têm o que disputar no estado de natureza, ou, se a necessidade os obriga a tal, o que se vê é a fraqueza batendo em retirada diante da força, opressores sem combate e oprimidos sem resistência.

Eis os homens, reunidos e armados, abraçando-se, de um lado, prontos para se agredir, de outro. As leis são uma ligação, mais ou menos eficaz, destinada a suspender ou deter seus golpes. Mas, como a prodigiosa extensão do globo que habitamos e a diferente natureza das regiões da Terra e dos povos que a recobrem não permitiriam que todos os homens vivessem sob um só e mesmo governo, o gênero humano se dividiu em certo número de Estados, que se distinguem pelas diferentes leis a que cada um obedece. A existência de um único governo tornaria o gênero humano um corpo extenuado e languescente, esparramado pela face do globo, desprovido de vigor; já os Estados são corpos ágeis e robustos, que, dando-se as mãos uns aos outros, tornam-se um mesmo, em que a ação recíproca dos diferentes órgãos fomenta por toda a parte o movimento e a vida.

Distinguem-se três espécies de governo: o republicano, o monárquico e o despótico. No republicano, o povo como um corpo detém o poder soberano; no monárquico, um só governa por leis fundamentais; no despótico, a única lei conhecida é a vontade do senhor, ou seja, do tirano. Não significa dizer que no universo só existam essas três espécies de Estado, nem mesmo que haja Estados que pertençam única e exclusivamente a alguma dessas formas. A maioria é, por assim dizer, nuançada, e traz a marca de uma mistura: aqui, a monarquia tende ao despotismo; ali, o governo monárquico se combina ao republicano; alhures, não é o povo inteiro, mas somente uma parte que faz as leis. Nem por isso a divisão precedente é menos exata e justa. As três espécies de governo que ela inclui se distinguem a ponto de não haver entre elas, propriamente dizendo, nada em comum; e todos os Estados que conhecemos entram em alguma delas. É necessário formar classes particulares a partir dessas três espécies, e tentar determinar as leis que lhes seriam próprias. Feito isso, não será difícil modificar em seguida essas leis, na aplicação a um governo qualquer, segundo pertença em maior ou menor medida a uma dessas diferentes formas.

Nos diferentes Estados, as leis devem ser relativas à *natureza*, ou seja, o que os constitui, bem como ao *princípio*, vale dizer, o que os sustenta e os impele a agir. Essa importante distinção é a chave para uma infinidade de leis, e dela o autor extrai numerosas consequências.

As principais leis relativas à democracia são: que o povo seja, sob certo aspecto, monarca, sob outro, súdito; que eleja e julgue os magistrados, e estes, em certas ocasiões, decidam. A natureza da monarquia requer a existência, entre o monarca e o povo, de diversos poderes e estratos intermediários, e de um corpo depositário das leis, mediador entre os súditos e o príncipe. O despotismo exige que o tirano exerça sua autoridade, ou por si mesmo ou por um indivíduo que o represente.

Quanto ao princípio dos três governos, o da democracia é o amor pela república, vale dizer, pela igualdade; nas monarquias, em que um só dispensa as distinções e recompensas, e onde se costuma confundir o Estado com um único homem, o princípio é a honra, vale dizer, a ambição e o amor pela estima alheia; no despotismo, por fim, é o medo. Maior o vigor desses princípios, mais estável é o governo; mais eles se alteram ou se corrompem, maior a tendência do governo à autodestruição. Quando o autor fala de igualdade nas democracias, não entende por isso uma igualdade extrema, absoluta, e, por conseguinte, quimérica, mas esse venturoso equilíbrio que torna todos os cidadãos igualmente submissos às leis e interessados em observá-las.

Em cada governo, as leis da educação devem ser relativas ao *princípio*. Entende-se aqui por *educação* aquela que se recebe quando se frequenta o mundo, não a dos pais e mestres, tantas vezes, em certos Estados, contrária à primeira. Nas monarquias, a educação deve ter por objeto a urbanidade e a consideração recíproca; nos Estados despóticos, o terror e o aviltamento dos espíritos; nas repúblicas, o poder da educação é integralmente requerido: deve inspirar um sentimento nobre, porém doloroso – a renúncia a si mesmo –, do qual nasce o amor pela pátria.

As leis dadas pelo legislador devem ser conformes ao *princípio* de cada governo: na república, fomentar a igualdade e a frugalidade; na monarquia, sustentar a nobreza sem extenuar o povo; sob o governo despótico, manter a todos, indistintamente, em silêncio. Não se deve acusar o sr. Montesquieu de ter indicado aos soberanos o princípio do poder arbitrário, cujo simples nome é odioso aos príncipes justos e, com razão ainda mais forte, ao cidadão sábio e virtuoso. Mostrar o que é necessário à sua conservação é trabalhar para aniquilá-lo: a perfeição desse governo incita à sua ruína; e o código da tirania, tal como dado pelo autor, é a um só tempo a sátira e a calamidade mais certa dos tiranos. Quanto aos outros governos, cada um tem suas vantagens. O republicano é mais apropriado aos pequenos Estados, a monarquia aos grandes; o republicano se expõe mais aos excessos, o monárquico aos abusos; o republicano exige mais maturidade na execução das leis, o monárquico mais prontidão.

A diferença de princípio entre os três governos há de produzir uma diferença no número e no objeto das leis, na forma dos juízos e na natureza das penas. Por ser invariável e fundamental, a constituição das monarquias exige mais leis civis e tribunais, a fim de que a justiça seja aplicada de maneira mais uniforme e menos arbitrária; nos Estados moderados, sejam monarquias ou repúblicas, nunca é demais dar formalidade às leis criminais. As penas devem ser não somente proporcionais ao crime, como também as mais brandas possíveis, sobretudo na democracia, onde a opinião ligada às penas costuma ter mais efeito do que sua severidade. Nas repúblicas, é preciso julgar segundo a lei, pois nenhum particular poderia alterá-las. Nas monarquias, a clemência do soberano pode às vezes abrandá-las, mas os crimes devem ser julgados unicamente pelos magistrados, a quem cabe o conhecimento das leis. Por fim, principalmente nas democracias, deve haver leis severas contra o luxo, o relaxamento dos costumes e a sedução das mulheres. A doçura e delicadeza do belo sexo as torna aptas a exercer o governo monárquico; e a história mostra que não raro elas portaram com glória a coroa.

Tendo percorrido cada governo em particular, o sr. Montesquieu os examina a partir das possíveis relações entre eles de um ponto de vista mais geral, relativo à sua natureza e princípio. Abordados dessa maneira, as únicas relações que pode haver entre Estados são de defesa e de ataque.

Como as repúblicas devem, por natureza, abarcar um Estado menor, não podem se defender sem aliança; mas é a outras repúblicas que devem se aliar. A força defensiva da monarquia consiste principalmente em manter suas fronteiras protegidas. Os Estados têm, como os homens, o direito de atacar em nome de sua própria conservação. Do direito da guerra deriva o da conquista, direito necessário, legítimo e infortunado, *que deixa sempre uma dívida imensa a ser paga, para que se esteja quites com a natureza humana*, e cuja lei geral consiste em impor aos vencidos o menor mal possível. As repúblicas têm menos poder de conquista que as monarquias; conquistas de vulto implicam despotismo ou o reforçam. Um dos grandes princípios de conquista deve ser o de melhorar, na medida do possível, a condição do povo conquistado; com isso, são satisfeitas, a um só tempo, a lei natural e a máxima do Estado. Nada mais belo que o tratado de paz entre Gelão e os cartagineses, que proibia que estes continuassem a imolar seus próprios filhos. Os espanhóis, na conquista do Peru, deveriam ter obrigado esses povos a parar de oferecer vítimas humanas aos deuses; decidiram, em vez disso, que os imolariam. Conquistaram assim um vasto deserto; sua vitória, à custa da desolação dos vencidos, os enfraqueceu para sempre. Às vezes, pode ser necessário mudar as leis do povo vencido; mas nada poderia obrigá-lo a esquecer suas maneiras ou mesmo seus costumes, que amiúde são suas maneiras. O meio mais certo para assegurar uma conquista é promover, se possível, o povo vencido ao nível do conquistador, concedendo-lhe os mesmos direitos e privilégios. Os romanos costumavam proceder assim, como fez César, por exemplo, com os gauleses.

Até aqui, considerando cada governo tanto em si mesmo quanto em relação aos demais, não demos atenção ao que devem ter de comum, nem às circunstâncias particulares extraídas da natureza do país ou do gênio dos povos. É o que faremos agora.

A lei comum a todos os governos, ao menos aos governos moderados, e, por conseguinte, justos, é a liberdade política de que cada cidadão deve desfrutar. Essa liberdade não é a absurda permissão para que cada um faça o que bem entender, é o poder de fazer tudo o que as leis permitam. Pode ser vista em relação à constituição ou em relação ao cidadão.

Na constituição de cada Estado há duas espécies de poder, a potência legislativa e a potência executiva; esta última tem dois objetos, o interior do Estado e seu exterior. A perfeição da liberdade política em relação à constituição depende da distribuição legítima e da repartição adequada dessas diferentes espécies de poder. O sr. Montesquieu oferece como prova disso as constituições da república romana e da Inglaterra. Encontra o princípio desta na lei fundamental dos antigos germânicos, cujos chefes decidiam as questões mais importantes, e os grandes, uma vez acusados, eram submetidos ao tribunal da nação. O sr. Montesquieu não examina se os ingleses de fato gozam a extrema liberdade que lhes é concedida por sua constituição política; constata apenas que é estabelecida por leis. Menos ainda lhe ocorre fazer uma sátira de outros Estados; acredita, ao contrário, que o excesso, mesmo no bem, nem sempre é desejável; que a liberdade extrema tem seus inconvenientes, assim como a servidão; e que, em geral, a natureza humana se acomoda melhor a um estado intermediário.

A liberdade política, considerada em relação ao cidadão, consiste na garantia de contar com a proteção das leis ou ao menos na opinião de que essa garantia existe, o que permite não recear pela aplicação de uma lei diferente. Essa liberdade é confirmada ou destruída principalmente mediante a natureza e a proporção das penas. Crimes contra a religião devem ser punidos com a privação dos benefícios que ela traz; crimes contra os costumes, com vexação; crimes contra a tranquilidade pública, com vexação ou exílio; crimes contra a segurança, com suplícios. Escritos devem ser menos punidos que ações, simples pensamentos, jamais. Acusações à revelia da lei, espionagem, cartas anônimas, esses recursos da tirania, tão vergonhosos para as vítimas quanto para os que a eles recorrem, devem ser proscritos de um bom governo monárquico. Só é permitido acusar diante da lei, que sempre pune o acusador ou o caluniador. Em todo caso, os que governam devem dizer, com o imperador Constâncio: *não cabe a nós suspeitar daquele que não tem acusador, mas a quem não falta um inimigo.* É uma excelente instituição a do ministério público, encarregada, em nome do Estado, de perseguir os crimes; é tão útil quanto a delação, com a vantagem de não ter os vis interesses que incitam a esta, os inconvenientes que ela acarreta, a infâmia que representa.

Os impostos devem ser diretamente proporcionais à liberdade. Assim, podem ser maiores nas democracias do que em outros regimes, desde que não se tornem opressivos, pois cada cidadão deve considerá-los como um tributo que se paga a si mesmo e assegura a tranquilidade e a sorte de cada um dos membros do corpo político. De resto, num Estado democrático, o uso indevido dos fundos públicos é mais raro, pois, como todos sabem qual o seu depositário, é fácil puni-lo e ele deve prestar contas ao primeiro cidadão que as exigir.

Não importa o governo, a espécie de tributo menos onerosa é sobre o consumo das mercadorias, pois o cidadão paga sem perceber que o faz. A quantidade excessiva de tropas em tempos de paz é um mero pretexto para sobrecarregar o povo com impostos e enfraquecer o Estado como um todo; é um instrumento de servidão. A arrecadação direta dos tributos, que os destina inteiramente ao fisco público, é sem comparação menos onerosa para o povo, e, por conseguinte, mais vantajosa, quando praticável, do que sua arrecadação indireta, que deixa boa parte da arrecadação do Estado nas mãos de uns poucos particulares. Tudo está perdido quando a profissão de cobrador de impostos se torna honorável, o que costuma acontecer quando o luxo vige. Permitir que uns poucos homens se alimentem da substância pública para depois espoliá-los, como acontece em alguns Estados, é reparar uma injustiça com outra, e promover dois males em vez de um.

Passemos agora, com o sr. Montesquieu, às circunstâncias particulares que não dependem da natureza do governo, mas influem nas leis. Circunstâncias advindas da natureza do país são de duas espécies: referem-se ao clima ou ao solo. Ninguém duvida que o clima influi na disposição e hábitos dos corpos, e, por conseguinte, nos caracteres; por isso, as leis devem ser conformes ao clima, no que ele tenha de indiferente, e combatê-lo em seus efeitos perniciosos. Assim, onde o consumo do vinho é nocivo, a lei que o interdita é boa; onde o calor estimula a preguiça, a lei que estimula o trabalho é excelente. O governo pode assim corrigir os efeitos do clima. Essa constatação é suficiente para colocar *O espírito das leis* ao abrigo da censura injusta que lhe foi feita, de que atribuiria tudo às diferenças climáticas. Pois, além de frio e calor não serem a única coisa que distingue os climas, seria tão absurdo negar os efeitos do clima quanto atribuir tudo a eles.

O emprego de escravos, estabelecido em países de clima tórrido da Ásia e da América, mas não nos climas temperados da Europa, oferece ao autor a oportunidade de tratar da escravidão civil. Os homens têm tanto direito sobre a liberdade quanto sobre a vida alheia; do que se segue que a escravidão é, em termos gerais, contrária à lei natural. Com efeito, o direito de escravidão não pode vir da guerra – pois então estaria fundado no direito de remissão da vida, quando não há direito sobre a vida daqueles que não mais atacam –, nem da venda que um homem faz de si mesmo para outro – pois, assim como todo homem deve sua vida ao Estado, deve a este também, por razões ainda mais fortes, sua liberdade, e, por conseguinte, não tem o direito de vendê-la. Qual seria, de resto, o preço a pagar por ela? O dinheiro não pode ser dado ao vendedor, pois, a partir do momento em que alguém se torna escravo, todas as posses pertencem ao mestre; ora, uma venda sem preço é tão quimérica quanto um contrato sem condição. Talvez a única lei justa que jamais existiu em relação à escravidão tenha sido a dos romanos, que faz o devedor escravo do credor; mas mesmo essa lei, para ser equânime, teria de restringir a servidão quanto ao grau e ao tempo. A escravidão pode ser tolerável em Estados despóticos, onde os homens livres, fracos diante do governo, buscam se tornar, em benefício próprio, escravos dos que tiranizam o Estado; ou em climas cujo calor é tão forte que debilita o corpo e abate a coragem, e apenas o receio de castigos incita os homens a cumprir seu penoso dever.

A servidão doméstica, a que certas mulheres estão submetidas, é equiparável à escravidão civil. Ocorre nas terras da Ásia, em que elas são convocadas a morar com os homens antes de ter adquirido o uso da razão, púberes pela lei do clima, crianças pela da natureza. Essa submissão é necessária nos países em que a poligamia está estabelecida, uso que o sr. Montesquieu não pretende justificar no que tem de contrário à religião, mas que, como ele reconhece, pode ser, até certo ponto, fundamentado, seja pela natureza do país, seja pela proporção entre o número de mulheres e o de homens (falamos estritamente em termos de política). O sr. Montesquieu discute, nessa ocasião, o divórcio, e estabelece, com base em boas razões, que, uma vez admitido, deve ser válido também para as mulheres, e não somente para os homens.

Se o clima tem influência na servidão doméstica e civil, sua influência não é menor na servidão política, que submete um povo a outro. Os povos do norte são mais fortes e corajosos que os meridionais; estes devem, portanto, via de regra, ser subjugados, aqueles, conquistadores; uns são escravos, os outros são livres. É algo que a história confirma: a Ásia foi conquistada onze vezes pelos povos do norte; a Europa sofreu menos invasões.

Quanto às leis relativas à natureza do solo, é claro que a democracia é mais conveniente do que a monarquia a países estéreis, em que o solo convoca a diligência inteira dos homens. Em tais casos, a liberdade costuma ser uma espécie de compensação pela dificuldade do trabalho. As leis são mais necessárias a um povo agricultor do que a um povo de tropeiros; mais a um povo de tropeiros do que a um povo caçador; mais a um povo que utiliza a moeda do que a outro que a ignora.

Por fim, há que levar em consideração o gênio particular da nação. A vaidade, que aumenta os objetos, é um bom manancial para o governo; o orgulho, que os despreza, é perigoso. O legislador deve respeitar, até certo ponto, os preconceitos, paixões e abusos. Deve imitar Sólon, que deu aos atenienses não as melhores leis em si mesmas, mas as melhores que eles poderiam ter. O caráter vivaz desse povo pedia leis mais brandas; o caráter duro dos lacedemônios, leis mais severas. As leis são um meio ruim para alterar as maneiras e os usos; melhor recorrer a recompensas e exemplos. Mas não deixa de ser verdade que as leis de um povo devem influir discretamente sobre as maneiras, seja reforçando-as, seja alterando-as, desde que não as contrariem de modo direto e flagrante.

Após ter explorado a natureza e o espírito das leis com relação às diferentes espécies de país e povo, o autor volta aos Estados em suas relações recíprocas. Comparando-os de maneira geral, restringira-se a abordá-los com relação à agressão que podem cometer uns contra os outros; agora, aborda-os com relação ao auxílio que podem se prestar mutuamente. Esse auxílio está fundado principalmente no comércio. Se é verdade que o espírito comercial produz naturalmente um espírito de interesse oposto à sublimidade das virtudes morais, também é verdade que ele torna um povo naturalmente justo, ao afastá-lo do ócio e da pilhagem. Nações livres, que vivem sob governos moderados, dedicam-se mais ao comércio do que nações escravas. A não ser que tenha uma excelente razão, uma nação nunca deve excluir outra do âmbito de suas relações comerciais. A liberdade comercial não é uma faculdade absoluta, concedida aos negociantes para que façam o que bem entender, inclusive porque, muitas vezes, contraria o seu próprio interesse; consiste em incomodar os comerciantes apenas em prol do comércio. Na monarquia, a nobreza não deve se imiscuir no comércio, menos ainda o príncipe. Mas há nações para as quais o comércio é uma desvantagem: não, como seria de esperar, as que não precisam de nada, mas, ao contrário, as que têm necessidade de tudo. O autor torna sensível esse paradoxo a partir do exemplo da Polônia, onde tudo falta, exceto o trigo, e que, com seu comércio, priva de alimento os camponeses para satisfazer o luxo dos senhores. Por ocasião das leis requeridas para o comércio, o sr. Montesquieu apresenta a história de suas diferentes revoluções. Essa parte de seu livro não é a menos interessante, nem a menos curiosa. Ele compara o empobrecimento da Espanha, a partir da descoberta da América, à sorte daquele tolo príncipe da fábula, prestes a morrer de fome por ter pedido aos deuses que tudo o que tocasse se transformasse em ouro. O uso da moeda é uma parte considerável do estudo do comércio, pois é seu principal instrumento; e o autor julgou que deveria tratar das operações envolvendo-a, como a troca, o pagamento de dívidas públicas e o empréstimo a juros – cujas leis e limites ele determina, sem confundi-lo com os excessos da usura, condenada por todos.

Existe uma relação direta entre o comércio e a população e o número de habitantes; e, como os casamentos têm por objeto a população, o sr. Montesquieu se aprofunda nessa importante matéria. A continência pública é a circunstância que mais favorece a propagação; a experiência prova que os acasalamentos ilícitos contribuem pouco para ela, quando não a prejudicam. Uma regra justa para a celebração de casamentos é o consentimento dos pais; no entanto, mesmo este deve ter restrições, pois a lei deve privilegiar acima de tudo os casamentos. A lei civil que proíbe o casamento entre mãe e filho é excelente (independentemente dos preceitos da religião), pois, sem mencionar outras razões, há uma disparidade de idade entre os contratantes, e raramente esses casamentos têm por objetivo a propagação. A lei que proíbe o casamento do pai com a filha está fundada no mesmo motivo; contudo (falando-se em termos estritamente civis), não é tão indispensavelmente necessária quanto a outra, pois a virtude do engendramento perdura mais no homem do que na mulher. Trata-se de um costume de povos que não foram esclarecidos pela luz do cristianismo. A natureza leva por si mesma ao casamento, e é um mau governo o que precisa estimulá-lo. A liberdade, a segurança, impostos moderados, a proscrição do luxo, tais são os verdadeiros princípios de manutenção da população de um país. Todavia, leis feitas para encorajar ao casamento podem ser propícias se um povo, ainda que corrompido, permanece ligado à pátria. Nada mais belo do que as leis de Augusto em prol da propagação da espécie; infelizmente, foram feitas durante a decadência, ou quando da queda da república. Os cidadãos, desanimados, podiam prever que colocariam no mundo meros escravos; por isso, ela não chegou vigorar sob os imperadores pagãos. Constantino, por fim, a aboliu, quando se tornou cristão, como se a finalidade do cristianismo fosse reduzir a população, recomendando a muitos o celibato.

Os asilos, dependendo do espírito com que são administrados, podem ser prejudiciais ou benéficos à manutenção da população. São necessários em Estados onde a maioria dos cidadãos depende exclusivamente de sua própria diligência, pois esta às vezes pode falhar; mas o auxílio que prestam deve ser temporário, para não encorajar a vagabundagem e a mendicância. Antes de erguer asilos para necessidades imprevistas ou prementes, deve-se enriquecer o povo. Infeliz do país em que a multidão de asilos e monastérios, que não passam de asilos permanentes, deixa todos à vontade, exceto os que trabalham!

Até aqui, o sr. Montesquieu falou das leis humanas. Passa agora às da religião, que em quase todos os Estados são objeto essencial do governo. Por toda parte, ele elogia o cristianismo, mostra suas vantagens e grandeza, recomenda-o; defende, contra Bayle, que não é impossível que uma sociedade de perfeitos cristãos forme um Estado duradouro e próspero. Mas nem por isso deixa de examinar o que as diferentes religiões (de um ponto de vista humano) podem ter de conforme ou de contrário ao gênio e à posição dos que as professam. É desse ponto de vista que se deve ler o que ele escreve a respeito, objeto de tantas denúncias injustas. É surpreendente que, num século que comete tantas outras barbaridades, tenha se tornado um crime o que ele diz da tolerância; como se tolerar uma religião fosse aprová-la, e o próprio Evangelho prescrevesse outro meio de disseminá-la, além da brandura e da persuasão. Sua censura aos inquisidores, esse odioso tribunal que aviltou a religião ao torná-la vingativa, chamará a atenção daqueles em que a superstição ainda não extinguiu todo sentimento de compaixão e justiça.

Por fim, após ter tratado em particular das diferentes espécies de leis dos homens, resta a ele compará-las entre si. Os homens são governados por diferentes espécies de leis: o direito natural, comum a cada indivíduo; o direito divino, da religião; o direito eclesiástico, da política da religião; o direito civil, dos membros de uma mesma sociedade; o direito político, do governo dessa sociedade; o direito das gentes, das sociedades em sua relação recíproca. Cada um desses direitos tem seu objeto próprio, distinto dos demais, e não se deve confundi-los. Jamais se deve regular por meio de um o que a outro pertença, se não se quiser introduzir desordem e injustiça nos princípios que governam os homens. É preciso ainda que os princípios que prescrevem o gênero das leis e circunscrevem seu objeto valham também para a maneira de sua composição. O espírito de moderação deve, na medida do possível, ditar todas as suas disposições. Leis bem-feitas serão conformes ao espírito do legislador, mesmo que prescrevam algo que parece contrário ao seu próprio interesse. Tal era a famosa lei de Sólon, que decretava que todos os que não tomassem partido em sedições teriam prescritos os seus direitos: além de se adiantar à ocorrência de sedições, voltava-as para a utilidade do Estado, pois obrigava todos os membros da república a defender seus verdadeiros interesses. Mesmo a lei do ostracismo era excelente, pois, de um lado, era honrosa para o cidadão a que se aplicava, e, por outro, freava os efeitos da ambição; requeria, ademais, um número significativo de sufrágios, e o banimento só acontecia a cada cinco anos. Muitas vezes, leis que parecem ser similares não têm o mesmo motivo, efeito ou equidade; tudo depende da forma do governo, da conjuntura em que surgem e do gênio do povo. Por fim, o estilo das leis deve ser simples e grave. Não precisam se justificar, pois supõe-se que o motivo de sua existência esteja no espírito do legislador. E, quando o fizerem, deve ser com base em princípios evidentes, ao contrário daquela lei que proíbe os cegos de advogar e oferece como razão que eles não podem ver as insígnias da magistratura.

Para ilustrar com exemplos a aplicação de seus princípios, o sr. Montesquieu escolhe dois povos diferentes, o mais célebre da Terra e aquele cuja história mais nos interessa: os romanos e os franceses. Detém-se numa fração da jurisprudência do primeiro, referente às sucessões. Quanto aos franceses, entra em detalhes referentes à origem e às revoluções de suas leis civis, e aos diferentes usos, subsistentes ou abolidos, que se seguiram a elas. Detém-se principalmente nas leis feudais, espécie de governo que a Antiguidade ignorou (e que os séculos vindouros haverão de ignorar), que tanto bem e tanto mal causou. Discute essas leis principalmente em relação ao estabelecimento e às revoluções da monarquia francesa. Prova, contra o abade Dubos, que os francos entraram na Gália como conquistadores e não, como quis esse autor, que teriam sido convocados pelos gauleses para suprimir o direito dos imperadores romanos que os oprimiam: detalhe profundo, exato e curioso, mas no qual não poderíamos nos deter; e que, de resto, é discutido neste Dicionário, nos verbetes pertinentes.

Tal é a análise geral, embora incompleta e muito imperfeita, da obra do sr. Montesquieu. Separamo-la do restante de seu elogio para que não interrompesse a sequência deste.

Algo n'*O espírito das leis* está ao alcance de todos e tornará o autor célebre e amado em todas as nações: trata-se do *espírito de cidadania* com que a obra foi ditada. O amor pelo bem público, o desejo de ver os homens felizes, mostram-se aí por toda parte; e, se não tivesse outro mérito além deste, tão raro e precioso, já seria digna de ser lida pelos povos e pelos reis. Uma venturosa experiência nos mostra que os efeitos dessa obra em seus leitores não se restringem a sentimentos estéreis. Embora não tenha vivido por muito tempo após a publicação de *O espírito das leis*, o sr. Montesquieu teve a satisfação de ver os efeitos que a obra começava a produzir entre nós: o amor natural dos franceses pela pátria, voltado para seu verdadeiro objeto; o gosto pelo comércio, pela agricultura e pelas artes úteis, que imperceptivelmente se dissemina em nossa nação; a luz sobre os princípios do governo, que liga os povos de maneira mais estreita ao que eles devem amar. Os que tiveram a indecência de atacar essa obra talvez devam a ela mais do que imaginam; a ingratidão, de resto, é a menor das censuras que eles merecem.

Não sem hesitação, desvendaremos agora essa impostura, pois ela é uma vergonha para nosso século, na medida em que diz respeito à glória do sr. Montesquieu e à vantagem da filosofia. Que o opróbrio que cobre seus inimigos lhes seja salutar!

Mal viu a luz do dia, a obra foi avidamente perscrutada, porém de maneira superficial, a partir da reputação do autor. Embora ele tenha escrito para o povo, não compete a este julgar o sr. Montesquieu. A profundidade do objeto é uma consequência de sua importância. Mas as pinceladas contidas na obra, aqui e ali, que não teriam lugar se não viessem do fundo do assunto, deram a muitos a ilusão de que a obra teria sido escrita para eles: esperaram por um livro agradável, e tudo o que encontraram foi um livro útil, que requer uma dose considerável de atenção para ser devidamente apreendido no conjunto e nos detalhes. Tratou-se *O espírito das leis* de forma superficial; o próprio título foi objeto de tiradas. Em suma, um dos mais belos monumentos literários produzidos por esta nação foi de início recebido com indiferença. Foi preciso esperar que os verdadeiros juízes tivessem tempo de lê-lo; logo eles mudaram a opinião da multidão, que é volúvel: a parcela do público que ensina ditou à que escuta o que esta deveria pensar e dizer a respeito; e o sufrágio dos homens esclarecidos, unido ao eco dos que os repetiam, soou em uníssono por toda a Europa.

Para nós, uma das mais gratas recompensas pela dedicação a esta *Enciclopédia* foi o interesse dado a ela pelo sr. Montesquieu, visto que as qualidades deste Dicionário dependem da coragem e da emulação dos que com ele contribuem. Na opinião do sr. Montesquieu, seria um dever dos letrados colaborar prontamente com a execução desta empreitada tão útil; e deu ele mesmo o exemplo, juntamente com o sr. Voltaire, e tantos outros escritores célebres. Talvez os contratempos enfrentados pela obra tenham-no disposto favoravelmente em relação a ela, por lembrarem-lhe os seus próprios; talvez tenha se sentido tocado, sem se dar conta, por termos rendido homenagem ao seu gênio já no *Discurso preliminar*, publicado num momento em que ninguém ousava defendê-lo. Quando a morte o colheu, preparava um artigo sobre o *gosto*, encontrado em seus papéis ainda inacabado; oferecemo-lo ao público nesse estado, tratando-o com o mesmo respeito que a Antiguidade dedicou às derradeiras palavras de Sêneca. A morte nos privou de benefícios ainda maiores, que certamente poderíamos esperar de sua pena. Unindo nosso lamento ao de toda a Europa, poderíamos gravar em sua lápide, *Finis vitoe ejus nobis luctuosus*, Patriae *tristis, extraneis etiam ignotisque non sine curâ fuit* [O triste fim de sua vida foi lamentado por nós, trouxe tristeza à Pátria e despertou preocupação até mesmo entre estranhos e desconhecidos.] (Tácito, *Agrícola*, 43). [Tradução parcial]

Mundo (*Física*), D'Alembert [10, 640-1]

Nome atribuído à coleção e ao sistema das diferentes partes que compõem este universo. Vide *Cosmogonia, Cosmografia, Cosmologia* e *Sistema*. Aplica-se em particular à Terra, considerada em suas diferentes partes, com os diferentes povos que a habitam. Perguntamo-nos se, nesse sentido, cada um dos planetas não seria um mundo como o nosso, e se não teria os seus habitantes.

Pluralidade dos mundos. O sr. Fontenelle foi o primeiro a afirmar, numa obra com esse título, que cada planeta, desde a Lua até Saturno, era um mundo habitado como a nossa Terra. A razão geral que ele oferece é que os planetas são corpos semelhantes à Terra, ela mesma um planeta, e que, como esta é habitada, os outros também devem sê-lo. O autor se dedica a responder às objeções dos teólogos, garantindo que não está pondo homens em outros planetas, apenas habitantes, que não são, em absoluto, humanos. O sr. Huyghens, em seu *Cosmotheoros*, impresso em 1690, um pouco depois da obra do sr. Fontenelle, defende a mesma opinião, com uma diferença: afirma que os habitantes dos planetas teriam as mesmas artes e conhecimentos que nós, o que praticamente equivale a dizer que são homens. Seria essa opinião contrária à fé? A Escritura ensina, sem dúvida, que todos os homens vêm de Adão, mas se refere unicamente aos homens que habitam a nossa Terra. Pode ser que outros homens habitem outros planetas e tenham outra origem que não seja Adão.

Embora a opinião da existência de habitantes em outros planetas tenha algo de verossímil, ela tem algumas dificuldades. 1º) É duvidoso que muitos planetas, incluindo a Lua, tenham atmosfera, e, nesse caso, é impossível que os seres vivos respirem e sobrevivam. 2º) Em planetas como Júpiter e outros, observam-se alterações consideráveis de figura na superfície; parece-me que um planeta teria de ser tranquilo, para ser habitável. 3º) Por fim, os cometas são planetas (vide *Cometa* e *Planeta*), mas é difícil crer que sejam habitados, devido às diferenças extremas que seus habitantes sentiriam no calor do Sol, que ora os queimaria e logo depois diminuiria muito, quase a ponto de cessar. O cometa de 1680, por exemplo, passou muito perto do Sol, e depois se afastou tanto dele que só retornará 575 anos mais tarde. Que corpos vivos seriam capazes de suportar um calor tão prodigioso e um frio tão enorme? O mesmo vale para outros cometas. [**641**]

O que responderíamos àqueles que perguntam se os planetas são habitados? Que nada sabemos a respeito.

Música, efeitos da (*Medicina Dietética, Ginástica Terapêutica*), Ménuret de Chambaud [10, 903-9]

A ação da música sobre os homens é tão forte e tão sensível que parece simplesmente supérfluo elencar provas para confirmar que ela de fato existe. Qualquer um que tenha um mínimo de sensibilidade poderá percebê-lo em sua experiência cotidiana. Quanto às pessoas que exigem provas disso, por serem dotadas de uma organização defectiva e padecerem de uma falta de sensibilidade *malsã*, é impossível convencê-las. O que podem as razões mais justas quando não há vestígio de sentimento? Se um homem incrédulo – que pode não ser um *expert*, mas tem alguma sensibilidade – fosse introduzido num desses palácios encantados que são as academias de música, onde a arte rivaliza com a natureza e a supera, e ouvisse as declamações harmoniosas dessa inimitável atriz, com o acompanhamento exato e proporcional de instrumentos perfeitos, não teria como deixar de compartilhar dos sentimentos, paixões e situações exprimidas com tanta alma e tanta verdade; ou, no enfático dizer de um escritor do século passado [Molière?], sua alma, livre de toda ideia estranha a ela, alheia a todo outro sentimento, se apoderaria inteiramente de seus ouvidos. Mas a emoção não se restringiria à sua alma, seu corpo também receberia impressões tão vivas, um frêmito mecânico involuntário se apoderaria dele, seus cabelos se arrepiariam levemente e ele provaria, a despeito de si mesmo, um horror secreto, uma espécie de contração da pele. Como não crer, quando se sente algo tão vivo?

Dentre os efeitos da música, [**907**] distinguem-se dois modos principais de atuação. Um, puramente mecânico, depende da propriedade de propagação da música de pôr em movimento o ar e os corpos circundantes, principalmente os que estão em uníssono. Outro, a rigor redutível ao primeiro, está ligado em particular à sensibilidade da máquina humana e é uma consequência da impressão agradável sentida decorrente do prazer produzido pelo som modificado, ou música.

Iº) Se considerarmos o corpo humano como uma reunião de fibras de contratilidade variável e de líquidos de diferentes naturezas, abstração feita da sensibilidade, da vida e do movimento próprios a eles, não teremos dificuldade para conceber que a música tem sobre as fibras o mesmo efeito que sobre as cordas de instrumentos próximos a elas, que todas as fibras do corpo são postas em movimento, que as mais contráteis, mais finas e mais delicadas são as mais movidas, que as em uníssono conservam o movimento por mais tempo, que todos os humores são agitados e seu tremor se dá em razão de sua sutileza, como acontece em líquidos heterogêneos contidos em frascos diferentes: o fluido nervoso, se é que ele existe, é mais agitado, a linfa, menos, os demais humores o são em proporção à sua tenuidade. De resto, para que as fibras sejam postas em movimento, não é necessário tocar um instrumento afinado com elas. Como observado por P. Kircher, o mesmo efeito pode ser produzido pelo som de um instrumento de sopro, como a flauta, por exemplo. Esse musicista famoso afirma que tem em seu gabinete um policorde, e que uma de suas cordas vibra sempre que soam os sinos da igreja vizinha (*Musurg. lib. IX*, cap.vij). Afirma, ainda, que o som de órgão fazia ressoar as cordas de uma lira posicionada ao lado da igreja. Esse efeito da música pode explicar a cura da gota, da ciática, da paixão histérica e de outras doenças nervosas. Já a impressão que o som faz nos ouvidos e que a partir deles se comunica ao resto do corpo é bem diferente, pois mesmo os surdos experimentam no corpo essa agitação singular, embora não ouçam nenhum som. É o caso do sr. Boerhaave, que sentia um tremor generalizado a cada vez que se tocava um instrumento perto de seu corpo. Poderíamos citar também as dançarinas surdas, cujos passos e movimentos acompanham as cadências de maneira perfeitamente regular. Considerada como simples som ou *ruído*, a música atua principalmente sobre as ramificações do nervo *acústico*, comunicando-se com todas as partes da máquina por intermédio das articulações. Essa ação se manifesta também em outras partes do corpo, em particular o estômago, por uma simpatia que, entretanto, ainda não foi bem determinada. Muitas pessoas sentem um mal-estar ao ouvir tiros de canhão, uma espécie de contração do estômago. Além da surdez, um estrondo inesperado pode produzir vertigens, convulsões, ataques de epilepsia e erupções cutâneas. Os cirurgiões do exército observam que as feridas pioram quando transcorre uma batalha e se ouvem repetidos tiros de canhão. Uma observação relatada na *Histoire de l'Académie de Sciences* (1752, p.73) dá conta de uma moça acometida por violentos surtos de paixão histérica que, submetida a todos os remédios existentes, teve o paroxismo dissipado por um ruidoso tiro de pistola disparado ao lado de sua cama por um jovem apotecário.

Se considerarmos agora a máquina humana como dotada de uma sensibilidade requintada, que atividade a música não haveria de nela provocar? Veremos facilmente que seus efeitos serão ainda maiores se lembrarmos que essa máquina continuamente traga, inspira, absorve o ar, que se encontra contido nos quatro humores e comprimido no estômago e nas tripas, sem esquecermos o tórax, entre as costelas e os pulmões, onde recebe o nome de *ar intratoráxico*. Os efeitos da música são ainda mais claros se considerarmos que o ar se desloca pelo interior do corpo, que se esforça para colocar-se em equilíbrio com o ar externo e compartilhar de suas impressões. Vide ainda, no verbete *Ar, Ação do*, como o corpo se ressente das oscilações de um fluido que se torna parte dele e se encontra intimamente ligado à sua natureza. Acrescente-se a isso, se me for permitido misturar hipóteses a fatos demonstrados, que a natureza do fluido nervoso parece ser análoga à do ar – circunstância que pode contribuir para que nasça no corpo a agradável sensação que constitui o prazer como efeito da música.

2º) Para apreciar o prazer da boa música não é preciso ser *expert*, basta ter sensibilidade. O conhecimento e o amor, e o gosto que os segue de perto, podem aumentar esse prazer, mas não o esgotam. Ao contrário, em muitos casos o diminuem: a arte é nociva à natureza. A música é um composto, um encadeamento, uma sequência de sons mais ou menos diferentes entre si, não lançados ao acaso, segundo o capricho de um compositor, mas combinados segundo regras constantes, reunidas e variadas de acordo com os princípios demonstrados da harmonia, que todo homem saudável traz dentro de si como uma espécie de regra. Esses princípios, isto é certo, dizem respeito à organização da nossa máquina e dependem ou da disposição e de um movimento que determinam as fibras do ouvido ou de nosso amor natural pelos arranjos metódicos. Vide *Música* e *Harmonia*. É preciso, no entanto, haver certa proporção entre os tons e o ouvido, há um baixo para além do qual os tons se tornam desagradáveis ou mesmo às vezes inaudíveis e há uma oitava que eles não podem ultrapassar sem causar uma sensação aborrecida ao ouvido.

3º) A união dos tons intermediários contidos entre esses dois extremos deve ser tal que possamos facilmente perceber a relação entre eles. O prazer nasce da consonância, e está fundamentado, em particular, na facilidade com que o ouvido a apreende.

4º) Os metros devem ser bem marcados e distinguidos, a música só se deixa apreciar quando eles podem ser bem percebidos e acompanhados mecanicamente. O corpo obedece e se conforma a eles com movimentos dos pés, das mãos e da cabeça, feitos sem atenção e sem a participação da vontade, como se a música os arrancasse à força. Pessoas de organização defectiva não conseguem distinguir nem o tom nem o metro, ouvem apenas o baixo fundamental. Para elas, a música não passa de um ruído confuso, irritante e muitas vezes incômodo, saboreiam-na sem nenhum prazer. Já outras têm, naturalmente ou por falta de hábito e de conhecimento, o que se chama de ouvidos moucos: não se deixam afetar por essas peças delicadas que envolvem o metro e nas quais é quase preciso adivinhá-lo e aprender a senti-lo, sentem apenas os metros bem marcados e as árias bem delineadas. São como pessoas que, quando contemplam um quadro, [**908**] desejam, acima de tudo, que o retrato seja nítido, e preferem, por isso, um retrato em pastel, contanto que bem-feito, a um quadro pintado com as cores mais vivas, animado por um colorido brilhante e no qual o brilho chega mesmo a prejudicar a figura. Pessoas assim pedem árias vivas, alegres, animadas, que remexam com força as molas que a natureza, o uso e o hábito não fizeram sutis. Os metros com dois ou três tempos lhes agradam muito, já aqueles com cinco não costumam agradar; os tons agudos lhes agradam mais que os graves, embora sejam estes os verdadeiros tons harmônicos, o fundamento da harmonia. A consonância de tons agudos parece-lhes mais agradável, pois, como neles as vibrações coincidem com mais frequência, a alma é atingida mais vezes e tem mais facilidade para julgar. Pela mesma razão, um belo violino lhes agrada menos que uma simples viola, desde que esta marque distintamente as cadências, e com razão preferem, para dançar, uma reles rabeca a uma melodiosa flauta. Há, por fim, os conhecedores e amadores que não são afetados pela música mais ordinária e sofrem com impaciência ao ouvir um instrumento medíocre; mas que sensação eles não experimentam quando ouvem peças finas, delicadas, complexas, tocadas por um violino superior ou cantadas por uma bela voz!

O gosto favorece os efeitos da música. Mas, assim como o conhecimento, não deve exceder certos limites. De amadores apaixonados logo nos tornamos críticos descomedidos, encontramos defeitos na melhor música, as vozes mais corretas nos parecem desafinadas, e é impossível, nessa condição, saborear os mínimos prazeres: o excesso de sensibilidade nos torna insensíveis. O gosto por um instrumento em particular de preferência a outro, por preconceito, por hábito, com conhecimento ou por uma predisposição peculiar auxilia muito a ação da música. Conheço um abade que é músico e toca muito bem a viola, instrumento que ele ama com paixão. Um dia, num recital de violão do célebre Rodrigo, ele foi de tal maneira afetado, o prazer que sentiu foi tão vivo e impressionante, que perdeu a respiração e só voltou ao normal após três dias. Garantiu-me que, se tivesse permanecido no recital, estaria morto. Ficou sem tocar por uns bons dias.

Acrescentemos ao prazer da música o seu efeito sobre as paixões. Quanto a isso, a música moderna é inferior à antiga, sem dúvida por descuido de nossos musicistas. Distinguem-se atualmente duas espécies de tons, os maiores e os menores. Vide os verbetes *Maiores*, *Menores* e *Música*. O padre Kircher observou que, na Antiguidade, esses tons tinham propriedades distintas, cada um era destinado a excitar uma paixão em particular. Assim, cabia ao 1º tom maior a majestade apropriada para inspirar o amor à piedade e o amor a Deus; ao 2º, inferior, a ternura e a piedade; o 3º e o 4º produziam as lágrimas e a compaixão; o 5º inspirava a grandeza da alma e as ações heroicas; o 6º e o 12º davam coragem e ferocidade ao guerreiro; e assim por diante. Os tons menores em particular excitavam o medo, a tristeza, a comiseração etc. Portanto, se o compositor quiser aplicar a música à medicina, deverá compor árias apropriadas ao estado do doente e escolher os tons mais apropriados para inspirar as paixões convenientes, cabendo à voz ou instrumento o acréscimo da ilusão, com o que a composição se tornará completa. A música poderá, assim, fortalecer uma pessoa vergada e abatida pelo medo, acalmar os furores do frenético, aplacar as vivas dores que acometem o paciente de gota ou dissipar um melancólico ou hipocondríaco. Fixando a imaginação do doente em objetos agradáveis, retiramo-lo da perpétua consideração sobre seu próprio estado, que só ajuda a piorá-lo, aumentando a sensibilidade dos nervos, tornando o mal-estar mais incômodo e as dores, mais insuportáveis. Com isso, poderemos reduzir ou dissipar a tristeza, prevenindo suas funestas consequências, e dominar o pavor que tantas vezes acelera as doenças, tornando-as mais graves e mais intratáveis. A música também é útil contra a hidrofobia, doença que, na opinião de muitos autores, é determinada pelo medo e pela tristeza. Isso também explica os admiráveis êxitos da música contra a peste, relatados por Homero e Plutarco. Sabemos que o medo facilita a propagação da peste, e alguns chegam a afirmar que seria a sua causa principal. A música também ajuda a suspender a atenção do doente, evitando a invasão de um paroxismo de epilepsia ou de histeria, e as febres intermitentes. Que efeito não seria de esperar da música contra a paixão histérica, quando o paroxismo se aproxima do desfecho e não resta ao médico outro recurso além de distrair o doente, impedindo que ele pense em sua própria condição? Como mostrei numa memória lida na Société Royale des Sciences, a relação entre a histeria e as febres intermitentes leva a crer que, em tais casos, a música também seria eficaz. Seja como for, é certo que, para frear o ataque de febre e o paroxismo histérico é preciso impedir a *atonia* e a *aberração* dos espíritos animais e o espasmo dos nervos. Quanto à eficácia da música no combate à histeria, ela me parece menos certa que a dos exercícios e mesmo que a dos remédios de charlatães e das ridículas práticas supersticiosas, que de algum modo atuam retendo os espíritos animais e fixando a atenção no momento em que o acesso ou o paroxismo estão para começar. Não se sabe a que ponto a música atua de maneira eficaz sobre pessoas picadas por víboras e escorpiões ou pela tarântula. Quanto a isso, devemos nos contentar com um empirismo cego. Para decidir a respeito, seria preciso determinar no que consistem essas doenças e como atua o veneno que as produz. Se, como alguns supuseram, não sem razão, que sua atividade incide principalmente no fluido nervoso e nos nervos, então a eficácia da música não surpreenderá, embora permaneçam obscuras as razões de por que o corpo é tão vivamente animado a dançar: o que leva um velhote de bengala, picado por uma tarântula, a saltar ao som da música com agilidade e vigor?

Foi observado que a música tem sobre os músicos convalescentes um efeito maior que sobre as outras pessoas. É que eles extraem dela um prazer mais vivo que o comum. Ou, como preferem alguns, a música atua principalmente sobre o fluido nervoso alterado e sobre os nervos danificados; [**909**] e os músicos, como se sabe, padecem de uma espécie de loucura constante. Engenhosa hipótese, que poderia ser respaldada por inúmeras observações.

Em suma, um médico que queira prescrever a música terá de levar em conta 1º) a natureza da doença; 2º) o gosto do doente e seu pendor pela música – a voz da natureza conhece as necessidades e sabe como satisfazê-las, e raras vezes não sentimos grande prazer pela posse de algo que desejávamos intensamente; 3º) o efeito de certos sons sobre o doente: as impressões que eles fazem indicam o que se deve esperar deles; 4º) a ineficácia de remédios já administrados contra as doenças de que falamos ou outras análogas a elas; 5º) por fim, evitar a aplicação da música contra males da cabeça e principalmente dos ouvidos, quando o menor som se torna insuportável – esses doentes são como aqueles cujos olhos não suportam a luz e experimentam um desgosto à visão de cores variadas e brilhantes. Para uma parte do público, a ideia de aplicar a música como remédio ainda é vista como uma loucura, algo ridículo. Refiro-me aqui a alguns médicos que, sem realizar nenhum exame, decretam que um remédio é inútil e absurdo só porque é singular. Independentemente da sensação de triunfo de um sábio quando ele se eleva acima dos tolos ímprobos, poderia haver, no espírito de um médico, um motivo com força suficiente para abalar a consideração pelo interesse do paciente? [Tradução parcial]

Narval (*História Antiga, Ictiologia*), Jaucourt [11, 30-1]

Unicórnio do mar, *unicorne monoceros*; Charlet: *unicornum marinum, monoceros piscis*; Ray, *Nharwal islandês*. Peixe cetáceo que os groenlandeses chamam de *touwack*, também chamado de unicórnio, pois tem, na extremidade da mandíbula superior, um dente longuíssimo similar a um corno. Pela sua posição, ora à direita, ora à esquerda, parece mais natural que tivesse dois dentes. O sr. Anderson pensa que não. Embora ofereça a descrição de um espécime dotado de dois dentes, considera esse fato uma raridade. Eis o que ele diz:

Em 1684 o capitão Dirck Petersen enviou a Hamburgo a ossada do crânio de um narval com dois dentes paralelos. Presos à mandíbula superior, separam-se entre si, na base, por duas polegadas, afastando-se um do outro progressivamente até chegar, nas extremidades, a um intervalo de 13 polegadas. O dente esquerdo tem 7 pés e 5 polegadas de extensão por 9 polegadas de circunferência; o direito é menor, tem 7 pés de extensão por 8 polegadas de diâmetro. Ambos entram no crânio a uma profundidade de 13 polegadas. A ossada em questão pertencia a uma fêmea grávida. Não foi encontrado no feto nenhum vestígio de dentição.

Em 1736, o sr. Anderson viu em Hamburgo um narval [**31**] que entrara no Elba levado por uma maré. Era um espécime mais rotundo do que comprido, tinha apenas duas nadadeiras, a cabeça era truncada. O dente saía do lado esquerdo da mandíbula superior, acima dos lábios; formado em espiral, tinha 5 pés e 4 polegadas de extensão. O lado direito do focinho era fechado, recoberto por uma pele sob a qual não se sentia nenhuma cavidade no osso do crânio. Tinha uma cauda grande, deitada horizontalmente sobre a água. A pele, bastante espessa, era muito branca e apresentava uma grande quantidade de pequenas manchas pretas que penetravam a fundo em sua constituição. O ventre não era manchado, mas inteiramente branco, liso e suave ao toque, como se fosse de veludo. Esse peixe não tinha dentes atrás da garganta, que se abria pouco e cuja largura não excedia à de uma mão. A cavidade da garganta era preenchida pela língua. As bordas do focinho eram ásperas e rugosas. Na cabeça havia um orifício guarnecido com uma válvula que se abria e fechava à vontade do peixe, pelo qual ejetava a água e expirava o ar. Seus pequenos olhos se situavam na parte inferior da cabeça e eram guarnecidos por uma espécie de pálpebra. Era um macho, mas o pênis não era saliente. Sua extensão total era de 10,5 pés, desde a ponta do focinho até a extremidade da cauda, que tinha 3 pés e 2 polegadas de largura. Cada nadadeira media 9 polegadas de extensão.

Foram encontrados dentes de narval que, em vez de serem em espiral, são contínuos. Isso levou o sr. Anderson a suspeitar que haveria diversas espécies desse peixe. Sua extensão mais comum é de 22 pés; mas alguns chegam a medir 60.

Os groenlandeses consideram os narvais como precursores da baleia, e, quando os avistam, preparam-se imediatamente para pescá-los. Assim como a baleia, o narval se alimenta de pequenos peixes, vermes e outros insetos marinhos, mas não tem barbas para retê-los na garganta. Vide Anderson, *Hist. d'Ist. & de Groenlande*, e o verbete *Cetáceo*.

Navegante (*Marinha*), Jaucourt [11, 51-4]

Nome dado aos que empreendem viagens de longo trajeto. Mesmo entre os dessa classe, é reservado de preferência aos homens esclarecidos, corajosos e experientes, que realizaram, por mar, importantes descobertas de lugares e países.

Ninguém ignora que o mar se tornou com a navegação o lugar da sociedade entre os povos da terra; por seu meio, as comodidades e a abundância se disseminaram por toda parte. Em vão indagaríamos qual teria sido o primeiro navegador; poderemos encontrá-lo entre os primeiros homens. A navegação pelos rios é provavelmente tão antiga quanto o mundo. A natureza auxiliou os homens na descoberta dessa arte tão necessária. Vendo as árvores e troncos flutuando nas águas, recolheram-nos e os juntaram, cruzando os rios sobre eles. Vendo pedaços e galhos de madeira, talharam-nos, e, atando-os um ao outro, puseram-se a navegar as águas fluviais. O tempo, o trabalho e a dedicação lentamente aperfeiçoaram essas casas flutuantes. Cavando troncos e sentando-se no fundo deles, os homens se arriscaram a atravessar braças de mar. Aos barcos talhados se sucederam as jangadas; vieram depois outras embarcações e galeras, também elas, a seu tempo, aperfeiçoadas.

A avidez por riquezas e, mais forte que ela, a curiosidade, levou os fenícios ao domínio dessas diferentes invenções. Na impossibilidade de ampliar seus territórios, formaram com empenho e sacrifício um novo império nos mares. Sem essas virtudes, não teriam traçado caminhos invisíveis em meio a abismos profundos em que recuar é tão perigoso quanto avançar. Como observa Estrabão, logo após a guerra de Troia esse povo deixou para trás as colunas de Hércules para desbravar o temível oceano. Com sua ousadia, foram os primeiros a realizar viagens mais longas, perdendo de vista a sua pátria. Mas não me cabe aqui fazer a importante história da navegação; passo diretamente aos europeus, que descobriram novas partes do mundo, desconhecidas dos antigos.

No início do século XV despertou, no reino de Portugal, malgrado a ignorância daqueles tempos, esse espírito de descoberta que se mostraria tão glorioso para as nações e tão vantajoso para o comércio, e que, passados 260 anos, cumulou de riquezas a Europa e alçou suas marinhas a tal ponto que são consideradas as mais fortes do mundo.

As primeiras tentativas de Portugal foram viagens bastante curtas, que os portugueses realizaram ao longo das costas do grande continente africano. Mas logo se tornaram mais experientes e mais resistentes, e o êxito os animou a outras empreitadas. Foi a primeira nação europeia a navegar o oceano Atlântico. Em 1419, descobriu a ilha da Madeira, em 1448 as dos Açores, em 1499 as do Cabo Verde e, em 1486, o cabo da Boa Esperança, assim chamado pela expectativa de que essa descoberta o levaria a encontrar uma passagem para as Índias. Os vastos empreendimentos de Portugal, que depararam, de início, com muita resistência, são devidos a um único homem, o infante d. Henrique. Como diz o sr. Voltaire, nada no mundo é tão grandioso como o que é feito [52] pelo gênio e pela determinação de um homem que se bate contra os preconceitos da multidão.

Vasco da Gama foi o navegador português que mais contribuiu para os grandes feitos dessa nação. Descobriu as Índias Orientais através do cabo da Boa Esperança, alcançando-as pela primeira vez em 1497. Retornou em 1502 e trouxe a Lisboa treze navios carregados de riquezas. Foi nomeado por João III vice-rei das Índias portuguesas, um título merecido, e morreu em 1525 na Conchinchina. Dom Etienne e Cristóvão da Gama o sucederam no vice-reino, tornando-se célebres na história.

Fernão de Magalhães, dito Magellan pelos franceses, compatriota de Vasco, foi outro a imortalizar sua memória com a descoberta, feita em 1520, do estreito que leva o seu nome. Realizou-a, porém, sob os auspícios de Carlos V, sob o qual buscara abrigo. Fustigado por uma recusa da parte de seu rei, que lhe negara um pequeno aumento de honorários, Magalhães partiu de Sevilha em 1519 e passou pelo estreito, até então desconhecido, cruzando em seguida os mares do Sul e chegando até as Filipinas, onde veio a falecer, segundo alguns envenenado, e segundo outros, em combate. Uma de suas embarcações chegou ao porto de Sevilha em setembro de 1522 conduzida por João Sebastião Caro, após ter feito a primeira viagem ao redor do globo.

Um terceiro navegador português cujo nome eu não poderia esquecer é Fernão Pinto Mendes, nascido em Monte-Mor-Velho. Em 1537, embarcou para as Índias com o intuito de ascender de condição com o auxílio da fortuna. Durante vinte anos passou por grandes aventuras nesse lugar e retornou a Portugal em 1558. Foi escravizado treze vezes e sobreviveu a um sem-número de naufrágios. Suas viagens, escritas em português e traduzidas para o francês, oferecem relatos muito interessantes.

As repercussões das maravilhosas viagens dos portugueses pelo mundo atiçaram o genovês Cristóvão Colombo. Homem dotado de profundos conhecimentos e de um gênio de primeira ordem, imaginou um método ainda mais seguro e mais nobre para realizar tais descoberta. Enfrentou muitas dificuldades, que teriam desanimado a outros, mas enfim as superou, e, aos 50 anos, empreendeu a aventurada e única expedição à qual devemos a descoberta da América. [Tradução parcial]

Olinda (*Geografia*), Jaucourt [11, 449]

Cidade de América meridional, no Brasil, na capitania de Pernambuco. Está situada sobre uma colina de agradável aspecto e o rio que deságua no porto se chama Berberie. Os holandeses se apropriaram dela em 1630 e os portugueses não restauraram suas ruínas. Longitude, segundo Cassini, 342.21.30, latitude 8.18. Longitude, segundo Harris 342.15, latitude, 7.48.

Onça (*História Natural*), Anônimo [11, 472]

Os portugueses chamam de onça [*once*, em francês] ao tigre conhecido pelo nome de *tigre da América* ou *tigre negro*. As partes utilizadas desse animal são a gordura e as garras; sua gordura curativa é aplicada às articulações quando de luxação ou distensão; sua garra revestida em ouro e prata é um amuleto portado contra a epilepsia e as convulsões. Dale, a partir de Schröder.

Ópio (*História Natural das Drogas*), Jaucourt [11, 509-10]

Suco espesso, resinoso e gosmento, pesado, denso, encorpado, inflamável, de coloração roxo-escura, dotado de um odor narcótico e um gosto amargo e acre. Chega a nós sob a forma de bolos arredondados e achatados, embalados em folhas de papoula, com um polegar de espessura e peso entre meia libra e 1 libra. O ópio é oriundo da Anatólia, do Egito e das Índias Orientais.

Os árabes e os farmacêuticos recomendavam o ópio de Tebas, ou colhido nessa região do Egito; mas essa denominação caducou. Não importa a sua procedência, o melhor é o ópio em estado próximo ao natural, um pouco mole, que cede à pressão dos dedos, inflamável, de coloração parda ou escura, e com um odor forte, pujante e entorpecedor; já a variedade seca, friável, abrasada, misturada à terra ou areia, costuma ser preterida.

Os antigos distinguiam duas espécies de suco de papoula. A primeira, uma lágrima que escorria da incisão feita na cabeça da planta, chamada de μήκωνος ὀπός, ou, por antonomásia, de ὄπιον; a outra chamava-se μηκώνειον, ou, μηκώνιον, era o suco espesso extraído da planta como um todo. Considerava-se o mecônio bem menos ativo que o ópio propriamente dito.

Os comerciantes atuais nos oferecem uma única espécie, sob a denominação geral de ópio: a que escorre da incisão feita na cabeça de papoulas brancas. É vendido na Turquia e em Constantinopla na forma de bolo. Já os persas distinguem, na lágrima que escorre da cabeça da planta por incisão, o primeiro líquido, reservando-o cuidadosamente, pois consideram que tem as virtudes da planta mais pronunciadas.

A planta de que o suco é extraído se chama *papaver hortense, semine albo, sativum*. Dioscorid. *album*, Plinii, Cés. Bauhin, p.170. A raiz tem um dedo de espessura e é preenchida, como o resto da planta, por um leite amargo. O caule tem dois côvados. É ramificado, costuma ser liso, mas pode ser levemente aveludado. Do caule nascem folhas similares às do alface, oblongas, recortadas, crespas, de uma cor verde-mar. Sua floração produz rosas com quatro pétalas brancas em círculo que não demoram a cair. O cálice é formado por dois filetes; desprende-se dele um pistilo, ou uma pequena cabeça rodeada por numerosos estames. Essa cabeça adquire a forma de um coque, em figura de ovo, com uma entrada guarnecida por um capitel; enrugada e estrelada, tem ainda, na parte interna, numerosas lâminas, presas às paredes. A essas lâminas aderem, como placentas, minúsculos grãos, arredondados e brancos, de sabor doce e consistência oleosa.

Em muitas províncias da Ásia Menor os campos de papoula branca são semeados à maneira do trigo. Assim que as cabeças despontam, são feitas ligeiras incisões das quais escorrem gotas de um licor leitoso que é colhido após a coagulação. De acordo com o sr. Tournefort, a maior quantidade do ópio consumido vem da espremedura dessas cabeças. Belon e Koempfer, autor de uma dissertação sobre o ópio da Pérsia, nada dizem a respeito, mas distinguem três espécies de ópio, todas elas extraídas por incisão.

Na Pérsia, o ópio é colhido no início do verão. O método é o seguinte. Riscam-se linhas cruzadas na superfície das cabeças prestes a amadurecer. A faca que realiza essa operação tem cinco pontas, e, de um só golpe, faz cinco incisões longas e paralelas. No dia seguinte, colhe-se o suco que escorreu por esses pequenos orifícios, que então é armazenado num pequeno frasco preso à cintura. A mesma operação é feita do outro lado das cabeças, extraindo-se o suco da mesma maneira. A lágrima que escorre da primeira incisão chama-se *gobaar* e é considerada a melhor. [**510**] É esbranquiçada ou amarelo-pálida, mas torna-se marrom depois de exposta ao sol por um longo tempo ou quando ressecada. A outra lágrima não é tão eficaz, e não custa tão caro. Costuma ser mais escura, às vezes negra. Uma terceira incisão extrai uma lágrima ainda mais escura, com virtudes exíguas.

Após a colheita, o ópio é preparado umedecido com um pouco de água ou de mel, mexido continuamente, com força, com uma espécie de espátula, numa travessa de madeira rasa, até adquirir a consistência, a viscosidade e um brilho como o da pasta de alcatrão. Em seguida, é remexido à mão. É posto à venda moldado em pequenos cilindros arredondados. Se o comprador quiser uma porção menor, os cilindros são partidos ao meio com um cinzel.

Os persas chamam o ópio assim preparado de *theriaack-malideh*, ou seja, *teriaga preparada* ou triada, ou, ainda, de *theriack affinum*, ou *teriaga opiácea*, distinguindo-a da teriaga de Andrômaco, a que dão nome de *theriack-farnuk*. Na opinião dos persas, o ópio é o remédio favorito dos poetas, pois traz a tranquilidade, a alegria e a serenidade.

Os vendedores de ópio nos mercados são responsáveis por sua preparação, e têm os braços fortes, pela aplicação contínua a essa ocupação. Mas há outras maneiras de preparar o suco, como quando o ópio é triado não com água, mas com uma quantidade de mel tão grande que o impede de secar e o torna menos amargo.

A preparação mais extraordinária é a que mistura ao ópio a noz-moscada, o cardamomo, a canela e o macis, reduzidos a pó em uma fina mistura. Acredita-se que essa preparação é benéfica para o coração e o cérebro. Chama-se *pholonia*, ou *philonium*, na Pérsia. Outros preferem misturar à massa de ópio o açafrão e o âmbar. Há quem o prepare segundo a própria fantasia.

O ópio também é encontrado em pílulas. Koempfer menciona um licor célebre entre os persas chamado *cocomar*, bebido em doses abundantes, separadas por intervalos. É preparado com folhas de papoula levemente fervidas em água pura. Outros preferem misturar à água as cabeças da planta piladas e maceradas, ou, então, colocando-as sobre uma peneira apoiada numa tigela, jogam sobre elas 6 ou 7 doses de água fervente e preparam e temperam o suco resultante com especiarias de sua preferência.

Koempfer acrescenta uma terceira espécie de ópio, chamada *electuário*, que estimula e causa um agradável torpor. Os perfumistas e médicos preparam esse electuário de diferentes maneiras. Misturado a drogas, ajuda a fortalecer e a recompor os espíritos. Dentre as muitas descrições existentes, a mais célebre é a de Hasjem-Begi. Segundo ele, o ópio provoca uma alegria surpreendente no espírito daquele que o mastiga, envolvendo o cérebro com ideias e prazeres encantadores.

Ossificações fósseis (*História Natural, Mineralogia*), D'Holbach [11, 686-7]

Em muitas regiões da Europa se encontram ossificações fósseis de quadrúpedes e peixes incrustradas no seio da terra, muitas vezes sem nenhuma alteração da forma, como é o caso, por exemplo, das presas de elefantes da Sibéria, da Polônia, da França, da Inglaterra e alhures, dos ossos de mamute da Sibéria e do unicórnio fóssil de Limbourg mencionada pelo sr. Leibniz. Vide *Marfim fóssil* e *Unicórnio fóssil*.

Esses não são, porém, os únicos lugares em que se encontram ossificações dessa espécie. Nas cercanias de Dax, na França, aos pés dos Pirineus, foram encontradas ossificações de peixes com vértebras prodigiosamente grossas. Pouco depois, o sr. Borda, que estuda a história natural dessa região, enviou à Academia de Ciências de Paris uma mandíbula de crocodilo encontrada nesse mesmo cantão. Após examiná-la, o sr. Bernard de Jussieu considerou que ela pertencia a um exemplar da espécie *garial*, típica do Ganges. Ainda na mesma região, veem-se fósseis de peixes glossopétrios bastante grandes, além de uma infinidade de detritos de peixes não identificados. O sr. Jussieu descobriu, nas proximidades de Montpellier, no Languedoc, ossificações de peixes cetáceos de grandeza incomum, misturados a conchas. No vilarejo de Mary, próximo a Meux, foi encontrado um osso de cabeça de hipopótamo. Tudo isso parece provar de maneira incontestável as revoluções do mar, que antes recobria o continente que habitamos e depois se retirou, para ocupar outros tratos de terra. Vide *Fósseis*.

Das muitas ossificações de animais encontradas no seio da terra nenhuma é tão singular e de origem tão obscura quanto as de Kanstadt, a uma légua de Stuttgart, no ducado de Wirtemberg. Existe aí uma colina formada de pedra de cal em cujo topo veem-se restos de uma antiga edificação em forma de hexágono, que, na opinião de alguns, seria um templo, e, para outros, um forte romano. Em 1700, o duque de Wirtemberg mandou escavar essa colina e encontrou uma quantidade enorme de ossificações fósseis de diferentes tamanhos. Em meio a mais de sessenta chifres ou presas curvadas medindo entre 1 e 10 pés de extensão, misturavam-se mandíbulas, dentes molares nos alvéolos ou soltos, omoplatas, fêmures, crânios e vértebras de animais do talhe de elefantes; dentes, mandíbulas, vértebras e outros ossos de animais um pouco menores, do tamanho de cães selvagens e outros; por fim, pequenos animais, como esquilos, ratos etc. Os ossos estavam calcificados ou em fase inicial de petrificação, a maioria eram fragmentos, mas alguns estavam em estado natural. Havia ainda, nessa rocha, fragmentos de ossificações e pequenas conchas, extraídas da pedra. Vide a dissertação *Œdipus Osteolithologicus, seu dissertatio de cornibus et ossibus fossilibus Canstadien – sibus*, de David Spleiss.

Alguns autores adotaram a crença simplória de que esses ossos teriam pertencido a uma raça de gigantes; outros conjecturaram que os romanos teriam levado elefantes para a Germânia; outros, por fim, imaginaram que eram os restos de animais [**687**] imolados em sacrifício pelos antigos celtas. Essas opiniões são improváveis; e há razões para crer que os animais em questão teriam sido tragados pela terra, devido a uma revolução ocorrida nessa parte do continente.

Outra pilha com ossos de diferentes tamanhos, muito similar a essa, foi encontrada nas proximidades de Etampes.

As obras dos naturalistas estão repletas de exemplos de ossificações encontradas a diferentes profundidades no seio da terra em diferentes países. Presas de elefante surgiram em 1672 nas proximidades de Cambourg, em Turinga, e em 1685 perto de Hildbourghasen; em 1695, um esqueleto inteiro de elefante, com quatro dentes molares e duas presas com oito pés de extensão, foi desenterrado em Tonna. As *Miscellanea Berlinensia* mencionam um esqueleto de crocodilo encontrado nas minas dessa mesma região. Nas grutas de Baumann e de Schartzfeld, perto de Hartz, há vértebras, costelas, omoplatas, e uma grande quantidade de ossos de toda espécie. Quanto aos ossos de mamute, falamos sobre eles no verbete *Marfim fóssil*.

A *Histoire de l'Académie des Sciences* de 1719 informa que foi encontrada na Gascônia uma enorme pilha de ossificações fósseis de diferentes tamanhos, postos a nu pelo desabamento de um rochedo. Havia dentes, ossos de coxas e de pernas e um fragmento de chifre de cervo ou de alce. As memórias da

Royal Society, 1727, trazem um artigo do célebre cavalheiro Hans Sloane, com uma longa enumeração de diferentes ossificações de elefantes e outros animais encontrados na Inglaterra e outros países.

Na província inglesa de Derbyshire, numa escavação de mina, foi descoberto em 1744 um esqueleto humano, além de chifres de cervo. Os ossos estavam recobertos por uma pedra muito dura, que resistiu às ferramentas dos operários. Pareciam depositados numa cavidade talhada na rocha. Vide *Philosophical Transactions*, n.475. Em Roma, na Villa Ludovisia, há uma pilha de ossos humanos cobertos por uma incrustação pedregosa. Vide *Philosophical Transactions*, n.477.

Na região de Champagne, perto do vilarejo de Lieucoton, a três léguas de Langres, foi descoberto um esqueleto humano inteiro de tamanho incomum, cujo fêmur tinha extensão de quase dois pés; estava preso entre dois bancos de rochas.

Pantera, *pantera seu pardallis*, Daubenton [11, 826]

Animal quadrúpede extremamente feroz, diferente do tigre e do leopardo pelas manchas em seus pelos: em vez de manchas redondas por todo o corpo, como o leopardo, tem manchas redondas sobre o dorso e manchas longas sobre o ventre. Vide *Le Règne animal*, do sr. Brisson, que dá a esse animal o nome de leopardo.

Papel do Japão (*Artes e Ofícios*), Jaucourt [11, 853-5]

No Japão, o *papel* é produzido com a casca da *morus papifera sativa*, ou verdadeira árvore do *papel*, da seguinte maneira, segundo Kæmpfer, único autor a quem devemos o conhecimento a respeito disso.

Todo ano, após a queda das folhas, no décimo mês dos japoneses, o qual geralmente corresponde ao nosso mês de dezembro, os rebentos novos e muito grossos são cortados a cada três pés de comprimento, pelo menos, e amontoados, para serem depois fervidos em água com cinzas. Se eles secam antes de ferver, são deixados de molho durante 24 horas em água comum e, em seguida, são fervidos: esses montes ou feixes são amarrados com firmeza e colocados de pé em um grande caldeirão que deve estar bem tampado: eles são fervidos, até que a casca se desprenda a ponto de expor uma generosa meia polegada da madeira na extremidade; quando os paus tiverem fervido o bastante, eles são retirados da água e expostos ao ar até que esfriem; nesse momento, eles são fendidos, a fim de tirar-lhes a casca, e a madeira é descartada.

A casca seca é a matéria com a qual, em seguida, o *papel* deve ser produzido, ao prepará-la de outra maneira, que consiste em limpá-la de novo e separar a casca boa da ruim. Para isso, ela é deixada de molho durante três ou quatro horas; assim amolecida, a pele enegrecida é raspada com a superfície verde que resta, o que é feito com uma faca que eles chamam de *kaadsi kusaggi*, ou seja, a *lâmina de kaadsi*, que é o nome da árvore. Ao mesmo tempo, a grossa casca, que levou um ano para se desenvolver, também é separada da casca delicada que cobriu as ramificações novas. As cascas mais grossas produzem o melhor *papel* e o mais branco; as mais delicadas produzem um *papel* enegrecido de qualidade aceitável; se houver alguma casca de mais de um ano misturada com o resto, ela também é selecionada e separada, pois produz o *papel* mais grosseiro e o pior de todos; ao mesmo tempo, tudo o que houver de grosseiro, as partes nodosas, e aquilo que parecer defeituoso e tiver uma cor feia é selecionado para ser armazenado com a outra matéria grosseira.

Após a casca ter sido suficientemente limpa, preparada e classificada de acordo com a sua qualidade, ela deve ser fervida em uma barrela clara. Assim que começa a ferver e durante todo o tempo em que permanece no fogo, ela é continuamente revolvida com um grosso caniço e, ocasionalmente, nela é despejada barrela clara na quantidade necessária para eliminar a evaporação que se produz e compensar o que se perde por conta disso. A fervura deve continuar até que a matéria se torne tão delicada que, ao ser levemente tocada com a ponta do dedo, se dissolva e se separe como uma borra e um amontoado de fibras. A barrela clara é produzida com um tipo de cinza, da seguinte maneira: em uma tina, dois pedaços de madeira são dispostos em forma de cruz; eles são cobertos com palha, sobre a qual se depositam cinzas molhadas; aí se despeja a água fervente que, ao atravessar a palha, antes de cair na tina, mistura-se com as partículas salinas das cinzas e produz aquilo que é chamado de *barrela clara*.

Depois que a casca ferveu da maneira que acabamos de dizer, ela é lavada; o que não é uma questão de pouca monta na produção do *papel*, e deve ser tratada com muita prudência e atenção. Se a casca não tiver sido suficientemente lavada, o *papel* será, de fato, resistente e encorpado, porém grosseiro e de pouco valor; se, pelo contrário, ela tiver sido lavada durante um tempo demasiadamente longo, produzirá *papel* mais branco, porém mais propenso a absorver tinta e, por conseguinte, ruim para escrever. Assim, esse ponto da manufatura deve ser conduzido com muito cuidado e discernimento, a fim de tentar evitar os dois extremos que acabamos de indicar. A casca é lavada no rio e colocada em uma espécie de joeira ou crivo pelo qual a água escorre; e ela é revolvida continuamente com as mãos e os braços até que, diluída, se aproxime da consistência de uma lã, ou de uma penugem macia e delicada. Para produzir o *papel* mais fino, a casca é lavada mais uma vez; porém, em vez de ser depositada em um crivo, ela é colocada em um pano, pois, quanto mais a casca é lavada, tanto mais ela se divide, e, enfim, seria reduzida a partes tão diminutas que elas passariam pelos furos da peneira e dissipar-se-iam. Ao mesmo tempo, tem-se o cuidado de retirar os nós ou a borra e as diferentes partes grosseiras e inúteis, que são separadas com a casca mais grosseira para o *papel* medíocre. Após ser lavada suficientemente e por completo, a casca é disposta sobre uma mesa de madeira lisa e grossa, para ser golpeada com bastões de madeira dura *kusunoki*, o que geralmente é feito por duas ou três pessoas até que a casca se torne tão fina quanto é preciso que ela seja; com isso, ela se torna tão delgada que se assemelha ao *papel* que, de tão encharcado, reduz-se a uma papa e quase não tem mais consistência.

Assim preparada, a casca é colocada em uma tina estreita com a infusão viscosa e grudenta do arroz, e aquela da raiz *oreni*, que também é muito viscosa e grudenta. Essas três coisas reunidas devem ser [854] revolvidas com um caniço limpo e delgado até que estejam perfeitamente misturadas e formem uma substância líquida de consistência homogênea. Isso é feito, preferivelmente, em uma tina estreita; mas, em seguida, essa mistura é colocada em uma tina maior, à qual, em seu idioma, os japoneses chamam de *fina*: ela se assemelha um pouco àquela utilizada em nossas manufaturas de *papel*. Uma por uma, as folhas são retiradas dessa tina em seus moldes feitos de junco, em vez de arame; eles são chamados de *miis*.

Resta apenas secá-las de maneira adequada. Para isso, as folhas são empilhadas sobre uma mesa coberta com uma dupla esteira. Entre cada folha, coloca-se um pequeno pedaço de caniço, que os japoneses chamam de *kamakura*, ou seja, uma espécie de almofada; essa parte que avança um pouco serve então para levantar as folhas, retirando-as individualmente. Cada pilha é coberta com uma prancha ou tábua fina de tamanho e forma iguais aos das folhas de *papel*; sobre a prancha são colocados pesos leves, no início, para que as folhas ainda úmidas e frescas não sejam tão fortemente pressionadas umas contra as outras a ponto de formarem uma única massa. Gradativamente, portanto, adiciona-se mais peso sobre a prancha, e pesos maiores são colocados para pressioná-la e extrair toda a água das folhas. No dia seguinte, os pesos são retirados; uma por uma, as folhas são então levantadas com o pequeno bastão *kamakura*, sobre o qual acabamos de falar, e, com a palma da mão, elas são jogadas sobre pranchas longas e ásperas, feitas especialmente para isso. As folhas aderem a elas facilmente, por causa de um pouco de umidade que ainda conservam após essa preparação. Elas são expostas ao sol e, quando estão totalmente secas, são empilhadas. Suas bordas são aparadas e as folhas são guardadas para uso próprio ou para serem vendidas.

Afirmei que a infusão de arroz, com um leve atrito, é necessária para essa tarefa por causa de sua cor branca e de certa gordura viscosa, que dá ao *papel* uma consistência boa e uma brancura agradável. A simples infusão da flor de arroz não teria o mesmo efeito, pois falta-lhe essa viscosidade, que é um atributo indispensável. A infusão a que me refiro é feita em um pote de barro não esmaltado, no qual os grãos de arroz são deixados de molho. Em seguida, o pote é, de início, delicadamente agitado; mas, pouco a pouco, ele é agitado com mais força. Por fim, nele se despeja água fresca, e o todo é coado com um pano; o que sobra deve ser devolvido ao pote e passar pelo mesmo processo, acrescentando-lhe água fresca; e isto é repetido enquanto o arroz apresentar alguma viscosidade. O arroz do Japão é o melhor para isso, pois é o mais viscoso dos que crescem na Ásia.

A infusão da raiz *oreni* é feita da seguinte maneira: a raiz pilada ou cortada em pequenos pedaços é colocada na água fresca; durante a noite, ela se torna viscosa e própria ao uso que lhe é reservado, após ser coada com um pano. As diferentes estações do ano exigem uma quantidade diversa dessa infusão misturada com o resto. Os japoneses dizem que toda a arte depende totalmente disso; no verão, quando o calor do ar dissolve essa cola e a torna mais líquida, essa infusão é mais necessária, sendo relativamente menos necessária no inverno e no tempo frio. Uma quantidade abundante dessa infusão misturada com os outros ingredientes tornaria o *papel* relativamente mais delicado, e a sua escassez, pelo contrário, tornaria o *papel* grosso, irregular e seco: é necessária uma quantidade intermediária dessa raiz para tornar o *papel* bom, e a sua consistência, homogênea. Ainda que as folhas sejam insensivelmente levantadas, pode-se perceber facilmente se a infusão foi excessiva ou escassa. Em vez da raiz *oreni*, que, por vezes, e sobretudo no início do verão, torna-se muito rara, os papeleiros utilizam um arbusto rasteiro denominado *sane kadsura*, cujas folhas produzem uma geleia ou viscosidade semelhante àquela da raiz *oreni*, mas que não é inteiramente boa.

Observou-se acima que, logo após serem retiradas de seus moldes, as folhas de *papel* são empilhadas sobre uma mesa coberta com duas esteiras: essas duas esteiras não devem ser produzidas da mesma maneira: a de baixo é mais grosseira e a de cima é mais delgada, feita de juncos mais finos que não se entrelaçam demasiadamente próximos uns dos outros, a fim de deixar uma passagem livre para a água; e são soltos, para que a superfície do *papel* não fique marcada. O *papel* grosseiro, que serve de envelope e a outros usos, é produzido com a casca do arbusto *kadse kadsura*, a partir do mesmo método que acabamos de descrever. O *papel* do Japão é muito resistente: a partir dele seria possível produzir cordas. Um tipo de *papel* muito espesso é vendido em Syriga (uma das maiores cidades do Japão e a capital de uma província homônima). Esse *papel* é pintado muito cuidadosamente e dobrado em folhas tão grandes que seriam suficientes para produzir um casaco. Ele é tão parecido com tecidos de lã ou de seda que seria possível confundi-los.

Paraguai, Missões do (*Geografia, História*), Jaucourt [11, 901-2]

Nome dado a uma série de colônias fundadas pelos jesuítas nesse grande país da América meridional banhado pelo rio homônimo.

O autor de uma memória a respeito, impressa no final das viagens de Frazer (edição holandesa), afirma que a primeira colônia dos jesuítas na região teve início com cinquenta famílias de índios errantes, que os jesuítas reuniram às margens do rio Japsur, no fundo das terras. Essa colônia se mostrou tão próspera que em 1717, a nos fiarmos nos próprios jesuítas, nas *Mémoires de Trévoux* de outubro de 1741, havia 31 vilarejos, distribuídos por uma extensão de terra de cerca de 600 léguas, 16 deles às margens do rio Paraná, 15 ao longo do rio Uruguai (ambos deságuam no rio Paraguai). Contavam-se então, ao todo, 121.161 índios.

Segundo se diz, esses povos civilizados ocupam as mais belas terras do país, situadas a 200 léguas dos portugueses paulistas ao norte, a 200 léguas da província de Buenos Aires ao sul, a 180 das terras de Tucumán e a 100 daquelas do Paraguai.

O solo das missões é fértil, atravessado por muitos rios com um bom número de pequenas ilhas. As árvores de cúpula alta e frutíferas são abundantes; os legumes são excelentes; prosperam o trigo, o linho, o índigo, o cânhamo, o algodão, o açúcar, a pimenta, a ipecacuanha, a gálapa, a machecacauna, as raízes de pantrabunda e muitas outras, tão simples e admiráveis, e muito úteis na fabricação de medicamentos. As savanas ou pastagens estão repletas de cavalos, mulas, vacas, touros e rebanhos de carneiros. São povos dóceis, submissos, ordeiros, laboriosos, que se dedicam a toda sorte de atividade.

O autor da memória que citamos relata que, no momento em que ele escreve, esses povos eram divididos em 42 paróquias, à distância de 10 léguas entre si, ao longo do rio Paraguai. Em cada paróquia há um jesuíta, que governa soberano e ao qual todos obedecem. Um único homem comanda as quase mil almas, e o método de governo é o mesmo em todos os povoados. À submissão desses povos vem se juntar uma espécie de desinteresse incutida pelos jesuítas: cada paróquia tem seu armazém, em que os súditos são obrigados a depositar os víveres e as mercadorias sem nada reservar para si.

A principal função dos caciques ou oficiais de polícia é contar o número de famílias, transmitir a elas as ordens do padre, inspecionar o trabalho de cada indivíduo de acordo com suas capacidades e garantir recompensas para os que trabalham mais e melhor. Outros inspetores se encarregam das tarefas no campo; os índios devem declarar a eles tudo o que colhem, a ser reunido no armazém. Os desvios são punidos com penas rigorosas. Feito isso, distribuidores fornecem os mantimentos de subsistência a cada família, segundo o número de pessoas, duas vezes por semana. Os jesuítas mantêm tudo na mais impecável ordem, para que nenhuma erva daninha surja entre os súditos, e são recompensados pelo lucro que extraem do trabalho da gente.

Os índios não podem beber vinho e outros licores inebriantes. Essa precaução não nos parecerá censurável se lembrarmos os abusos que os europeus cometem contra as nações do Novo Mundo que contraem débito com eles. Desde a mais tenra infância, inspira-se nos habitantes a crença em Deus e o respeito pelo padre, além da vida simples e do desdém pelos bens temporais.

Ainda segundo o mesmo autor, o governo militar é tão bem regulamentado quanto o civil. Cada paróquia fornece um número fixo de soldados por regimento, que, uma vez disciplinados, desempenham seus ofícios. Os índios empunham o fuzil, a baioneta e a fronde. Calcula-se que as missões reunidas contam com uma força com cerca de 10 mil a 12 mil homens.

Os jesuítas não ensinam a língua espanhola a seus índios e, na medida do possível, impedem-nos de se comunicar com estrangeiros. Os 42 jesuítas que governam as paróquias são independentes entre si e respondem ao convento de Cordua, na província de Tucumán. Esse padre provincial visita as missões uma vez por ano. Durante a sua estadia, recebe as contas do estoque dos armazéns e do consumo desde a última visita. As mercadorias são transportadas para venda até a missão de Santa Fé, que é o entreposto, e de lá, por terra, até Buenos Aires, onde há outro procurador-geral. A partir desses pontos, as mercadorias são distribuídas para as províncias de Tucumán, do Paraguai e de Buenos Aires, e para os reinos do Chile e do Peru.

Além da *Memória sobre as missões do Paraguai* acrescentada à viagem de Frazer, os jesuítas ofereceram no *Journal de Trévoux*, novembro de 1744, o extrato de um livro publicado sob o nome do célebre Muratori, intitulado *Il christianissimo delle missioni de'Padri della compagnia di Giesu*, Veneza, 1743, *in-4*.

Essa obra, dedicada à glória das missões do Paraguai, parece sido escrita pelos próprios jesuítas. O autor afirma no capítulo XII que, com o batismo, as crianças selvagens são privadas de sua ferocidade natural, mas permanece uma indolência invencível, que as torna incapazes de se governar a si mesmas, de sorte que têm de ser constantemente tuteladas.

No capítulo XVI, atribui-se ao sr. Muratori a declaração de que não há melhor prova da felicidade que decorre da pobreza voluntária do que o contentamento de que gozam os índios do Paraguai, que só têm o necessário para viver e não desejam nada além disso. O corregedor e seu lugar-tenente, nomeados pelo governador, são escolhidos entre os que formam a aldeia; os demais oficiais são eleitos pelos índios, ou antes, ao que me parece, pelos jesuítas, que são os seus senhores.

Algumas partes do solo são cultivadas para uso comum em prol dos carentes, como as viúvas, os órfãos, os doentes e todos os que têm de ser sustentados pelo público. A pesca, a caça e os frutos colhidos sem cultivo, o mel e a cera do bosque, são de direito comum. Se uma calamidade aflige a aldeia e impede a colheita ou a torna insuficiente, cabe a todos contribuir.

Quanto ao governo militar dos índios, o autor afirma que suas armas são guardadas em armazéns e entregues a eles apenas quando têm de marchar ou realizar outros exercícios. Quanto ao governo doméstico, nota que os próprios chefes dos índios se submetem com humildade e prontidão às penitências que lhes são impostas pelos missionários.

Não ficamos sabendo quais fontes o sr. Muratori teria utilizado para compor sua obra. Mas é certo que estaria em condições bem menos favoráveis de se informar sobre o governo do Paraguai do que os viajantes, [**902**] por mais que estes só tenham chegado a cem léguas das missões.

Qualquer que seja o nosso juízo a respeito da conduta, dos motivos e da riqueza dos jesuítas no Paraguai, é preciso reconhecer que a condição de seus vilarejos de índios é uma obra-prima de habilidade e polícia, e não deixa de ser surpreendente que monges europeus tenham atinado com a arte de reunir homens dispersos pelas florestas, subtraí-los à sua miséria, formá-los para as artes, cativar suas paixões e fazer deles um povo submisso às leis e à polícia.

Patologia (*Medicina, Patologia*), Ménuret de Chambaud [12, 170-1]

Esta palavra significa literalmente *discurso sobre a doença*. Ela deriva do grego e é composta por παθος, *doença, afecção*, e λογος, *discurso*. Atribuiu-se esse nome à subdivisão da medicina teórica cujo objeto específico é o estado mórbido. Nesse estado, os *patologistas* distinguem três coisas: a doença propriamente dita, a causa e o sintoma. Sobre essa distinção apoia-se a divisão geral da *patologia* em *nosologia, etiologia* e *sintomatologia*; a etimologia dessas palavras indica suficientemente sua utilização e significação. *Vide esses verbetes.*

Quanto menos alguém se ocupa com vãs discussões sobre palavras, tanto mais atentamente examina as coisas; assim se apercebe de que a nosologia e a sintomatologia não devem ser distinguidas, pois a mais simples doença é apenas um sintoma, e a complexa, somente um concurso de sintomas. Vide *Doença, Sintoma*. É um absurdo pretender considerar e definir a doença despojada de seus sintomas: essa abstração metafísica, absolutamente deslocada das ciências de fatos, só serviria para obscurecer o conhecimento das doenças, afastando os fenômenos que as caracterizam; e torná-lo-ia incerto, ao submetê-lo à variabilidade das leis teóricas. Apresentemos um exemplo, a fim de tornar mais evidente o ridículo de tal método. Propomos definir uma pleurisia e determinar sua característica. Ao deixar de fora todos os sintomas, busquemos apresentar uma definição *patológica*, isto é, extraída das causas. Acaso poderemos seguir aqui as primeiras regras de lógica, as quais exigem que a definição deduzida das qualidades sensíveis e reconhecidamente verdadeiras elucide o assunto que explicamos? Como a causa da pleurisia atua internamente, oculta aos testemunhos dos sentidos, ela é um motivo de discórdia entre os patologistas. Eles ainda não chegaram a uma decisão sobre a constituição do mal que determina os sintomas da pleurisia, se ele afeta os vasos ou o sangue; cada qual tem uma opinião acerca disso, mais ou menos afastada da verdade: *tot capita, tot sensus*. Eles nem sequer estão de acordo sobre o foco dessa doença. Assim, tal como os construtores da torre de Babel, que falavam diferentes línguas, cada um desses médicos definirá essa doença segundo a noção que formou para si mesmo sobre sua causa e seu foco: um dirá que a pleurisia é uma doença que consiste na obstrução dos vasos do pulmão, produzida pelo sangue prestes a apodrecer; outro dirá que sua característica deve ser inferida da desproporção que se encontra entre o diâmetro desses vasos e a massa dos humores; um terceiro afirmará que a pleurisia é somente o aumento da fermentação do sangue nos vasos da pleura ou do pulmão; um quarto sustentará que o mal característico é a estagnação do sangue nos vasos da pleura, que envolve e reveste interiormente as costelas; um quinto localizará essa estagnação nos músculos intercostais; outro, na membrana externa do pulmão; e, assim, todos apresentarão suas noções como a característica dessa doença. Depois de terem discutido longamente sem se entender, com vistas a sustentar suas opiniões, eles conseguirão destruir os sistemas de seus adversários sem chegar a assentar sobre suas ruínas os fundamentos de sua doutrina; enfim, todos estarão certos, visto que todos terão se enganado. Que se julgue, a partir desse exemplo que poderíamos generalizar, que conhecimentos, que solidez, que vantagens a *patologia* poderia tirar desses princípios, se eles fossem adotados; e [**171**], por conseguinte, como a história estabelecida das doenças seria simples, justa e conforme à realidade; mas falemos seriamente e tratemos de opor a esses inconvenientes as vantagens das definições *sintomáticas*, que também são chamadas de *práticas*, pois só são úteis ao prático: veremos imediatamente todos esses teóricos movidos por interesses diferentes e falando idiomas diversos se reunir junto ao leito do doente. Quando se tratar de determinar os sintomas essenciais da pleurisia, todos dirão que essa doença é constituída pelo conjunto dos seguintes sintomas: uma febre aguda, dificuldade de respirar, tosse e pontada. Diante desse quadro, todos reconhecerão a pleurisia, pois ela é constituída por sinais que todo mundo pode perceber e que, de fato, observam-se em todas as pleurisias. É assim que a *patologia* deve ser abordada; assim ela era ensinada por Temison [de Laodiceia], o fundador dos metódicos; por Téssalo, Célio Aureliano [de Sicca], autor célebre pela exatidão de suas descrições e excelência de seus diagnósticos; na mesma perspectiva, o sr. [François Boissier] De Sauvages [de Lacroix], célebre professor da Universidade de Montpellier, compôs sua excelente patologia metódica e organizou suas classes de doenças. Vide *Doenças*.

Ao associar a nosologia e a sintomatologia, os *patologistas* não deveriam distingui-las da semiologia: ela se encontra necessariamente compreendida nessas duas partes. A semiologia da saúde não deve ser separada da fisiologia; a que trata dos sinais gerais do estado enfermo deve partir da descrição detalhada dos sintomas na *patologia*, pois, no que concerne à doença, assim como em matéria de saúde, todo sintoma se torna sinal aos olhos do médico esclarecido: por meio desses fenômenos aparentes, ele sabe penetrar no interior do corpo e nele descobrir os mais ocultos distúrbios. Assim, após terem sido expostos alguns sintomas gerais, parece muito natural mostrar imediatamente que proveito se pode tirar deles para o diagnóstico ou o prognóstico das doenças. Essa aplicação prende e ocupa mais agradavelmente a atenção do estudante do que a aridez sempre desencorajadora das questões *patológicas* isoladas.

Não adentramos aqui em nenhum detalhe sobre a classificação das doenças, sobre as divisões ulteriores das causas e dos sintomas. Vide *Nosologia, Etiologia, Sintomatologia* e, sobretudo, o verbete *Doença*, no qual essa matéria é discutida a fundo. Os autores que escreveram sobre a *patologia* são [Cláudio] Galeno [de Pérgamo], os árabes, que a sobrecarregaram com muitas palavras e ideias ininteligíveis: Fernel, Sennert, Rivière, Gorter, Hoffman, Wedelius, Boerhaave, Nenter, Juncker, de Sauvages, Fizes, Lacaze, entre outros.

Pimenta (*História das Drogas Exóticas*), Jaucourt [12, 895]

Espécie de aromático desejado em todos os séculos e países para o tempero dos alimentos, conhecido e empregado pelos antigos gregos, pelos árabes e pelos modernos. Dioscórido, Galeno e outros autores identificaram três espécies: a negra, a branca e a alongada, em sua opinião um mesmo fruto, em diferentes graus de maturidade. Mas a pimenta preta e a alongada que conhecemos são frutos de plantas diferentes. Os gregos chamavam esse aromático de πέπερι, os árabes de *fulsel*, os botânicos latinos de *piper*.

A pimenta negra, ou *piper rotundum*, é um pequeno fruto ou grão ressecado, do tamanho de uma ervilha pequena, esférico e revestido por uma casca rugosa que pode ser negra ou marrom. Retirada a casca, encontramos uma substância um pouco dura e compacta, com a parte externa verde-amarelada e a interna branca. O centro é oco. Esse grão tem sabor acre e vivo, arde na boca e no estômago. É trazido das Índias Orientais sob domínio holandês. Preferem-se os grãos maiores, mais pesados e menos rugosos.

A planta da pimenta negra floresce uma vez por ano ou duas, dependendo do vigor. Os frutos maduros são colhidos quatro meses após a queda das flores. São expostos ao sol por sete ou oito dias, durante os quais a casca escurece. A planta é encontrada nas ilhas de Java e Sumatra e por toda parte no Malabar. Para cultivá-la, encrustam-se no solo pedaços de ramos cortados inseridos junto à raiz da árvore, sustentando-os com estacas, à maneira das vinhas.

A pimenta branca é feita artisticamente, raspando-se a casca da negra. É a única a que temos acesso atualmente. A casca externa é inflada e aberta por maceração. O grão branco é retirado com facilidade e depois é ressecado. A pimenta branca é bem mais suave que a negra, e considerada superior a ela.

A acrimônia não é uma qualidade exclusiva dos grãos, pertence à planta como um todo. As folhas, verdes ou secas, os sarmentos e a raiz macerados, ardem na boca e no estômago, e excitam a produção de saliva. [Tradução parcial]

Planeta (*Astronomia*), D'Alembert [12, 703-8]

Corpo celeste que realiza sua revolução em torno do Sol como centro e que continuamente muda de posição em relação aos outros astros.

Vem daí o nome de πλανήτης, "errante", em oposição às estrelas fixas; amiúde, são chamados de "estrelas errantes". Vide *Estrela*. [**704**]

Natureza dos planetas. A partir da observação das diferentes fases e dos diferentes aspectos dos planetas, constatamos que todos são perfeitamente similares à Lua que, como demonstramos no verbete *Lua*, é perfeitamente similar à Terra que habitamos, do que se segue que todos os planetas são corpos opacos, esféricos etc., a exemplo da Terra. [**705**]

Saturno, Júpiter e seus respectivos satélites, Marte, Vênus e Mercúrio, são corpos opacos que recebem a luz do Sol, cobertos de montanhas e envolvidos por uma atmosfera instável. O que sugere que esses planetas têm água, mares e terrenos secos, e são, em suma, corpos similares à Lua, e, portanto, à Terra. Por conseguinte, na opinião de muitos filósofos, nada nos impede de crer que os planetas são habitados. Huygens, em sua obra *Cosmothéoros*, ofereceu provas pretensamente fortes da existência de habitantes nesses planetas. Essas provas foram extraídas da semelhança entre esses planetas e a Terra e do fato de serem, como ela, corpos opacos, densos, rugosos, pesados, iluminados e aquecidos pelo Sol, com dia e noite, verão e inverno.

O sr. Fontenelle abordou essa questão nos *Diálogos sobre a pluralidade dos mundos*, em que defende que cada um dos planetas tem seus habitantes, e explica, de resto com muita clareza, o sistema de Copérnico e de Descartes, que eram então os mais bem conhecidos. Esse livro de grande reputação é considerado como aquele que mais honra ao seu autor. Vide *Pluralidade dos Mundos*, no verbete *Mundo*.

Wolff, apoiando-se em provas de outra espécie, chega a realizar conjecturas sobre os habitantes de outros planetas. Por exemplo, ele não duvida que os habitantes de Júpiter sejam muito maiores que nós, de um talhe gigantesco. A prova que oferece é singular, e não me parece inútil relatá-la. Com a palavra, o sr. Wolff: "A Ótica ensina que a pupila do olho se dilata com a luz fraca e contrai-se com a luz forte; logo, como os habitantes de Júpiter recebem muito menos luz do Sol do que nós, pois Júpiter está mais longe do Sol do que a Terra, segue-se que os habitantes desse planeta têm a pupila muito maior e mais dilatada que a nossa. Ora, como se pode observar, a pupila tem uma proporção constante com o globo ocular e este com o resto do corpo, de modo que, nos animais, quanto maior a pupila, maior o olho, e, portanto, maior o corpo.

"Para determinar o tamanho dos habitantes de Júpiter, deve-se observar que a distância entre esse planeta e o Sol está, para a distância entre a Terra e o Sol, na razão de 26 para 5, e que, portanto, a luz do Sol em relação a Júpiter está para a da luz do Sol em relação à Terra na razão dupla de 5 para 26. A experiência mostra que a pupila se dilata numa relação maior que do que a intensidade da luz levaria a crer, pois, de outro modo, um corpo inusitado a grande distância dela apareceria tão claramente quanto um corpo mais próximo. Portanto, o diâmetro da pupila dos habitantes de Júpiter está para o diâmetro da nossa em uma razão maior do que a de 5 para 26. Suponhamos que seja de 10 para 26 ou de 5 para 13. Como a altura média dos habitantes da Terra é de cerca de 5 pés e 4 polegadas [altura que o sr. Wolf estipulou por si mesmo], conclui-se que a altura média dos habitantes de Júpiter será de 14 pés e $\frac{2}{3}$. Tal era, aproximadamente, a altura de Og, rei Basan de que fala Moisés, e cujo leito de ferro tinha extensão de 9 *condées* e largura de 4."

Vemos aí as armadilhas em que o espírito humano cai quando se entrega com furor à elaboração de sistemas. Em que se apoia o sr. Wolff para propor que os habitantes de Júpiter, supondo que vejam, tenham uma pupila maior que a nossa e que o tamanho de sua pupila seja proporcional à altura de seu corpo? A luz em Júpiter é mais fraca que na Terra; isso é verdade, mas pode ser que os habitantes de Júpiter tenham uma natureza tal que essa luz seja tão forte para eles quanto a luz terrestre é para nós. Para tanto, basta que tenham um órgão mais sensível. Além disso, quem garante que o tamanho do corpo seja proporcional ao diâmetro da pupila? Não constatamos, todos os dias, que o contrário acontece nos animais? A pupila dos gatos é maior que a nossa; a dos porcos é menor que a dos gatos, e assim por diante.

O sr. Fontenelle, longe de propor conjecturas tão pueris sobre a figura dos habitantes desses planetas, pensa que ela seria muito diferente da nossa, mas que não temos nenhuma ideia a respeito, e sustenta essa opinião em razões bastante engenhosas. "Que diferença não há entre a nossa figura, as nossas maneiras, e as dos americanos ou africanos! Mas habitamos o mesmo navio, eles se encarregam da proa, nós da popa. Que diferença não haveria, entre nós e os habitantes de outros planetas, ou desses outros navios que flutuam nos céus bem longe de nós?"

Isso é bem mais verossímil; mesmo assim, não é certo que os planetas sejam habitados. [Tradução parcial]

Polícia (*Governo*), Anônimo [12, 904-11]

Palavra que vem de πόλις, *cidade*, a partir da qual os gregos fizeram πολιτεία, e nós, polícia (*police*). Existem diferentes acepções. Para compreendê-las, é preciso algum detalhamento. O objetivo primeiro das sociedades foi a vida cômoda e tranquila. Mas como, nessa época, os erros eram provavelmente mais comuns, o amor-próprio, mais refinado, e as paixões de homens reunidos são, se não mais violentas, ao menos mais extensas, do que em homens dispersos, o que se deu na prática foi o contrário do proposto, e alguém que, fiando-se pelo valor das palavras, tentasse, a partir de *sociedade*, formar uma ideia da coisa, chegaria precisamente ao oposto do que ela é. Buscaram-se remédios a esse terrível inconveniente, e as leis foram feitas. Leis são regras de conduta [**905**] extraídas da reta razão e da equidade natural que os bons seguem naturalmente e às quais a força constrange os maus a se submeterem, mesmo que apenas em aparência. Algumas leis tendem ao bem geral da sociedade, outras têm como finalidade o bem dos particulares. O conhecimento das primeiras é o objeto da ciência do direito público; o das últimas, o daquela do direito privado.

Ao primeiro desses ramos, os gregos deram o nome de *polícia*. A denominação πολιτεία se estendia a todas as diferentes formas de governo, e, nesse sentido, poderíamos pensar numa polícia do mundo, aqui monárquica, ali aristocrática etc. A polícia era a arte de obter uma vida cômoda e tranquila para todos os habitantes da terra. Restringindo-se o termo a um único Estado, a uma única sociedade, era a arte de obter essas mesmas vantagens a um reino, a uma cidade etc.

Para nós, o sentido do termo se reduz a esta última acepção. Essa parte do governo é confiada a um magistrado, chamado lugar-tenente de polícia, encarregado, em particular, da execução das leis publicadas com o intuito de obter, para os habitantes de uma cidade, por exemplo a capital, uma vida cômoda e tranquila, malgrado os esforços do erro e as inquietações do amor-próprio e das paixões. *Vide o verbete seguinte.* [**911**]

Os cuidados da polícia se referem, eventualmente, a onze objetos principais: a religião, a disciplina dos costumes, a saúde, os víveres, a segurança e a tranquilidade pública, a limpeza, as ciências e as artes liberais, o comércio, as manufaturas e artes mecânicas, os servidores domésticos, os trabalhadores braçais e os pobres. [Tradução parcial]

População (*Física, Moral, Política*), D'Almilaville [13, 88-103]

[**94**] Com exceção do despotismo, em todas as demais formas possíveis de governo é difícil indicar uma na qual não haveria algo contrário à multiplicação da espécie: todas essas formas possuem suas vantagens e suas desvantagens. Ainda não encontramos um governo cujas instituições sejam incorruptíveis, que asseguraria para todo o sempre o bem-estar, a tranquilidade e a liberdade da sociedade e dos indivíduos que a compõem: é uma obra-prima que o espírito humano jamais ousará almejar e que sua própria inconstância torna impossível. Quiçá, as leis da China sejam as únicas que

podem garantir tal estabilidade: elas têm de ser muito boas, tendo em vista que nunca variaram, a despeito de todos os tipos de dominação sofridas e impostas pelos chineses – elas foram impostas a todos os povos que venceram e aqueles que os venceram também as receberam e a elas se submeteram. Independentemente do quão férteis são suas terras, às vezes, elas mal conseguem alimentar dois terços de seus habitantes. Mas esse exemplo é único. Em geral, os abusos de todas as coisas, o tempo que as usa e destrói, as frequentes revoluções entre os homens, o acréscimo ou decréscimo de seus conhecimentos, fazem das leis políticas algo variável e deixam sempre questões em aberto nessa importante matéria. Ao ser perguntado se as leis que havia dado para os atenienses eram as melhores, Sólon respondeu que havia dado as melhores dentre as adequadas a esse povo.

Em todas as épocas e climas, contudo, notamos que a espécie humana prosperou mais sob governos populares e tolerantes que, por sua constituição, não podiam ser muito extensos e nos quais os cidadãos usufruíam de uma maior liberdade religiosa e civil. Nunca encontramos grandes populações em grandes estados, e isso é algo que os governos modernos são menos propícios a oferecer que os antigos.

Nos vastos impérios de hoje, a administração pública se vê obrigada a passar por muitos canais: é uma árvore cujos ramos são muito extensos e variados e a seiva seca antes de atingir os extremos do corpo. É impossível velar todas as províncias e partes, é preciso recorrer a uma série de agentes intermediários, cujo interesse pessoal vem sempre em primeiro lugar e que a cada vez são movidos por um espírito diferente na execução de uma mesma coisa. A administração só consegue ver por seus olhos e agir através de seu ministério. O soberano conhece seu povo, sua situação e suas necessidades apenas quando esse ministério quer que ele as conheça – não é feliz o suficiente para ignorar sempre a verdade. A seu turno, frequentemente, um povo só conhece seu senhor através das vexações causada em seu nome.

São obstáculos à população: o espírito de conquista, que é, de ordinário, o das monarquias, as numerosas tropas que ela precisa manter para sua defesa e para o ataque, sua desigualdade de classes e, mais ainda, a de fortunas, o fausto do soberano e dos cortesões, um comércio feito com nações afastadas e que sempre será artificial, um luxo desordenado e a corrupção de costumes que vem em seguida. Somem-se a eles o consumo excessivo das cidades grandes e sobretudo das capitais, que absorvem anualmente uma parte dos homens que nasce nas províncias.

A Grécia, que todos concordam ter sido o país mais povoado da Antiguidade, era dividido em muitas pequenas repúblicas, onde todos os cidadãos eram iguais e livres, a administração podia velar todas as partes do estado e manter aí as leis em sua integridade, porque nenhuma parte estava afastadas demais do centro. Todos concorriam à prosperidade pública, que era a de todos, uma vez que não havia uma prosperidade individual que podia ser preferida àquela. Todos tinham um mesmo interesse, as ações úteis e os serviços prestados à pátria construíam aquela virtude que o mérito e o saber distinguiam entre os homens: a estima pública era sua recompensa, sem que fosse preciso esgotar os tesouros da nação.

Em nenhuma época os romanos foram tão admiráveis ou numerosos quanto nos belos dias da república, quando se governaram pelos mesmos princípios. A Roma de então era um formigueiro de heróis e de grandes homens. A partir do momento que ela quis estender seus domínios, foi preciso admitir estrangeiros e escravos como cidadãos para reparar as perdas diárias na raça dos primeiros romanos. Pelas conquistas que ainda causam espanto através do universo, Roma preparou sua queda. Sua potência enfraquecia à medida que crescia, os costumes austeros se perdiam pela associação com costumes estrangeiros. As conquistas produziram riquezas que, transformadas no equivalente e medida de tudo, substituíram as distinções honrosas e lisonjeiras, toda virtude, talento e mérito que eram a única ambição das almas. O espírito de patriotismo se extinguiu, o luxo nasceu e o luxo pôs todo o império a perder, até que este finalmente sucumbiu sob o peso de sua própria grandeza. Ele havia invadido todas as nações e não foi mais possível governá-las. Conhecemos as perdas que acometeram o gênero humano no terremoto geral causado pela queda desse grande corpo. Seus próprios cidadãos, excessivamente afastados da lei e da autoridade para reconhecê-las e temê-las, observaram-nas em pedaços. Se Roma permaneceu tão povoada enquanto era a sede do império, isso foi à custa de todas as províncias, devastadas pela rapacidade, avareza, ambição e tirania dos intendentes chamados procônsules.

Em todos os tempos, as mesmas causas produzem os mesmos efeitos: parece haver para a grandeza e a duração dos impérios, como para todas [95] as demais empresas humanas, um determinado ponto que é impossível ultrapassar.

De Constantino ao último imperador de Constantinopla, o mundo foi devastado pelo furor de conquistadores e pelas opiniões religiosas. Talvez em nenhuma outra era essas opiniões custaram tanto aos habitantes da Europa e da Ásia.

O império de Carlos Magno durou menos que o romano, mas, proporcionalmente, foi tão destruidor para a espécie humana quanto. A compaixão nos toca sempre que observamos tudo o que o fanatismo religioso e a glória conquistadora a fez sofrer. Nações inteiras diversas vezes engolidas, para em seguida arrastar os destroços até os limites setentrionais em busca de um asilo contra o massacre de heróis, oferecidos aos céus como vítimas de sua ambição.

O enorme poder de Carlos V teve efeitos ainda mais funestos sobre a humanidade: um autor célebre afirma, ao comentar a prosperidade desse príncipe, que *um novo mundo se descobriu para ele*. Eis um infortúnio a mais para o gênero humano, pois ele fez desse novo mundo um deserto. Enquanto ele conquistava e exterminava nações longínquas, através de crueldades cujas histórias escancaram o horror, o desmembramento de seu império era preparado. Na tentativa de repovoar a América e as Índias, previamente devastadas, a Espanha se viu, na sequência, sem homens.

Não é necessário levar mais longe nossa análise para provar que o espírito das grandes monarquias é contrário a uma grande população. É sob um governo gentil e limitado, onde os direitos da humanidade são respeitados, que os homens são numerosos.

A liberdade é um bem tão precioso que, mesmo desacompanhada, atrai e multiplica os homens. Conhecemos esforços sobrenaturais de coragem que ela provocou em todas as épocas tendo em vista sua conservação. Foi ela que tirou a Holanda de baixo d'água, que transformou seus pântanos em um dos cantões mais povoados da Europa e que mantém o mar em limites controlados. É a liberdade que faz da Suíça, que será a última das potências europeias a subsistir, fonte inesgotável de homens a todas as outras potências europeias, apesar da ingratidão de seu solo, que parece não ser capaz de produzir nada além de homens.

Não há governo do qual não seja possível obter as mesmas vantagens. A tirania cria escravos e desertos, a liberdade sujeitos e províncias: quanto menos ela for atrapalhada pelas leis e pela vontade do soberano, menos essas leis serão transgredidas e mais o soberano terá certeza da fidelidade e obediência de seu povo. É somente quando a autoridade exige coisas contrárias ao direito natural e às convenções da sociedade que a obediência é penosa e recusada; a autoridade então toma o lugar da lei, acredita ser obrigada a punir a desobediência e suspeita da fidelidade de seus súditos que, a seu turno, suspeitam dela. Todos os laços que formam a sociedade são rompidos, o poder abstrato se estabelece e o amor ao soberano e à nação se apagam.

Os homens não nascem onde o que os espera é a servidão, ali eles se destroem. Observe o que ocorre com os déspotas: para que eles se multipliquem é preciso que sua liberdade dependa unicamente das leis, que eles não temam nada além delas, e que, ao observá-las, cada cidadão não possa ser privado da sua.

Quando é fácil ofender as leis, o príncipe e a religião, pode-se ofender muitas pessoas e é muito fácil se tornar culpado ou ser suspeito de o ser. A superstição, a ignorância, os ódios mesquinhos, a inveja, a calúnia e o interesse são alguns perigos que ameaçam sem cessar a liberdade do homem de bem. Aquele que possui mais mérito está mais exposto, como o mais temido pelas almas pequenas. Censure neles algum vício ou comportamento ridículo, e rapidamente parece que as leis, o príncipe e a religião estão em perigo: as pessoas acreditam que essas três potências foram atacadas nelas, que o ataque lhes é pessoal, e elas buscam se vingar. Um homem escreveu um libelo contra os ministros do rei da Inglaterra, disseram que ele havia falado mal do governo e ele foi condenado ao pelourinho. Ao passar pelo local, o monarca o viu e perguntou sobre a causa do castigo. Sua história lhe foi contada. "Grande tolo", disse o rei, "se não tivesse escrito o libelo contra mim, nada lhe teria acontecido."

Quantas vezes a autoridade não se serviu de animosidades pessoais desse modo? Quantos desses abusos, que deixam aos cidadãos uma liberdade precária, à mercê de quem o ataca, não se espalharam entre os homens?

População

A justiça e a doçura do governo tornarão sempre os homens numerosos. O contrário pode levar a humanidade a limites que ela mesma teme. As mulheres da América buscavam o aborto para que seus filhos não tivessem que se submeter a mestres tão cruéis como os espanhóis.

Os saxões foram massacrados diversas vezes em oposição à privação de seus direitos naturais por Carlos Magno. Seu filho, Luís, o Piedoso, garantiu-lhes novamente esses direitos e esse foi seu mais belo ato: os saxões permaneceram-lhe fiéis para sempre.

Quem diz que quanto mais pobres são as famílias, mais elas são numerosas, e que quanto mais estão submetidas a impostos, mais condição têm de pagá-los, blasfemaram contra o gênero humano e contra a pátria. Ao insinuar máximas que sempre causaram e causarão a destruição dos homens e a ruína dos impérios, declaram-se os mais cruéis inimigos de ambos. Seria preciso reduzi-los à cruel indigência que eles pensaram para seus concidadãos, a fim de lhes ensinar o tamanho da atrocidade pela qual deveriam receber a mais alta punição. A que ponto o interesse e a ambição vilificam, uma vez que a baixeza e a lisonja incitadas por eles podem levar a tal degradação da natureza humana que ela ofende a si mesma! Oh, Henrique! Foi contra seus filhos que suas máximas homicidas foram pronunciadas! Se sua orelha não tivesse sido profanada, os assassinos de seus súditos não teriam se aproximado!

O excesso de tributos destrói a liberdade, extingue toda emulação e todos os sentimentos patrióticos, desencoraja os homens e impede sua reprodução. A pobreza extrema conduz ao desespero, o desespero ao esgotamento, o esgotamento ao desânimo e à indiferença perante todo bem.

A sociedade tem suas vantagens, das quais devem partilhar todos os membros que a compõem. Ela também tem seus encargos, que é justo que suportem. Cada cidadão é obrigado a fornecer sua contribuição em trabalho e sua parte em impostos que a conservação comum exige. Aquele que dispensa a si mesmo dessas duas contribuições é um mau cidadão, é um membro inútil, uma carga extra para a sociedade que, bem administrada, não sofreria desse modo. Mas os impostos devem ser calculados na proporção exata das riquezas do país e repartidos na justa proporção das faculdades individuais de cada cidadão. Quando as necessidades do Estado excedem essas proporções, a coleta se torna difícil e o mal começa. Quando a desproporção se torna muito grande, a coleta é impossível: é tempo das calamidades públicas, [**96**] todos os recursos são forçados e a máquina fica passível de quebrar ao primeiro choque.

Os francos encontraram os gauleses nessa posição enquanto os conquistavam. Segundo o sr. de Boulanvilliers, eles reconheceram que o excesso de tributos era a causa da destruição do Império Romano e que o esgotamento do dinheiro das províncias tornava a percepção impossível. O rigor dos impostos em dinheiro esgotava o povo sem socorrer ao Estado, desolava o campo, impedia o cultivo das terras, fazia os homens oscilarem entre os horrores da fome e uma colheita sem valor e, finalmente, fazia sua situação tão miserável que as doenças epidêmicas eram vistas como um favor dos céus, a livrar alguns eleitos da desolação geral do século. Esses impostos pecuniários estavam acima das forças daqueles de quem eram exigidos, reduziam o povo a vender o que possuíam para pagá-los. As terras não produziam mais o suficiente ou o preço das vendas com perdas não gerava renda suficiente. Reduzido ao desespero, o povo clamava socorro no estrangeiro, submetendo-se a seu governo e sendo mais feliz nessa nova escravidão do que no usufruto da falsa liberdade que os romanos lhe haviam legado.

A mesma causa explica a espantosa facilidade com que os muçulmanos conquistaram Constantinopla.

Os tributos, portanto, devem ser sempre regulados pelas faculdades do povo. Se as necessidades exigirem consideravelmente mais, não serão mais necessidades do Estado, mas sim necessidades particulares. Isso porque as necessidades do Estado não podem ser outras senão as do povo, ou, mais precisamente, aquelas que seu interesse exige e o povo não saberia como ter necessidades às quais não poderia suprir. Quais seriam as suas causas?

Se o povo não está em condições de suportar as despesas, ele não participará da guerra. Não permitirá novos empreendimentos se, para fundá-los, for preciso tomar parte de sua subsistência. Ele se contentará em reformar seu velho bangalô em vez de elevar edifícios vistosos se para isso for necessário construir sobre as ruínas daquele. Não pagará pelo vício e indolência dessa horda de cortesãos baixos e faustosos. A magnificência do trono seria a felicidade pública; haveria menos escravos e mais cidadãos. Suas necessidades jamais seriam levadas a ponto de forçar o rei a vender a terceiros o direito de oprimir o povo sob todas as formas possíveis, inclusive sob o nome de justiça. Ele manterá apenas tropas necessárias à sua segurança e aquela de suas posses. Podendo dirigir-se diretamente à divindade, os indivíduos não se manterão em meio à sociedade dos grandes corpos paralíticos que consomem sua substância, sem lhe dar nada em troca. Enfim, o povo suprimirá todas as causas de necessidade que não são aquelas do Estado. Quando as necessidades do Estado são aquelas do povo, este garantirá os impostos necessários: eles serão moderados, o Estado será poderoso, a agricultura e o comércio, florescentes e os homens serão numerosos, porque crescem sempre em proporção ao bem-estar de que gozam.

O contrário causará o contrário: se os tributos absorvem o produto das terras e do trabalho, não deixando o suficiente para a subsistência do camponês e do artesão, os campos permanecerão sem cultivo e não mais se trabalhará. É aí que veremos velhos morrer sem arrependimento e jovens temer ter filhos. Pessoas que não podem contar com uma alimentação suficiente se arriscarão para dar vida a novos seres, infelizes, que aumentarão seu desespero pela impossibilidade de os alimentar? Será um seio ressecado pela miséria que os amamentará? Como um pai enfraquecido sustentará e alimentará seu filho? Ele não possui força nem condições [*possibilité*]. A miséria pública recusa trabalho a seus braços paternos. Que seres nascerão nesse estado de penúria? Crianças frágeis e estúpidas, que será impossível educar. Já o temperamento daqueles que escapam a uma má constituição e às doenças populares será perdido pela má alimentação que receberá. Essas criaturas como que se esgotam antes de terem existido e são muito pouco propícias a garantir a propagação da espécie. Desse modo, portanto, ali onde o povo é miserável, a espécie se degenera e se destrói. Lá onde a abundância é geral, a espécie aumenta em força e número. A natureza e o bem-estar convidam os indivíduos a se reproduzir.

Diante da visão de um campo com terras bem cultivadas e recheadas de colheitas abundantes, não pergunto se essa região é feliz e povoada: as belezas da natureza me dizem isso. Minha alma se emociona e é preenchida com uma alegria doce e pura ao admirar os tesouros que a natureza oferece a esses homens inocentes, cuja raça e trabalho é frutificado por ela. Sinto-

-me penetrado pela ternura e pelo reconhecimento: abençoo a natureza e o governo sob o quais eles multiplicam sua espécie e seus dons.

Se a sociedade exige distinções é aquela devida a homens virtuosos e úteis, que a enriquecem sem corrompê-la. Eles a obtiveram nos governos mais bem administrados e ilustres. Rômulo permitia apenas dois exercícios aos homens livres: as armas e a agricultura. Desse modo, os maiores homens de guerra e do Estado eram agricultores. Catão, o ancião, cultivava a terra e escreveu um tratado a respeito. No *Diálogo de Sócrates e Critóbulo*, Xenofonte faz Ciro dizer a Lisandra que jamais ceia sem ter antes suado com algum exercício militar ou agrícola. Na China, a agricultura é ainda mais honrada. Todo ano o imperador celebra a abertura das terras e a ele é apresentado o fazendeiro que mais se destacou, que recebe o título de mandarim de oitava ordem, sem que lhe seja permitido deixar sua profissão. O padre Duhalde nos ensina que o terceiro imperador da terceira dinastia cultivava a terra com suas próprias mãos. Não é surpresa que a China seja o país mais fértil e mais populoso do mundo. Lemos também na obra do sr. Montesquieu que dentre os antigos persas, no oitavo dia do mês, os reis deixavam de lado o fausto para comer com os fazendeiros. O que me fascina nesses costumes não é a honra estéril que o soberano presta à parcela mais numerosa e mais útil de seus cidadãos, mas sim o preconceito doce e legítimo que ele sentia a propósito da importância de seu Estado e que o levava a não exagerar nos tributos. Ora, como todos esses costumes não iriam encorajar a agricultura e a população? E quantos dos nossos costumes contemporâneos não lhes são contrários?

A diferença que se introduz nas condições dos homens, a desigualdade de classe e fortuna que prevalece na política moderna, é uma das causas que mais contribuem para a diminuição do número de homens. Um dos maiores inconvenientes dessa humilhação é a extinção neles de todos os sentimentos naturais e mútuos de afeição. Há tamanha desproporção entre suas sortes que, ao se comparar com indivíduos de outra classe, eles têm dificuldade em acreditar que são da mesma espécie. Vemos homens que, esquecendo que poderiam ter nascido em situação abjeta e que suas distinções são puramente convencionais, [97] degradam outros homens a ponto de os empregar em tarefas para as quais seria repugnante empregar animais e se persuadem de que seus semelhantes não são suscetíveis de experimentar os mesmos bens e males que eles.

É esse orgulho desmesurado e a vontade de perpetuar nossa autoridade sobre os demais que gerou a ideia do direito de primogenitura, contrário à natureza e ao bem público. Em Atenas, temia-se tanto a união de bens que, para evitar um único herdeiro de duas famílias, era permitido casar-se com uma irmã consanguínea, mas não sua irmã uterina, que poderia se tornar herdeira de outro patrimônio.

Essas leis contra a desigualdade de fortuna fizeram a prosperidade e a abundância da população dos gregos e dos primeiros romanos. Todos eram cidadãos porque todos eram proprietários, pois é a propriedade que faz os cidadãos: é o solo que garante a ligação com a pátria. Então, os encargos e as vantagens da sociedade eram comuns entre todos os membros; cada um usufruindo uma fortuna semelhante, doava-se igualmente à população. O luxo e os excessos da opulência, o desencorajamento e a fraqueza da indigência não impunham obstáculos. Dizia-se que quem considerava a quantidade suficiente de terra para garantir a vida de um homem como pouca coisa era um mau cidadão.

Quando todas as riquezas da nação estão reunidas e são posse de um pequeno número de homens, é preciso que uma grande multidão seja miserável e o fardo dos tributos a oprime. De fato, qual a proporção entre o necessário que é tomado dos infelizes e a ligeira parte do enorme supérfluo dos ricos? Suas vastas posses são ainda mais funestas à sociedade, pois elas invadem todas as propriedades fundiárias, suas terras são habitadas apenas por seus escravos e diaristas que ali trabalham, produzem pouco e o pouco que produzem é exclusivamente para eles. Tal extensão de terra que pertence a uma única pessoa poderia formar o patrimônio de um sem-número de famílias que aí encontrariam sua subsistência. Essas famílias, expulsas do campo pelas aquisições dos ricos, povoariam as províncias com os habitantes e os cidadãos de que a pátria carece. As terras seriam mais bem cultivadas e mais férteis, pois elas produziriam sempre em proporção do cultivo que lhe é fornecido, e o proprietário, em posse somente da quantidade necessária para prover a suas necessidades e da sua família, não pouparia nada para aumentar a produção tanto quanto fosse possível. Um grande número de habitantes espalhado por toda a superfície do estado, trabalhando para o seu próprio bem, construiria o bem geral que as grandes posses destroem pela abundância assassina que fornecem, abundância que é sempre suficientemente grande para que aqueles que dela usufruem não dediquem o cuidado para fazê-las crescer, inclusive porque não são mais capazes de o fazer devido à indolência em que vivem.

Essa indolência também os impede de multiplicar a espécie: os ricos fazem menos filhos que os pobres. A estes não resta outro alívio [além do sexo] a todos os males que o oprimem, é natural que eles o busquem e dele usufruam enquanto a extrema miséria não os torna insensíveis até a isso. Os ricos, ao contrário, mergulhados em prazeres de todos os tipos, cujo único embaraço é a escolha entre eles, extenuados pelo abuso excessivo de tudo, esgotando sua natureza antes que ela se forme, são pródigos e perdem a faculdade de serem pais antes da idade de se o tornarem. Se, em seguida, têm filhos, estes serão frágeis e estúpidos como os dos pobres, mas por causas diferentes. Eles carregam consigo a fadiga da profusão de seus pais e a fragilidade de seu esgotamento. Além disso, o direito do primogênito, que determina que a totalidade da herança pertença a um só e que destina os demais a nada possuir, a despeito de terem nascido com os mesmos direitos, os impedirá de nascerem: podendo ter apenas um filho rico, esse pai não quer ter vários. Se ele os tem, eles serão inimigos no seio familiar, o interesse provoca aí animosidades que nunca se extinguem e que quebram os sagrados laços de sangue: ao serem privados do bem-estar que usufruíam na casa do pai pelo irmão, os mais jovens enxergam no primogênito um sequestrador que os oprime e que os priva de um bem que deveria ser comum. Apenas o primogênito se casa; os demais, atraídos pela ociosidade e pela facilidade de enriquecer sem cuidados, esforços e trabalho, se encaminham para a vida eclesiástica. Se não conseguem ser bem-sucedidos ali, viverão de modo ainda mais inútil em monastérios. Sepulturas antecipadas são os asilos que esperam as filhas. Pais desnaturados imolam mais que a vida de seus filhos em prol de um único. Nos países onde esse direito bárbaro ainda não está estabelecido, eles buscam pela crueldade e pela violência e em nome de um ídolo de sua vaidade, a busca das vantagens que a lei não lhes garante.

Eis os preconceitos que levam à propagação da desigualdade, principalmente a de fortunas, na política moderna. Essas são as vantagens, tão propagandeadas por seus defensores, dessas regras assassinas onde a avareza, a ambição e a crueldade arrastam suas vítimas e engolem as raças futuras.

Em um discurso erudito sobre a população, o sábio filósofo inglês Hume compara esse costume de enclausurar as filhas em monastérios àquele que os antigos tinham de abandonar os seus filhos e, com razão, dá preferência ao último. De fato, nem todos os bebês abandonados morriam, alguns eram recolhidos e parte considerável não estava inteiramente perdida, seja para a natureza, seja para a sociedade. As primeiras, ao contrário, são aniquiladas para ambas.

A natureza tem apenas dois objetivos, a conservação do indivíduo e a propagação da espécie. Ora, se é verdade que tudo tende a existir ou a gerar a existência, se é verdade que recebemos o ser unicamente para transmiti-lo, é preciso aceitar que toda instituição que tende a nos afastar desse objetivo não é boa, sendo contrária à ordem da natureza.

Igualmente, se é verdade que todos os membros de uma sociedade devem conspirar em conjunto para o bem geral, se as melhores leis políticas são aquelas que não deixam nenhum cidadão, nenhum braço, inútil na república, leis que fazem circular a riqueza e que sabem dirigir todos os seus movimentos em direção à coisa pública, como recursos agindo em prol de sua conservação e prosperidade, se tudo isso for verdade, é preciso convir que as instituições que subtraem das riquezas de grande parte de seus cidadãos, sem lhes restituir de algum modo, são instituições perniciosas que minam um Estado e o põem a perder no longo prazo.

Um imperador chinês disse certa vez que "nossos antigos tinham por máxima que, se havia um homem que não trabalhava, uma mulher [**98**] que não fiava, qualquer um poderia sofrer de frio e fome no império" e sobre esse princípio ele mandou destruir incontáveis monastérios.

Esse princípio é aquele dos governos sábios e bem regrados. Esses grandes corpos de celibatários produzem o despovoamento não apenas por se absterem de devolver o que devem à natureza e à sociedade que eles privam de cidadãos, mas também pelas máximas que os regem e pelas riquezas e extensões imensas de terra em sua posse.

População

As riquezas de mão-morta e, em geral, de todas as corporações, cuja aquisição assume um caráter sagrado e se tornam inalienáveis, têm tanta utilidade para o Estado quanto um cofre para um avaro que só o abre para ali colocar mais moedas.

Um autor moderno [o marquês de Mirabeau], estimável por suas intenções em favor da humanidade, afirma que as grandes propriedades monásticas são as mais bem cultivadas porque, sendo seus proprietários ricos, eles têm como bancar as despesas e que desse modo, ao menos, eles seriam úteis ao Estado.

Como se não bastasse desconhecer e se enganar a respeito do voto de pobreza, para estar na ausência de todos os bens, vimos, pelo que foi dito antes a respeito dos inconvenientes das grandes propriedades, que o autor da *Teoria do imposto* está enganado: nesse tema, como em todos os demais, essas instituições existem à custa da sociedade e que, se as defendermos, elas terminarão por destruir a sociedade, subtraindo todos os seus bens. O magistrado ou ministério público foi mais de uma vez obrigado a pôr um freio nessa avidez.

Não seria mais vantajoso para a república que nesses extensos domínios vivessem tantas famílias trabalhando quantos cidadãos solteiros e isolados hoje vivem na ociosidade? Se se perguntasse a todos os cidadãos inteligentes e não muito supersticiosos, acredito que a resposta não seria negativa. Não é necessário repetir que esses domínios seriam ainda mais bem cultivados do que são hoje. Mais uma vez: quanto menos se possui, mais se está interessado em valorizar suas posses, e as terras produzirão mais, serão aquelas cuja totalidade da produção será suficiente, mas necessária para as carências do proprietário e de sua família.

Por meio dessa divisão entre cidadãos úteis dos bens em propriedade daqueles que não o são, é claro que a sociedade será mais numerosa. Os encargos do Estado que poderiam ser distribuídos sobre uma maior quantidade de pessoas serão menos pesados para cada uma. O Estado será mais rico, e os indivíduos, menos oprimidos.

Todos esses efeitos estão provados e sob nossos olhos: o autor do *Espírito das leis* diz que não há nenhum príncipe protestante que colete menos impostos de seus povos que o papa obtém de seus súditos e, no entanto, os últimos são pobres enquanto os primeiros vivem em opulência. O comércio reanima tudo entre uns, o monasticismo mata tudo entre os outros.

Nos países das gentes de mão-morta, os ministros do culto nacional não fornecem nada ao Estado, o que eles oferecem é sempre a um alto preço. E não é com fundos próprios que pagam os tributos que aceitam pagar, mas com fundos emprestados de outros cidadãos, de tal modo que, independentemente da tributação pessoal que o clero deveria pagar, eles são quitados, através de empréstimos, pelos fundos dos emprestadores. É dali, da parcela de riqueza que unicamente circula entre as outras classes, que todos os tributos são pagos. As riquezas desse outro corpo singular, que são as mais consideráveis, permanecem em sua integridade, mais aumentando do que diminuindo, de modo que, em não muito tempo, elas devem absorver a totalidade das riquezas da república.

É fácil perceber como esse abuso influencia a população: em política, como na moral e na física, tudo está ligado, tudo se relaciona. Se essas pessoas não tomassem emprestado de outros cidadãos, os fundos de onde pagariam seus tributos passariam para a sociedade. Aqueles que eles tomam emprestado também não ficariam ali; ao circularem ambos, a agricultura, o comércio e indústria seriam favorecidos; e sem agricultura, sem comércio e sem indústria, não há população.

Nossas instituições militares possuem os mesmos inconvenientes, opondo-se à propagação daqueles que acabamos de mencionar. Nossos exércitos não multiplicam, eles despovoam, seja na paz, seja na guerra. É verdade que as máximas da guerra moderna são menos destrutivas que as antigas, ao menos em relação ao modo como elas são levadas a cabo, com combates, pilhagens e massacres menos frequentes. Mas é preciso não se iludir e acreditar que, por causa dessa única diferença, nossos hábitos são menos destrutivos que os dos antigos.

A tática de espalhar as tropas em um grande espaço, o uso de artilharia e de mosquetaria, capazes de decidir mais rapidamente a sorte das batalhas, torna-as menos assassinas do que já foram. Perdemos menos pessoas pelas armas, mas elas perecem pela miséria e fadigas às quais nossas tropas estão submetidas.

População

As perdas que causavam as guerras antigas eram maiores, mas elas eram momentâneas, ao passo que as nossas são constantes e contínuas.

Os exércitos antigos eram compostos por cidadãos que custavam nada ou muito pouco ao Estado. Eles eram casados, possuíam bens na república e para lá voltavam após a guerra. Nossos exércitos são permanentes, mesmo durante a paz. Sua manutenção gera um custo adicional em termos de tributação, que reduz à miséria o povo que a paga e, consequentemente, os afasta da procriação. Eles são compostos de mercenários, cujo único bem é o soldo, e que são impedidos de se casar, o que é algo razoável. Quem alimentaria suas mulheres e filhos? O que recebem mal é suficiente para sua própria vida. É uma multidão de celibatários que existe perpetuamente, que não se reproduz e que é preciso renovar sem cessar com outros celibatários subtraídos da procriação. Trata-se de uma antropofagia monstruosa, que devora uma parcela da espécie humana a cada geração. Havemos de convir que temos opiniões bem bizarras a esse respeito: achamos que é bárbaro mutilar homens para gerar cantores, e temos razão, mas não achamos o mesmo de castrá-los para transformá-los em homicidas.

É o desejo de dominação, são o fausto, o luxo, a vaidade, muito mais do que a segurança dos Estados, que introduziram na Europa o costume de conservar, mesmo em tempos de paz, essa multidão de homens armados, de onde não se extrai nenhuma utilidade, que arruína o povo, que esgota conjuntamente homens e riquezas das potências que as mantêm. Maior o número de pessoas que há para comandar, maior o número de cargos oficiais [*dignités*]; maior o número de cargos oficiais, maior o número de serviçais e de cortesãos que os pleiteiam. Nenhuma potência ganhou sua segurança através desse crescimento de encargos. [**99**] Todas aumentaram suas tropas na proporção daquela que seus vizinhos mantinham. As forças foram mantidas no nível anterior: o Estado que era protegido por 50 mil homens hoje precisa de 200 mil, porque as forças contra as quais ele busca se proteger cresceram na mesma proporção. As vantagens da maior segurança, pretexto das maiores despesas, foram reduzidas a zero. Restam apenas a despesa e uma população menor.

A sociedade não é indenizada por essas despesas: enquanto a Europa está em paz, as tropas são mantidas numa inação que é funesta a elas próprias;

assim que a guerra retorna, a falta de hábito de trabalho as enerva, a menor fadiga à qual são obrigadas a se submeter em seguida as destrói.

Os exércitos romanos não eram mantidos desse modo e não se temia o mesmo destino. Mal haviam conquistado a vitória e já estavam engajados em grandes obras úteis ao bem público e que imortalizaram aquela nação, tanto quanto as próprias vitórias. Conhecemos a magnificência das famosas estradas que construíram nos períodos de paz. Por isso, a fadiga que os soldados romanos podiam suportar na guerra hoje parecem prodígios quase inacreditáveis. É surpreendente que não tentemos obter as mesmas vantagens de nossos exércitos, quando não faltam meios de os tornar úteis com obras que, no mínimo, os desalojariam de sua esterilidade. A servidão mais cruel que os trabalhadores conhecem é aquela da corveia, que é uma fonte inesgotável de vexações. Ela os desvia do cultivo da terra e, amiúde, os animais obrigatoriamente nela empregados morrem sem serem restituídos. Se, todo ano, os soldados fossem empregados, em grupos alternados das tropas, na construção das estradas que os habitantes do campo são obrigados a fazer a título de corveia e que lhes causa tamanho prejuízo, os camponeses seriam libertados e os soldados veriam uma melhor sorte, pois se tornariam mais robustos e em melhor situação para aguentar a fadiga a que estão destinados. Os recursos poderiam ser obtidos através de um leve tributo, que garantiria aos soldados um pagamento maior, o que tornaria sua subsistência mais fácil. Isso os manteria em um exercício de trabalho e aliviaria um fardo do povo sob o qual ele hoje sofre. Contra essa proposta levanta-se a objeção de que trabalhos dessa natureza iriam entortar as tropas, tornando-as disformes. Não sei se isso é verdade, mas parece que os romanos podiam ser esbeltos e combater com bravura, não importa o que se diga em contrário.

Não apenas exércitos muito numerosos despovoam, as colônias também o fazem. Essas duas causas têm o mesmo princípio, o espírito de conquista e de engrandecimento. Nunca houve verdade maior do que esta: esse espírito arruína os conquistadores tanto quanto os conquistados, aqui e nas colônias.

Há um dito que afirma que não se deve buscar ter manufaturas antes que sejam ocupadas todas as terras, e isso é verdade. Não se deve buscar ter colônias antes que se tenha muita população em pouco espaço. Desde o estabelecimento das colônias atuais das potências europeias, a população delas não parou de diminuir em prol da tentativa de povoar as colônias. A exceção é a Pensilvânia, que teve a felicidade de ter um legislador filósofo, colonos que jamais pegam em armas e um governo que recebe qualquer homem que se submeta às leis, independentemente de sua religião. Não temos como calcular a quantidade de homens que se dirigiram a esses novos estabelecimentos, ao passo que seria muito fácil contar os que dali voltaram. A diferença de clima, de alimentação, perigos e doenças do trajeto, uma infinidade de outras causas, fazem os homens perecer. Quais vantagens a população da América obteve com o número prodigioso de negros transportados da África? Todos morrem, seja por causa do tratamento odioso a que são submetidos, dos trabalhos inumanos em que são empregados, seja pelas mudanças de temperatura e alimentação. Repito: quantos esforços os espanhóis não despenderam para povoar o deserto que criaram nas Índias e na América? Essas regiões continuam sendo desertos, e a própria Espanha se tornou um: seu povo retira o ouro do fundo das minas para nós, e morre ali. Quanto mais considerável for a quantidade de ouro na Europa, mais deserta será a Espanha, mais pobre Portugal, que permanecerá por mais tempo como província inglesa, sem que ninguém ali seja verdadeiramente mais rico.

Onde quer que os homens possam viver, é raro não encontrar ninguém. Quando uma região é inabitada, sem que a violência tenha forçado seu abandono, essa é uma marca quase certa de que o clima ou o território não é favorável à espécie humana. Por que se expor à morte ali através de um transplante cuja ruína parece certa? Não devemos arriscar com homens como fazemos plantando árvores jovens em terrenos ingratos, cuja natureza do solo ignoramos. Segundo Tácito, os romanos mandavam para a Sardenha apenas criminosos e judeus que pouco lhes importavam.

Se o país que se quiser tomar é povoado, ele pertence àqueles que o ocupam. Por que despovoá-lo? Que direito tinham os espanhóis de exterminar os habitantes de uma região tão grande da terra? Que direito temos de expulsar as nações do espaço que ocupam no globo, cujo usufruto é comum conosco? A posse que elas detêm não é o primeiro direito de propriedade, o mais incontestável? Conhecemos alguma outra origem para

População

a terra? Não reclamaríamos se algum povo viesse extirpar nossas posses, expulsando-nos sem escrúpulos?

Ou ainda, mesmo se tivéssemos invadido apenas o espaço, mas tivéssemos levado aos habitantes selvagens nossos ódios, alguns de nossos vícios e licores espirituosos, ainda assim destruiríamos sua posteridade. Contra essas verdades, mobilizam-se máximas políticas e sobretudo o interesse do comércio. Mas essas máximas são tão sábias e esse comércio tão importante quanto parecem? A Suíça, que sem dúvida possui o governo mais durável da Europa, é também a mais povoada pelo povo menos comerciante.

O sr. Montesquieu diz que, querendo privar os turcos dos meios de manter seus exércitos na fronteira, o grande xá Abbas teria transportado os armênios, quase 20 mil famílias, para a província de Guilão, onde quase todos morreram em pouco tempo. Eis os efeitos causados pelas colônias. Longe de aumentar o poder, elas enfraquecem ao dividir o país; é preciso dividir as forças para conservá-las. Como defender as conquistas em diferentes continentes? Se elas frutificam, não tarda a chegar um tempo em que sacodem o jugo e se subtraem do poder que as fundou.

Nenhuma das nações antigas mais populosas possuía estabelecimentos semelhantes às colônias modernas. No relato de Heródoto, os gregos não conheciam nada para além das colunas de Hércules. Suas [**100**] colônias não podem ser assim denominadas ao ser comparadas com as nossas, elas estavam sob o olhar da metrópole e a tão pouca distância que é melhor entendê-las como extensões do que como colônias. Os cartagineses descobriram a costa da América, mas perceberam que o único comércio que ali seria possível despovoaria sua república e a recusaram.

Esses exemplos fornecem, no mínimo, fortes conjecturas contra as pretensas vantagens desses estabelecimentos e do comércio que os cria. Mas, fora isso, será que não conseguimos comercializar com essas nações sem devastá-las, sem privá-las de seu país e de sua liberdade? Se não conseguirmos, longe de ser útil aos homens pela comunicação em que os coloca, o comércio é a mais fatal de todas as invenções da humanidade. Pela sua natureza atual, ele certamente contribui muito para o despovoamento. As riquezas que ele gera, supondo-as reais, possuem efeitos talvez mais funestos. Eles serão examinados aqui apenas em relação com o aumento ou a diminuição do número de homens. Trata-se, contudo, de apreendê-los quase em sua universalidade, pois que instituição, que uso, que costume não influencia essas duas coisas?

Lemos no primeiro tomo da *História da China*, do padre Duhalde, que o terceiro imperador da 21ª dinastia mandou fechar uma mina de onde foram extraídas pedras preciosas, pois não queria fazer seus súditos trabalhar por coisas que não poderiam nem os vestir, nem os alimentar. A esse respeito, não posso evitar de contar um dito do sábio Locke. Ele dizia que "seria preciso pregar nosso culto aos selvagens e que quando eles finalmente aprendessem que é preciso cobrir seus corpos, esse seria um grande dia para as manufaturas inglesas".

Uma colônia é danosa quando não aumenta a indústria e o trabalho da nação que a possui.

Nossas viagens a regiões distantes, onde vamos buscar quinquilharias como pedras brilhantes, são muito mais destrutivas do que teriam sido os trabalhos de uma mina. Tudo o que separa um homem de outro é contrário à sua multiplicação. A enorme tripulação exigida nessas viagens retira anualmente uma quantidade considerável de homens do comércio com as mulheres. Parte deles falece devido à duração e aos perigos da rota ou às fadigas e às doenças. Alguns ficam nessas regiões e não existe um navio que não retorne à Europa com menos gente do que partiu: chegamos inclusive a calcular previamente as perdas que ocorrerão. Mas essa é apenas a menor das consequências causadas à humanidade por essa espécie de comércio no qual estamos mais ligados hoje.

Dizem-nos que, quanto mais o comércio florescer em um estado, mais os homens aí se multiplicarão. Essa proposição não é verdadeira em toda a extensão que pode ter. Os homens nunca se multiplicaram tanto como na Grécia, e os gregos comercializavam pouco. Atualmente, quem mais se multiplica são os suíços, e já apontamos que eles não são um povo de comerciantes. Além disso, quanto mais homens houver em um estado, mais o comércio ali floresce. Sempre que não estiver fundado sobre causas naturais, ele destrói a si mesmo. Lembremos que, para ser realmente útil e favorável à população, o comércio deve ser proporcional às produções do país e consequência delas. É preciso que ele excite a agricultura e que não a desvie, que ela seja sua base, e não um acessório; então veremos estabelecido, creio eu, os verdadeiros princípios do comércio, ao menos para as nações cujo solo produz materiais transportáveis.

Estes não são os princípios que prevalecem na maior parte das nações. Desde a descoberta do novo mundo e dos estabelecimentos nas Índias, todos os olhos se voltaram aos ricos materiais encontrados nessas regiões e nosso comércio é unicamente de luxo e de coisas supérfluas. Abandonamos aquilo que nos era próprio e poderia nos proporcionar riquezas sólidas. Onde estão as vantagens desse comércio? Ou não seriam elas mais resultado dos preconceitos aos quais nos submetemos?

Ao multiplicar as necessidades muito além dos meios que nos foram dados para satisfazê-las, todas as riquezas retiradas dessas regiões do mundo nos tornaram três vezes mais pobres que erámos anteriormente. Uma simples comparação dos valores numerários é suficiente para nos convencer: temos o dobro de ouro e prata do que possuíamos, mas os valores mais do que dobraram. Esse é o efeito da abundância, aumentar o preço das mercadorias? A despeito de sua maior quantidade, as moedas em circulação estão mais raras, daí termos sido forçados ao aumento de seu valor [de face]. E de onde provém essa escassez se não do fato de que a quantidade de riquezas é muito inferior ao das necessidades que foram criadas pela sua chegada?

Em geral, toda riqueza que não está fundada sobre a indústria da nação, sobre o número de seus habitantes ou sobre a cultura de suas terras é ilusória e prejudicial, nunca vantajosa.

Todos os tesouros do novo mundo e das Índias não impediram Filipe II de ir à bancarrota. Com as mesmas minas que hoje possui a Espanha, ela está despovoada, suas terras não cultivadas. A subsistência de Portugal está na mão dos ingleses, o ouro e os diamantes do Brasil fizeram dele o país mais árido e menos habitado da Europa. A Itália, outrora tão fértil e povoada, não é mais como foi desde que o comércio de coisas estrangeiras e de luxo tomaram o lugar do comércio de mercadorias ali produzidas.

Na França, esses efeitos são notáveis: desde o começo do século XVII, essa monarquia juntou algumas regiões em grandes províncias muito povoadas; contudo, seus habitantes diminuíram em um quinto do que eram antes da reunião, e essas belas províncias, que a natureza parece ter destinado a fornecer o suficiente para a subsistência de toda a Europa, estão sem cultivo. Parte desse declínio deve ser atribuída à preferência dada ao comércio de luxo. O grande e sábio administrador Sulli desconhecia outro tipo de comércio vantajoso para este reino que não fosse o comércio dos produtos de seu solo. Ele queria povoar e enriquecer essas regiões favorecendo a agricultura: esse foi o resultado de seu ministério, que durou muito pouco tempo para fazer bem a esta nação. Parece que ele previu todo o mal que as máximas contrárias fariam ao país. Em 1603, ao ser pressionado, pelo rei Henrique IV, a incitar alguns dos estabelecimentos de manufaturas de seda que ele queria implementar, disse que, no geral, "a França está mais bem provida do que qualquer outro reino do mundo de muitas boas terras que é possível tornar produtivas, cuja grande produção consiste em cereais, legumes, vinhos, lenços, óleos, sidras, sais, linho, lãs, panos, porcos e mulas, e é a causa de toda a entrada de ouro e prata neste reino. Consequentemente, a cultura desses produtos que mantém os indivíduos em ocupações penosas e trabalhosas, nas quais eles precisam se esforçar, [**101**] é mais vantajosa que todas as sedas e manufaturas de ricos tecidos, que os fariam adquirir hábitos de uma vida meditativa, ociosa e sedentária e que os lançariam no luxo, na volúpia, na ociosidade e na dependência excessiva, que desde sempre foram a principal causa da ruína de reinos e repúblicas ao destituí-los de cidadãos leais, valentes e valorosos, dos quais Vossa Majestade tem mais necessidade do que todos esses jovens membros da corte e das cidades, vestidos de dourado ou de púrpura. Se, no presente, Vossa Majestade menospreza essas razões, talvez um dia se arrependa de não ter lhes dado mais atenção" (*Memórias de Sulli*, tomo I, p.180-1 da edição *in-folio*).

Além de todos esses inconvenientes, o comércio de luxo e das artes da mesma espécie traz consigo a perigosa sedução de oferecer aos homens mais ganhos e menos esforços do que eles encontram nos trabalhos agrícolas. Quem fará a fatigante aragem? Quem, acordando com o corpo dolorido de levantar e se deitar junto com o sol, cultivará as vinhas, colherá os frutos, suportará, enfim, os trabalhos duros e árduos do verão e os rigores do inverno? Enquanto isso, ao abrigo das estações, tranquilo e sentado durante a jornada, pode-se ganhar muito mais filando a seda, ou preparando outras matérias-primas para as manufaturas de luxo. Foi desse modo que essas manufaturas e esse comércio atraíram os homens para as cidades, passando a impressão de que elas possuem uma população abundante. Mas investigue o campo e você os encontrará desertos e ressecados. Como sua produção não é objeto do comércio, apenas a quantidade indispensável para a subsistência do país será cultivada, não haverá mais homens do que o necessário para essa cultura e eles não se multiplicarão além dessa quantia.

É desse modo que o comércio de luxo despovoa o campo e povoa as cidades, mas isso é acidental. Como as riquezas desse comércio são precárias, do mesmo modo essa população também é precária e dependente de inúmeras circunstâncias. A menor modificação a faz desaparecer: a guerra, o estabelecimento de manufaturas semelhantes, o transporte dos produtos para outros estados, a falta de matérias-primas para o trabalho e uma infinidade de outras causas aniquilam esse comércio e fazem cessar o trabalho nessas manufaturas. A consequência é que toda uma multidão que foi roubada da cultura das terras permanece inativa. Ela não consegue mais obter sua alimentação, e o Estado fica então obrigado a lhe fornecer alimentos. Eis que, de um golpe, um grande número de famílias passa a mendigar por pão, ou a emigrar para outras regiões em busca do trabalho que não pode ser encontrado em casa. Esses homens que se tornaram um fardo para a sociedade, a teriam enriquecido e povoado se não tivessem sido desviados de suas verdadeiras ocupações. Eles possuíam pequenas posses, que os ligavam ao solo, o que os tornava cidadãos. Ao transformarem-se em simples jornaleiros, cessaram de ser patriotas: porque, aquele que não possui nada, não possui pátria; ele carrega tudo sob seus braços e com sua indústria, instalando-se onde encontra condições de viver. E o país fica assim sem comércio, sem riquezas e sem povo, porque desconhece e abandona a verdadeira causa que produz os três.

Um outro ministro cuja administração foi admirável em diversos outros campos, forneceu tudo ao fausto e nada ao útil. Ele sacrificou as riquezas reais em prol das riquezas artificiais ao defender a saída dos cereais da França para favorecer o estabelecimento de manufaturas de luxo: isso foi uma ordem de morte para a agricultura e para a população.

Com outras instituições, mantidas por uma sabedoria que gera efeitos contrários, os ingleses tiveram a grandeza de espírito de capturar o tesouro que o ministro estrangeiro imolava em nome das riquezas de vaidade. Esse povo parece feito para dar lições aos outros, em todos os campos. Ao transformar as matérias de primeira necessidade em objeto principal de seu comércio, a Inglaterra se tornou a árbitra do comércio na Europa: a potência marítima mais forte, os terrenos mais bem cultivados, os mais férteis e a nação comerciante mais numerosa.

O comércio produz riquezas e as riquezas produzem o luxo: as artes e as ciências nascem das riquezas e do luxo. Disso concluímos que, sem luxo, não haveria nem comércio, nem riquezas, nem artes, nem ciência, mas, ao raciocinar desse modo, incorremos em uma petição de princípio: não percebemos que aquilo que é mero efeito do comércio foi tomado como causa, de onde parece que a única coisa que poderia produzir artes e ciências seria o luxo, o que está incorreto.

Não há nação onde as artes e a ciências floresceram mais do que na Grécia, e seu comércio não passava de um comércio de mercadorias de primeira necessidade. Leia Tucídides, Isócrates, Demóstenes, Suídas e Heliodoro; leia Xenofonte e Plutarco. Eles o ensinarão que, desde o tempo de Sólon, a Grécia era rica sem esse comércio de supérfluos. As artes e as ciências ainda são muito cultivadas na China, e os chineses não fazem comércio com os estrangeiros.

Aqui não é o lugar para se examinar até que ponto o luxo pode ser necessário para sustentar o comércio e até que ponto o comércio deve ser objeto de atenção para não corromper os costumes, nem prejudicar a agricultura e a população. Seus progressos são tão rápidos que é difícil lhe prescrever limites, ele é tão desmoderado quanto invasivo e, a partir de então, todos os seus efeitos tendem à destruição da espécie humana. A preguiça, a dependência, a dissolução, a futilidade e excessos de todas as espécies nos quais estão mergulhados os opulentos destroem tanto suas faculdades físicas como suas qualidades morais. Não é para ser pais que perdemos o poder de o ser; ao contrário, ultrajamos a natureza ao nos deixar levar por seu pendor, e o que mais tememos é de gerar um ser ao abusar da potência de criação que ela nos ofereceu para esse fim.

É o luxo que mantém, para o uso de um único indivíduo, uma multidão de pessoas ociosas e que definham e são perdidas para o desemprego, que se metem, pelo tédio da inutilidade, em todo tipo de vício e de perversidade, tão funestos para a propagação quanto os prazeres refinados de seus mestres. O luxo vai até o seio dos campos para desfrutar dos produtos úteis ao mesmo tempo que os devasta. Um homem que não tem como estar em dois lugares ao mesmo tempo busca possuir terrenos imensos, onde nunca habitará: nada é vasto demais para o seu luxo – e, como se temesse a falta de espaço, ele expulsa todos ao redor. O superintendente Fouquet comprou três aldeias inteiras e mandou cercar todo o terreno como jardins de seu palácio de Vaux (vide o tomo VII do *Ensaio sobre história geral*, de Voltaire). As desordens do luxo se multiplicam em todos os estados, esses latifúndios assassinos se tornam espaços de uso. Uma infinidade de pessoas em condição muito inferior àquela do superintendente o seguem e enriquecem seguindo o seu exemplo. Uma terra recém-comprada, qualquer que seja sua extensão, nunca lhes é suficiente, sendo logo despovoada. Vimos esses novos senhores tornarem-se os únicos proprietários de suas paróquias, expulsando todos os habitantes, [**102**] pagando caro as pequenas propriedades que frutificavam em vantagem da sociedade, destruindo as produções que ali havia apenas para exibir uma opulência insultante aos despossuídos. Mas é também por esses mesmos excessos que o luxo desmesurado conduz da extrema opulência à extrema pobreza e que ele é ainda o destruidor do bem público e da espécie humana. Aqueles que anteriormente arruinaram o Estado, que destruíram as causas de sua prosperidade através de suas despesas exorbitantes, tornam-se um encargo a ele pelo excesso de miséria que ele provoca ao deixar de empregar uma multidão de artesãos e de operários para sustentar o seu fausto, uma vez que eles não têm mais como se sustentar por conta própria. Eles foram maus cidadãos na riqueza, continuam sendo-o na pobreza. Salústio dizia que, em Roma, houve uma geração de pessoas que, por não poder mais possuir patrimônio, não deixava outras o terem.

É a esses perniciosos efeitos do luxo que talvez devêssemos atribuir a multidão de mendigos que inunda a Europa já há alguns séculos, e cuja vida dissoluta e vagabunda se contrapõe à população. O luxo, como acabamos de apontar, destrói a si mesmo, consome sua própria substância e, com a generalização do esgotamento das riquezas que ele produz, todos os trabalhos que ele sustenta cessam. Os que vivem desses trabalhos ficam sem subsistência e sem os meios de obtê-la. A desocupação os conduz à ociosidade e à mendicância e a todo os vícios que acompanham uma tal existência. O estabelecimento dos hospitais, que pode ser considerado uma consequência desses efeitos, pode ter favorecido essa inclinação de algumas almas de abraçar esse tipo de vida que lhes permite sobreviver em licenciosidade, sem nenhum outro esforço além da mendicância. Perguntou-se a um soberano por que ele não construía um hospital. Sua resposta: "tornarei meu império tão rico que não haverá necessidade para tais estabelecimentos". Seria preciso adicionar: "e meu povo tão confortável por estar empregado em trabalhos úteis que poderá prescindir desse recurso". Um médico certa vez disse que "os hospitais são bons unicamente para os médicos, porque é ali que eles imolam os pobres para conservar os ricos". Se, em vez de alimentar a ociosidade de uma multidão de miseráveis, os gastos designados para esses estabelecimentos fossem empregados em trabalhos públicos, nos quais cada um deles fosse ocupado de acordo com a força e as faculdades que lhe restam, certamente haveria menos pobres. Os hospitais os convidam à indolência ao assegurar-lhes um sustento quando a caridade lhes falta e, por essa razão, contribuem, e muito, para aumentar o número de mendigos.

Colocamos em questão se a instituição do orfanato não teria os mesmos inconvenientes. Se, em vez de ser favorável à população, ao contrário, ao facilitar a recepção dos frutos da devassidão, ele poderia encorajar tais comportamentos. Se os costumes não estivessem inteiramente corrompidos, poderia ser saudável recolher nessas instituições unicamente as crianças legítimas de pais inteligentes, mas muito pobres para educá-los. Mas essas instituições foram construídas, assim como todas as de mesma espécie, quando o mal já estava estabelecido, e no mais alto grau. O objetivo não é mais reprimir a dissolução, não há mais tempo para isso; são dois males ainda maiores que começam a se fazer sentir e que cabe prevenir. Na situação atual dos costumes, a introdução de reformas na administração de hospitais e orfanatos talvez gerasse muitos perigos. A libertinagem não seria interrompida se os seres gerados por ela fossem recusados nos orfanatos, que ao mesmo os conservam para a humanidade e para a sociedade. Tal severidade, por sua vez, poderia produzir o crime, e isso seria um mal ainda maior do que aquele que se quer destruir.

É principalmente nas cidades e sobretudo nas capitais dos grandes impérios que a depravação dos costumes é excessiva, que a espécie humana sofre um declínio sensível. Cabe às províncias, essa espécie de colônia, a obrigação de repovoar anualmente as capitais. Em Roma, os escravos tinham de ser substituídos continuamente. Ocorre o mesmo hoje em Constantinopla. Paris, Londres e outras sedes de monarquias europeias exigem recursos consideráveis. São gargantas que engolem os habitantes das províncias. Digamos que a opulência que elas possuem e a magnificência de seus monumentos ali construídos são formados pelas ruínas dos campos. Mas um homem que julga a riqueza de um povo pelo brilho da capital assemelha-se àquele que julga a fortuna de um comerciante pela riqueza de suas roupas. Aqueles que usufruem nessas cidades a opulência que elas anunciam e que dela abusam esgotam suas forças e não podem se reproduzir. Resultado da intemperança, da preguiça, da leviandade, da renúncia a todos os deveres; do afastamento das ocupações úteis, da indiferença perante todas as coisas honestas, da busca por alimentos suntuosos e refinados – enfim, da entrega a todos os prazeres e da rebeldia de todas as paixões em que vivem. Para outros, são os trabalhos perigosos, a indolência, a indigência e a má alimentação que têm um efeito igualmente contrário à população. O prodigioso número de trabalhadores domésticos que o luxo reúne nessas cidades, apenas ele, consome uma grande quantidade de homens de cada geração. Eles são impedidos de se casar e, se o fazem, não conseguem mais empregos. Nessa situação, a natureza não tem outra alternativa a não ser a depravação, ou seja, o meio que mais se opõe à progenitura. Pode-se dizer que os costumes modernos estão todos estabelecidos contra os trabalhadores domésticos. Isso fez alguns autores que se debruçaram sobre a questão da população atual e dos séculos passados afirmarem que o costume da escravidão doméstica, praticada pelos antigos, seria mais favorável à multiplicação da espécie que a condição atual dos domésticos e a maneira de garantir a subsistência dos pobres.

Quando raciocinamos assim, acreditamos ter sido feitos para ser senhores. De acordo com a suposição contrária, há de se defender que ninguém tem o direito de adquirir a posse individual de outra pessoa; que a liberdade é uma propriedade inalienável da existência que não pode ser vendida nem comprada; que as condições de tal mercado são absurdas; que, enfim, os homens só pertencem à natureza e que tal costume, que os vilifica, a ultraja e a degrada.

Quando todas as vantagens que supomos associadas ao uso que substituiu esse costume forem reais, mesmo que pequenas, será preciso louvar pela eternidade as instituições que o aboliram, que restituíram ao gênero humano os seus direitos e que o subtraiu dessa infâmia.

Independentemente de quão terrível seja o despotismo civil, ele é menos duro e cruel que a servidão doméstica. No primeiro, ao menos, a condição é geral, o infeliz não tem diante de si a comparação da sua sorte odiosa com aquela de que goza outro ser de sua espécie e que exerce sobre ele uma autoridade tirânica, que nada no mundo justifica. A escravidão é comum entre todos e a natureza humana é pisoteada por um único pé.

Hume aponta que uma prova da barbárie que esse [**103**] uso criminoso inspira é que todas as leis referentes à escravidão são contra os escravos, e que não há nenhuma que exija dos senhores deveres recíprocos de candor e humanidade. Demóstenes louva uma lei de Atenas que proibia punir o escravo pertencente a outra pessoa. Não concebemos nada mais atroz que o costume, que existia em Roma, de abandonar os escravos que a velhice, doenças ou fraquezas tornaram incapazes de trabalhar em uma ilha do Tibre para ali morrer de fome. São homens que tratavam assim outros homens!

Mas é duvidoso que esses infelizes contribuíssem, ao menos é o que nos parece, com a multiplicação da espécie. Eles povoavam as grandes cidades despovoando os campos, como fazem hoje nossos domésticos. Todos os historiadores antigos nos dizem que Roma tirava continuamente escravos das províncias mais afastadas. Estrabão nos assegura que na Sicília eram vendidos diariamente mil escravos para servir os romanos. Se esses escravos tivessem povoado a Itália em proporção a seu número, muito rapidamente não haveria mais espaço para tanta gente. No entanto, o povo não aumentava em Roma: a busca de escravos nas províncias era unicamente para compensar as perdas. O interesse que os senhores pudessem ter em incitá-los a se reproduzir não prevalecia sobre o rigor dos males que lhes era infligido. Mesmo sem levar em conta o aumento da população, em lugar de manter nossos domésticos solteiros, por que não os encorajamos a se casar, preferindo empregar aqueles que já o são? Eles serão mais honestos e mais seguros. Não podendo se tornar propriedade do senhor, seus filhos serão mais numerosos que os dos escravos, que tremiam só de pensar em gerar novas vítimas para a ferocidade de seus tiranos. Seriam novos laços os que manteriam esses domésticos em seu dever e fidelidade. É raro que, ao se tornar pai, alguém não se torne uma pessoa melhor. Enfim, cabe apenas a nós tornarmos os domésticos menos um encargo para a sociedade e mais úteis à propagação. Seria preciso remunerá-los não tão mal, a ponto de permitir que eles deixem de ser pobres na velhice. A ociosidade e o bem-estar do momento os cega para a miséria que os espera. O último duque de Rochefoucauld deu aos senhores um belo exemplo a ser seguido: ele nunca mantinha um doméstico por mais de dez anos, durante os quais eles eram alimentados e mantidos sem ter de gastar os seus ganhos. Ao final desse período, esse mestre benfeitor e cidadão pagava seu doméstico e o forçava a assumir um negócio ou profissão. Ele não lhe permitia continuar a viver em sua casa. Esse exemplo de humanidade e interesse público, tão raro entre os grandes, merece ser citado: há famílias onde parece que a prática do bem e da virtude são hereditárias.

De resto, as causas do crescimento ou da diminuição do número dos homens são infinitas. Como eles fazem parte da ordem universal física e moral das coisas, como são objeto de todas as instituições religiosas e civis, de todos os costumes, como tudo, enfim, se relaciona com eles, tudo influencia a faculdade que têm de se reproduzir, favorecendo ou suspendendo seus efeitos. A natureza desta obra não nos permitiu detalhar todas essas causas, nem nos estender muito sobre as principais, que tratamos, do modo que um tema dessa importância exigiria. Mas, de tudo que dissemos, podemos concluir que, dividindo em épocas de certa extensão, o número total de homens que habitam a superfície da Terra foi, é e sempre será mais ou menos o mesmo, que apenas alguns espaços são mais ou menos habitados e que a diferença dependerá da felicidade ou da miséria que ali encontrem. Tudo o mais igual, o governo cujas instituições afastam o mínimo os homens da natureza, onde eles encontram mais igualdade entre si, mais segurança para sua liberdade e sua subsistência, onde há mais amor pela liberdade do que pela superstição, mais costumes do que leis, mais virtudes que riquezas – onde, consequentemente, eles seriam mais sedentários –

será onde os homens serão mais numerosos e onde se multiplicarão mais. [Tradução parcial]

Potosí (*Geografia moderna*), Jaucourt [13, 185]

Cidade do Peru, na província dos Charchas ou da Prata, ao pé de uma montanha feita como um pão de açúcar com coloração amarelo-ferrugem.

O renome mundial dessa cidade se deve às imensas riquezas que foram e continuam a ser extraídas da montanha ao pé da qual a cidade foi construída. Há um grande número de igrejas, de padres e monges. Os habitantes, espanhóis e criculos, são muito ricos, e vivem com uma moleza ainda maior. Deslocam-se em liteira, à moda dos portugueses de São Salvador e Rio de Janeiro. As liteiras são carregadas por quatro índios, que apoiam as hastes sobre os ombros. As mulheres recebem visitas deitadas em leitos de repouso, em que tocam violão, recitam o rosário e oferecem a seus convidados um preparado de erva do Paraguai, também conhecida como coca.

As minas de prata da montanha de Potosí só foram descobertas em 1545. São tão abundantes que, entre o ano de sua descoberta e 1638, forneceram, segundo cálculos, 395 milhões de piastras. Essas minas começam a dar sinais de esgotamento, e não oferecem senão uma décima parte do que produziam há cem anos. Mas deve haver, sem dúvida, outras minas de prata e de ouro na província de La Plata. Os infelizes índios que são forçados a trabalhar nas minas as exploram nus, para que não possam esconder nada; mas os locais em que trabalham são extremamente frios.

As minas de Potosí atraíram para a cidade todos os espanhóis ávidos de riquezas. Tem cerca de 60 mil almas, todas elas com o mesmo interesse, sem contar os trabalhadores índios. O rei da Espanha recolhe um quinto da produção; a França, a Inglaterra e a Holanda se beneficiam do restante desse comércio. Longitude 312, 50; latitude meridional, 20, 40.

Queijo (*Dietética*), Venel [7, 333-4]

O queijo, como todos sabem, é um dos principais derivados do leite, do qual é extraído por verdadeira decomposição, para ser utilizado em nossas mesas. Há dois tipos de queijo: o queijo puro, formado a partir da porção caseosa do leite, e o queijo que inclui, ainda, a parte butirosa do leite, chamada manteiga.

O queijo da primeira espécie é grosseiro, tem menos liga, azeda facilmente; é deixado para as pessoas do campo. Todos os queijos que desfrutam de alguma reputação e são distribuídos nas cidades pertencem à segunda espécie: são macios, gordurosos, delicados e dificilmente azedam. Têm odor e gosto muito agradáveis, pelo menos enquanto não ficam velhos. São chamados normalmente de gordurosos ou amanteigados. Muitos cantões do reino fornecem esses queijos excelentes. O queijo de Roquefort é, sem dúvida, o primeiro queijo da Europa; o de Brie, o de Marolles, o de Sassenage, não deixam nada a desejar em relação aos melhores queijos estrangeiros. O das montanhas de Lorraine e do Franche-Comté e regiões vizinhas imitam à perfeição o de Gruyère. O queijo de Auvergne é tão bom quanto o melhor queijo da Holanda; e assim por diante. Todos os médicos que trataram do queijo o distinguiram, com razão, em fresco, ou novo, e em forte e picante, ou velho. Deduziram outras diferenças, menos essenciais, a partir dos diferentes animais que fornecem o leite, do odor, do gosto, da quantidade de sal etc.

Na opinião dos antigos, o queijo novo era frio, úmido e arejado, e causava menos sede que o queijo velho, que constringia menos o ventre, não produzia um suco tão espesso e era nutritivo e mesmo gordo, embora fosse de difícil digestão, provocasse o cálculo e causasse obstruções. Já o queijo velho era quente e seco, e, devido às suas propriedades, era difícil de digerir e provocava o cálculo, sobretudo quando mais salgado. Galeno, Dioscóride e Avicena condenaram o seu consumo por essas razões, e também porque, segundo pensavam, ele fornecia um suco tóxico, que prendia a digestão e se transformava em bílis negra ou atrabílis. Mas concediam que, se consumido em pequenas porções, facilitava a digestão, sobretudo das carnes, por mais que, em si mesmo, fosse difícil de digerir.

A maioria dessas afirmações não é respaldada pelos fatos. A menos que tenha sido degenerado pela putrefação, o queijo é muito nutritivo. A parte caseosa do leite é o seu princípio alimentar.

O queijo fresco temperado com um pouco de sal é, pois, um alimento que contém em abundância a matéria próxima do suco nutritivo e cuja insipidez é corrigida pela atividade do sal. As pessoas do campo e as que se ocupam diariamente com trabalhos penosos sentem-se muito bem com o consumo desse alimento, que se torna mais salutar ainda, como todos os outros, pelo hábito.

O queijo curado, isto é, que sofreu um começo [**334**] de alteração espontânea, cujos progressos o teriam levado a um verdadeiro estado de putrefação, é menos nutritivo, mas mais irritante. Ele convém mais a corpos robustos e exercitados. Enfim, o queijo quase podre, estado no qual o comemos às vezes, deve ser considerado menos um alimento e mais um tempero, *irritamentum gulae*, que excita frequentemente, e com vantagem, o jogo do estômago já sobrecarregado de carnes e que se pode, consequentemente, comer com sucesso no final da refeição. É dele que se trata principalmente nestes versos conhecidos de todos: *Caseus ille bonus quem dat avara manus* [O melhor queijo é aquele que se dá com moderação].

O uso do queijo, contudo, não deixa de ter inconvenientes. O queijo fresco, comido em grande quantidade, algumas vezes produz indigestão nas pessoas que não estão acostumadas. Isso é verdadeiro sobretudo para os queijos moles e delicados que se comem muito frescos, diluídos no creme de leite, e que normalmente chamamos de queijos ao creme. Estes diferem apenas nisto do leite integral. Vide *Leite* (*Dieta e matéria médica*). O queijo curado, ingerido também em grande quantidade, excita a sede, produz um calor incômodo no estômago e nos intestinos, torna a saliva viscosa e espessa, e provoca aftas no interior da boca. Esses acidentes são evitados usando esse alimento com sobriedade. São curados com alguns copos de água fria. O queijo velho e picante tem todas as más qualidades dos temperos muito irritantes; ele é quase cáustico.

Em geral, as pessoas delicadas, que têm os nervos sensíveis ou estão sujeitas a doenças de pele, devem privar-se de queijo; o sal, frequentemente excessivo, e as partes ativas desenvolvidas pela espécie de fermentação pela qual ele passa, atingem diretamente os nervos; é um fato comprovado pela observação.

Algumas pessoas sentem uma repugnância natural pelo queijo, por alguma causa difícil de ser identificada. Lémery Filho (*Tratado dos alimentos*), diz que certo sr. Martin Schookius escreveu um tratado específico, *De aversione casei*, ao qual ele tem a bondade de remeter o leitor curioso; teremos também essa atenção para com o leitor razoável.

Salvador, São (*Geografia moderna*), Jaucourt [14, 582]

Nome comum a vários lugares.

1º) São Salvador, cidade da África na costa oriental da Etiópia, capital do Congo, situada sobre uma montanha escarpada. É a residência do rei do país e se chamava Congo antes de os portugueses mudarem o seu nome. É atualmente povoada por europeus. Os jesuítas e os capuchinhos se estabeleceram lá; o bispo responde a Lisboa. Latitude meridional 5.

2º) São Salvador, cidade da América meridional situada no Brasil, do qual é a capital. É grande, bem construída, populosa e comercial, e próxima à baía de Todos os Santos. Erguida num terreno de altos e baixos, praticamente não tem ruas planas.

Como a utilização das carruagens é impossível, os escravos substituem os cavalos e transportam as mercadorias; carregam também os habitantes, numa espécie de leito de pano suspenso sobre duas hastes perpendiculares. Esse leito, ou liteira, é recoberto por um galão onde são penduradas cortinas que impedem que o passageiro seja visto e o protegem do sol. É bastante confortável; a cabeça vai recostada numa almofada e o corpo repousa sobre um pequeno colchão bem costurado. Devido ao clima de calor intenso e à moleza extrema dos habitantes, esses leitos se tornaram muito comuns, não somente para fazer visitas, mas também para ir à igreja.

São Salvador é a residência do vice-rei do Brasil; é a sede do arcebispado, do conselho soberano e do tribunal de moedas.

Suas casas são altas e quase todas em pedra talhada e tijolos. As igrejas são ricamente ornamentadas e as congregações são numerosas. Os jesuítas, cerca de duzentos, são os religiosos mais ricos do lugar. Além de uma igreja, possuem um colégio magnífico, com seis reitores de ensino.

São Salvador recebe e comercializa diversas mercadorias, como tecidos, grãos, sarjas, lãs, chapéus, meias de seda e de fio, biscoitos, farinhas, fermento, vinhos etc., óleos, manteiga, queijo, apetrechos de cozinha, escravos da Guiné etc. Essas coisas são trocadas por ouro, açúcar, tabaco, madeira de pau-brasil, peles, óleos, sebo, bálsamo de copaíba, de ipecacuanha etc.

Essa cidade, tão importante para os portugueses, situa-se a oitenta toesas de altura e conecta-se à costa oriental da baía de Todos os Santos. Como é difícil escalar suas escarpas, uma espécie de guindaste leva e traz as mercadorias entre o porto e a cidade.

É uma cidade bem fortificada; mas a guarnição é tão devassa como indisciplinada. Os outros habitantes não fogem a essa regra, são voluptuosos, ignorantes, inúteis e fanáticos. Costumam andar com um rosário na mão, um terço no pescoço, um Santo Antônio na barriga, um punhal no peito, uma pistola no bolso e uma longa espada na bainha, para não desperdiçar a oportunidade de rezar um terço ou se vingar de um inimigo. Latitude meridional 12.

Sebastião, São (*Geografia moderna*), Jaucourt [14, 852]

Cidade de América meridional, no Brasil, situada na capitania do Rio de Janeiro, na costa ocidental do golfo formado por esse rio. Ocupa uma planície cercada por montanhas. Foi fundada por Correa, célebre capitão do século XV, sendo ampliada e embelezada por seu neto no século seguinte. Os jesuítas e os beneditinos têm os seus palácios: é a sede de um bispado dependente de São Salvador e residência do governador da província. Seu comércio consiste principalmente em algodão e madeira do Brasil. Latitude meridional 23.46.

Saúde (*Economia Animal*), Anônimo [14, 628-30]

ὑγίεια, *hygieia, sanitas, valetudo*. É o estado mais perfeito da vida; por conseguinte, pode-se defini-lo como o acordo natural, a disposição conveniente das partes do corpo vivente; de onde se segue que o exercício de todas as suas funções ocorre ou pode ocorrer de maneira duradoura, com a desenvoltura, a liberdade e em toda a extensão de que cada um de seus órgãos é suscetível, conforme sua finalidade e relativamente à situação vigente, às diferentes necessidades, à idade, ao sexo, ao temperamento do indivíduo que se encontra nessa disposição e ao clima no qual ele vive. Vide *Vida, Função, Idade, Sexo, Temperamento, Clima*.

Dessa noção detalhada de saúde depreende-se que todo aquele que se encontra nesse estado desfruta, portanto, da vida; mas que é possível viver sem estar com saúde. Assim, a noção deste último estado é especialmente mais extensa, abrange mais condições do que aquele da vida em geral.

Com efeito, 1º) para que a vida exista, basta que o corpo animado esteja apto a realizar um pequeno número de funções, mas, sobretudo, que o movimento do coração e da respiração ocorra sem interrupção considerável; ao passo que o estado de saúde pressupõe necessariamente o exercício ou a integridade das faculdades no que diz respeito a todas as funções. 2º) Para que a vida se mantenha pelo exercício das funções essenciais a tal estado, basta a continuidade desse exercício, por mais insuficiente que ele seja, e mesmo apenas relativamente ao movimento do coração, por menor que seja sem o movimento da respiração; ao passo que, para uma saúde bem estabelecida, não só é preciso que todas as funções vitais sejam exercidas e que o exercício das outras se produza ou possa ser produzido constantemente, com respeito a sua utilidade na economia animal; mas também que o exercício se produza da maneira mais perfeita em relação à aptidão natural do indivíduo.

Portanto, disso se segue que, embora a saúde exija o exercício de todas as funções, basta que aquelas das quais a vida depende se mantenham incessantemente e em perfeito funcionamento; não é preciso que as outras se produzam continuamente nem todas ao mesmo tempo: basta que se produzam de maneira adequada a cada órgão, quando a disposição, as necessidades da máquina animal ou a vontade o exigirem, e que essa faculdade seja comum a todos os órgãos, sem exceção, pois a perfeição é o remate de todas as condições.

Assim, entre as ações do corpo humano, há aquelas que ocorrem necessariamente em todos os períodos da vida, para que ela se conserve; tal é o exercício dos principais órgãos da circulação sanguínea, mesmo no feto; dos órgãos da respiração, após o nascimento; a ação dos primeiros deve ser repetida a cada segundo, aproximadamente; a dos outros deve ocorrer várias vezes em um minuto. Há órgãos que agem apenas durante certo tempo no intervalo de um dia, como aqueles da digestão, dos movimentos dos membros, do exercício do espírito, de modo que o sono suceda à vigília, assim como o descanso sucede ao trabalho e a noite, ao dia; outros órgãos têm funções cíclicas a cada mês, como aqueles que concorrem para o fluxo periódico das mulheres. Há funções que são peculiares a cada um dos sexos, como a função de engendrar é peculiar aos homens e a de conceber, às mulheres; e essas funções só podem ocorrer em certa idade e têm uma atividade temporária; elas concernem aos adultos, não às crianças, nem aos velhos, de modo geral, sobretudo em relação às mulheres.

Portanto, não se pode considerar com saúde aquele que não for capaz de exercer as funções apropriadas ao seu sexo, à sua idade e particularidade; tais são os eunucos e toda sorte de mutilados; assim como também é incompatível à ideia de saúde [**629**] desempenhar funções inadequadas e que ocorrem fora de hora, como uma mulher muito velha que ainda fosse suscetível à evacuação menstrual, ou voltasse a apresentá-la; ou como alguém que estivesse inclinado a dormir muito mais tempo do que aquele que lhe é reservado para isso. Por conseguinte, a mesma função que, ao ser exercida convenientemente, é um efeito da boa saúde, torna-se um sinal, um sintoma de doença, quando ocorre inoportunamente.

Logo, a perfeição da saúde, nos diferentes indivíduos que dela gozam, não pressupõe a mesma maneira de ser: na verdade, em cada sujeito, o exercício das funções tem algo em comum para cada ação em particular; contudo, ele é igualmente suscetível a muitas diferenças, não só em relação à idade, ao sexo, ao temperamento, como acabamos de dizer, mas também em relação a sujeitos da mesma idade, do mesmo sexo e mesmo temperamento, segundo as diferentes situações, as diferentes circunstâncias em que se encontram. Assim, cada qual tem sua maneira de comer, de digerir, ainda que cada um tenha os mesmos órgãos para essas funções.

Portanto, a saúde não consiste em um ponto preciso de perfeição comum a todos os sujeitos, no exercício de todas as suas funções; ela admite, porém, uma espécie de latitude de extensão que abrange um número bastante considerável e indeterminado de combinações, as quais criam muitas variações na maneira de apresentar-se com boa saúde, compreendidas entre o estado robusto do atleta, o mais afastado do estado mórbido, e o estado que mais se aproxima da disposição em que a saúde cessa pela lesão de alguma função.

Do que se segue que não há um estado de saúde conveniente a todo mundo: cada qual tem sua maneira de se manter bem, pois esse estado depende de certa proporção entre os sólidos e os fluidos, entre suas ações e seus movimentos, que é peculiar a cada indivíduo. Assim como não é possível encontrar dois rostos perfeitamente semelhantes, diz Boerhaave a respeito disso (*instit. med. semeiot. comment.*, §889), sempre há diferenças entre o coração, o pulmão de um homem, e o coração, o pulmão de outro homem.

Imaginemos duas pessoas em perfeita saúde: se tentarmos transferir os humores, ou seja, a massa do sangue de um desses sujeitos para o corpo do outro, e de modo recíproco, mesmo sem alterá-la, tal como se faz pela transfusão (tão famosa no século passado), ambos adoecerão imediatamente, assim que cada qual tiver recebido em seus vasos o fluido que lhe é estranho; mas se a cada um pudéssemos devolver imediatamente o que lhe pertence, sem nenhuma mudança, ambos recobrariam a saúde de que gozavam antes da troca.

O que torna essa troca impraticável é a convergência das qualidades nos órgãos e humores peculiares a cada indivíduo (vide *Transfusão*); é essa peculiar proporção entre as partes em cada sujeito o que constitui aquilo que os antigos consideravam como *idiossincrasia* e o que chamamos de *temperamento* (vide *Idiossincrasia, Temperamento*), que faz que o exercício das funções de um homem difira sensivelmente daquilo que, também relativamente a isso, ocorre em outro homem, ainda que ambos se encontrem em um estado de saúde bastante estável.

Os mesmos órgãos, entretanto, operam em ambos a transformação das matérias destinadas à alimentação em humores de natureza apropriada a essa ação. Contudo, dos mesmos alimentos não resultam humores idênticos, quando são assimilados e digeridos por dois corpos diferentes.

Determinado homem vive de plantas e frutas e água, e se mantém perfeitamente; outro se nutre de carne e de todos os outros tipos de alimentos e bebidas alcoólicas, e também se mantém perfeitamente; oferecei a este, habituado a seu modo de vida, uma alimentação restrita aos vegetais: ele adoecerá logo; assim como aquele que está acostumado a viver frugalmente, se começar a consumir todos os tipos de alimentos que constituem o que se chama de *a boa mesa*.

Assim, de modo geral, não se pode dizer sobre alimento algum que ele seja adequado à saúde de preferência a qualquer outro, pois cada qual tem uma maneira de viver, de se alimentar que lhe é própria e que difere mais ou menos daquela de outra pessoa. Vide *Regime*.

Entretanto, a diferença nas constituições dos temperamentos não impede que haja sinais gerais mediante os quais é possível reconhecer uma saúde boa; pois, na economia animal, a variedade dos meios não deixa de produzir efeitos que parecem semelhantes, cuja diferença efetiva não é suficientemente caracterizada para se tornar perceptível: é o resultado de vários efeitos cujas modificações não podem ser percebidas nem apreendidas e que formam esses sinais visíveis, por meio dos quais só é possível julgar e só se julgam por alto as circunstâncias.

Assim, pela perceptível desenvoltura com a qual se realiza o exercício das funções do corpo e da alma; pela satisfação que se experimenta com sua existência física e moral; pela conformidade e constância desse exercício; pelo testemunho que se dá dessa percepção e pela relação desses efeitos é que se pode saber que se goza de uma vida tão saudável e tão perfeita quanto possível. Entre essas condições, as três primeiras são fáceis de estabelecer, mediante o exame do estado presente em que alguém se encontra; mas a mesma coisa não ocorre com a última, que só pode ser percebida em relação ao futuro, tendo em vista o passado; à medida que se conhece a boa disposição do sujeito e a força de seu temperamento, a qual o torna apto a resistir às fadigas, aos prejuízos do ar, à fome, à sede; por conseguinte, às diferentes causas que podem alterar ou destruir a saúde. De onde se pode inferir que tal estado persistirá por muito tempo, porquanto, em relação a esse assunto, as coisas não naturais tendem constantemente a se tornar (e se tornam) naturais, ou seja, o uso das coisas cuja influência é inevitável ou necessária continua a favorecer a saúde, em benefício do indivíduo, para a sua conservação e para a conservação das disposições que contribuem com a propagação da espécie.

De onde se segue que os sinais por meio dos quais se pode presumir uma vida saudável e duradoura também são geralmente as marcas de uma saúde vigente muito sólida e estável. Os homens de compleição delgada, porém carnuda, são os mais propensos a uma boa saúde. As pessoas relativamente corpulentas e de compleição delicada têm músculos delgados, pouco compactos, e facilmente perdem, por conta de ligeiras indisposições, essa aparência de saúde que só depende da gordura que se acumula sob os tegumentos. Em tal disposição, encontramo-nos muito suscetíveis à doença, o que determina uma constituição que está muito longe de ser perfeita, mesmo quando ela parece associada a sinais de saúde.

A força da faculdade que constitui a vida (ou seja, a da natureza) se dissipa mais ou menos a cada dia pelo exercício das funções; mas, na saúde, a alimentação e o sono reparam essa perda mediante a formação e a nova reserva que se faz do fluido nervoso: a vida se mantém enquanto a natureza tiver forças suficientes para superar as resistências da máquina animal; logo, aquelas que opõem ao movimento os sólidos e os fluidos [**630**] que a compõem. Quanto mais as forças superam as resistências, com uma massa maior a ser deslocada, tanto maiores e próprias para a manutenção da saúde são as forças vitais; e, ao contrário, à proporção que elas excedem menos as resistências, com uma massa menor a ser deslocada, a saúde é mais frágil, mais delicada, mais sujeita a perturbações.

Quanto mais forças a natureza possui, e quanto menos forças ela despende, mais estável e duradoura é a saúde, pois maior é a provisão das forças. Disto depende 1º) a facilidade, a agilidade, a prontidão no exercício das funções; 2º) o contentamento interior, a alegria da alma, que são o efeito do sentimento que ela experimenta a partir da sua consciência dessa disposição, dessa faculdade; 3º) e a ordem bem determinada, serena e duradoura das diferentes ações do indivíduo: três condições absolutamente necessárias à manutenção da boa saúde.

Temos um ótimo sinal dela quando, diariamente, mais ou menos no mesmo horário, sentimo-nos inclinados a satisfazer as principais necessidades da vida; quando sentimos apetite para comer e beber; quando o satisfazemos convenientemente; quando a digestão, assim como a excreção das matérias fecais e da urina também têm seu tempo regulado; e quando o sono retorna aproximadamente em seu horário costumeiro, e, sem interrupção, dura aproximadamente o mesmo tempo.

Também temos uma marca de bom temperamento e de uma manifesta disposição para uma saúde duradoura quando podemos executar um exercício bastante intenso, um trabalho corporal bastante considerável sem que haja irregularidade no batimento do coração, pulsação ou palpitação extraordinária em qualquer parte do corpo; sem que sintamos qualquer dor, sem que se forme qualquer tumor, sem que apareça qualquer vermelhidão na superfície do corpo. Esta é uma prova de que a distribuição dos humores é feita com um equilíbrio muito constante, mesmo quando ocorrem movimentos forçados que poderiam perturbá-la.

Aqueles que têm muito vigor nos órgãos e que apresentam uma saúde robusta raramente são pessoas inteligentes; e, ao contrário, com inteligência geralmente não se tem uma boa saúde, pois o exercício do espírito exige uma grande mobilidade no físico do entendimento, no aspecto dos nervos, que contribui muito para o enfraquecimento do corpo e para o estabelecimento de uma debilidade dominante: ao passo que a tensão das fibras em geral, a qual constitui a disposição para a força corporal, para o vigor da saúde, estende-se à organização do cérebro e dos nervos; o que os torna menos apropriados à vibratilidade, que é necessária para o exercício das sensações e das funções do espírito. Não é possível reunir neste mundo todas as condições capazes de promover a felicidade em todos os aspectos: assim, aquele que tem a sabedoria (ou seja, o saber) de Salomão não pode contar com a longa vida de Matusalém. Não sabemos de mais nada, diz Boerhaave (*instit. med.*, §885) sobre certo inglês famoso por ter prolongado a vida muito além de um século, exceto que ele gostava muito de queijo e que cometeu um adultério quando tinha aproximadamente 100 anos. Nunca se falou de qualquer obra nem de outra prova de sua inteligência. O sr. Fontenelle, que só concluiu sua carreira após um século, embora tenha desempenhado um importante papel na república das letras, pode ser considerado um fenômeno ainda mais raro nesse aspecto.

Os meios apropriados à conservação da saúde consistem no bom uso das coisas não naturais, que, em vista disso, devem ser observadas tanto quanto possível, segundo o método recomendado nos verbetes *Higiene, Não Naturais, Coisas, Regime*.

Do mesmo modo, no que concerne ao restabelecimento da saúde, deve-se recorrer ao regime e ao auxílio da ciência, segundo as indicações que se apresentam.

Vide *Medicina, Terapêutica, Dieta, Regime, Cuidado, Tratamento, Remédio, Cirurgia, Medicamento, Farmácia, Química.*

Seda (*Gramática, História Natural*), Anônimo [15, 268-9]

Fio suave, fino, delicado, obra de um inseto chamado bombix, ou bicho-da-seda.

Os antigos não tomaram conhecimento dos usos da seda nem de como trabalhá-la. Consideravam-na como o produto de uma espécie de aranha que a extraía de suas entranhas e com ela recobria os pequenos galhos das árvores. Davam a esse inseto o nome de *ser* ou *seres*, a partir do povo da Cítia que o cultivava; daí, inclusive, o nome da seda, *sericum*. Mas o *ser* em quase nada lembra o nosso bicho-da-seda: vive cinco anos, enquanto este morre depois de um ano, após se enrolar em um casulo amarelado, que, composto por pequenos fios enrolados, faz o que se chama de seda.

A arte de fabricação da seda foi inventada na ilha de Cos, e a honra dessa invenção é atribuída à Panfília, filha de Plátis. Os romanos logo se deram conta da descoberta. Importavam a seda de Sérica, onde se encontravam os vermes que a produziam. Não souberam, porém, tirar vantagem dessa descoberta, e, sem conseguir acreditar que um fio tão belo fosse obra de um verme, elaboraram mil conjecturas quiméricas a respeito.

Essa teimosia fez da seda uma mercadoria muito rara em Roma, durante séculos. Era comprada a peso de ouro. Segundo diz Vopísquio, o imperador Aureliano recusou à sua esposa, a imperatriz, um robe de seda que ela lhe pedia com insistência, pois era caro demais. Em 555, dois mercadores chegaram a Constantinopla vindos da Índia trazendo consigo uma grande quantidade de bichos-da-seda, juntamente com as instruções necessárias para a eclosão dos ovos, a criação e a alimentação dos vermes e a extração da seda, sua fiação e aprimoramento. Foram então estabelecidas manufaturas em Atenas, Tebas e Corinto.

Por volta de 1130, Rogério, rei da Sicília, estabeleceu uma manufatura de seda em Palermo e outra na Calábria, ambas dirigidas por artesãos capturados em Atenas, Tebas e Corinto, conquistadas pelo príncipe em sua expedição à Terra Santa. Aos poucos, o resto da Itália e da Espanha aprendeu com os sicilianos e os calabreses a melhor maneira de controlar os vermes e de trabalhar a seda. Mais tarde, os franceses começaram a imitá-los, um pouco antes do reinado de Francisco I.

Os grandes benefícios derivados dessa nova manufatura chamaram a atenção de Jaime I, rei da Inglaterra, que a introduziu em seu reino. Repetidas vezes pediu a seus súditos, em termos bastante contundentes, que plantassem amoreiras para alimentar o bicho-da-seda, mas, infelizmente, não teve êxito. Contudo, ao que mostram os experimentos, relatados nas *Philosophical Transactions* e alhures, o bicho-da-seda prospera e trabalha tão bem na Inglaterra como em qualquer outra parte da Europa.

O bicho-da-seda é um inseto admirável, seja pelo precioso material que ele fornece para diferentes tecidos, seja pelas formas por meio das quais ele tece o rico casulo que faz para si. Em seu estado inicial, é um pequeno ovo do tamanho da cabeça de um alfinete; torna-se depois um pequeno verme esbranquiçado com tendência ao amarelo. Nesse estado, alimenta-se de folhas de amoreira, e, quando se torna maduro, encerra-se a si mesmo num casulo ou invólucro com a espessura e o aspecto de um ovo de pomba, transformando-se em crisálida. Permanece nesse estado sem dar qualquer sinal de vida ou de movimento, até se tornar, por fim, uma borboleta, reentrando, por fim, em seu túmulo feito de seda. Encerrada a sua vida, ele se prepara para uma outra, por meio dos pequenos ovos ou sementes que deposita e que eclodem com a chegada da primavera. Vide *Inseto*.

O bicho-da-seda logo adquire o volume e a força necessários para tecer seu casulo; ele faz uma tela, nome que se dá ao delicado tecido que está no fundamento dessa obra admirável. Emprega o primeiro dia de vida em sua confecção. No segundo dia, começa a tecer o casulo, e encerra-se nele com sua seda. No terceiro dia, encontra-se envolvido pela seda, e emprega os demais dias para espessar e fortalecer o casulo. Trabalha sempre com o mesmo objetivo, do qual jamais se desvia, não no que depende de si, tecer um fio tão fino e tão longo, que aqueles que [269] o examinaram atentamente garantem que não é exagero afirmar que cada casulo contém o suficiente para uma extensão de seis milhas inglesas.

Ao cabo de dez dias, o casulo chega à perfeição. É preciso, então, soltá-lo das folhas de amoreira em que o verme o prendeu. É algo que exige toda a atenção, pois alguns vermes são mais preguiçosos que outros, e é arriscado esperar que eles próprios façam uma passagem, o que geralmente acontece no 15º dia da lua.

Os primeiros casulos, mais finos e mais fortes, são preservados, para que produzam ovos; os demais são cuidadosamente partidos, ou, caso se queira guardá-los, ou se forem muito numerosos para dividir todos de uma vez, deve-se levá-los a um forno de calor moderado ou mantê-los expostos por dias a fio a sol forte, a fim de matar o inseto que, sem essa medida, criaria uma passagem para sair e utilizaria as asas que adquiriu no casulo.

Costumam-se partir apenas os casulos mais belos. Deixam-se de lado os duplos, ou mais fracos ou mais grosseiros. Não é que não tenham qualidade, mas, como não são apropriados à partição, são reservados para serem fiados em meada.

Os casulos têm diferentes cores. Os mais comuns são os amarelos, os alaranjados, amarelos-claros, ou com a cor de carne. Existem, ainda, os coloridos com o verde-mar e os de matizes de enxofre, outros são brancos. Mas não é necessário separá-los por cor e nuances, pois elas se perdem durante a preparação necessária à confecção da seda.

Para que se torne apropriada ao emprego na manufatura de tecidos, a seda deve ser fiada, dividida, passada pelo moinho, branqueada e colorida.

Stratford (*Geografia Moderna*), Jaucourt [15, 541-4]

Burgo mercantil inglês situado em Warwickshire, à beira do rio Avon, sobre o qual se estende uma bela ponte de pedra talhada com catorze arcos, construída a expensas de Hughes Clapton, prefeito de Londres, que quis deixar à pátria esse monumento como testemunho de sua afeição. Há não muito tempo, os moradores dessa cidade ainda mostravam a casa em que William Shakespeare morreu em 1616. Era considerada um marco local, e sua destruição foi lamentada pelos habitantes, orgulhosos da glória desse gênio sublime, o maior que jamais houve na poesia dramática.

Shakespeare nasceu em Stratford, em 1564. Seu pai, um importante mercador de lã, tinha dez filhos. Por ser o caçula, não recebeu outra educação além de alguns anos em uma escola pública; depois, dedicou-se ao comércio do pai. Casou-se aos 17 anos com a filha de um camponês rico que divulgara os dotes da rapariga na vizinhança da cidade. Entregue a si mesmo, o jovem Shakespeare frequentou libertinos, veio a Londres e conheceu os atores. Tornou-se membro de sua trupe, destacando-se por seu gênio, que se voltava naturalmente para o teatro, se não como grande ator, ao menos como excelente autor. Os admiradores do teatro inglês gostariam de saber qual foi a primeira peça escrita por esse autor; mas é algo que ignoramos. Tampouco se sabe ao certo em que momento ele deixou o teatro para viver em tranquilidade; tudo o que sabemos é que isso aconteceu depois de 1610.

Muitas de suas peças foram encenadas [542] diante da rainha Elisabete, que não escondia sua predileção pelo poeta. Pensa nela, evidentemente, quando fala, no *Sonho de verão*, em "uma bela vestal coroada no Ocidente"; toda essa passagem é um elogio vivo, feito com elegância. O admirável personagem de Falstaff em *Henrique IV* agradou tanto a essa princesa que ela pediu a Shakespeare que o mostrasse apaixonado em outra peça, o que levou às *Comadres de Windsor*; a rainha foi devidamente obedecida. Shakespeare também recebeu sinais de afeição do conde de Southampton, que ficou conhecido na história desse período por ser amigo do conde de Essex. Southampton ofereceu a Shakespeare um dote de mil libras para ajudá-lo na aquisição de propriedades. Seus últimos anos foram vividos tranquilamente, em meio à companhia de amigos. O espírito e o caráter louvável de Shakespeare conquistaram a admiração e a amizade da nobreza e do gentio de sua região.

O sr. Rowe relata a respeito uma história engraçada, que circula no condado. Shakespeare era amigo de certo sr. Combe, conhecido por ser rico e usurário. Certo dia, quando se encontravam em companhia de amigos, Combe disse a Shakespeare, rindo, que tinha o desejo de escrever um epitáfio para si mesmo, mas, como não tinha talento para esse tipo de coisa, gostaria que Shakespeare o fizesse. O poeta então compôs quatro versos, com o seguinte efeito: "Cy gît, dix pour cent; il y a cent contre dix, que son ame soit sauvée: si donc quelqu'un demande qui repose dans cette tombe: Ho! ho! répond le diable, c'est mon Jean de Combe".[7] Ao que tudo indica,

---

7 Em tradução livre, "Aqui jaz, dez por cento; cem contra dez que sua alma esteja salva: se alguém perguntar quem repousa nesta tumba: Oh! Oh!, responde o diabo, é meu Jean de Combe." (N. T.)

esse sr. Combe é o mesmo a que Dugdale se refere em suas *Antiguidades de Warwickshire*, homenageado na igreja de Stratford num monumento com o seguinte epitáfio: "Aqui jaz o corpo do cavalheiro John Combe, falecido em julho de 1614. Legou à paróquia de Stratford, como doação, numerosas dotações anuais, além de 100 libras a serem emprestadas a quinze comerciantes pobres de três em três anos, alterando-se os beneficiários a cada vez, e 15 xelins por ano a serem distribuídos aos pobres". Esse dote traz a marca de um usurário rico e refinado.

Shakespeare morreu dois anos depois de Combe, aos 53 anos, e deixou poucos escritos. Mas, os que publicou em vida imortalizaram sua glória. Suas obras dramáticas apareceram *in folio* pela primeira vez em Londres, em 1623. Depois, vieram edições organizadas pelos srs. Rowe, Pope e Theobald. Ignoro se a edição planejada de Warburton chegou a ser publicada. Ela incluiria um discurso preliminar, e, além de uma descrição do caráter de Shakespeare e de seus escritos, traria os critérios de correção do texto adotados por Warburton e um extenso glossário, não de termos da arte ou de palavras antigas, mas de expressões a que o poeta deu um sentido particular, e que, se não forem devidamente compreendidas, lançam alguma obscuridade sobre as suas obras. Vejamos agora o que foi dito a respeito do gênio de Shakespeare, de seu espírito, de seu estilo e de sua imaginação, e quais as razões oferecidas para explicar seus erros. Não admira que entremos em tantos detalhes; trata-se, afinal, do principal autor dramático moderno.

Em relação ao seu gênio, todos concordam que era belíssimo, e que Shakespeare se tornara o que era principalmente graças a si mesmo. Segundo Addison, ele pode ser comparado à pedra incrustada no anel de Pirro, que representava a figura de Apolo com as nove musas em suas veias, que a própria natureza traçara sem nenhum auxílio da arte. Shakespeare é o mais original de todos os autores e não deve nada à imitação dos antigos; não teve modelos nem rivais, as duas fontes de emulação e principais aguilhões do gênio. É um exemplo notável da espécie dos grandes gênios que, por força de seus talentos naturais, produziram, em meio à irregularidade, obras que fizeram a delícia de seus contemporâneos e conquistaram a admiração da posteridade. O gênio de Shakespeare aliava-se a um espírito sutil e à destreza no manejo de traços impressionantes. O sr. Le Blanc cita uma fina passagem de *Júlio César*. Referindo-se ao ditador, Décio diz: "Ele gosta de dizer que a bajulação é para os homens como a carne é para os leões; observei então que ele detesta os bajuladores, e concordou, sem se dar conta de que bajulação maior não poderia haver". Na tragédia *Macbeth*, Shakespeare representa com destreza a impressão naturalmente causada pela virtude. Vemos um celerado surpreso com a moderação que reconhece no príncipe que está prestes a assassinar: "Ele que governou com tanta brandura e humanidade"; e conclui que as potências, divinas e humanas, se reunirão para vingar a morte de um rei tão bondoso. Nada, porém, é mais interessante que o monólogo de Hamlet, príncipe da Dinamarca, na peça que leva seu nome. A tradução dessa passagem pelo sr. Voltaire é conhecida: "Demeure, il faut choisir, & passer à l'instant De la vie à la mort, ou de l'être au néant. Dieux cruels, s'il en est, éclairez mon courage! Faut – il vieillir courbé sous la main qui m'outrage, Supporter ou finir mon malheur & mon sort? Qui suis-je? qui m'arrête? & qu'est-ce que la mort? C'est la fin de nos maux; c'est mon unique asyle; Après de longs transports, c'est un sommeil tranquile; On s'endort, & tout meurt; mais un affreux réveil Doit succéder peut-être aux douceurs du sommeil! On nous menace; on dit que cette courte vie, De tourmens éternels est aussitôt suivie. O mort! moment fatal! affreuse éternité! Tout coeur à ton seul nom se glace épouvanté. Eh, qui pourroit sans toi supporter cette vie; De nos prêtres menteurs bénir l'hypocrisie; D'une indigne maîtresse encenser les erreurs; Ramper sous un ministre, adorer ses hauteurs, Et montrer les langueurs de son ame abattue A des amis ingrats qui détournent la vue? La mort seroit trop douce en ces extrémités, Mais le scrupule parle & nous crie, arrêtez, Il défend à nos mains cet heureux homicide, Et d'un héros guerrier fait un chrétien timide".[8]

---

8 Em tradução livre: Permanece, é necessário escolher e transitar instantaneamente Da vida à morte, ou do ser ao nada. Ó cruéis deuses, se existem, iluminem minha coragem! Devo envelhecer curvado sob a mão que me agride, Suportar ou encerrar minha desgraça e destino? Quem sou eu? Quem me detém? E o que é a morte? É o fim de nossos tormentos; é meu único refúgio; Após longas aflições, é um sono tranquilo; Adormecemos, e tudo perece; mas um despertar horrendo Deve talvez suceder às doçuras do sono! Somos ameaçados; dizem que esta breve vida

Em relação ao estilo, não há dúvida de que suas expressões são às vezes sublimes. Nos quadros da Albânia, os amores de Vênus são representados com uma graça que nada fica a dever à dos membros do cortejo de Cleópatra na descrição da pompa com que essa rainha se apresenta a Antônio às margens do Cidno. Mas, a esses quadros de nobreza digna de um Rafael sucedem por vezes míseras cenas dignas dos pintores de taverna, copistas de Téniers.

Tinha uma imaginação viva, forte, rica e robusta. Dá vida aos fantasmas que põe em cena, comunica [543] cada uma das impressões de ideias que os afetam, e os espectadores dificilmente resistem ao terror inspirado pelas cenas de assombração desse poeta. Essas arengas de fantasmas, fadas, feiticeiras e outras quimeras têm algo de tão bizarro e de tão grave que nos parece que, se seres assim realmente existissem, falariam e agiriam da maneira como são representados.

A obscuridade dos oráculos de Shakespeare muitas vezes só é obscura para os que não conseguem discernir suas belezas. No segundo ato do *Sonho de verão*, por exemplo, o rei das fadas diz a uma confidente: "Por acaso te lembras do dia em que, do alto de um promontório, ouvi os cantos de uma sereia, montada sobre o dorso de um golfinho? Preenchia o ar com inflexões tão doces e tão melodiosas que o mar furioso se acalmou com a melodia de sua voz, e as estrelas se precipitaram como tolas de suas esferas, para dar ouvidos aos harmoniosos sons que ela entoava".

Com essa alegoria, o autor quis fazer o elogio e a sátira de Maria, rainha da Escócia, cobrindo os dois pontos de vista existentes a respeito. O lugar em que ele situa a cena mostra que ela acontece nas cercanias da

---

É seguida imediatamente por tormentos eternos. Ó morte! Momento fatal! Eterna aflição! Todo coração se enregela de terror só em pronunciar teu nome. Ah, quem poderia suportar esta vida sem ti; Abençoar a hipocrisia de nossos mentirosos padres; Incensar os erros de uma indigna amante; Rastejar sob um ministro, adorar sua soberania, E expor as languidezes de sua alma abatida A amigos ingratos que desviam o olhar? A morte seria muito doce nessas extremidades, Mas o escrúpulo fala e nos clama: "Parem!" Ele proíbe nossas mãos desse feliz homicídio E transforma um herói guerreiro em um cristão tímido. (N. T.)

Grã-Bretanha, pois, em sua representação, aquele que fala e presta atenção à voz da sereia vê ao mesmo tempo o atentado do amor contra a vestal (a rainha Elisabete).

A "sereia sobre o dorso do golfinho" designa claramente o casamento de Maria com o delfim da França. O poeta a representa na imagem de uma sereia por duas razões: além de ser a rainha de uma parte da ilha, era conhecida por seus perigosos atrativos. "Preenchia o ar com inflexões doces e melodiosas" é uma alusão ao espírito e aos conhecimentos da rainha, que foi a mulher mais completa de seu tempo.

Segundo os historiadores franceses, quando Maria veio à corte de França e ainda era delfina, ela entoou uma arenga em latim no grande salão do Louvre com tanta graça e eloquência, que tomou os presentes de admiração.

"Que a fúria do mar se acalmou com a melodia de sua voz" – o autor se refere aí à Escócia, que por tanto tempo se voltou contra Maria. É uma caracterização muito justa, se lembrarmos que as sereias costumam cantar durante as tempestades.

"As estrelas, como tolas, se precipitaram de suas esferas para dar ouvidos aos harmoniosos sons que ela entoava" é uma alusão geral às diferentes propostas de casamento que recebeu, em particular a famosa tratativa entre ela e o duque do Norfolk, que se revelou tão fatal, não somente para o duque de Northumberland como para tantas outras famílias ilustres, que, realmente, as "estrelas" que se precipitaram foram "tolas".

Shakespeare é um mestre da arte de remexer as paixões sem que percebamos que elas vêm à tona; quando damos por nós, o coração se aperta e as lágrimas escorrem. Domina ainda a arte de excitar paixões opostas e de provocar o riso a bel-prazer; conhece os princípios de nossa ternura e de nossas fraquezas mais frívolas, bem como os de nossos sentimentos mais vivos e de nossas sensações mais vulgares.

Muitos o censuram por desconhecer a literatura antiga, mas isso é ridículo. Suas peças mostram que ele tinha profundos conhecimentos; pouco importa em que língua os adquiriu. Percebe-se que conhecia bem a história, antiga e moderna, a mitologia, e os preceitos da erudição poética. Encontramos em *Júlio César* e *Coriolano* o espírito e os costumes dos romanos, pintados de acordo com as diferentes épocas em que os personagens viveram. Suas descrições são exatas, e suas metáforas costumam ser muito corretas. Leu os dramaturgos gregos e latinos, e encontrou em Plauto a intriga de uma de suas peças. Mostra-se hábil na crítica de defeitos de estilo ou de composição.

Na peça *Tudo está bem quando termina bem*, ato quinto, segunda cena, Parolles conta seus males a um camponês recorrendo a uma metáfora baixa e grosseira. Quando vê seu interlocutor coçando o nariz, Parolles diz: "Não precisa enfiar o dedo no nariz: falo por metáforas". Ao que camponês responde: "Pois sua metáfora cheira mal; se enfio o dedo no nariz, é para ver se não encontro melhores".

Em *Timon*, ato quinto, terceira cena, o poeta elogia o personagem por suas invectivas contra a ingratidão dos amigos e diz em tom zombeteiro: "Mesmo transportado por um furor, não tive como esconder minha monstruosa ingratidão". Ao que Timon responde: "Deixai-a nua, poderemos vê-la melhor". Excelente tirada, que não somente exprime um desdém olímpico pelo bajulador em questão, como contém uma lição útil em geral: as coisas se deixam ver mais às claras quando as dizemos com simplicidade.

Admiremos Shakespeare, mas não fechemos os olhos para seus defeitos. Se a beleza de seu gênio é deslumbrante, seu cômico trivial, seus trocadilhos e tiradas infames são revoltantes. Uma cena ridícula se encontra na sequência de outra admirável. Para o sr. Pope, no entanto, temos de buscar uma maneira de desculpar os defeitos do poeta, encontrando as razões que o levaram a cometê-los, sem o que fica difícil entender como um gênio tão grande se deixou levar por um ânimo jovial. É que de início ele escrevia para o povo mais pobre, que não tinha opinião nem merecia respeito. Quando, porém, suas obras começaram a ser aplaudidas pela corte e pela cidade, aperfeiçoou suas produções e passou a respeitar o auditório.

Observe-se ainda que na maioria das edições desse autor existem inúmeros erros, por pura ignorância dos editores. Muitos defeitos foram debitados ao poeta, quando se devem a edições sem critério em que os versos, e mesmo as cenas são rearranjadas, transpostas ou suprimidas, os discursos dos personagens são confundidos e misturados, e um infinito número de passagens foi alterado pelos primeiros editores do poeta.

Pope conclui que, malgrado todos os defeitos que a crítica mais severa pôde encontrar em Shakespeare, e apesar da irregularidade que pontua suas peças, essas obras merecem ser consideradas, em comparação a outras, como mais polidas e mais regulares, um majestoso edifício antigo de arquitetura gótica, em contraste com um edifício moderno de arquitetura regular. Este último é mais elegante e mais reluzente, mas o primeiro tem algo mais forte e mais grandioso. É preciso reconhecer que no primeiro há materiais em quantidade suficiente para muitos da outra espécie. Reina nele uma verdade, seus aposentos são mais amplos, por mais que os corredores que levam a eles sejam oblíquos, escuros e desagradáveis. Mas esses defeitos não impedem que o corpo inspire respeito, embora [544] muitas partes careçam de gosto, sejam mal-arranjadas e não façam jus à grandeza do todo.

Encerrarei com o juízo delicado e verdadeiro, e que muito me agrada, do sr. Hume sobre Shakespeare. "Se considerarmos Shakespeare como homem nascido num século grosseiro, que recebeu a educação mais baixa, sem instrução no mundo ou nos livros, devemos vê-lo como um prodígio. Se o representarmos como um poeta incumbido do prazer de espectadores refinados e inteligentes, teremos de subtrair um quinhão desse elogio. É lamentável como, em suas composições, cenas cheias de calor e paixão sejam desfiguradas por uma mistura de irregularidades insuportáveis, às vezes mesmo absurdas. Quem sabe se essas deformidades não servem para aumentar a admiração das belezas que elas cercam.

"Ele oferece em abundância expressões e descrições nervosas e pitorescas; em vão buscaríamos por uma linguagem dotada de pureza e simplicidade. Sua completa ignorância da arte e da conduta teatral nos parece revoltante, mas esse defeito afeta mais a representação que a leitura, e desculpamo-lo mais facilmente do que a falta de gosto que predomina em todas as suas produções, pois é compensado por belezas salientes e traços luminosos."

Em suma, Shakespeare tinha um gênio fértil e elevado, rico em ambos os gêneros da arte teatral, mas é um exemplo dos riscos que um autor corre ao se fiar unicamente por essas vantagens, em busca da excelência nas belas-artes. Há que não descartar a possibilidade de que a grandeza de seu gênio tenha sido exagerada; às vezes, a desproporção e a desfiguração dão aos corpos a aparência de gigantes.

Tabaco (*História Natural*), Jaucourt [15, 784-5]

Erva originária de países quentes, amoniacal, picante, cáustica, narcótica, venenosa, que, preparada pela arte, tornou-se, no curso de um século, pela bizarrice da moda e pelo hábito, a planta mais cultivada, mais procurada e objeto de delícias de quase todos que dela fazem uso, seja pelo nariz, em pó, seja em fumaça, com as pipas, seja como mastigatório ou de outro modo.

Só foi conhecida na Europa após a descoberta da América pelos espanhóis e na França desde o ano de 1560. Diz-se que Hernandes de Toledo foi um dos primeiros a enviá-la para a Espanha e Portugal. Os autores a chamam em latim *nicotiana, petunum, tabacum* etc. Os americanos que habitam o continente a chamam de *pétun*, e os das ilhas, de *yout*.

Os franceses também lhe deram diferentes nomes. Primeiramente a chamaram *nicotiane*, termo que vem de Jean Nicot, embaixador de Francisco II junto a Sebastião, rei de Portugal em 1559, 1560 e 1561, ministro conhecido dos estudiosos por diversas obras, e principalmente por seu dicionário francês-latim, *in folio*, que nossa língua não pode dispensar. Ele enviou essa planta de Portugal para a França, com o grão para ser semeado, e a deu de presente a Catarina de Médici, de onde vem que ela seja chamada de *erva da rainha*. Essa princesa, contudo, nunca conseguiu fazer que fosse chamada *erva mediceia*. Em seguida, a chamaram de *erva do grande prior*, por causa do grande prior da França da casa de Lorraine, que a usava muito; depois, de *erva da santa cruz, erva de Tournabon*, do nome de dois cardeais dos quais o primeiro era núncio na França e o outro de Portugal; mas, enfim, se ficou reduzido a chamá-la de *tabac*, a exemplo dos espanhóis, que chamavam de *tabaco* o instrumento do qual se serviam para formar seu *pétun*.

Sua raiz é anual; seu cálice é longo, tubular e dividido em cinco quartos longos e agudos, ou é curto, largo e dividido em cinco quartos obtusos. Sua flor é monopetalar, em forma de funil, recortada em cinco segmentos agudos e profundos, estendidos em estrela; tem cinco estames amarelos;

seu fruto é membranoso, oblongo, roliço e separado em duas células por uma divisória.

Contam-se quatro espécies principais de tabaco: 1º) *nicotiana major, latifolia*, CPB, em francês *grand tabac, grande pétun*; 2º) *nicotiana major, angusti folia*, IRBCP; 3º) *nicotiana minor*, CBP; 4º) *minor, foliis rugosioribus*.

A primeira espécie dá um caule da altura de cinco ou seis pés, da grossura de um polegar, redondo, peludo, cheio de um tutano branco. Suas folhas são muito largas, espessas, flácidas, de um verde sujo, de mais ou menos um pé de comprimento, sem cauda, peludas, um pouco pontudas, nervuradas, viscosas quando tocadas, de um gosto picante e quente. Suas flores crescem no alto dos caules; são de um vermelho pálido, divididas pelas bordas em cinco segmentos e parecendo longos tubos ocos. Seus vasos seminais são longos, pontudos no alto, divididos em duas lojas e cheias de um grande número de pequenas sementes marrons. Sua raiz é fibrosa, branca, de um gosto muito picante. Toda a planta tem um odor muito enjoativo. Essa espécie diminui consideravelmente ao secar e, como se diz nas ilhas, *à la pente*. Essa diminuição é a causa de os ingleses fazerem menos caso da segunda espécie. Em contrapartida, é ela que se prefere para o cultivo na Alemanha, do lado de Hanover e de Estrasburgo, porque é menos delicada.

A segunda espécie difere da precedente; as folhas são mais estreitas, mais pontudas e ligadas ao seu caule por caudas bem longas; seu odor é menos forte; sua fumaça mais doce e mais agradável ao fumante. Cultiva-se muito essa espécie no Brasil, em Cuba, na Virgínia e em outros lugares da América, onde os ingleses têm estabelecimentos.

A terceira espécie vem das colônias francesas nas Índias Ocidentais, e se desenvolve facilmente em nossos climas.

A quarta espécie, chamada de tabaco inglês, é mais baixa e menor que as precedentes. Seus caules, redondos e peludos, elevam-se a dois ou três pés de altura. Suas folhas inferiores são bem largas, ovais, sem corte na ponta, e viscosas ao toque; elas são menores que as das outras espécies de tabaco; as que crescem sobre os caules são também menores que as inferiores e são ordenadas alternativamente. Suas flores são ocas e em forma de funil; suas folhas são divididas pela borda em cinco segmentos; são de um verde amarelado e situadas nos cálices peludos.

Esse tabaco tem a semente maior do que as da outra espécie; essa semente se forma nos vasos seminais; é semeada nos jardins e floresce em julho e agosto.

Todas as *nicotianas* das quais acabamos de falar são cultivadas nos jardins botânicos por curiosidade; mas o tabaco é cultivado para uso em grande quantidade [785] em vários lugares da América, sobretudo nas Antilhas, na Virgínia, em Havana, no Brasil, junto à cidade de Comana, e é este último que é chamado de tabaco de Verine.

O tabaco cresce também em qualquer lugar na Pérsia, particularmente em Susiane, em Hamadan, na Caramânia desértica, e na direção do território pérsico; este último é o melhor. Não se sabe absolutamente se essa planta é originária do país ou se ela foi transportada para lá. Crê-se normalmente que ela chegou lá pelo Egito, e não das Índias Ocidentais.

O tabaco chega até nós vindo do Levante, das costas da Grécia e do Arquipélago, em folhas amarradas juntas. Na Alemanha e na Holanda é muito cultivado também. Antes que seu cultivo fosse proibido na França, ele era muito comum aqui e florescia muito bem, particularmente nas Guianas, do lado de Bordeaux e Clerac, em Bern, para os lados de Pau, na Normandia, nas proximidades de Léry e em Artois, perto de Saint-Paul.

Não se pode ver, sem surpresa, como o pó ou a fumaça de uma erva venenosa tenha se tornado objeto de uma sensação delicada quase universal: o hábito transformado em paixão excitou rapidamente um zelo interessado em aperfeiçoar seu cultivo e a fabricação de uma coisa tão procurada, e a *nicotiana* tornou-se, por um gosto geral, um ramo muito extenso do comércio da Europa e da América.

Logo que ela se tornou conhecida nos jardins dos curiosos, diversos médicos, amadores de novidades, a empregaram para uso interno e externo, para a cura de doenças. Dela tiraram águas destiladas e óleo por infusão ou por destilação; prepararam com ela xaropes e unguentos que subsistem ainda hoje.

Eles a recomendaram em pó, em fumaça, em mastigatório, em esternutatório, para purgar, segundo dizem, o cérebro e aliviá-lo de sua secreção superabundante. Louvaram suas folhas aplicadas quentes para os tumores edematosos, as dores nas juntas, na paralisia, nos furúnculos, nas mordidas de animais venenosos; recomendaram também essas mesmas folhas amassadas no vinagre, ou incorporadas com gorduras em unguento, e aplicadas para doenças cutâneas; receitaram a fumaça dirigida ao útero para os sufocamentos uterinos; vangloriaram a fumaça, o suco e o óleo dessa erva como um remédio odontálgico; prescreveram o xarope para as tosses inveteradas, a asma e outras doenças do peito. Enfim, inundaram o público com obras compostas em louvor dessa planta. Trata-se das obras de Monardes, de Everhartus, de Néander etc.

Mas muitos outros médicos, esclarecidos por uma teoria e uma prática mais eruditas, pensaram bem diferentemente a propósito das propriedades do tabaco para a cura das doenças. Julgaram, com razão, que quase não havia casos em que seu uso devesse ser admitido. Sua acidez, sua causticidade, sua qualidade narcótica o provam primeiro. Seu sabor nauseabundo é um sinal de sua virtude emética e catártica; esse sabor que ainda queima e que fica fortemente na garganta mostra uma virtude purgativa muito irritante. Mas, ao mesmo tempo que a *nicotiana* tem essas qualidades, seu odor fétido indica que ela age por estupefação sobre os espíritos animais, do mesmo modo que o estramônio, embora não se possa explicar como ela possui ao mesmo tempo uma virtude estimulante e sonífera; talvez sua narcoticidade dependa do vapor oleoso e sutil no qual consiste seu odor.

Seu pó produz, apenas pelo efeito do hábito, uma irritação agradável sobre os nervos da membrana pituitária. Ela excita nessa membrana, no começo, movimentos convulsivos, em seguida uma sensação mais doce e, finalmente, é preciso, para despertar esse comichão, que esse pó seja mais agudo e mais penetrante. É o que levou os varejistas, para fornecer seu tabaco às pessoas que fazem dele um longo uso, a pendurá-lo em seus tetos, a fim de torná-lo mais ácido, mais picante, mais forte, e deve-se confessar que a analogia é boa. Outros o colocam no *karabe*, para embebê-lo rapidamente com um odor amoniacal, capaz de afetar o órgão do olfato.

A fumaça do tabaco só se torna um prazer a longo prazo pelo mesmo mecanismo, mas esse hábito é mais nocivo que útil. Ela priva o estômago do suco salivar que lhe é o mais necessário para a digestão. Por essa razão, os fumantes são obrigados a beber muito para remediar isto, e é por isto que o tabaco compensa, no campo, a modicidade dos víveres do infeliz soldado.

A mastigação de tabaco tem os mesmos inconvenientes, além de estragar o hálito, os dentes e corroer as gengivas.

Os que quiseram empregar o tabaco como remédio, em pequenos cones nas narinas, e deixá-lo ali durante o sono, logo experimentaram o mau efeito dessa erva, pois as partes oleosas e sutis, ao cair na garganta e na artéria-traqueia, causam o despertar, tosses secas e vômitos violentos.

Quanto às aplicações externas das folhas do tabaco, temos remédios muito melhores para todas as doenças para que se louve a eficácia desse tópico. Sua fumigação é raramente conveniente nas sufocações do útero.

O óleo de tabaco irrita com frequência a dor de dentes e, quando a dissipa, é só após ter queimado o nervo por sua causticidade. Se algumas pessoas diminuíram sua dor de dentes fumando a *nicotiana*, foi porque engoliram a fumaça e se embriagaram com ela. Nunca se conseguirá persuadir os médicos, que conhecem a fábrica delicada dos pulmões, que o xarope de uma planta ácida e cáustica seja recomendável nos males do peito.

A decocção das folhas de tabaco é um vomitivo que quase não é permitido usar, seja desse modo, seja como remédio, a não ser em casos urgentes, como na apoplexia ou na letargia.

O óleo destilado dessa planta é um emético tão poderoso que algumas vezes excita o vômito quando se coloca por algum tempo o nariz sobre o recipiente no qual ele é guardado. Um pequeno número de gotas desse óleo injetadas numa ferida causa acidentes mortais, como provaram as experiências feitas com diversos animais, por Harderus e Redi.

Se alguma obra acadêmica contém observações ridículas em louvor do tabaco, são certamente as memórias dos curiosos da natureza; mas também não se fica mais satisfeito com aquelas que encontramos na maioria dos autores contra o uso dessa planta. Um Pauli, por exemplo, nos assegura que o tabaco tomado em fumaça torna o crânio inteiramente negro. Um Borry, numa carta a Bartholin, lhe diz que uma pessoa tinha dessecado de tal forma o cérebro de tanto usar tabaco, que após sua morte só se encontrou na sua cabeça uma pasta negra, composta de membranas. É verdade que, no tempo de todos esses escritos, o tabaco havia provocado uma guerra civil entre os médicos, a favor ou contra seu uso, e que eles empregavam sem escrúpulo o verdadeiro e o falso para fazer que seu partido triunfasse. O próprio rei

Jaime se meteu na querela, mas, se seu reino foi tão só incapacidade, sua erudição não era um pedantismo.

Tamanduá (*História Natural, Zoologia Exótica*), Jaucourt [15, 871]

Nome de um animal americano quadrúpede, que Pison chama de *myrmecophagus*, comedor de formigas, e os ingleses, de *the ant-bear*, "o urso das formigas", pois suas patas traseiras são feitas como as do urso. É muito parecido com a raposa, mas não tem a mesma fineza, ao contrário, é estúpido e tímido. Há duas espécies de tamanduá, uma de grande porte, com uma cauda larga guarnecida por longos pelos sedosos, negros e brancos, como a de um cavalo; a outra de pequeno porte, com a cauda longa, porém lisa e desprovida de pelos. Ambos apreciam muito as formigas, que, diga-se de passagem, são, em quantidade excessiva, nocivas aos produtos da terra. O tamanduá pequeno enrola a cauda nos ramos das árvores e fica pendurado à espera de formigas, sobre as quais se lança, devorando-as. Ambas as espécies têm o focinho longo e pontiagudo, à maneira de uma tromba, com uma pequena abertura correspondente à boca. Não possuem dentes, e, quando querem capturar formigas, projetam uma língua comprida e delicada através de um orifício na extremidade do focinho, e com ela aglutinam esses pequenos insetos, enrolando-a e desenrolando-a para capturá-los e sorvê-los em belas goladas. Têm a pele espessa e as patas são guarnecidas com possantes unhas agudas, com as quais se defendem quando agredidos. O tamanduá de maior porte é chamado de tamanduá-guaçu pelos habitantes do Brasil e tem uma cauda comprida, guarnecida de pelos grossos ásperos como varas; com ela, recobre o corpo inteiro, utilizando-a como se fosse uma manta. Vide as descrições do Brasil por Laet, Léry, Pison, Marggrave e Barlaus.

Tarântula (*História Natural*), Jaucourt [15, 905-8]

Inseto peçonhento cuja mordida deu nome à doença chamada de tarantismo. Vide *Tarantismo*.

A tarântula é uma espécie de aranha, assim chamada por causa da cidade de Taranto, na Pulha, onde ela é principalmente encontrada. Tem o tamanho de uma glande; possui 8 pés e 8 olhos; sua cor varia, mas é sempre guarnecida por pelos. De sua boca saem 12 cornos um pouco recurvados com pontas extremamente agudas que injetam o veneno.

O sr. Geoffroy observa que seus cornos se movimentam de maneira ininterrupta, principalmente quando o animal está à busca de alimento. Em sua opinião, são como narinas móveis.

A tarântula é encontrada em diferentes lugares da Itália e na Córsega, mas as da Pulha são as únicas perigosas. Alguns afirmam que deixam de sê-lo quando transportadas para outros lugares; e, mesmo na Pulha, as únicas venenosas são as da planície, onde o ar é mais quente do que nas montanhas.

O sr. Geoffroy acrescenta que, na opinião de alguns autores, a tarântula só é venenosa na época do acasalamento, enquanto para Baglivi ela o seria apenas durante o verão, principalmente na canícula: como que energizada, ela se atira sobre tudo o que lhe aparece pela frente.

Sua mordida causa uma dor que de início parece similar à da picada de uma abelha ou de uma formiga. Ao cabo de algumas horas, sente-se um inchaço e a parte afetada adquire um pequeno círculo lívido, que logo se torna um tumor muito doloroso. O doente não demora a cair em profunda melancolia, tem dificuldade para respirar, sua cognição diminui; até que, por fim, perde a sensibilidade e o movimento, vindo a morrer antes que possa ser socorrido. Mas os sintomas podem variar, dependendo da natureza da tarântula e da disposição da pessoa. Outros sintomas dessa doença, inexplicáveis, são uma aversão pelo azul e pelo preto, e, ao contrário, uma atração pelo branco, pelo verde e pelo vermelho.

Tudo o que a medicina conseguiu descobrir como remédio veio do raciocínio, e consiste em realizar algumas explicações externas em cordiais e sudoríficos; mas é um método pouco eficaz. Infinitamente melhor, e a razão não tem nada a ver com isso, é a música. Vide *Música*.

A partir do momento em que o doente perde a sensibilidade e o movimento, chama-se um músico que toca diferentes [**906**] árias num instrumento. Quando alguma delas agrada ao doente, ele começa a se mover; seus dedos se mexem em cadência, em seguida vêm os braços, depois as pernas, e o corpo inteiro, em sucessão. Por fim, ele se ergue sobre os pés e põe-se a dançar, tornando-se cada vez mais forte e mais ativo. Alguns continuam a dançar por seis horas, sem descanso.

O doente é então posto numa cama, para repousar; quando se declara descansado, a mesma ária é tocada novamente para que ele se levante.

O exercício é repetido ao longo de vários dias, seis ou sete no máximo. O doente estará curado quando se sentir cansado demais para dançar por muito tempo. Pois, enquanto dure a ação do veneno, ele dançará, se quisermos, ininterruptamente, até morrer de cansaço.

Fatigado, o doente começa a recobrar os sentidos, e desperta como de um sono profundo, sem qualquer lembrança de seu paroxismo ou de ter dançado tantas vezes.

Em alguns casos, estará curado após um primeiro acesso. Caso isso não aconteça, será tomado por melancolia, evitará a companhia dos homens e buscará água; se não houver ninguém por perto, poderá se atirar num rio. Caso sobreviva a esse incidente, recairá no acesso ao cabo de doze meses, e, novamente, será incitado a dançar. Alguns têm esses acessos de maneira regular por vinte ou trinta anos.

Cada doente prefere um estilo de música em particular; mas as árias curativas costumam ser muito vivas e animadas. Vide *Ária* e *Tom*.

Essas informações foram extraídas de um comunicado feito pelo sr. Geoffroy na Academia Real de Ciências em 1702, quando de seu retorno da Itália, e foi confirmado pelas cartas do padre Gouye. Baglivi oferece história semelhante numa dissertação dedicada exclusivamente à tarântula e publicada em 1696.

Não admira que, a fatos tão extraordinários, tenham se acrescentado fábulas, como que a doença dura enquanto a tarântula permanece viva, e que a própria tarântula também dança enquanto a pessoa mordida estiver dançando.

Teoria dos efeitos da mordida da tarântula, pelo sr. Geoffroy. Na concepção desse autor, o suco venenoso transmitido pela tarântula pode aumentar a tensão dos nervos para além do grau natural, ou proporcional às suas funções, ocasionando a perda de conhecimento e de movimento. Ao mesmo tempo, essa tensão, mantendo-se igual à das cordas de um instrumento, põe os nervos em uníssono com certos tons, o que faz que sejam vibrados e agitados pelas ondulações e as vibrações do ar próprias desses tons. Isso explica a maravilhosa cura pela música: o movimento natural dos nervos é restabelecido, e são convocados os espíritos que os haviam abandonado. Vide *Uníssono* e *Acorde*.

Com base nos mesmos princípios, podemos acrescentar, com alguma probabilidade, que a aversão do doente por determinadas cores vem do fato de que a tensão de seus nervos, mesmo fora do paroxismo, permanece diferente daquela no estado natural, e as vibrações que essas cores ocasionam nas fibras do cérebro são contrárias à sua disposição e produzem uma dissonância, que é a dor.

Teoria dos efeitos da mordida da tarântula, pelo dr. Mead. A malignidade do veneno da tarântula vem de sua grande força e da grande atividade por meio da qual ele excita uma fermentação extraordinária no fluido arterial, levando à alteração de seu tecido. Do que se segue necessariamente uma alteração da coesão das partículas desse líquido. Por esse meio, os glóbulos do sangue, que antes se pressionavam uns aos outros com igual força, adquirem uma ação irregular e desigual, a ponto de alguns se reunirem tão fortemente entre si que formam moléculas, como se fossem pequenas pelotas. E, então, como se encontra, num mesmo espaço, um número de glóbulos muito maior do que antes, e a impulsão entre eles, quando estão juntos, varia dependendo de seu grau de coesão, de seu tamanho, de sua figura etc., o ímpeto com que o sangue arterial é impulsionado em direção às partes do corpo é maior do que o comum, e a pressão sobre os vasos sanguíneos é, necessariamente, irregular e desigual, o que acontece, em particular, aos que se distendem mais facilmente, como os do cérebro.

A consequência é que o fluido nervoso passa por diferentes movimentos ondulatórios, alguns deles similares aos que são naturalmente excitados pelos objetos que atuam sobre os órgãos do corpo ou sobre as paixões da alma. Do que se seguem, necessariamente, determinados movimentos do corpo, consequências da tristeza, da alegria, do desespero, e de outras paixões da alma. Vide *Paixões*.

Verifica-se, então, certo grau de coagulação do sangue. Se acrescentarmos o calor extremo típico das regiões em que as tarântulas são abundantes, então os efeitos de que falamos serão inevitáveis. Pois os espíritos, uma vez separados do sangue inflamado, passam a ser compostos por partículas duras, finas e secas, ou seja, seu fluido é formado por duas partes, uma mais ativa e mais volátil, a outra mais viscosa e mais fixa, que, de alguma maneira serve como veículo para a primeira. Então, a parte viscosa se assemelha muito à parte ativa e, portanto, ambas terão mais volatilidade e força que de costume, o que explica a maneira irregular como os espíritos chegam a cada parte.

Do que se seguem os saltos, a cólera ou o medo em qualquer situação, uma extrema alegria por coisas triviais, como certas cores, e a tristeza quando algo não agrada à vista, os risinhos, as falas obscenas e as ações dessa mesma natureza, além de outros sintomas parecidos que acometem as pessoas mordidas pela tarântula. Pois, dado o estado em que o fluido nervoso se encontra, a menor causa faz que ele reflua em ondas em direção ao cérebro, produzindo imagens tão vivas que realizam as mais fortes impressões no estado natural desse fluido. Em meio a essa confusão, os espíritos não podem deixar de se lançar, por vezes com precipitação, e sem nenhuma causa manifesta, sobre os órgãos em direção aos quais normalmente se encaminham, e sabemos bem quais são esses órgãos, nos países quentes.

A doutrina precedente é confirmada pelos efeitos da música sobre as pessoas infectadas pelo veneno da tarântula. Sabemos que o movimento muscular é uma contração das fibras causada pelo sangue arterial, que põe em efervescência o fluido nervoso e, com a leve vibração e tremor dos nervos, é enviado em direção aos músculos. Vide *Muscular*.

A música tem, portanto, um efeito duplo, atua igualmente sobre o corpo [**907**] e sobre a alma. Uma harmonia viva excita na alma violentos movimentos de alegria e prazer, acompanhados, em todo caso, de um pulso mais frequente e mais forte, ou seja, de uma quantidade mais abundante de fluido nervoso nos músculos, acompanhada por ações conformes à natureza das partes.

Quanto ao corpo, como ele é por si mesmo suficiente para acionar os músculos, causando nos nervos esses tremores que levam o fluido a correr em alternância nas fibras motoras, pouco importa se isso acontece pela determinação da vontade ou pelas impressões externas de um fluido elástico.

Esse fluido elástico é o ar. E sabe-se que os sons são vibrações do ar. Por isso, se proporcionais à condição do doente, eles podem, de fato, vibrar os nervos, mobilizando a vontade e produzindo, portanto, efeitos similares.

A utilidade da música para as pessoas mordidas pela tarântula não consiste apenas no fato de a música levá-las a dançar, evacuando, assim, por meio do suor, uma grande parte do veneno. Pois, além disso, as vibrações reiteradas do ar, causadas pela música, vibram, por um contato imediato, as fibras contrácteis das membranas do corpo, especialmente as do ouvido, que, por serem contíguas ao cérebro, comunicam esses tremores às membranas e aos vasos dessa víscera. Acontece que esses abalos e tremores sucessivos destroem a coesão das partes do sangue e impedem sua coagulação. Com a evacuação do veneno pelo suor e a suspensão da coagulação pela contração das fibras, o paciente é curado.

Para quem duvidar dessa força do ar, basta lembrar que a mecânica demonstrou que o mais ínfimo movimento do menor dos corpos é suficiente para sobrepujar a resistência do corpo mais pesado que se encontre em repouso, e que o fraco tremor do ar produzido pelo som de um tambor poderia pôr abaixo os maiores edifícios.

Mas, além disso, deve-se levar em consideração a força determinada e a modulação particular dos tremores de ar, pois os corpos suscetíveis de contração podem ser postos em ação por um certo grau de movimento do ar que os rodeia, efeito que não poderia ser produzido por um movimento em grande grau com modificação diferente. Isso fica claro não apenas no caso de dois instrumentos de corda afinados no mesmo tom, mas também na facilidade com que algumas pessoas encontram o tom particular próprio de uma garrafa de vidro e, afinando a voz exatamente com esse tom e, mantendo-a por algum tempo e com força, fazem a garrafa tremer, quando não quebrá-la, sem, no entanto, tocá-la, o que não aconteceria se a voz estivesse muito alta ou muito baixa. Vide *Som*.

Isso nos permite compreender sem dificuldade por que a cura de diferentes pessoas infectadas pelo veneno da tarântula requer árias musicais diferentes, pois, como os nervos e as membranas distráteis têm tensões diferentes, não podem ser postas em ação pelas mesmas vibrações de ar.

Acrescentarei algumas breves reflexões a este importante verbete. A crença de que o remédio para o tarantismo estaria na música é suficientemente peculiar. Mas os esforços de alguns médicos para explicar os efeitos da música nessa doença me parecem ainda mais estranhos. A nos fiarmos no sr. Geoffroy, por exemplo, a razão da privação de movimento e de conhecimento se deve ao fato de o veneno da tarântula causar nos nervos uma tensão maior do que seria natural. Ele supõe, em seguida, que essa tensão, por ser igual à de cordas de instrumentos, põe os nervos em uníssono com certo tom e os obriga a tremer, quando tocados pelas ondulações próprias desse tom em particular. Ele estabelece, por fim, que o movimento transmitido aos nervos convoca os espíritos animais que os haviam praticamente abandonado, e deriva daí essa surpreendente cura musical. Para mim, essa explicação não passa de um romance.

Para começar, ela pressupõe uma tensão extraordinária para que os nervos entrem em uníssono com as cordas de um instrumento. Para tanto, é necessário que os membros do doente estejam enrijecidos e contraídos, dependendo da ação igual ou desigual dos músculos antagonistas. Mas os relatos não mencionam doentes em tal estado de enrijecimento. Além disso, se o doente recobra seus movimentos graças ao efeito do uníssono ou do acorde formado entre o tom do instrumento e os seus nervos, seria necessário afinar o instrumento no tom que o põe em harmonia com os nervos, o que, no entanto, não é feito pelos músicos. É muito estranho que tantos nervos de diferente espessura e extensão possam, sem nenhum desígnio, se encontrar distendidos de modo a formar acordes, ou, mais estranho ainda, para não dizer impossível, a entrar em uníssono com o tom do instrumento tocado. Por fim, se os espíritos animais abandonaram os nervos quase por completo, como supõe, ainda, o sr. Geoffroy, não vejo como ele poderia supor, ao mesmo tempo, que esses nervos estariam distendidos para além do natural, pois, segundo a opinião mais aceita, a tensão dos nervos depende dos espíritos animais.

Eu poderia contrapor a essas dificuldades a hipótese do sr. Mead, mas há algo que me interessa muito mais: a verdade dos fatos, da qual prefiro me assegurar antes de ler a explicação deles. Os srs. Geoffroy, Mead, Grube Schuchzer e outros falaram a respeito da tarântula a partir do testemunho de Baglivi, que nunca exerceu a medicina em Taranto: sua autoridade não tem, por isso, grande relevância, e seus escritos são muito suspeitos, para não dizer outra coisa. Para começar, uma aranha que, com uma pequena picada, similar à de uma formiga, causa a morte, apesar de todos os remédios, exceto a música, é algo inacreditável. Uma aranha encontrada em diferentes regiões da Itália, mas que só é perigosa na Pulha, e apenas nas planícies, e unicamente durante a canícula, e mais, somente quando se atira sobre qualquer coisa com que se depare – uma aranha como essa, eu digo, é um inseto único no mundo! Conta-se que ela transmite seu veneno através dos cornos, que estão em movimento constante – outra singularidade! Para completar o romance, afirma-se, ainda, que as pessoas mordidas por essa aranha experimentam uma aversão pelas cores preto e azul, e uma atração pelo branco, o verde e o vermelho. Encanta-me a ideia de simplificar essas fábulas, como acontece na mitologia. Penso o seguinte.

A maioria dos homens tem uma aversão natural pelas aranhas. Pode ser que as da Pulha mereçam essa aversão e realmente sejam venenosas. Os habitantes da região as temem sobremaneira; são pessoas secas, sanguíneas, voluptuosas, impacientes, emotivas, têm uma viva imaginação e os nervos extremamente irritáveis; o delírio [**908**] se apodera delas pelo menor motivo, e, tomados por ele, é muito natural que imaginem ter sido picados pela tarântula. Os cordiais e os sudoríficos lhes são nocivos e agravam seu estado. Recorre-se, assim, ao repouso, ao ar fresco, às bebidas, e também à música, que acalma seus sentidos e que eles amam apaixonadamente. Está curada, com isso, a pretensa mordida tão perigosa da tarântula. Essa exposição não tem nada de maravilhoso, mas está baseada no bom senso, na verossimilhança e no conhecimento do caráter dos habitantes da Pulha.

Tigre (*História Natural, Zoologia*), Anônimo [16, 327-8]

Animal quadrúpede um pouco menor que o leão. Tem orelhas curtas e arredondadas e a cauda longa como a do leão. Seu pelo é curto e amarelo, com manchas pretas longas. É encontrado na Ásia e na África; é um animal muito feroz.

Muitas espécies de animal recebem o nome de tigre. O animal que mais se assemelha ao verdadeiro tigre é o chamado *tigre real*. O chamado [**328**] *tigre da América*, a que os brasileiros dão o nome de *jaguar*, é mais próximo do leopardo que do tigre, pois tem manchas redondas e não alongadas. O *tigre preto*, ou *onça*, chamado no Brasil de *jaguaretê*, difere do tigre da América por ter o pelo ondulado e lustroso, com manchas de um preto mais escuro. O tigre *barbet*, *frisado* ou *tigre-lobo*, do cabo da Boa Esperança, tem o pelo frisado como o de um *barbet* e manchas pretas. O *tigre vermelho* da Guiana e do Brasil difere do tigre da América pela cor, um amarelo avermelhado, mais escuro no dorso do que no resto do corpo; os pelos embaixo da mandíbula inferior e do ventre são esbranquiçados. Vide *Reino animal*.

No sistema zoológico de Lineu, o tigre constitui um gênero distinto na classe dos quadrúpedes. Seus caracteres são: os quatro mamilos situados sob o umbigo e as patas feitas para escaladas. Lineu menciona uma pantera desse gênero e a denomina *tigre com manchas oculares*.

Os viajantes que viram o tigre de perto na América estão longe de considerá-lo como o mais rápido dos animais selvagens carnívoros; alegam, ao contrário, que se trata de uma fera lenta, estúpida, incapaz de alcançar um homem na corrida, e que se limita a dois ou três saltos para agarrar sua presa. Encontram-se tigres também nas Índias Orientais, em diferentes partes da Ásia. Mas, ao que parece, existem algumas diferenças entre eles, e pode ser que novas observações venham a confirmar que os tigres são muito ágeis, como afirmavam os antigos.

Plínio, em *História Natural*, VIII, c.18, descreve como em sua época os jovens tigres eram raptados das mães e levados a Roma. Os hircanianos e os indianos, segundo diz, são obrigados, ao capturar os pequenos tigres, a montar rapidamente sobre um cavalo, pois a mãe, quando não os encontra, identifica seus rastros e os segue com uma prontidão furiosa. Se a pessoa que os leva for alcançada por ela, não terá melhor a fazer senão lançar um deles de volta à terra. Então, ela o pega pelo pescoço, leva-o até sua toca e logo volta em busca dos outros. O caçador a distrai repetindo o mesmo expediente, até alcançar o barco – em segurança, ele ouve a tigresa, que não ousa se lançar à água, emitir os mais terríveis uivos, à beira do rio.

Trigo (*Economia Rústica*), Le Roy [7, 334-6]

É o mais pesado de todos os grãos. Dentre todos, é o que contém a farinha mais branca, da melhor espécie e em maior quantidade. Destinado particularmente à alimentação do homem, sua excelência o torna objeto necessário do comércio, o que aumenta o seu preço. Vide *Grãos* (*Economia Política*). O sr. Buffon pensa que o trigo, tal como o conhecemos, não é uma produção puramente natural e que a existência desse grão precioso é devida ao cultivo e a uma longa série de cuidados. Com efeito, não se encontra trigo selvagem na natureza. Mas as experiências que temos sobre isto são muito incertas para que essa opinião possa estar entre as verdades reconhecidas.

O grão de trigo, semeado na terra, germina e produz um caule de 4 a 5 pés de altura, retos, entrecortados de 3 ou 4 nós e acompanhados de algumas folhas longas e estreitas que envolvem o caule até 6 polegadas da ponta.

As espigas situadas no alto do caule são escamosas e formam um tecido de envelopes dos quais cada um contém um grão. Esse grão é oblongo, arredondado de um lado, sulcado de outro e de cor amarela.

Distinguem-se várias espécies de trigo, mas as diferenças entre elas são pequenas. Quanto à forma, a diferença se faz notar principalmente nas espigas. A espécie mais comum e a melhor é aquela cuja espiga é esbranquiçada, sem barba, e somente escamosa. O que é conhecido pelo nome de trigo barbudo, entretanto, não deixa de ter seus méritos. É assim chamado porque, efetivamente, a espiga é coberta e cheia de barbas, assim como a espiga do centeio. Seu grão é ordinariamente maior, a palha é mais dura e mais colorida. Dizem que é menos sujeita a tombar, mas sua farinha é menos branca do que aquela que não tem barba. O trigo de Esmirna, ou trigo de milagre, produz várias espigas reunidas num buquê, no alto do caule. Ele tem algumas vantagens e mais inconvenientes.

Todos esses grãos são semeados no outono. Eles nascem e devem cobrir toda a terra durante o inverno. São chamados trigos de inverno, para distingui-los de uma outra espécie de trigo que é semeado na primavera e que é conhecido como trigo de março. É comumente barbudo, mas há também os sem barba.

Esse trigo, muito delicado para resistir a fortes geadas, amadurece nos anos favoráveis ao mesmo tempo que aquele que atravessa o inverno. Em geral, produz menos palha e um pouco menos de grão. Falha com frequência, mas, apesar disto, é um recurso que não deve ser negligenciado nas terras argilosas e naquelas nas quais as chuvas de inverno caem facilmente. Qualquer que seja a espécie do trigo, seu cultivo é o mesmo e é nesse cultivo que devemos principalmente nos deter.

Sabe-se que, antes de confiar o trigo à terra, deixa-se que ela repouse durante um ano, que é empregado nas preparações. Elas têm três objetivos: afofar [**335**] a terra, adubá-la e destruir os inúmeros insetos perigosos e ervas daninhas. O primeiro objetivo é cumprido pelo arado, o segundo, com esterco, terras etc., e o terceiro fazendo o rebanho pastar as ervas que nela renascem continuamente. Vide *Agricultura, Adubo, Arado* etc.

Passa-se o arado na terra três a cinco vezes, segundo sua qualidade e algumas vezes pelo acaso do tempo. Quando se quer arar apenas três vezes, ara-se primeiro apenas depois das semeaduras de março; mas, se excetuamos o terreno argiloso, que com frequência só se pode arar três vezes, por causa da dificuldade de encontrar o momento adequado, é sempre mais vantajoso arar quatro vezes a terra durante o ano de pousio. Nesse caso, deve-se primeiro arar depois da semeadura dos trigos, ou seja, durante o mês de novembro, e deixa-se a terra em grandes torrões, exposta à ação das geadas, que servem bastante para acomodá-la. Na primavera, quando ela fica boa, ara-se pela segunda vez. É essencial que seja em tempo seco, sobretudo nas terras pouco fortes. É muito útil trabalhar a terra com o rastelo alguns dias após tê-la arado, e nos dias seguintes; com isto, a terra fica mais separada e as ervas que tiverem se enraizado são arrancadas novamente. Mas só se deve fazer isto com tempo bom, quando a terra estiver boa. A terceira aração torna-se necessária pelo começo de julho e, no final de agosto, começa-se a arar pela última vez e que se chama propriamente aração de trigo. É essencial que esse trabalho seja feito pelo menos quinze dias antes de semear o trigo, quando se deve cobri-lo com o rastelo. A nigela é a mais temível quando se semeia após uma aração fresca. Durante esse ano de descanso, escolhe-se um intervalo entre duas arações para adubar a terra. O grau de putrefação do esterco que se quer espalhar e a facilidade dos carretos regulam esse tempo. A natureza e as necessidades da terra devem decidir sobre a qualidade e a quantidade do adubo. Vide *Adubo*.

Durante toda a primavera e na maior parte do verão, faz-se o rebanho pastar nos pousios. Isto é muito útil porque, como os campos estão ocupados pelo cuidado com a terra, quase não restam pastos propriamente ditos, e os rebanhos, melhor do que os trabalhos de preparação, destroem as ervas que renascem continuamente. Semeia-se o trigo do fim de setembro até o começo de novembro. Em geral, podemos estar seguros de que é vantajoso semeá-lo bem cedo. É bom que a planta adquira uma certa força antes do inverno, que tenha tempo de se estender, de criar raízes e galhos. Se, em um ano em que o inverno for muito ameno, talvez seja inconveniente semear muito cedo, a experiência ensina que haverá dez em que haverá ocasião de se arrepender de ter semeado muito tarde. Deve-se sobretudo ter pressa nas regiões onde há muita caça, lebres, perdizes etc.

A quantidade de lebres provoca um dano ao trigo que não podemos evitar por nenhuma precaução; semear bem cedo e adubar um pouco mais é suficiente para preservar do mal que pode ser feito por uma grande abundância de perdizes. Para semear de maneira vantajosa, a terra não pode estar muito úmida. É desejável que ela esteja fresca, mas é melhor semear na poeira do que esperar demais. A semente deve ser escolhida com cuidado: deve vir do mais belo trigo do ano, e os bons agricultores vão comprá-la a alguma distância, porque o trigo, como muitas outras plantas, degenera se o deixamos na mesma terra. Lava-se essa semente numa água com cal; alguns acrescentam com sucesso água apodrecida com adubo; há ainda outras preparações mais úteis. Vide *Nigela*.

Nos arredores de Paris semeiam-se ordinariamente 150 libras de trigo, pesando aproximadamente 250 libras, num terreno de vinte pés por haste. Mas é certo que um terço a menos é suficiente numa terra bem preparada pelo arado e pelo adubo; poder-se-ia usar ainda menos com o mesmo sucesso.

O trigo semeado um pouco claro é menos sujeito a se deteriorar. Sua palha é mais forte. As espigas são mais longas e maiores e a colheita é mais que abundante.

Quando a terra não é seca nem fria, o trigo germina ao final de quinze dias. Depois disto, se um resto de calor favorece mais a vegetação, as raízes se espalham no interior da terra. Vários caules se preparam e a haste se estende. Durante o inverno, a planta fica normalmente num estado de inação e com frequência adquire uma cor amarela, quando a terra se torna muito úmida. Na primavera, o primeiro ar ameno a faz tornar-se verde. O caule se forma e começa a crescer. É então que se deve limpar o trigo das ervas daninhas que tendem a sufocá-lo e se multiplicam apesar das precauções tomadas durante o ano de pousio. Algumas é necessário arrancar com a mão, porque têm raízes muito profundas, como uma erva bem conhecida sob o nome de *nelle*, outra chamada de *amaroute* em muitos lugares, e aquela chamada rabo-de-raposa. Há outras, como os cardos, que podem ser destruídas com um instrumento chamado ancinho. Todas as plantas maléficas crescem muito mais depressa que o trigo, e o sufocam se as deixamos crescer; suas sementes infectam a terra a ponto de sua destruição não poder mais ser feita senão por um trabalho de vários anos. É preciso, pois, uma grande atenção para limpar o trigo, mas é necessário que essa operação se faça antes que a haste chegue a uma certa altura. Sem isto, ela romperia e se destruiria a planta, em vez de favorecê-la.

O trigo floresce pelo fim de junho. Cada espiga fica em flor apenas durante um ou dois dias. Nesse momento, devem-se temer as chuvas frias. Elas fazem uma parte dos grãos abortar. Entre a floração e a maturidade se passa um mês. É durante esse intervalo que se teme com razão o nevoeiro, que, quando seguido de sol, causa a doença chamada ferrugem. Qualquer que seja a maneira pela qual ajam os nevoeiros, seu efeito infeliz é certo. Os trigos atacados não crescem mais, os grãos ficam retraídos, leves e vazios. A experiência não ensinou os meios de evitar esse acidente e ele parece ser de natureza a enganar todas as precauções que poderíamos tomar. A ferrugem só deve ser temida nos anos úmidos e tardios. Essa doença, embora muito incômoda, é menos lamentável do que aquela chamada nigela e que algumas vezes provoca grandes devastações. Mas a humanidade, recentemente, deve aos cuidados e à sagacidade do sr. Tillet a descoberta das causas dessa doença e de vários remédios que a prevenirão e mesmo a aniquilarão em seguida. Vide *Nigela*. Neste verbete apresentaremos diferentes características confundidas sob o nome de nigela, ou conhecidas em diversos lugares sob outros nomes.

Quando o trigo se aproxima da maturidade, o caule fica amarelo no lugar que se chama colarinho, ou seja, na extremidade da haste que está próxima da ponta.

Quando ele chega a esse ponto, nada retarda mais os progressos que lhe restam a fazer: até mesmo as chuvas parecem [**336**] apressar o instante em que ele estará bom para ser cortado. Se se atrasa muito, os grãos caem, e perde-se uma parte deles. Mas o que há de mais essencial a ser observado quanto à colheita é atar o trigo em um feixe e só apertá-lo em tempo seco, senão ele se aqueceria no celeiro, ficaria com um gosto ruim e se perderia totalmente o grão e a palha.

O novo método para a cultura das terras e sobretudo a do trigo fez muito barulho para ser examinado aqui. Se quiserdes vos instruir sobre ele, lede o final do verbete *Agricultura*. Esse método teve menos partidários e celebridade na Inglaterra, onde nasceu, do que na França, onde é adotivo. Foi sustentado pelo sr. Duhamel, por seu zelo cheio de calor pelo bem público, por uma espécie de ternura paternal que mascara os defeitos daquilo do qual nos apropriamos. Não falo das dificuldades encontradas no uso dos instrumentos que são necessários para a nova cultura. Sei por experiência que os instrumentos se aperfeiçoam e tornam-se cômodos entre as mãos dos cultivadores. Pareceu-me que essa cultura tinha um vício interno que nada poderia corrigir. É certo que lavrar a terra com frequência parece tornar fecundas as terras. Mas não é preciso muita experiência para saber que se a lavra for a única preparação que se faz, essa fecundidade será precária e levará a uma esterilidade difícil de vencer.

As lavras frequentes dividem, atenuam as moléculas da terra, mas essa vantagem forçada não se compara àquela que resulta da fermentação interna e secreta das mesmas partes, que se opera naturalmente no repouso e que ainda é excitada pelo adubo que é acrescentado. Sabe que, independentemente das lavras, há a necessidade de ajudar a terra com adubos, na proporção da quantidade de colheitas que se pede à terra. Pode acontecer que uma terra muito boa, enfraquecida por lavras contínuas, produza durante algum tempo com uma abundância extraordinária. Mas esses mesmos esforços destruirão sua fecundidade em seu princípio. O longo repouso que se tornará necessário aniquilará as vantagens prometidas.

Independentemente desses princípios gerais, pode-se assegurar que houve um erro de cálculo bem considerável na comparação que foi feita entre essa cultura nova e a antiga.

No detalhe da despesa, o que custa para limpar uma terra deveria ser multiplicado por seis vezes. Não conhecemos os jardins se não sabemos com que assiduidade é preciso arrancar as ervas daninhas, que se tornam vigorosas e dominantes com o cultivo. A mesma coisa acontece com a nova cultura do trigo: cada lavra leva à necessidade de limpar de novo, o que não é uma operação fácil e rápida, como aquela que se faz no caso dos trigos comuns. É preciso arrancar com a mão as ervas fortes, cujas raízes se estendem muito numa terra trabalhada. Se só quebramos sua haste, nada feito. A repetição frequente de uma operação tão longa torna-se desencorajadora, pelos cuidados e despesas que exige. Há um outro erro na comparação entre os produtos: faz-se um paralelo entre o que torna uma terra cultivada ordinariamente, e o que a mesma quantidade produz segundo o novo método. Estabelece-se a comparação sobre uma área com a qual se teve muito cuidado, segundo o novo método. Para que o paralelo fosse justo, seria necessário supor que a prática antiga fosse executada com toda a exatidão possível. Conheço terras de qualidade média que só são bem cultivadas depois de dois anos e nas quais cada área produz dez medidas de trigo. Se os mesmos cuidados são continuados, não é duvidoso que na sequência elas produzam doze medidas nos anos bons. De acordo com isto, um novo paralelo poderia não ser mais favorável à nova cultura. Mas não o farei aqui. Vou me contentar em não aconselhar ninguém a cultivar suas terras dessa maneira. De resto, o tempo decidirá o valor de minhas presunções. Não importa o que se diga sobre a preguiça e a estupidez dos lavradores, o interesse sobre as coisas verdadeiramente úteis sempre os esclarece, uma vez que lhes sejam mostradas.

Quando o trigo foi enfeixado bem seco, pode-se guardá-lo durante muito tempo no celeiro. Entretanto, o uso de batê-lo no campo é estabelecido em vários lugares. Essa operação se faz de diferentes maneiras, das quais nenhuma parece ter uma grande vantagem sobre a outra. Tendo o grão saído da espiga, ele é peneirado para separar a palha leve que se soltou com ele e que ainda o envolve. Depois disto, ele é passado pelo crivo para limpá-lo melhor e levado ao celeiro. Durante os primeiros seis meses é bom remexê-lo a cada quinze dias. Depois disto basta fazer a mesma coisa todos os meses e, passado o primeiro ano, pode-se ainda adiar essa operação por algumas semanas. O trigo se conserva desse modo durante seis anos pelo menos. O sr. Duhamel mostrou que se pode levar essa conservação muito mais longe, com um celeiro de uma construção especial. O grão é dessecado primeiro numa estufa, e se mantém essa primeira secagem com a ajuda de uma ventoinha. Sem nada assegurar, o sr. Duhamel presume com fortes razões que essa maneira de tratar o trigo deve preservá-lo de uma espécie de insetos muito perigosos chamados caruchos, contra os quais não se encontrou até o presente nenhum remédio seguro. Vide o *Tratado sobre a conservação dos grãos* do sr. Duhamel.

A importância do trigo para a vida dos homens submeteu de maneira particular a sua conservação e seu comércio à vigilância pública. O medo da escassez fez surgirem regulamentos precários e fez nascer a ideia dos depósitos públicos. Mas, com um conhecimento mais aprofundado dos homens e das coisas, viu-se que tais depósitos seriam necessariamente mal dirigidos e exporiam a um monopólio odioso um alimento tão necessário. Vide o *Ensaio da administração dos grãos* do sr. Herbert.

É espantoso que na França se tenham tomado durante tanto tempo falsas medidas sobre um objeto do qual tantos outros dependem. Há menos de dois anos, o comércio de trigo era proibido entre uma província e outra. Com frequência, cidadãos submetidos ao mesmo senhor morriam de fome enquanto a província vizinha era incomodada com uma abundância arruinadora para os cultivadores. Esse abuso não podia escapar à sabedoria do governo; ele cessou. Mas não se pode pensar nas infinitas vantagens que resultariam da exportação livre do trigo num reino tão fértil sem ser afligido pelo fato de esse encorajamento ser recusado à agricultura. Vide *Grãos* (*Economia Política*).

Tupinambás (*Geografia Moderna*), Anônimo [16, 749]

Nação da América meridional outrora dominante em parte do Brasil, hoje reduzida a um punhado de homens, denominados tapuias, que habitam as margens de um grande rio, homônimo, que vem do Brasil e deságua no rio Amazonas.

Unicórnio fóssil (*História Natural*), D'Holbach [9, 486]

Em latim, *unicornu fossile*. Alguns autores dão esse nome a uma substância similar ao marfim ou a um corno em forma de tronco ornado de espirais, encontrado, ainda que raramente, no seio da terra. Em sua *Voyage de Sibérie*, o sr. Gmelin afirma que esse osso seria a presa de um peixe. Conta que, em 1724, um desses cornos foi encontrado no subsolo no território de Jakutsk. Presume que não pertenceria ao animal fabuloso chamado unicórnio, mas, ao que tudo indica, viria de um animal cetáceo chamado *narhwal*. O mesmo autor menciona um corno de mesma espécie encontrado em 1741 num terreno pantanoso dessa região. Mas observa que o narval, tão comum nas águas da Groenlândia, não existe no mar Glacial que limita a Sibéria ao norte.

A única dúvida que paira sobre a questão é lançada por um fato relatado pelo ilustre Leibniz em sua *Protogea*. Citando o testemunho do célebre Otto Guerike, ele afirma que em 1633 foi extraída de uma carreira de pedra-cal da montanha de Zeunikenberg, na província de Limbourg, o esqueleto de um quadrúpede terrestre de cócoras sobre as patas traseiras, mas com a cabeça erguida, com a fronte ornada por um corno de cerca de dez pés de extensão, grosso como a coxa de um homem, e com a extremidade pontiaguda. O esqueleto foi danificado pelos operários ignorantes que o extraíram da terra, restando apenas inteiros a cabeça e o corno, além de algumas costelas e da espinha dorsal. Os ossos foram levados à princesa de Limbourg. Nessa mesma obra, o sr. Leibniz oferece uma representação do esqueleto e menciona o relato de Hyeronimus Lupus e Baltasar Tellez, autores portugueses, a respeito de um quadrúpede com o talhe de um cavalo encontrado na Abissínia e cuja fronte é armada com um corno. Vide Leibniz, *Protogea*, p.63-4. Malgrado essas autoridades, é de se lamentar que o esqueleto mencionado por Leibniz não tenha sido examinado com o devido cuidado, pois tudo leva a crer que se trataria, afinal, de um peixe.

O corno ou substância óssea de que se trata aqui não deve ser confundido com a substância terrosa, calcária e porosa a que alguns autores impropriamente deram o nome de *unicórnio fóssil*, que, ao que tudo indica, é uma espécie de calcário ou marga.

Vinho (*História das bebidas alcóolicas*), Jaucourt [17, 289-92]

Suco extraído da uva após fermentação. A qualidade própria do vinho, quando usado com moderação, é de reparar os espíritos animais, fortificar o estômago, purificar o sangue, favorecer a transpiração, e ajudar em todas as funções do corpo e do espírito; esses efeitos salutares se fazem sentir mais ou menos de acordo com o caráter próprio de cada *vinho*. A consistência, a cor, o odor, o gosto, a idade, o vigor, a região, o ano, trazem aqui diferenças notáveis.

Das qualidades dos vinhos em consistência, cor, odor, sabor, idade, vigor. 1º) Quanto à consistência, o vinho é ou espesso ou delicado, ou entre os dois; o vinho espesso contém pouca fleuma e muito enxofre grosseiro, terra e sal fixo, de maneira que os princípios que o compõem são transportados com menos facilidade para o cérebro e depurados com mais dificuldade quando o alcançam. Esse tipo de vinho convém àqueles que suam facilmente ou que fazem um grande exercício; àqueles a quem o jejum esgota e que têm dificuldade de suportar a abstinência.

O vinho delicado contém muita fleuma, pouco enxofre e alguns sais voláteis, o que o torna menos nutritivo, porém mais capaz de diluir os sucos, de se distribuir nas diferentes partes do corpo e de excitar as evacuações necessárias; por isso ele é adequado para os convalescentes e para aqueles cujas vísceras estão embaraçadas por obstruções, desde que esse vinho não seja excessivamente picante, como acontece a alguns.

O vinho que se encontra no meio entre o espesso e o delicado não é nem nutritivo demais, nem tão diurético, e convém a um grande número de pessoas.

2º) Quanto à cor, o vinho é ou branco ou tinto, e o tinto é ou palhoso ou opaco.

Os vinhos brancos contêm um tártaro mais fino; os tintos o têm mais grosseiro; os primeiros são mais ativos; os segundos o são menos e nutrem mais: em uma palavra, os vinhos brancos picam mais do que os outros, o que os faz serem expelidos pelas urinas; mas podem incomodar o estômago e intestino ao longo do tempo, desgastando demais o seu revestimento.

Existem vinhos tintos que puxam para o preto; estes têm mais borra do que álcool; são adstringentes e mais capazes de fechar do que de abrir; o vinho palhoso ou clarete tem muito do vinho branco; mas ele é menos vaporoso e mais estomacal.

3º) A respeito do odor, os vinhos que o tem agradável, o que chamamos de *sentir-a-framboesa*, são mais alcóolicos do que os outros: eles restabelecem mais prontamente as forças e contribuem mais eficazmente [**290**] na digestão: são mais adequados para os velhos. Existem vinhos que têm um odor de barril; outros que cheiram a fermentação; outros cheiram mal, todos são vinhos que fazem mal.

4º) Quanto ao sabor, uns são doces, outros austeros; outros têm tanto de um quanto do outro; há, por fim, os que são ácidos; outros são acres.

Os vinhos doces são assim porque, no tempo em que fermentaram, suas partes sulfurosas foram menos suavizadas pela ação dos sais; de sorte que essas sulfas grosseiras embaraçam a ponta desses mesmos sais, impedindo-os de picar mais forte a língua; é por isso que os vinhos doces causam menos irritação e convêm, consequentemente, aos que são sujeitos a tossir, ou que têm calores nos rins. Eles nutrem muito; umidificam e soltam; mas é preciso beber pouco, sem o que eles provocam obstruções por suas partes mais grossas; o vinho turvo, sobretudo, é dessa natureza. De resto, esse tipo de vinho não embriaga; o que ocorre porque os álcoois estão concentrados demais; mas há os que, com essa doçura, também chamados *licores de vinho*, são bastante picantes, e servem mais como aperitivos, porque suas sulfas foram mais cortadas e mais divididas pelas pontas dos sais.

Os vinhos rudes e austeros têm sais grosseiros, mais capazes de embaraçar do que de penetrar as partes para onde são levados; o que faz que sejam muito adstringentes e apertem o estômago e os intestinos. Esses vinhos nutrem pouco e não fazem mal à cabeça; mas, como são extremamente estípticos, são poucas as constituições para as quais eles convêm.

Os vinhos que estão entre o doce e o austero são os mais agradáveis e, ao mesmo tempo, os mais saudáveis; eles fortificam o estômago e se distribuem facilmente. Há vinhos que têm apenas picância, que puxa para o amargor; esses vinhos devem ser temidos pelos biliosos e por todos os temperamentos secos.

5º) Com relação à idade, o vinho é velho ou novo, ou de idade média. Entre nós, o novo é aquele que não ultrapassou dois ou três meses; o velho, aquele que passou de um ano; e o vinho de idade média, aquele que tendo passado o quarto mês, ainda não atingiu um ano.

O vinho novo é de dois tipos, ou recém-feito, ou feito há um mês ou dois. O primeiro, estando ainda verde, e mal sendo digerido, causa diarreias e algumas vezes vômitos, e pode gerar a pedra; o segundo tem as qualidades do primeiro em um menor grau.

Os vinhos de idade média, isto é, aqueles que, tendo mais de quatro meses e ainda não têm um ano, são bons, porque seus princípios tiveram tempo suficiente para se misturar intimamente uns aos outros e não tiveram tempo suficiente para se separar; é nisso que consiste seu ponto de maturidade.

Os vinhos velhos que avançam no segundo ano começam a degenerar: em geral, quanto mais ele envelhece, mais ele perde sua qualidade. Aquele de um ano, também chamado de uma folha, ainda está com seu vigor, mas os vinhos de quatro e cinco folhas, que alguns tanto valorizam, são vinhos usados, alguns insípidos, outros amargos, ou azedos; o que depende de sua qualidade de antes: pois os vinhos fortes tornam-se amargos ao envelhecer e os fracos azedam.

Entre os antigos, um vinho passava por novo em seus cinco primeiros anos; ele era de idade média nos cinco próximos, e só era visto como velho quando tinha dez anos; bebiam-se também vinhos que começavam a ficar de idade média apenas com quinze anos. Alguns outros mencionam até vinhos que tinham cem ou duzentas folhas. Mas é necessário observar que os antigos, para conservar seus vinhos por tanto tempo, os engrossavam até atingir a consistência de mel, algumas vezes deixando-os endurecer tanto, expondo à fumaça em sacos de pele de bode, que era preciso raspá-los com uma faca para se servir. Amiúde, por certa maneira com que se impedia que eles estragassem quando estavam ainda bem claros, deixava-se que eles se espessassem por si mesmos com o tempo. Todos esses vinhos espessos adquiriam com o tempo um amargor insuportável; mas como, ao se espessar, reduziam-se a uma bem pequena quantidade e, ao mesmo tempo, eram muito fortes, eles serviam para dar gosto aos outros; eram vendidos muito caro. Seu amargor e espessura faziam que se usasse muita água, tanto para diluí-los quanto para tornar seu gosto suportável.

É fácil perceber que uma onça desses vinhos diluídos em um litro de água conservava ainda a sua virtude; havia ainda aqueles nos quais era necessário colocar vinte partes de água para uma de vinho.

6º) Quanto ao vigor, que é o que faz a força de um vinho, distinguimos o vinho entre vinhoso e aquoso. O primeiro é aquele que aceita bem a água e, o segundo, aquele que com um pouco de água enfraquece. O vinho vinhoso alimenta mais; o aquoso alimenta menos. O primeiro está sujeito a perturbar a cabeça; o segundo é mais amigo do cérebro e convém mais às pessoas de letras.

A respeito do país, temos os vinhos da Grécia, da Itália, da Espanha, da Alemanha e da França.

Dos vinhos da Grécia, da Itália, da Espanha, da Alemanha e da França. Os vinhos de Creta e de Chipre são os dois vinhos da Grécia mais estimados.

O melhor vinho da Itália é o que cresce no pé do monte Vesúvio e é vulgarmente chamado de *lacrima Christi*. Ele é de um vermelho vivo, odor agradável, sabor um pouco doce, e sai facilmente pela urina.

Um dos mais reputados, depois deste, é o vinho de Albano: tinto e branco. Eles convêm, um e outro, aos sãos e aos enfermos; facilitam a respiração e excitam a urina.

O vinho de Monte-Fiascone não perde em nada para o de Albano na excelência do gosto.

O vinho de Vicenza, capital de uma pequena região chamada *Vicentina* no estado de Veneza, é um vinho inocente, bebido pelos que têm gota sem nenhum incômodo.

Os vinhos da Récia, que crescem no vale Teliviano, são ricos e deliciosos; são vermelhos como sangue, doces e deixam um gosto um tanto austero na língua.

Os vinhos que nos chegam da Espanha são diferentes não só pela característica que lhes vem do clima, mas também pela maneira como são feitos;

pois se coloca para ferver sobre um pouco de fogo o suco das uvas logo que ele foi obtido, depois ele é derramado em tonéis, onde é deixado para fermentar; mas, como o fogo depurou uma parte considerável de sua fleuma, o que impediu os sais de se desenvolver o suficiente pela fermentação para poder dividir exatamente as partes sulfurosas, as sulfas estão apenas meio rarefeitas e, embaraçando as pontas dos sais, elas permitem que estas façam apenas uma leve cócega na língua: o que faz que esses vinhos tenham uma consistência de xarope e um gosto muito doce; mas seu uso frequente é perigoso. Esses vinhos devem ser bebidos apenas brevemente e em bem pequena quantidade, [291] apenas para remediar certas indisposições do estômago, as quais o uso dos vinhos comuns é às vezes incapaz de corrigir.

Contam-se entre os excelentes vinhos da Espanha o vinho da Canária, que cresce nos arredores de Palma. O vinho da Malvasia é feito com grandes uvas redondas e se conserva tanto tempo que pode ser transportado para todas as partes do mundo. O vinho de Málaga é bem mais untuoso que o da Canária. O vinho de Alicante, no reino de Valência, é vermelho, espesso, agradável no gosto e fortifica o estômago. Aquele ao qual se dá comumente o nome de *tinto*, ou de vinho *couvert*, em nada difere do precedente.

A Alemanha não é tão fértil em bons vinhos, resta apenas a parte meridional; consultando o mapa, observa-se mesmo que todas as regiões situadas a mais de 51 graus de elevação do polo são estéreis em bons vinhos, porque, nos países vizinhos do setentrião, o ar é menos sutil, a terra menos rica em enxofre e o sol muito fraco.

Entre os vinhos da Alemanha, os do Reno e do Mosel estão à frente. Eles contêm um enxofre muito fino e um ácido muito sutil, muito álcool etéreo, uma quantidade suficiente de fleuma e muito pouca terra, o que os torna sãos e diuréticos.

Dir-se-á que eles contêm muito ácido tartárico, como se pode reconhecer pela destilação, e que, em consequência, devem ser inimigos dos nervos; mas é preciso dizer que o ácido do vinho do Reno não é um ácido grosseiro, um ácido fixo e corrosivo, mas um ácido de uma natureza completamente diferente, pela mistura de um enxofre sutil que o corrige; pois não há nada que adoce e que modifique mais os ácidos do que o enxofre. Aliás, se existe ácido nos vinhos do Reno, é o próprio ácido que faz seu mérito; pois ele serve para quebrar as sulfas, que sem isso se comportariam com demasiada violência no sangue e poderiam perturbar as funções. Os vinhos da Hungria contêm, no lugar do ácido tartárico, partes extremamente sutis e alcóolicas, que são próprias para restabelecer as forças e destruir os humores crus do corpo: são vinhos singularmente estimados.

Os principais vinhos da França são os de Orléans, da Borgonha, da Gasconha, do Languedoc, da Provença, de Anjou, Poitou, da Champagna etc.

Os vinhos de Orléans são vinhosos e agradáveis, não têm nem muito nem pouco corpo; fortificam o estômago, mas sobem para a cabeça e embriagam facilmente. Para bebê-los bons, eles devem estar em seu segundo ano.

Os vinhos da Borgonha são na maioria um pouco pesados, mas excelentes. Eles têm durante os primeiros meses algo de rude, que o tempo corrige logo. São nutritivos; fortificam o estômago e sobem pouco para a cabeça.

Os vinhos da Gasconha são pesados e opacos, no entanto pouco adstringentes. Eles têm fogo, sem subir para a cabeça, como os vinhos de Orléans. Os de Graves, que crescem em torno de Bordeaux, e que assim são chamados por causa da areia de seu *terroir*, são muito estimados, ainda que tenham um gosto um pouco duro. O vinho tinto de Bordeaux é austero; ele fortifica o tônus do estômago; não perturba nem a cabeça, nem as operações do espírito; ele aguenta os trajetos marítimos e melhora com o transporte; é talvez o vinho mais salutar da Europa.

Os vinhos de Anjou são brancos, doces e muitos vinhosos. Podem ser guardados por muito tempo e são melhores um pouco velhos.

Os vinhos da Champanha são muito delicados; o que faz que não tenham quase nada de água e alimentem pouco. Exalam um odor sutil que regozija o cérebro. Seu gosto firma-se entre o doce e o austero. Sobem rápido e passam facilmente para a urina. Os da costa de Aï são os melhores.

Os vinhos de Poitou são reputados pela relação que têm com os vinhos do Reno; mas são mais crus.

Os vinhos de Paris são brancos, tintos, cinza, palhados, fracos e carregam pouco a água.

Os vinhos de Roanne agradam o paladar; crescem sobre encostas voltadas em sua maioria para o oriente ou para o sul: o que pode torná-los excelentes.

Os vinhos de Lyon que crescem ao longo do Ródano, conhecidos como *vinhos de rio*, são vigorosos e deliciosos. Os de Condrieux, sobretudo, são elogiados por sua qualidade.

Os vinhos de Frontignan, da Cioutat, de Canterperdrix, de Rivesalte são comparáveis aos vinhos de Saint-Laurent e das Canárias. Não servem para o uso cotidiano, e só são bons quando se trata de fortificar um estômago frio demais, ou de dissipar alguma cólica causada por matéria crua e indigesta. São também usados como um regalo, como fazemos com os vinhos da Espanha.

Esses vinhos contêm uma grande quantidade de sais, muito enxofre e pouca fleuma: consequência da maneira como é tratada a uva de que são feitos. O cacho é torcido antes de ser colhido, e deixado assim por algum tempo cozinhando no sol quente, o que retira boa parte da umidade; de maneira que seu suco, por demais desprovido de fleuma, não pode fermentar completamente em seguida, o que faz que ele retenha uma doçura e espessura mais ou menos semelhante àquela dos vinhos da Espanha.

Quanto à safra, é preciso muita cautela se queremos avaliar bem a qualidade de um vinho. O de Beaune, por exemplo, requer uma estação temperada, e o da Champagna precisa de uma estação bem quente. O primeiro está sujeito à untuosidade quando o calor foi grande, e o segundo continua verde depois de um verão medíocre; ocorre o mesmo com os outros vinhos, mas entrar em detalhes seria inútil.

Dos princípios dos vinhos. Os vinhos diferem uns dos outros com relação ao gosto, ao odor e a outras virtudes, de acordo com a proporção e mistura dos elementos que os constituem. Aqueles que contêm uma grande quantidade de álcool inflamável embriagam e esquentam, mas aqueles nos quais as partes fleumáticas ou de borra agridoce dominam são laxativos e diuréticos, e não afetam facilmente a cabeça. Os vinhos que contêm uma grande quantidade de substância oleaginosa e sulfurosa, como todos os vinhos velhos, são de um amarelo escuro, de gosto e odor forte, e como não saem facilmente pelo suor, permanecem muito tempo no corpo e o ressecam.

Também encontramos nos vinhos que não foram suficientemente fermentados, sobretudo nos de Frontignam, das Canárias e da Hungria, um outro elemento ou princípio essencial, a saber, uma substância doce, oleaginosa, temperada e viscosa, que os torna não somente agradáveis no gosto, como ainda nutritivos e macios.

Há vinhos que contêm um enxofre doce e sutil, enquanto os outros só têm um enxofre grosseiro menos agradável para o gosto. Os vinhos da Hungria, por exemplo, e do Reno contêm um álcool bem mais agradável, e um enxofre mais doce e mais sutil que os da França; daí porque o simples odor do vinho do Reno, quando ele é velho e de boa qualidade, reanima os espíritos.

O princípio tartárico também varia conforme os vinhos. [**292**] Uns, como os da Provença, contêm uma grande quantidade de tártaro grosseiro, e os outros, como os do Reno, um tártaro mais diluído; alguns, como os de Marselha, contêm um tártaro nitroso levemente amargo: o que os faz laxativos e diuréticos.

A cor dos vinhos depende do princípio oleaginoso e sulfuroso que se decompõe e se mistura intimamente com suas partes, ajudando o movimento de fermentação intestino; de onde decorre que, quanto maior a quantidade de óleo que o vinho contém, mais escura será a sua cor.

Todos os vinhos tintos têm um gosto e uma virtude adstringente, não somente porque são deixados muito tempo infundidos com as películas vermelhas da uva, mas também com suas sementes, cujo gosto é manifestamente adstringente; assim, eles extraem o princípio adstringente dessas duas substâncias para dele se apropriar.

Do clima, sol e outras causas que contribuem para a qualidade dos vinhos. Os países situados entre a latitude 40° e 50°, como a Hungria, Espanha, Portugal, Itália, França, uma grande parte da Alemanha, Áustria, Transilvânia e uma grande parte da Grécia produzem os melhores vinhos porque essas regiões estão muito mais expostas ao sol que as outras.

A experiência prova também que os vinhos que crescem sobre montanhas situadas à beira de rios são os melhores; pois a qualidade dos vinhos não depende apenas da influência do sol, mas também da qualidade dos nutrientes que as uvas recebem. Ora, como as montanhas estão expostas ao orvalho, que é mais abundante no entorno dos rios, e que esse carrega uma água sutil e um princípio etéreo, não surpreende que ele forneça nutrientes adequados para um vinhedo. As vinhas continuam necessitando de chuva, pois o orvalho não é suficiente para nutri-las.

A natureza do *terroir* contribui muito para a qualidade do vinho; observamos que os melhores não crescem nas terras oleosas, argilosas, grosseiras e escuras, mas naquelas que abundam em pedras, areia, calcário; pois essas últimas, ainda que estéreis na aparência, conservam por muito tempo o calor, que esquenta a raiz das vinhas e permite que os nutrientes sejam distribuídos por todas as partes da planta.

Some-se a isso que as águas que circulam nesse tipo de terreno se atenuam, se filtram e se desfazem de suas partes mais grosseiras, por meio do que o suco nutricional da planta se torna mais puro.

Não se deve, portanto, duvidar que a natureza do sol não contribui infinitamente a variar os gostos do vinho, e a lhe dar uma qualidade boa ou que faz mal, já que cantões situados na mesma montanha, igualmente expostos ao sol, e que têm vinhedos da mesma espécie produzem vinhos totalmente diferentes no que se refere à salubridade, ao gosto e à qualidade. A salubridade dos vinhos de Tokai e da Hungria depende da sutileza dos nutrientes que os vinhedos recebem, bem como do princípio aéreo e etéreo que se mistura com seu suco.

Dos efeitos do vinho tomado imoderada e moderadamente. Todo vinho é composto de sal, de enxofre, de espírito inflamável, de água, de terra, e é apenas às diferentes misturas desses componentes que se devem atribuir as diferentes qualidades dessa bebida. Desses princípios, os que mais dominam em todos os vinhos são o sal e o álcool; o álcool, que é o mais ativo, faz a principal virtude do vinho: é o que os torna capazes de dar vigor, de ajudar na digestão, regozijar o cérebro, reanimar os sucos; mas, como o próprio desse álcool é de se diluir nas diversas partes para onde vai, e de diluir os licores que encontra, ocorre que, quando é por demais abundante, ele dilata as partes exageradamente: o que faz que elas não mais atuem com a mesma facilidade de antes; de forma que o equilíbrio que reina entre sólidos e fluidos deve ser perturbado; é o que vemos acontecer aos que bebem vinho demais; suas cabeças pesadas, seus olhos perturbados, suas pernas cambaleantes, seus delírios são prova dessa desordem; mas, mesmo sem beber vinho até estar exposto a esses acidentes, acontece sempre que se bebe muito que as membranas e os condutos do cérebro, mais dilatados do que deveriam estar, caiam, por esse esforço reiterado, em um relaxamento que não lhes permite mais retomar por eles mesmos sua ação primeira: isso deve necessariamente interromper as secreções e trazer muitos danos ao corpo e ao espírito. Mas o vinho tomado com moderação é uma bebida muito adequada para o homem feito. Ele ajuda na digestão dos alimentos, repara a dissipação dos espíritos, resolve os humores pituitários, abre a passagem da urina, corrige a bile, aumenta a transpiração e o calor natural por demais lânguido.

O frio intenso congela os vinhos. Todo mundo sabe que não existe vinho que não congele pela dureza do frio. Sem falar do ano de 1709, do qual algumas pessoas podem ainda se lembrar, a história dos tempos anteriores nos fornece abundantes exemplos.

Em 1543, Carlos V, querendo reconquistar Luxemburgo, que Francisco I lhe havia tomado, cercou-o no pior de um inverno que foi, segundo Martin du Bellay, l. X. fol. 478, o mais extremo em vinte anos. O rei, não querendo perder nada de sua conquista, despachou o príncipe de Melphes para levantar o cerco. As geadas foram tão fortes ao longo de toda a viagem que se retirava o vinho das provisões a golpes de machado, repartindo-o por peso entre os soldados, que o carregavam em cestos.

Philippe de Cormines, l. II. c. xiv., falando de um frio semelhante em sua época, em 1469, na região de Liège, disse expressamente que, por três dias, o vinho, que era oferecido pelo duque às pessoas de bem que o pedissem, foi distribuído a golpes de machado, pois tinha congelado nas pipas, e foi preciso quebrar em pedaços o bloco que estava inteiramente congelado, que as gentes enfiavam, a seu gosto, em um chapéu ou em um cesto.

Ovídio menciona um episódio semelhante de seu tempo: eis aqui seus termos: *Nudaque consistunt formam servantia testoe Vina, nec haustameri, sed data frusta bibunt. Trist.*, l. III. éleg. x. vers. 23.

O vinho congelado retém a forma do tonel, e não se toma líquido, mas se distribui aos pedaços.

Não se sabia então que a química tentaria aperfeiçoar os vinhos por meio do congelamento: é uma experiência bem curiosa, imaginada por Stahl, e sobre a qual vide *Vinho (Química)*.

Vinho e fermentação vinícola (*Química*), Jaucourt [17, 292-8]

A fermentação vinícola ou alcóolica é vista como a primeira forma de fermentação. As outras formas são a acética e a putrefação. Vide *Vinagre* e *Putrefação*.

Ninguém esclareceu tão bem como Stahl os fenômenos da fermentação; ele a definiu como um movimento intestino imposto por um fluido aquoso a um composto de um tecido frouxo, que divide as parcelas desse composto, as expõe a choques múltiplos e as decompõe a seus princípios, formando novas combinações.

Nas fermentações propriamente ditas, é preciso primeiro considerar as partes salinas, oleosas e terrosas dos sucos mucosos dos vegetais que fermentam.

Temos fundamento para acreditar que as partes salinas desses sucos são ácidas, porque os frutos que não estão maduros têm um sabor austero, que se apaga quando o ácido é envolvido pelos sucos gordurosos, ou quando os frutos amadurecem; porque não existe alcaloide natural que não seja produto do fogo ou da putrefação; enfim, porque os sucos que se dispõem à fermentação vinícola produzem pela destilação um licor ácido tanto mais abundante quanto mais cuidadosamente tenha sido tratada a parte gordurosa desses sucos.

O princípio gorduroso ou oleoso desses sucos pode ser demonstrado não somente por seu odor e sabor, mas também porque se destila uma maior quantidade de óleo à medida que esses sucos adquirem mais maturidade e rendem mais substância alcoólica pela fermentação. Esse óleo é viscoso e volátil, mas ele não deve sê-lo em demasia. Os aromáticos e as plantas balsâmicas não são próprias para a fermentação alcóolica porque seu [**284**] óleo delicado e expandido não se combina tão firmemente com seus outros elementos.

Os sais ácidos apenas se combinam intimamente com os óleos por meio de uma longa digestão, mas se conectam bem mais facilmente por intermédio das terras, com as quais formam sais cristalizados ou esmaecidos; ao mesmo tempo, esses sais embaraçados pela adição de oleosos retêm menos os terrosos; e essa mistura forma uma substância mucosa ou *glúten*, que é bem menos viscosa no que resulta da fermentação propriamente dita do que no resultado da putrefação.

A ordem segundo a qual as diferentes espécies de fermentação se sucedem nas matérias que são suscetíveis não pode ocorrer para os corpos cuja composição contém um princípio que prevalece muito sobre os outros. É assim que os sucos dos limões e aqueles de frutos azedos degeneram primeiro em putrefação. O excesso do princípio terroso nas partes duras dos vegetais se opõe a que sua combinação se dissolva.

Os exemplos das resinas artificiais e do sabão, ou sal oleoso de Starkey, nos mostram que as misturas dos óleos com o sal se aproximam da consistência sólida: como o ácido puro adere com bem mais força à terra do que à água, ele deve se ligar quase sob uma forma seca com o princípio terroso que existe nos óleos, de acordo com as experiências de Kunkel. Essas razões e o exemplo dos grãos provam que a água não é essencial para a combinação dos corpos que podem fermentar, mas é o instrumento do movimento de fermentação. Ela se liga à parte salina da mescla ou à parte terrosa sutil que tiver a maior afinidade com o elemento salino; ela as separa das partes mais grosseiras e purifica mais e mais o licor que fermenta.

O fluido aquoso que produz esse efeito por sua relação com os corpúsculos salinos, e pela agitação que nele provoca um grau de calor moderado, não deve ser demasiado sutil. É por isso que o álcool de vinho muito retificado não dissolve o açúcar e, quando age sobre o mel e os grãos, extrai apenas uma parte dessas substâncias. Os óleos não estimulam a fermentação, porque as moléculas oleosas que lhes são análogas são retidas no tecido das mesclas por um grande número de moléculas terrestres e salinas, e, aliás, só podem carregar aquelas que são mais ou menos móveis.

A fermentação não requer o contato imediato do ar livre. Ocorre, ainda que mais lenta e com mais dificuldade, em frascos bem fechados, e mesmo, de acordo com Stahl, em frascos de onde se retirou o ar, desde que sejam suficientemente grandes. Boerhaave diz, no entanto, que não se pode fazer o movimento de fermentação na máquina pneumática quando se retirou o ar elástico.

Não há dúvida de que o ar tem muita influência na fermentação, pois as variações do calor e do frio exteriores aceleram ou enfraquecem muito o movimento do processo. Assim, é vantajoso para a uniformidade do progresso da fermentação que a massa que se faz fermentar seja considerável, e observa-se que os licores fermentados são mais fortes e mais penetrantes quando foram preparados em grandes tonéis.

Mas parece certo que a água é apenas o instrumento imediato da fermentação. Esta última é também paralisada pelo excesso ou a falta do fluido aquoso. Faz-se vinho doce enchendo de mosto recém-amassado um tonel bem construído e fechado com rolha e que se coloca na água, que deve cobrir o tonel, durante quinze dias; da mesma maneira, uma umidade exagerada impede a putrefação. Vide *Putrefação*. Por outro lado, Stahl relata que um vinho concentrado se conservou por muitos anos, ainda que o recipiente onde ficou guardado estivesse apenas pela metade cheio.

Os licores que fermentam soltam vapores muito sutis, cuja erupção é preciso moderar para tornar os licores mais perfeitos. Esses vapores se espalham com um esforço que se faz sentir em espaços bem maiores que aqueles que é preenchido pela expansão dos vapores do ácido vitriólico sulfuroso da água-forte, do álcool de sal quente, que se retira do mercúrio sublimado. Essas exalações formam nos recintos como uma nuvem que apaga a chama das velas. Os efeitos perniciosos desse vapor sobre os animais que o respiram são mais funestos, de acordo com Boerhaave, que os de qualquer outro veneno. Ele causa uma morte súbita, ou doenças muito graves do cérebro e dos nervos sem aparência de humor morbífico ou de lesões viscerais.

Como os animais são afetados dessa mesma maneira pela fumaça dos corpos gordurosos ou do carvão aceso em um espaço estreito, Stahl inferiu, com verossimilhança, que esses vapores são partes gordurosas do licor que fermenta, extremamente atenuadas e combinadas a parcelas de água. Ele sabia muito bem que a elasticidade desses vapores não é inerente às suas substâncias sulfurosas, já que a ação até mesmo do fogo não pode produzi-la nessa substância. Mas Stahl pretendeu que essa substância tem no comércio com o ar exterior a sua força, e ele se lançou a uma explicação vaga e insuficiente.

Beccher tinha pensado que esses vapores não são nem salinos, nem sulfurosos, porque não pôde condensá-los inserindo na abertura de um grande tonel cheio de mosto que fermentava um alambique com seu refrigerante. Ele comparou esses álcoois aos que nascem da mistura do óleo de tártaro com álcoois corrosivos, durante a fermentação. Vide *Gás*.

Refletindo sobre essa analogia proposta por Beccher, somos levados a acreditar que, para completar a bela teoria de Stahl sobre a fermentação, é preciso suplementá-la com a do sr. Vernel sobre as efervescências. Vide *Efervescência*. A água que dissolve os sujeitos da fermentação alcóolica composta de óleo, sal e terra, forma uma precipitação do ar quimicamente combinado com esses princípios. Esse ar, à medida que se solta, sendo interceptado pelas partes viscosas do licor, produz uma ebulição tanto mais forte quanto mais terra mucosa ele encontra: mas, se encontra partes oleosas, puras, ele as atenua prodigiosamente, as carrega e libera em vapores elásticos. Vê-se por que, estando os sujeitos da fermentação alcóolica expostos ao fogo nu, eles não produzem vapores semelhantes. Se Stahl tivesse conhecido as experiências de Haller, não teria falado desses vapores de maneira tão obscura e tão incerta. Vide *La Statique des végétaux, exp. 55 e 57*. A efervescência é causada pelo ar, princípio da composição dos corpos, dos quais é separado pela ação dos ácidos sobre as partículas terrosas não reunidas em massas muito grandes. Assim, os vinhos que ferveram demais são austeros e apodrecem logo, porque muito ácido se formou. A adição de terras magras, como o calcário, cessa a ebulição de um licor que fermenta porque elas embaraçam os ácidos e são bem pouco análogas às partes gordurosas e oleosas do licor para que se separem com os resíduos; a ebulição sempre ocorre na cerveja forte e nos [285] vinhos alcóolicos enquanto esses licores se conservam; quando os servimos, vemos sobrenadar uma espuma leve, que é a marca de uma fermentação súbita, e, quando elas correm tão tranquilas quanto a água ou o óleo puros, estão a ponto de estragar. Os corpos gordurosos e oleosos não retêm sal e terra suficientes na sua mescla. É por isso que os vinhos mais oleosos na Espanha e Itália fervem bem menos que os vinhos setentrionais.

A fermentação só produz calor espontâneo nesses corpos terrosos, cuja substância gordurosa é em sua maior parte espessa e betuminosa. Mas o movimento intestino que agita um licor que fermenta, não importa o quão forte seja, não favorece a atenuação das moléculas desse licor mais do que a complica. Resta, portanto, considerar as novas combinações que a fermentação fez nascer dos princípios que ela dividiu.

A parte gordurosa resinosa de um licor que fermenta, por ser mais móvel, forma primeiro na superfície uma crosta onde surgem de tempos em tempos fissuras, que são prontamente reparadas. Essa crosta contribui para tornar a fermentação mais perfeita. Ela é finalmente levada ao fundo pela espuma e os flocos de poeira que nela se ligam durante a forte agitação do licor, depois que a ebulição dissolveu as partes oleosas. A substância gordurosa e a sedimentar entram na composição dos resíduos, que são, todavia, formados principalmente pelas partes mais terrosas do licor que fermenta, no momento em que suas partes terrestres são separadas das partes salinas e impedidas de se juntar a elas pelo álcool do vinho. Esse álcool, à medida que se forma por intermédio de suas partes gordurosas, envolve as partes terrosas do licor e atenua os ácidos. Assim, o vinho que, começando a fermentar, tem uma acidez austera, impacta os dentes e corrói até mesmo os metais menos solúveis, se suaviza a seguir, e ele é mais bem atenuado adicionando-se álcool de vinho puro (observando, entretanto, com Beccher que uma quantidade exagerada de álcool de vinho interromperia a fermentação). Na preparação que fazia Beccher do que ele chamava de *substância média do vinho*, o sedimento era precipitado pelo mesmo princípio. Sabe-se que os ácidos minerais adoçados pelo álcool de vinho têm muito menos efeito sobre as terras; e que esse álcool retificado sendo derramado sobre uma dissolução de vitríolo precipita um grande número de partículas vitriólicas sob forma cristalina.

É notável que a borra, enquanto aprisiona na sua mescla o vinho ou a substância alcóolica, tem uma consistência espessa e mucilenta; mas, assim que essa substância se separa pela cocção, a borra torna-se bem líquida e, depois de ser espremida, produz pela destilação álcool volátil ou sal urinoso e bastante óleo. Com uma segunda cocção, obtém-se um sedimento bem branco e puro.

A mescla do vinho se completa no mosto que fermentou pela precipitação da borra. A separação dessa polpa salina, gordurosa e limonosa produz um licor que tem um sabor levemente ácido, penetrante, que achamos menos espesso no gosto e no tato e adquiriu bastante transparência e fluidez.

A transparência do vinho assegura sua duração: estando muito espesso, ele apodrece facilmente, sobretudo ser for vinho novo, do qual não se filtrou a tempo na primavera a borra que decantou durante o inverno. Por outro lado, se for vinho filtrado cedo demais, ele degenera facilmente se não for suficientemente forte, porque a borra, que tem o mesmo princípio que o vinho, é um sedimento preparado pela natureza para que esse licor, utilizando-se dele, repare as perdas da evaporação enquanto ainda fermenta.

A borra só forma o sal volátil urinoso depois de ser exposta à ação do fogo ou da putrefação. Esse sal urinoso não poderia subsistir na borra separadamente do ácido de tártaro; a sua união formaria um sal solúvel que seria carregado pela água: mas se retira do vinho apenas um sal tartaroso, liberado em uma grande quantidade durante a fermentação nas substâncias vegetais, onde ele existia já bem formado. Além do que, Stahl tornou bem provável que a fermentação produza muito de tudo por igual: já que a combinação de água e de terra que formou esse sal natural nas uvas, *vide* Sel, parece ter sido o resultado de um movimento de fermentação. Com efeito, não parece que esse sal tenha sido trazido para o fruto pelas raízes da parreira, já que ele teria sido mais bem absorvido pela terra porosa do vinhedo. Não é verossímil que tenha penetrado em forma de vapor, nem que tenha sido recebido da atmosfera por embebição, já que vemos amiúde aparecer depois de um mês de tempo seco uma quantidade prodigiosa de uvas que são muito ácidas, antes de amadurecerem.

Não se pode duvidar que o sal tenha penetrado pelas raízes da parreira, apesar da qualidade porosa e absorvente do *terroir*, como Stahl contrapõe, já que, aparentemente, o óleo segue essa mesma via, ainda que seja uma mescla mais composta e menos penetrante que a água. Com efeito, observou-se que a quantidade exagerada de adubo em um vinhedo torna o vinho fraco e insosso, e fácil de engordurar. Conseguiu-se fazer que uma parreira pegasse o odor do anis. Um bom vinho do Mosel deve ter o gosto da ardósia, já que se adiciona nesses vinhedos pedaços de ardósia que se deixou expostos ao tempo até que estivessem reduzidos a uma espécie de argila ou terra gordurosa. Os vinhedos de Hocheim, nos arredores de Mainz, contêm em seu seio carvão fóssil, que pode ser a razão de os vinhos desse *terroir* se aproximarem do âmbar pelo gosto e pelo odor. Loffman, *Diss. de naturâ vini Rhenani*, n.24. Os cervejeiros descobriram que a cevada que cresce nos campos cobertos de adubo de ovelha produz uma cerveja cujo cheiro e gosto são extraordinários e repugnantes, principalmente se o adubo foi misturado com excrementos humanos, como se faz em alguns lugares. *Vide* Kenkel, *De appropriatione*, p.89. O ácido do tártaro, cuja consistência é seca, e que é dificilmente solúvel em água, é o último produto que é desenvolvido pela fermentação vinícola. O vinho do Reno só deposita tártaro nos recipientes que o contém depois que deixou cair no fundo a borra mucosa e terrosa. Os vinhos da Espanha não deixam tártaro em seus recipientes, porque ele está envolvido, nesses vinhos, por uma quantidade muito grande de substância oleosa e tenaz.

O grau de consistência que é próprio de cada licor fermentado depende da união de seus princípios e do concurso do princípio aquoso que com eles se combina intimamente, depois de ter sido o instrumento da fermentação. É por isso que não se poderia retirar toda a umidade que carregam o vinho e o vinagre sem alterar profundamente esses licores, mesmo que deles se pudesse retirar em seguida a borra, o tártaro, o álcool ardente com sua fleuma essencial.

Os vinhos das regiões úmidas são carregados de uma água mais abundante do que o necessário para estender seus princípios. Retira-se deles essa água superficial concentrando-os pelo congelamento; por meio desse procedimento, do qual Stahl passa por ser o inventor, mas que é conhecido há muito, como se pode ver em [286] Vanhelmont, no início do tratado *Tartari vini historia*, dá-se ao *vinho*, assim como ao vinagre, um odor muito penetrante e um sabor muito forte; e protegendo esses licores concentrados de um calor ou agitação violenta, eles resistem às mudanças de estação e podem durar séculos. Em um ano chuvoso, não somente o vinho é mais aquoso, mas também a umidade excessiva do mosto, aumentando a fermentação, produz um vinho mais austero e mais ácido. É por uma razão semelhante que se cozinham os vinhos da Malvasia e de Creta, como nos faz saber Bellon; aqueles em que não se fizesse evaporar assim a umidade supérflua não poderiam atravessar o mar sem azedar. Assim, também na Espanha e nos países quentes, para moderar a fermentação do mosto, pega-se uma parte deste, que se reduz por cocção a um terço ou um quarto, evitando que ela pegue um odor de queimado, e se distribui sobre o resto do mosto para diminuir a proporção de umidade. É assim que os vinhos da Hungria têm uma característica alcóolica menos picante e conservam por muito tempo sua doçura; porque são extraídos de uvas que se deixou secar parcialmente pelo calor do sol no pé da parreira, ou cujo mosto é aquecido até ferver. Hofman, *Diss. de vini Hungarici natura, ec. n.20. e in obs. chim.*

Os vinhos gordurosos conservam-se bem mais do que os vinhos claros, mas podem ser muito gordurosos nos anos secos e precoces pelo amadurecimento excessivo das uvas. Acontece então que o vinho se engordura, isto é, escorre como se tivesse óleo; é uma doença do vinho que passa depois de alguns meses, mesmo sem mudá-lo de posição; sem dúvida porque a fermentação, que se renova quando a água é separada do óleo, traz à superfície do licor as partes terrestres e salinas e as recombina novamente com as partes gordurosas; o que confirma minha conjectura de que o vinho se desengordura quando deixado ao ar livre e não quando fica na cave, e, para se retirar sua gordura, se empregam alúmen, areia quente e outros ingredientes adicionados ao vinho mexendo e virando o tonel.

Nada é mais decisivo para a qualidade dos vinhos do que a rapidez ou lentidão do progresso da fermentação; quando ela é mais impetuosa, o que ocorre quando a estação da vindima é mais quente do que de ordinário, formam-se no licor muitos agregados grosseiros, ou resíduos, e ele se torna fraco e ácido. Quando o vinho fermentou por um tempo adequado, tem um ardor sem acidez, que é menos uma sensação do gosto propriamente dito do que do tato fino na língua, que ele faz como que tremer levemente. Para tornar o vinho mais forte, Beccher aconselha fazê-lo fermentar por muito tempo, isto é, lentamente; o que se ganha por uma fermentação lenta é impedir a erupção de vapores sulfurosos elásticos que exalam do licor. Stahl imagina que esses vapores retiram muitas substâncias alcoólicas, porque elas se aproximam da natureza do ar, da mesma maneira que os vapores aquosos que, saindo das eolípilas, podem apagar o fogo; mas é mais simples pensar, como ele também diz, que esses vapores sulfurosos são necessários para a mescla dos álcoois do vinho. Com efeito, para tornar o vinho mais alcoólico, adicionam-se, enquanto ele fermenta, aromáticos que são próprios para reparar suas perdas por suas partes voláteis, salinas e oleosas.

Diferentes meios são utilizados para moderar a fermentação: coloca-se o mosto em subterrâneos onde o frio é temperado; utilizam-se tonéis cuja curvatura e forma fazem que os vapores sulfurosos retornem diversas vezes ao licor, que os absorve antes que eles possam escapar pelo buraco do tonel e os obriga a se combinar com a água; é pelo mesmo princípio que, antes de embarricar a cerveja, quando o fermento está maduro, bate-se com uma vara longa sobre a espuma grossa que se forma na superfície e faz-se que ela entre no licor, o que se chama *bater a guilloire*.[9] Vide *Brasseria*.

Boerhaave assegura que misturar clara de ovo impede a erupção dos álcoois do vinho, e o faz fermentar por mais tempo. Chega-se ao mesmo objetivo cobrindo a superfície do mosto com álcool de vinho ou com óleo; esse mosto produz um vinho bem mais forte e agradável; para interromper a fermentação dos licores, basta envolver os recipientes que os contêm com vapores sulfurosos, que penetram nesses recipientes pelos poros da madeira: não é difícil se convencer dessa penetração se consideramos que o relâmpago faz fermentar o vinho, e que a sidra se produz melhor e se conserva por mais tempo nas barricas onde se guardou azeite de oliva pouco tempo antes. [Tradução parcial]

Virgínia (*Geografia Moderna*), Jaucourt [17, 326-7]

Região da América setentrional limitada ao norte por Maryland, ao sul pela Carolina, no levante pelo mar do Norte e no poente pela Louisiana.

Raleigh, flagelo e vítima da Espanha, introduziu em 1584 a primeira colônia inglesa em Mocasa, conquistou o país e lhe deu o nome de Virgínia em memória à rainha Elisabeth, sua soberana, que passou a vida no celibato, encantando a todos os partidos que, sem sucesso, tentaram desposá-la.

A Virgínia é dividida em setentrional e meridional. A primeira se estende desde o grau 37 de latitude até o 39, a segunda vai do 33 até o 36.

---

9 *Guilloire*, uma palavra derivada do holandês *gijlen* (fermentar) é o nome dado ao recipiente onde se inicia a fermentação da cerveja. (N. T.)

dobro disso, o que é suficiente para dar uma ideia da grandeza das forças da Inglaterra na América, em comparação às da província da Virgínia.

Elisabeth se limitou a dar o nome à região. Após o estabelecimento de uma colônia incipiente, que logo chegou à ruína, o país foi abandonado. Quando veio a paz, com o fim das guerras contra a Espanha, tolhendo as esperanças dos ambiciosos ávidos por honra e fortuna, os ingleses começaram a secundar as intenções pacíficas de seu monarca, buscando uma via mais segura, embora mais lenta, para a aquisição de glória e riquezas.

Em 1606, Newport se encarregou do transporte de uma colônia e fundou um assentamento que passou a receber anualmente, por meio da companhia formada em Londres e Bristol para esse fim, recursos, provisões, utensílios e novos habitantes. Por volta de 1609, Argal descobriu uma rota mais segura e mais direta para a Virgínia e, abandonando a dos antigos navegadores, que passavam pelo sul do trópico, dirigiu-se para oeste, aproveitando-se dos ventos alísios, virando em seguida ao norte e chegando ao assentamento inglês.

No mesmo ano, quinhentas pessoas embarcaram para a Virgínia, conduzidas pelos cavaleiros Thomas Gates e George Sommers. O navio de Sommers, agitado por terríveis tempestades que o desviaram para as Bermudas, deitou as fundações de outra colônia nessas ilhas. Em seguida, lorde Delaware assumiu o governo das colônias inglesas. Mas todos os seus cuidados, com o apoio de Jaime I, que lhe enviou homens e dinheiro, [327] arrecadados pela primeira loteria de que se tem notícia na Inglaterra, não foram suficientes para impedir a decadência desses assentamentos – a ponto de, em 1614, não restarem mais que quatrocentos homens, de todos os que haviam sido transportados.

Após terem garantido com o próprio trabalho as provisões mais essenciais à vida, começaram a plantar tabaco. Malgrado sua antipatia pelo consumo dessa droga, Jaime permitiu que ela fosse enviada à Inglaterra, defendendo, ao mesmo tempo, sua entrada na Espanha. E, assim, gradualmente, as novas colônias dessa região adquiriram uma forma e, dando novos nomes aos lugares ocupados, deixaram o de Virgínia à primeira província ou colônia a ser formada.

O clima da Virgínia setentrional é bem temperado. O verão é quente como na Espanha, o inverno frio como no norte da França. O frio pode ser bastante rude, mas oscila. Para chegar a essa região, percorre-se um longo golfo entre dois promontórios. A região central da Virgínia é fértil, e o seria ainda mais se os selvagens se dignassem a cultivá-la, mas eles só se ocupam da caça, e deixam às mulheres a administração do lar. Trajam peles de animais selvagens, pintam o corpo, furam as orelhas e penduram brincos de conchas. As mulheres banham nos rios os bebês recém-nascidos e os massageiam com certas drogas destinadas a proteger a pele contra os excessos de frio e de calor.

A Virgínia meridional produz em abundância o milho das Índias e o tabaco, tão importante para o comércio inglês. O solo é extremamente fértil e os frutos da Europa se adaptam muito bem. Veem-se muitos cervos, ursos, lontras, esquilos e animais cuja pele é valorizada, além de galos-da-índia em grande número, perdizes e outros pássaros de bosques e de rios.

Cresce na Virgínia uma espécie de linho chamada erva-seda, com a qual fabricam-se telas e vestimentas. Os naturais do país são robustos, ágeis, sinceros e industriosos; são idólatras, e adoram tudo aquilo em que creem, como o fogo, a água, o trovão e, principalmente, o diabo, do qual fazem imagens assustadoras. Veneram o Sol, a Lua e as estrelas como deuses. Seus padres também são seus médicos, e, na qualidade de magos, consultam o diabo sobre a cura ou a morte dos doentes. Seus soberanos, a que dão o nome de *véroans*, governam uma ou mais cidades.

Os dois rios principais da Virgínia são o James e o York, que deságuam na baía de Chesapeack. As colônias se situam ao longo da costa e à margem dos rios, por conveniência do comércio. Os selvagens ocupam as terras e em quase tudo se assemelham aos de Maryland.

Os ingleses publicaram curiosas descrições civis e naturais da Virgínia. Algumas foram traduzidas em francês. Para não entrarmos em detalhes, diremos apenas que a Virgínia é dividida em dezenove condados, e a cidade principal é Jamestown.

Os dezenove condados criados pelo desmembramento de 1703 contêm 60.600 habitantes e 9.600 soldados reais. É provável que, desde a publicação desse cálculo, a população das demais colônias, juntas, tenha chegado ao

Virgínia

Os autores especulativos de nosso século levantaram uma série de objeções contra esses assentamentos longínquos e previram que, suspendendo a provisão de bens para a região materna, seus habitantes cedo ou tarde sacudiriam o jugo desta e formariam na América um Estado independente. O tempo mostrou que as visões dos que encorajaram esses empreendimentos eram mais verdadeiras e mais sólidas. Um governo brando, munido de forças navais, vem mantendo, e poderá continuar a fazê-lo por um bom tempo, o domínio da Inglaterra sobre as suas colônias. A navegação é tão importante para a metrópole que mais da metade de seus navios é atualmente empregada no fomento do comércio com os assentamentos na América. Vide Hume, *História da Inglaterra*, v.5.

Agricultura, lavoura.

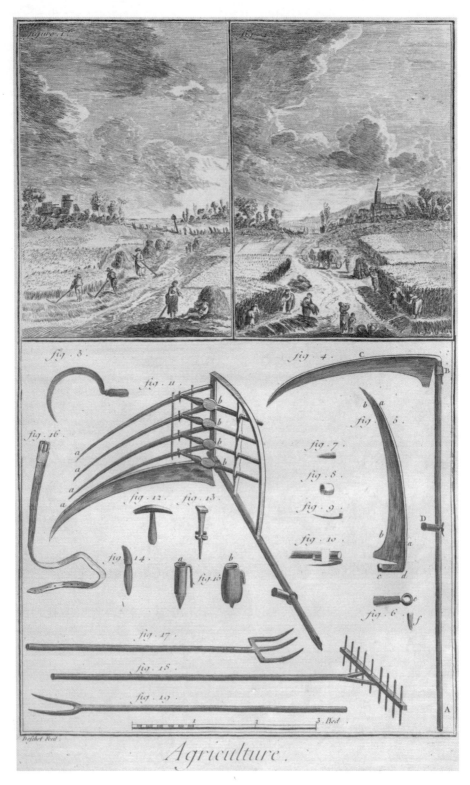

Agricultura.

Economia rústica. Moscas de mel.

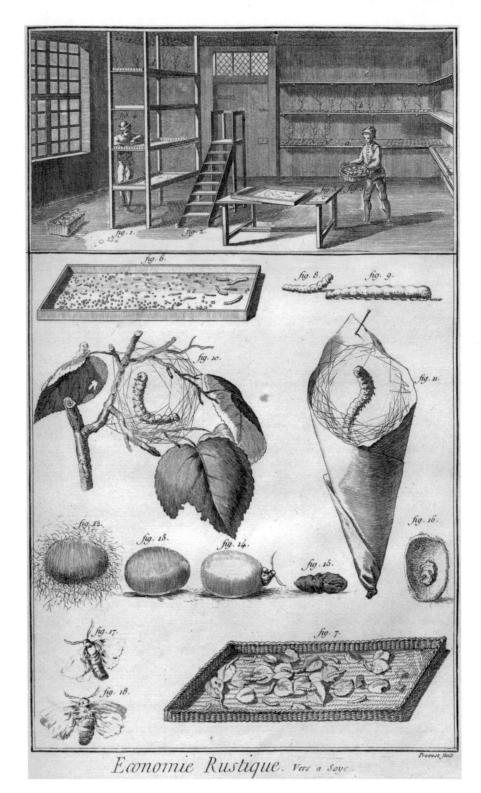

Economia rústica. Bichos-da-seda.

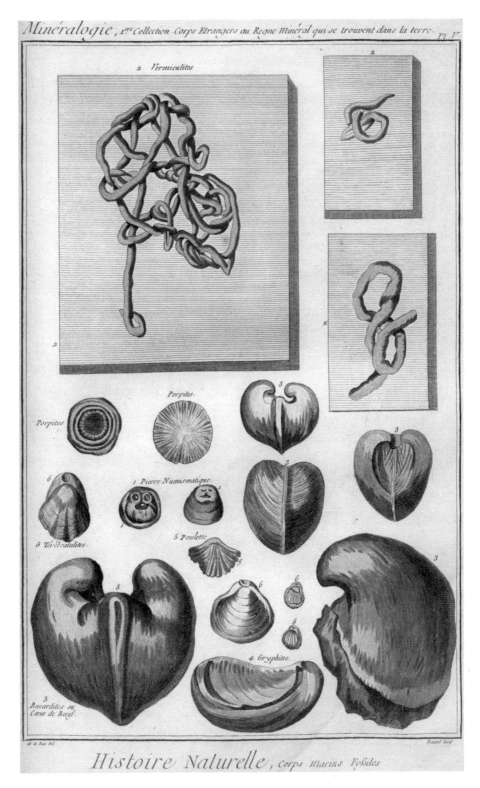
História natural. Fósseis marinhos.

História natural. Conchas fósseis.

História natural. A lontra canadense, a foca indiana.

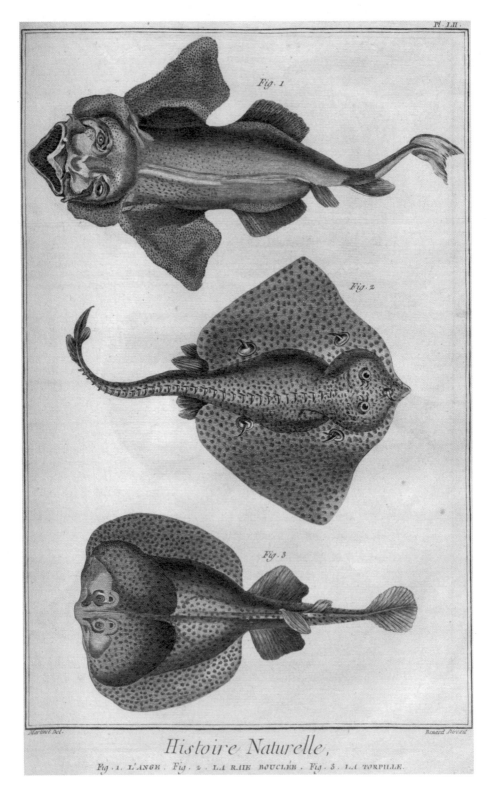

História natural. Cação-anjo, raia-lenga, tremelga.

História natural. Leão, tigre.

História natural. Pantera, leopardo.

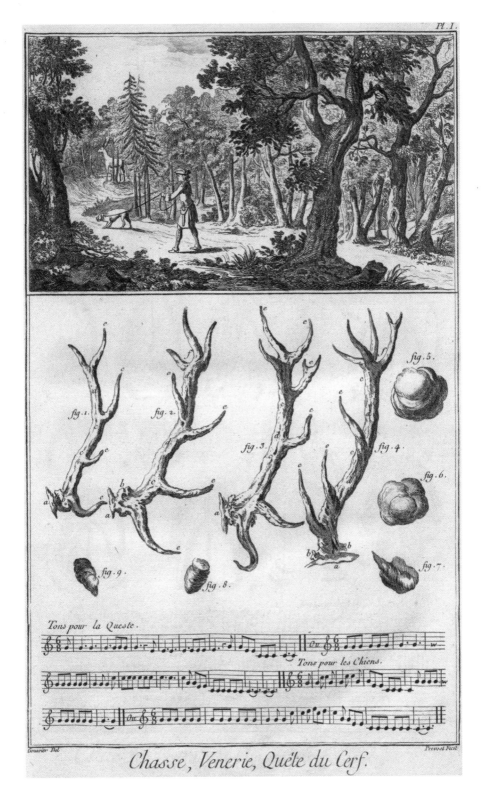

Caça, caça com cães, busca ao cervo.

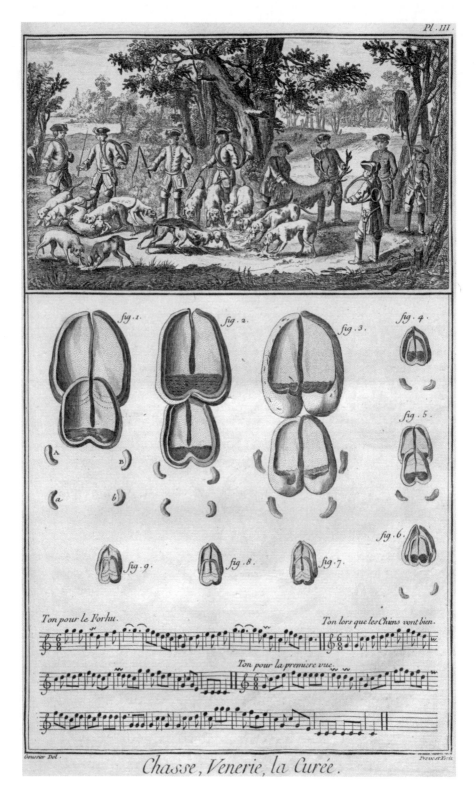

Caça, caça com cães, miudezas da presa.

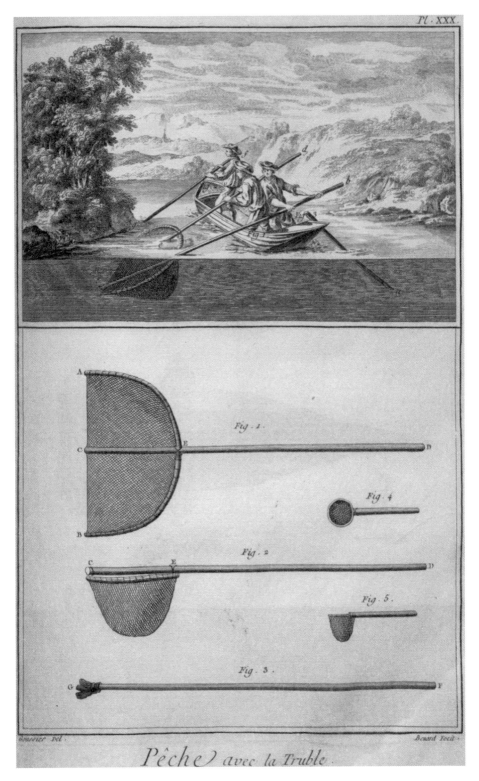

Pesca com rede.

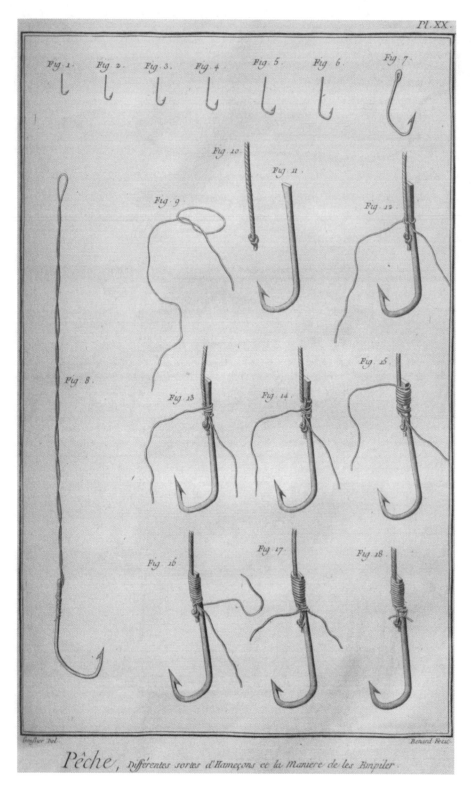

Pesca. Diferentes tipos de anzol e maneiras de montar.

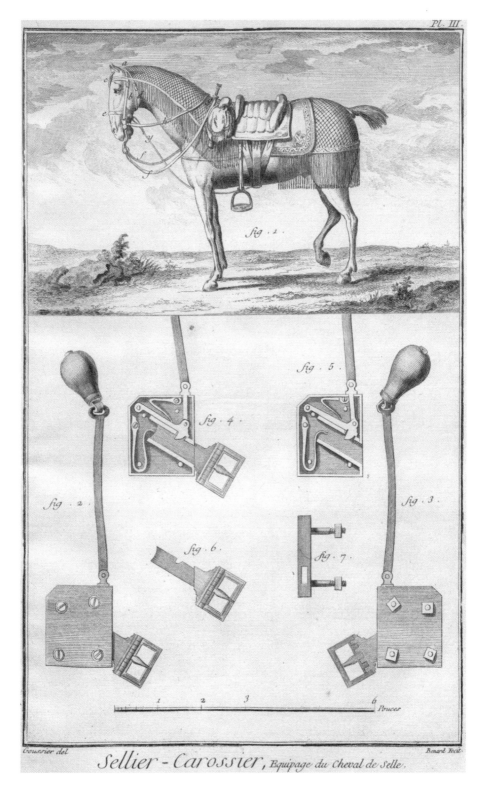

Selaria e carroçaria. Equipamentos de cavalo de sela.

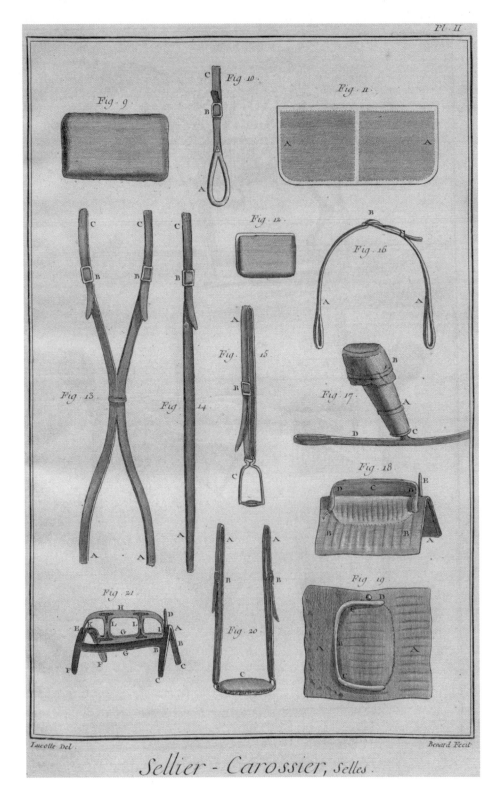

Selaria e carroçaria. Selas.

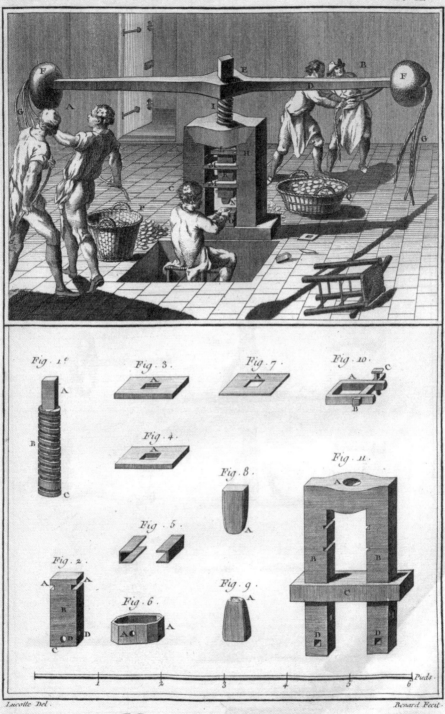

Cunhagem. Pêndulo.

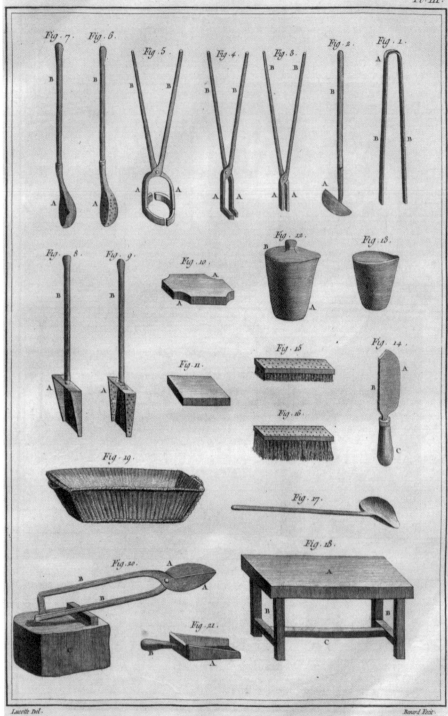

Cunhagem. Ferramentas da fundição de ouro.

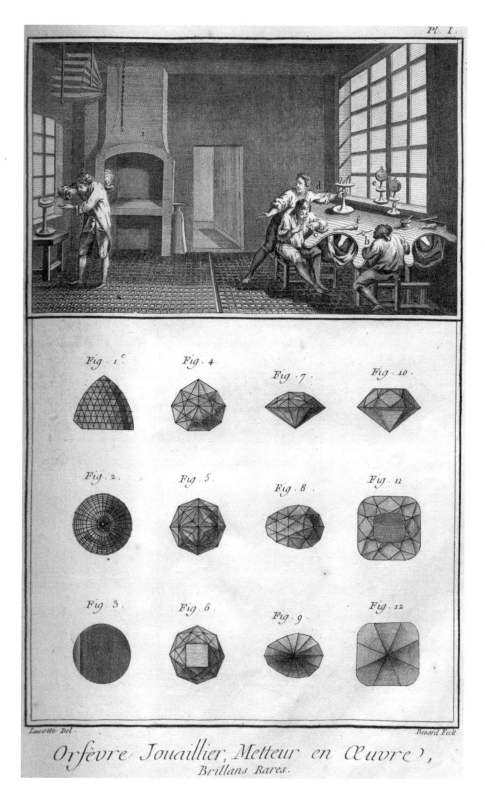

Ourivesaria, joalheria, montagem. Diamantes raros.

Marmoraria. Entradas grandes e pequenas. Padrões para arcos duplos de passagens.

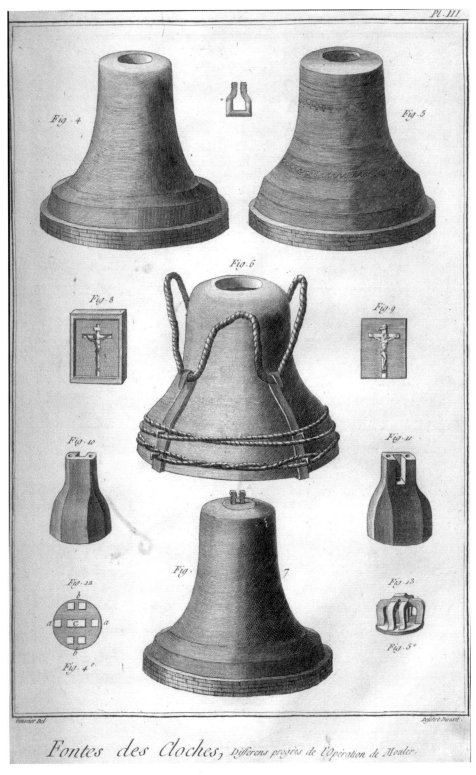

Fundição de sinos. Diferentes etapas de moldagem.

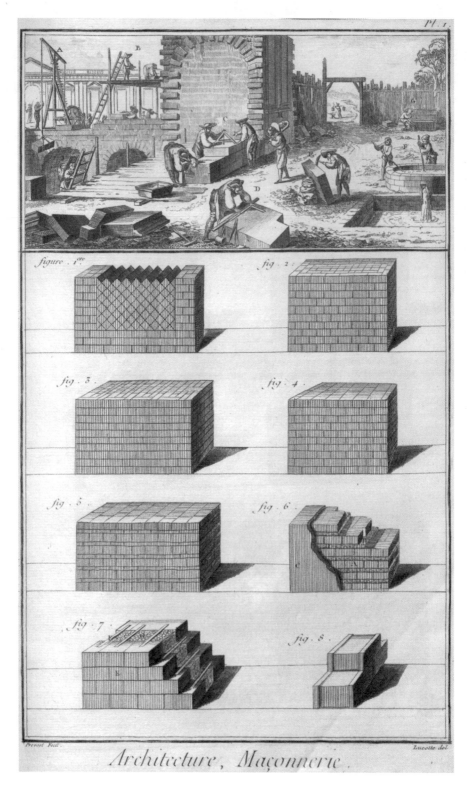

Arquitetura, alvenaria.

Arte de escrever.

Exercícios preparatórios.

Alfabetos orientais antigos. Alfabetos antigos e modernos.

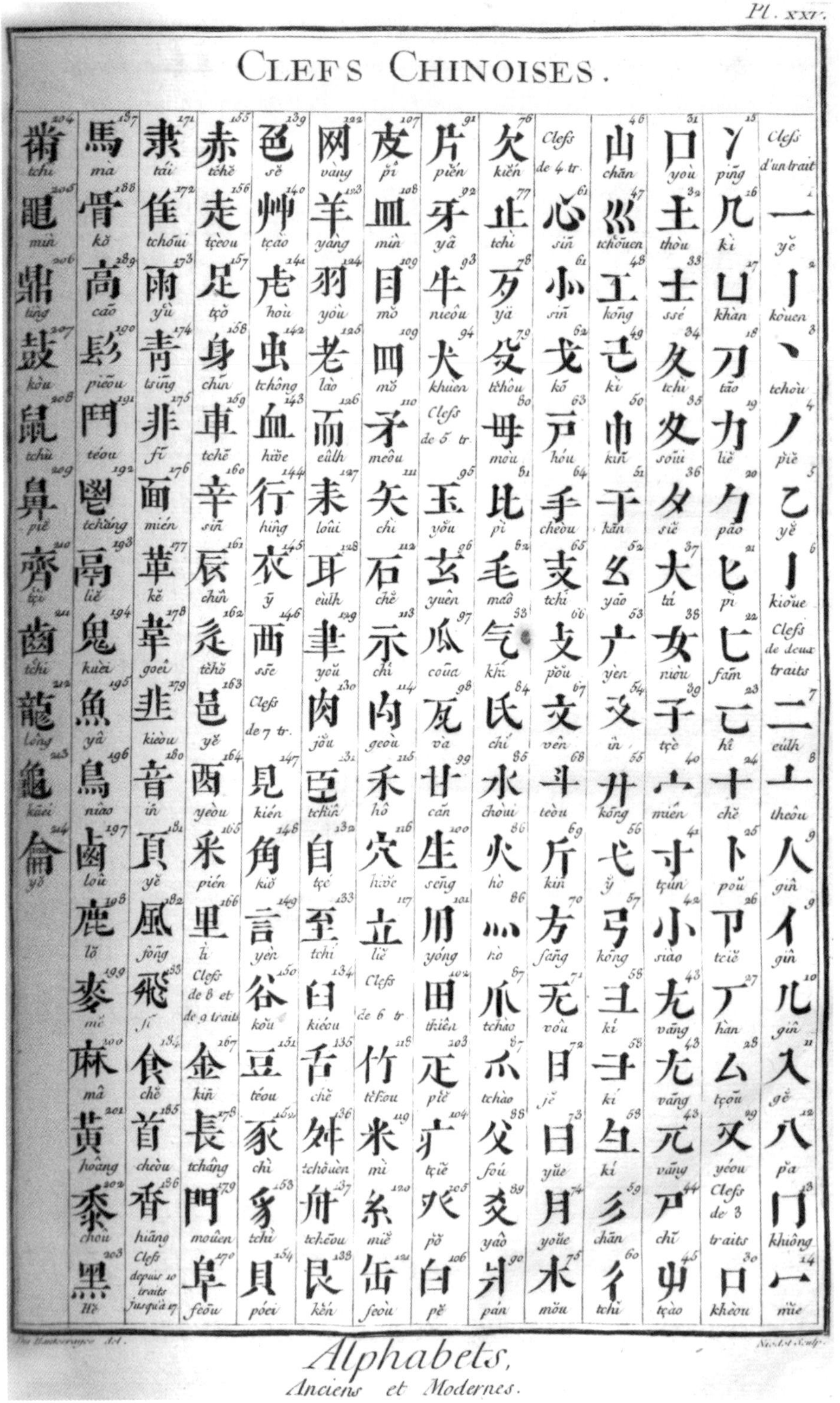

Caracteres chineses. Alfabetos antigos e modernos.

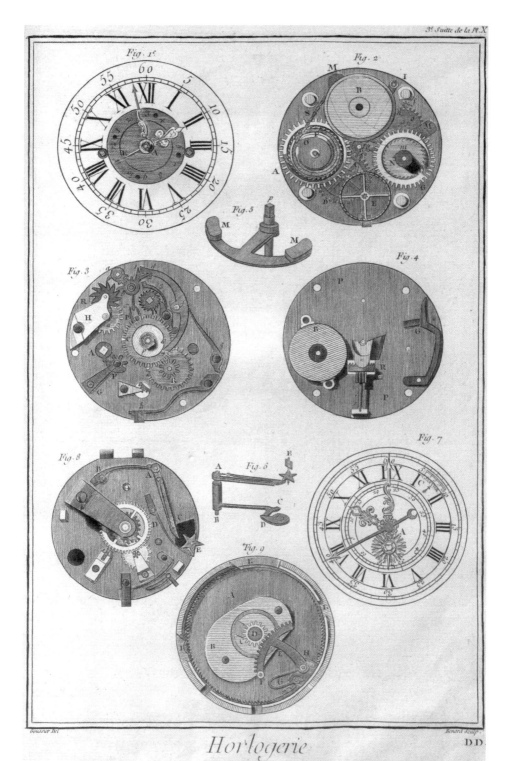

Relojoaria. Variações de relógios antigos.

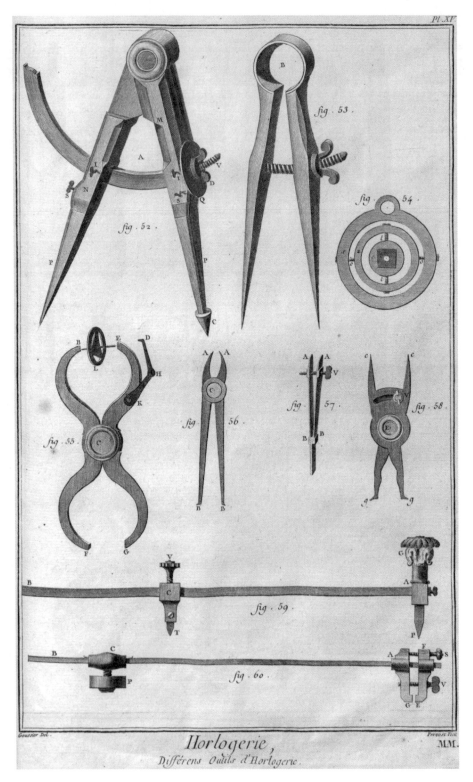

Relojoaria, diferentes utensílios.

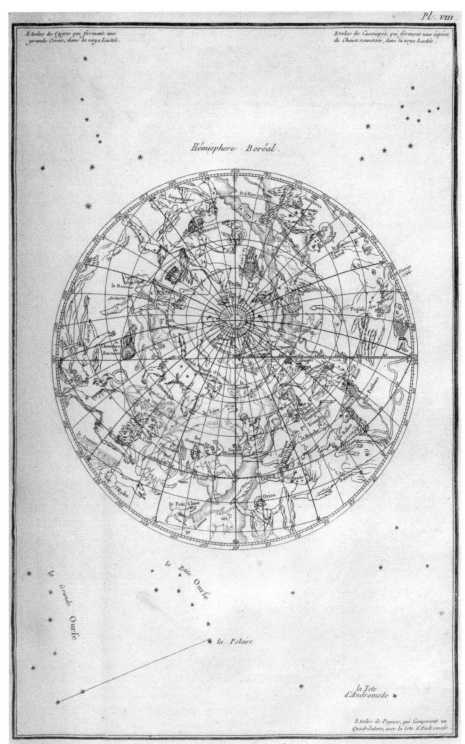

Astronomia.

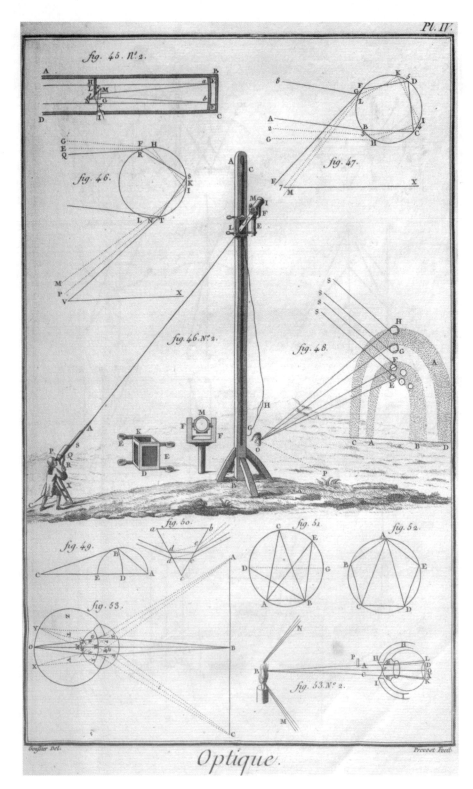

Óptica.

Mosaico. Obras.

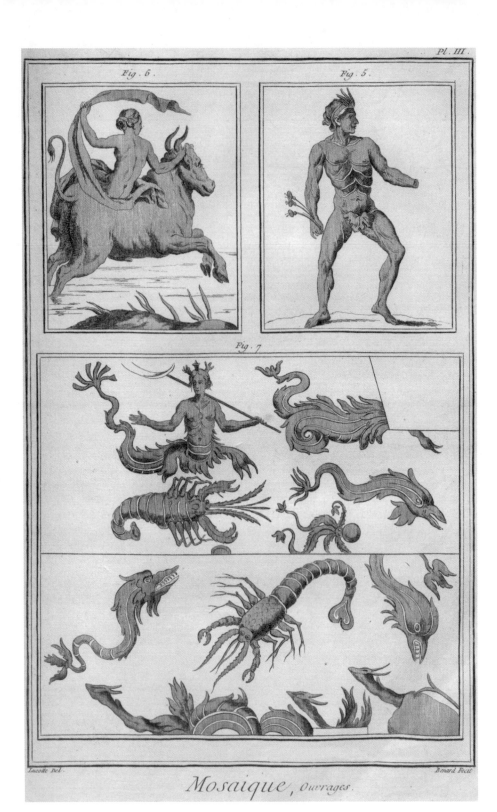

Mosaico. Obras.

SOBRE O LIVRO

Formato: 16 x 23 cm
Mancha: 27,8 x 48 paicas
Tipologia: Venetian 301 BT 12,5/16
Papel: Off-withe 80 g/m² (miolo)
Cartão Triplex 120 g/m² (capa)
1ª edição Editora Unesp: 2024

EQUIPE DE REALIZAÇÃO

Capa
Vicente Pimenta

Edição de texto
Tulio Kawata (Copidesque)
Marcelo Porto (Revisão)

Editoração eletrônica
Eduardo Seiji Seki (Diagramação)

Assistente de produção
Erick Abreu

Assistência editorial
Alberto Bononi
Gabriel Joppert

Rua Xavier Curado, 388 • Ipiranga - SP • 04210 100
Tel.: (11) 2063 7000
rettec@rettec.com.br • www.rettec.com.br